本书是山西省首批研究生教育改革研究项目"经济法基础理论教学方法改革研究"（20062019）的成果。

高校社科文库
University Social Science Series

教育部高等学校
社会科学发展研究中心

汇集高校哲学社会科学优秀原创学术成果
搭建高校哲学社会科学学术著作出版平台
探索高校哲学社会科学专著出版的新模式
扩大高校哲学社会科学科研成果的影响力

中国经济法学导论

董玉明/著

An Introduction on
Chinese Economic Law Science

光明日报出版社

图书在版编目(CIP)数据

中国经济法学导论 / 董玉明著 . -- 北京:光明日
报出版社,2011.3(2024.6 重印)
(高校社科文库)
ISBN 978 - 7 - 5112 - 1043 - 2

Ⅰ.①中… Ⅱ.①董… Ⅲ.①经济法—法的理论—中
国 Ⅳ.①D922.290.1

中国版本图书馆 CIP 数据核字(2011)第 043946 号

中国经济法学导论
ZHONGGUO JINGJI FAXUE DAOLUN

著　　者:董玉明

责任编辑:刘　彬　　　　　　　责任校对:郭龙凤
封面设计:小宝工作室　　　　　责任印制:曹　净

出版发行:光明日报出版社
地　　址:北京市西城区永安路 106 号,100050
电　　话:010-63169890(咨询),010-63131930(邮购)
传　　真:010-63131930
网　　址:http://book. gmw. cn
E - mail:gmrbcbs@ gmw. cn
法律顾问:北京市兰台律师事务所龚柳方律师

印　　刷:三河市华东印刷有限公司
装　　订:三河市华东印刷有限公司
本书如有破损、缺页、装订错误,请与本社联系调换,电话:010-63131930

开　　本:165mm×230mm
字　　数:360 千字　　　　　印　　张:21. 25
版　　次:2011 年 3 月第 1 版　印　　次:2024 年 6 月第 3 次印刷
书　　号:ISBN 978 - 7 - 5112 - 1043 - 2 - 01
定　　价:78. 00 元

前　言

改革开放以来，中国的经济法教学、科研已经走过了 30 余年的发展历程。它与中国的经济体制改革和社会变革相伴相随，是最能体现中国社会主义法制建设特色的学科之一。然而，在以往公开出版的各类经济法学教材和专著中，鲜有专门系统阐述中国经济法基本原理的著作问世。通常情况下，在经济法的本科教学中，主要注重对经济法知识的传授，除一般原理外，主要是对既有经济法律的归纳、总结与法义阐释，缺乏对中国经济法内在逻辑关系和发展规律的基本认识，并且，由于所传授的知识，在国家经济立法的不断变迁之下，导致时过境迁后，处于无用的状态。加之，经济法本身体系庞大，内容繁杂，往往使学习者感到不得要领。而对于法学专业的学生而言，由于缺乏经济和社会知识的铺垫，因此，对于经济法学这样的交叉学科，往往难以使其掌握经济法的精髓所在，并明白中国经济法究竟是什么？中国经济法为什么？中国经济法怎样做之基本问题。而对于专门从事中国经济法研究和实践者而言，则有必要通过对中国经济法学基本原理的系统掌握，以稳定的知识结构和框架性思路把握中国经济法学的基本要领，以便指导自己的经济法专业或专题研究，以及经济立法、经济执法、经济司法和经济法律监督的实践。本著作的目的就是试图在这方面做一些积极的尝试和探索。

本著作包括经济法范畴论、经济法结构论和经济法体系论三大部分，试图运用范畴、结构和体系分析的逻辑方法，重点阐述中国经济法基础理论中所涉及的 10 大范畴、24 个经济立法中的基本问题和 4 个方面的体系构造及其相互的逻辑关系，试图使所阐述的内容对中国经济法学的学习和实践具有"举一反三"的长期指导作用。有对学界既有研究成果的概述，也有作者的一些独立思考。其研究基础是作者专门从事中国经济法教学、科研以及立法与司法工作 30 余年的理论研究和实践体会，其中，有关教学方面的体会主要是作者自

1997 年以来面对经济法专业研究生的《经济法基础理论》教学的心得体会；在科研方面，包括作者曾承担过的 10 余项国家和省级课题以及 150 余篇专业论文和调研报告撰写的研究心得；而在实践方面，则来源于作者对近百项经济立法的参与，对千余件经济纠纷和经济犯罪案件的处理的实践经验、教训及其体会的积累。

本著作的读者对象主要是指在具备经济法本科知识基础上的法学与经济法学专业研究生以及专门从事经济立法、经济执法、经济司法和经济法律监督的专业人员，也可以作为相关经济学、管理学、政治学和社会学专业教学、科研和实践部门人员从事研究和实践的参考。

"理论是灰色的，实践之树常青。"当今中国的社会主义建设正处于重大的历史变革时期，许多理论观点需要实践的进一步检验。本著作作者从自身对中国经济法的理解角度，尽最大努力进行了阐述，但鉴于水平有限，不妥之处在所难免，恳请广大读者提出批评指导意见，以便本著作再版时更加完善。

董玉明

2010 年 10 月于山西太原

CONTENTS 目 录

绪　论

——对中国经济法学的基本认识

一

　　中国经济法是中国社会主义制度的重要组成部分。^① 它起始于中国社会主义经济体制的改革之初，至今已经走过 30 年的发展历程，它已成为中国社会主义经济法制及法治建设的重要组成部分。^② 中国经济法的发展，与改革开放相伴相随，并与中国社会主义的政治体制、经济体制及社会变革相适应，不断完善，形成了自己的特色。^③

　　与中国经济法发展相适应，中国经济法学也经过了近 30 年的发展历程，由不成熟逐渐走向成熟，已成为中国法学之部门法学的重要组成部分。其成熟的标志首先在于，从学术与学科建设角度及时地总结和反映了自改革开放以来

---

　　① 在当前，中国的国域范围涵盖了中国大陆、中国台湾、中国香港、中国澳门。由于历史的原因，它们各自的法律体制有所不同，本著作之中国仅指中国大陆。中国经济法是指中国大陆的经济法，或中国社会主义经济法。

　　② 按照法学原理，法制与法治的含义是不同的。法制作为一种法律层面的制度建设，存在于人类自从有了国家以来的任何社会形态，即从古代的奴隶制社会、封建制社会，到近现代的资本主义社会和社会主义社会均存在与之相应的法律制度。而所谓法治，则是国家管理经济、管理社会均依法办事的一种管理机制和经济社会运行机制。与此同时，法制和法治之间有着密切的联系，要实现法治，必须有足够的法律制度资源可供实现法治目标之运用。自中国改革开放以来，首先倡导的是与经济体制改革相应的经济法律制度的建设，到 1999 年通过修正宪法，将实现法治确定为国家发展的战略目标。此外，现实中不断完善的经济法律制度，直接影响着法治目标实现的程度。

　　③ 在当代，中国社会主义政治体制，是一种在中国共产党领导下的人民代表大会制度，并辅之以民主党派的参政制度、人民政治协商会议的政治协商制度、民族区域自治制度。在该政治制度之下，遵循一切权力来自于人民的原则，一切政府和司法机关都由人民代表大会选举产生，并接受人民代表大会及其常委会的监督。所谓的经济体制是指国家通过经济运行对经济资源配置的方式、机制的总称。对此，改革开放之前，长期实行的是计划经济体制。改革开放以来，经历过计划与市场双轨制体制、计划商品经济体制和市场经济体制三个历史时期，并由此影响着整个社会的转型和变革。

经济体制改革不同时期现实经济立法及其实施的状况，① 形成了一个在财经类院校和法学院校或相应专业广泛开设的独立学科——《经济法学》，② 并经过老、中、青三代经济法学者的不断共同努力，形成了由专科、本科、硕士至博士教育的完整的教学体系；③ 其次，在学科建设的不断发展中，通过对经济法立法与实施中经验与教训的不断的理论总结，积极探讨经济法的理念、规律、原则，并抽象出若干基本理论，以指导现实中经济法的实践。更为重要的是，这种符合哲学认识论规律的由实践到理论，再由理论到实践的不断探索，使中国经济法学逐渐形成了自己的科学范畴，增强了自身的科学性。

二

按照科学划分的标准，科学与科学之间的区别在于对科学研究对象的不同，以及对于特定科学发展规律的揭示。作为专门研究经济法现象的科学，中国经济法学形成并服务于与特定时期经济发展相适应的经济法的实践，这使经济法学具有了经济与法的双重属性，也使其既不同于纯粹的经济学，也不属于纯粹的法学，它属于典型的交叉性学科。而且，在经济和法的关系上，由于经济是基础，法是经济在上层建筑领域的反映，因而，学习和研究经济法学，无论对基础理论的掌握，还是对具体经济法制度的构建、理解与分析，均应当首

---

① 自1978年中国实施改革开放以来，经济体制改革经过了三个发展时期，即第一时期为1978年至1983年的计划和市场双轨制时期，在这一时期，打破了产品配置的计划垄断，国家对于部分产品实施了按照商品价值规律的管理，并制定了首批经济法，如《中外合资经营企业法》、《经济合同法》等；第二时期为1984年至1993年的计划商品经济时期，在这一时期，国家确立了商品经济在经济发展中的基础地位，认识到社会主义初级阶段，商品经济是不可逾越的历史阶段，企业是商品经济发展的独立主体，但仍然强调了计划在经济运行中的主导地位，与此相适应，制定了大量的旨在扩大企业自主权，确认企业商品经济主体地位和相关经济权利的经济法规，如《企业转换经营机制条例》、《民法通则》等；第三个时期为1994年以来的社会主义市场经济时期，在这一时期，国家全面实行市场经济体制，确立了市场在配置社会资源中的基础性地位，同时强调了加强宏观调控，这时期的经济立法主要体现在大力加强民商法的建设，经济法则调整为配合政府职能转变的市场管理（或规制）和宏观调控法制建设方面。与此相适应，中国经济法学也大致经历了三个发展时期。

② 关于经济法学教学之称谓除经济法学外，还有经济法概论、经济法等，但内容大致相同。

③ 在经济法教学体系的建设中，不同的教学层次承担着不同的教学使命，其中，专科阶段的教学旨在经济法基本知识的传授和基本技能的培养；本科阶段的教学旨在对基本理论、基本知识、基本技能的培养；而研究生阶段的教学则主要是对学生经济法专业科研能力的培养。就专科与本科专业的教学而言，从20世纪80年代中期到90年代末，曾经广泛地设置经济法专业，培养了大批经济法专业人才。90年代末，国家调整本科专业结构，实行大法学教育机制，取消了经济法本科专业设置，经济法学被确认为法学专业的核心课程之一，而经济法硕士和博士教育则得到了较大的发展。

先从认识经济法所反映的经济关系和经济规律入手，搞清楚一定社会条件之下，总的经济关系或特定经济关系的发展，对于经济法的需求究竟在何处，才能准确地给经济法做出相应的定义，并予以相应的制度设计。从这个意义上讲，经济法作为一种国家管理经济的制度，也是一种资源，这种资源的供给，必须与客观需求相适应。世界各国经济法制及中国的改革实践证明，经济法对经济的过度介入，无疑会限制经济与社会的发展；而经济与社会发展实践中，经济法的缺位或到位不足，又会使现实中的经济关系处于无序的、不稳定的，甚至是混乱的状态，并不能健康、持续地发展。在此方面，经济科学对于现实经济问题的分析，无疑地给经济法的学习和研究，提供了重要的参照。尤其是在当前市场经济条件下，西方国家有关市场经济发展的经济理论和经济实践，给中国经济法的发展和经济法学科学的构造提供了重要的依据，是我们学习研究经济法所必须要掌握的知识领域。这也说明了，为什么学界对于经济法的评价是"七分经济三分法"的道理。经济法的这一属性，决定了学界和实践部门在研究和实践经济法时，对于经济学知识的系统掌握是第一位的。否则，我们对于经济法的学习，只能是知其"然"，而不能知其"所以然"，更谈不上对经济法的深入研究。

三

从以上分析可看出，经济学无疑是学习研究经济法的重要理论基础。经济学是研究经济现象及其规律的科学，经济学研究的经济问题是一切社会发展的基础，因此，马克思主义才将经济问题视为社会发展的基础，并认为其决定着包括法在内的上层建筑。实际情况是，现实中人类所面临的经济问题无非是生存和发展两大问题。而在市场经济条件下，所要重点解决的矛盾是有限的和分布不均衡的自然资源、人力资源、技术资源、资本资源等在解决人类生存与发展问题时，如何合理地配置的问题。从此意义上讲，经济学与经济法学一样，都是实践性很强的学科。

从经济学与经济法学的关系来看，一方面，经济学的基本原理，为经济法学的研究提供了基础，如市场经济必须是法制及法治经济的原理即是现代经济法和当代中国经济法成立的逻辑起点；另一方面，作为交叉性学科，经济学中的一些基本概念与范畴被经济法所直接吸收和运用，如，关于市场，关于宏观、中观与微观经济，关于金融、财政、税收等；许多经济制度，在经济学看来是经济制度的表现①，但是，在经济法学看来，则是法律制度的表现，是经济问题法律化的结果，经济法对之仅仅是通过特定的法律程序，赋予其相应的法律效力而已。当然，经济法学对于经济学中的概念也不是全盘地接受，如市场经济学中普遍采用的"经济人"② 概念，在经济法学中即未予以继受。此外，在研究方法上，当代经济学强调的是理论假设与相关数理模型的设计，注重对经济过程的数量分析，而经济法学则强调的是，如何用权力（权利）义务的理念和制度，规范具体的经济关系和经济事实，并以此来规范经济秩序，引导经济主体的经济行为。这是经济学与经济法学的明显区别。

与此同时，学习和研究经济法学，还要注意经济法所依赖的政治学基础、社会学基础和管理学基础。

首先，就政治学基础而言，经济法学在学界被视为是国家适度干预经济的法。这种干预的方式在现代社会经济发展中，具体体现为国家对经济的直接管理、间接调控，以及以国有投资形式参与的三种不同的方式。因此，经济法学存在的基础，首先遇到的问题就是有关国家责任的确认问题，而国家责任通常属于政治学的范畴。事实上，现实中各种经济利益的集中表现就是通过政治利益的平衡加以实现的，而众所周知，所谓政治就是经济利益的集中表现。在此方面，虽然，从总的方面看是经济决定政治，但是，从社会发展的历史和现实看，一定历史阶段的经济却又总是在为一定政治服务的。从世界各国法制及其法治发展的历史不难看出，一个国家以民主政治为主要内容的政治文明的进程如何，直接影响着包括经济法在内的一国法制及其法治的程度，而在经济法学看来，经济法制的程度与进程如何，对于一个国家政治文明与法制及其法治建设而言，往往起着基础性的作用。

---

① 此类制度如会计制度、审计制度、统计制度等。

② 市场经济学或西方经济学的一个重要研究分析工具，是关于"经济人"的理论假设。依此理论，在市场经济条件下，消费者、企业，甚至政府都是"经济人"，在市场活动或商品交易中，其行为价值选择首先是自身经济利益的最大化，而在其各自追求经济利益最大化的过程中，经过相互博弈（竞争），达到经济利益平衡，并形成市场运行秩序。

其次，经济法学的问题本身就是事关公众切身利益的社会问题①，因而，经济法学的研究方法必须建立在社会学研究方法的基础之上。经济法学在探讨经济法的发展规律时，也必须充分考虑社会发展的基本规律。在此方面，研究特定国家和特定历史时期的经济法现象，不能脱离与之相应的文化背景与社会基础。②

再次，自 20 世纪以来，管理学的研究和实际运用效果，使管理科学逐渐成为一个独立的学科。如今，管理出效益（包括经济效益、社会效益与环境效益），已经成为社会的基本共识。经济法作为国家管理经济的重要手段，必然与管理学有着密切的联系。其联系可以概括为：一是，如同经济学一样，管理学中有关管理的含义与范畴同样适用于经济法；二是，按照管理学的基本原

---

① 社会发展的首要目标是保持一定社会条件下社会的正常秩序及解决所出现的各类社会问题。其中，所谓正常秩序是指一定社会条件下人类生产、生活的常规性生产、生活方式的总和。它表示着一种人类生产、生活的或生存与发展的常规性思维和正常状态。而所谓社会问题，则是一种反社会、反常态现象的存在，包括现实的和可能潜在的社会问题两个方面。其中，现实的社会问题，按照社会学的观点，是指那些基于压抑、歪曲和破坏等因素的存在，而导致扰乱了人们正常的生活秩序、生产秩序和社会秩序的社会结构力量的出现或存在，并且，构成这种社会问题，须具备五个基本要素：（1）对个人或社会造成了损害；（2）必须与权力集团（或统治阶级）和与社会公认的标准（包括法律/政策/传统习惯与道德标准）相违背、对立；（3）具有持续性；（4）有众多的解决方案（即对社会问题多需要采用综合治理的方式才能得以解决）；（5）公众认可。而对于潜在的社会问题，通常是指那些将来可能对于社会变革产生重大影响的潜在社会问题的预测。对这些社会问题的现实存在和未来预测，将有利于防患于未然。为此，有必要树立起忧患意识，并采取必要的防范措施。统计资料显示，当前的世界性社会问题包括：（1）基于计算机及科技进步的运用所带来的一系列社会问题，如手机偷拍、网络游戏、知识产权保护等；（2）基于城镇化、工业化带来的问题，如环境污染、现代病的出现等；（3）犯罪与反传统行为的存在；（4）社会分歧的存在，如人类在意识形态、宗教和价值理念上存在的冲突问题；（5）传染疾病的世界性流传，如 2004 年爆发的 SARS、2008 年爆发的禽流感等。而 21 世纪以来在困扰我国发展的社会问题方面，则体现在十个方面：（1）全球化带来的负面影响；（2）中美关系带来的台湾问题和周边问题；（3）金融风险问题；（4）国有企业改革问题及相关问题；（5）三农问题；（6）脆弱的社会安全网问题；（7）教育问题；（8）生态和环境问题；（9）地区差距问题；（10）能源问题。在民间调查方面，老百姓最关心的社会问题是：（1）就业问题；（2）教育、医疗与住房保障问题；（3）各阶层的关系问题；（4）腐败问题；（5）生态环境与资源问题；（5）人口生育问题；（6）政治体制改革滞后问题等。

② 文化现象是一种复杂的社会现象，内涵丰富。它是建立在自从有文字记载以来的民族发展历史基础上的具有传统意义的包括有关特定民族群体的生活习俗、习惯、人生价值观念、对人与自然关系的看法、对处理人与人之间的社会关系的总的习惯性做法。对此，有权威论著指出，"文化是一个多义词，其含义大致可以分为三种：一是大文化，它是指人类用自己的双手和智慧所创造的一切，包括物质文化、精神文化以及制度文化，即人类衣食住行等的总和；二是中文化，它是指人类的精神生活，不包括物质文化和制度。其相当于历史唯物主义和社会意识形态范畴；三是小文化，其专指文学艺术之类的文化，它是精神文化的一部分，不包括自然科学、社会科学以及哲学、宗教等人文学科。而通常讲的"文化"，是指中文化。参见：《江泽民"5·13"重要讲话学习读本》，中共中央党校出版社 2002 年版，第 62~63 页。

理，经济管理可以分为秩序性管理和过程性管理两类。① 其中，秩序性管理涉及经济活动主体地位的确立，以及各经济主体之间权利（力）与义务关系的确定问题。因此，其必须以法律的形式明确界定，才能保证经济秩序的稳定。而过程性管理则通常是有关经济变量的调节，比如，有关税率、汇率、利息率及价格的调节，对之，法律仅仅从程序上予以规范，具体到经济变量如何调节则属于经济手段的范畴。由此，便为经济法的存在提供了重要的理论基础。

四

然而，经济法及经济法学毕竟是法及法学的一个分支。经济法虽起源于经济，但落脚点则在于法及其社会进步。在当代社会，法及其法学是相对于其他学科而独立存在的科学，法律科学具有自己独特的法言、法语及其语境，法的本质属性，法的价值追求，法的基本范畴，以及法的形成与运行规律，从而形成了世界通行的法学科学独特的知识结构与体系。但是，由于世界各国政治体制、文化传统的不同，又导致了世界各国法、法制及其法学内涵与外延、追求价值、作用发挥程度之不同。例如，就西方国家的法制而言，虽总体上强调民主法制，但基于法律文化传统的不同，在法律体制上即有大陆法系和英美法系之分，其中，以欧洲大陆各国及其原殖民地国家（或地区）为主的法制，是一种建立在严格的"制定法"体制之下的法制；而以英美两国及其原殖民地国家（或地区）为主的法制，则是一种以"判例法"为主的法制，此外，还有"政教合一"的伊斯兰法制体制。② 目前，

---

① 按照国民经济管理的原理，国民经济管理手段可以分为秩序性管理手段和过程性管理手段。其中，秩序性管理手段旨在实现维护和改善经济秩序目标，其手段可以是说明、劝导和规劝，也可以是强制，在实践中多以法律手段予以体现；而过程性管理手段则是指对经济过程中具体的经济要素或经济关系进行定量的变更和调整，以改变经济变量，从而实现国民经济管理目标的一系列措施和方法。参见王海平、吴春波主编：《国民经济管理学》，中国人民大学出版社 1994 年版，第 91～96 页。

② 在"制定法"体制下，实施严格的法定主义原则，对于现实中出现的新问题则通过法律解释或修改、废除或制定新的法律予以完善；在"判例法"体制下制定的法往往具有较大的原则性，具体的法律调整则主要通过符合法律原则的个案处理予以实现；而在"政教合一"的法律体制下，宗教教规即是法律。在当代，不同的法律体制虽有不断融合的趋势，在国际法、国际私法及国际经济法领域，一些国际组织做了积极的努力，制定了国际交往及经济运行的统一法律或规则。其中，在国际贸易领域，影响较大的当属 WTO 世界贸易规则。但总体上说，就世界各国之国内法而言，体现各国法律体制的特点的法律及其运行机制还是十分明显的。与此同时，还应注意的是，即使在同一法系之中，基于各国或各地区国情之不同，也是有区别的。例如，中国香港地区之法制虽属于英美法系，但由于长期受英国法的影响，其法制体制与英国体制基本保持一致，并区别于美国法体制。

不同的法律体制，直接影响着各国法学的发展，并形成了自己的特色。而就中国法制而言，无论是曾经辉煌的中华法系，还是近现代对于西方法制的引进和借鉴，以及中华人民共和国成立至改革开放以前对于前苏联法制经验的移植，均基本遵循和继承了制定法的原则和立法体制，因而，从法律技术层面上理解，学界公认中国现代的法制亦属于大陆法系。与此同时，中国传统文化中"德"主"刑"辅和法律为政治服务的理念根深蒂固，马克思主义法学理念在中国的广泛传播以及中华人民共和国建国以来对之的强化，直接影响着中国当代法学的发展，是中国特色社会主义法学的重要理论和实践基础。为此，中国经济法学作为中国当代法学的一个分支，无疑地受到总的法律体制、法言法语、法学理念、法律价值目标、法的基本范畴、法学体系构造以及法律运行规律的影响。

<h2 style="text-align:center">五</h2>

从法律科学的发展历史看，法学原本不是一个独立的学科，其是依附于经济学、政治学、社会学发展起来的科学，与之相比，法学总是第二性的，法学存在的价值在于解决各种政治问题、社会问题以及经济问题中的秩序与权利和义务的确定问题，对此，经济法学也不例外。但是，随着上升到法律层面的涉及人类权利（权力）与义务规范的法律问题的日益增多，终使法学成为一个独立的科学范畴，并形成自身的知识体系与内在结构。

从当前中国法学学科的划分来看，经济法学属于法学一级学科下属的二级学科。其源于在大陆法系体制下中国当代社会主义经济法制的实践。中国经济法属于与中国行政法、民商法、社会法、刑法及诉讼法等并列的部门法。因此，学习、研究中国经济法学必须掌握有关部门法理论的基本知识。按照大陆法系原理，部门法构造的基础是人类对于不同法律部门所调整的不同社会关系认识、归类及其本质属性的把握。换言之，对于具有相同属性的社会关系调整的法律规范，即可以在归类的基础上形成一个独立的法律部门。据此，所谓某一个法律部门，即是指有关调整某一类社会关系的法律规范的总称。以此推理，经济法作为一个部门法，即是指调整经济关系的法律规范的总称。

然而，由于从法学原理角度分析，整个法律都是建立在一定社会条件下的特定的经济关系基础之上的，因此，如果将经济法做如上定义，必然会导致经济法涵盖所有法律部门的结果，并与其他法律部门发生冲突。所以，从与部门法构造相适应的法学的科学属性上讲，将经济法定位于是调整经济关系的法显然是不科学和不可取的。据此，从法学角度学习、研究和实践经济法，必须将经济法的调整范围限定在特定的经济关系领域，并且，这一经济关系领域是其它已有的法律部门资源所无法调整或完整调整的经济关系领域。就目前而言，在中国社会主义市场经济条件下，学界对于经济法调整领域的比较公认的范围是：国家对于市场运行的管理（或规制）关系和宏观调控关系。它集中体现了国家对于市场运行的参与和适度干预，也体现了国家对于非市场的公共产品领域资源的国家财政配置与调节的责任。这样的基本认识，以及相应的理论研究与制度设计，是中国经济法及中国经济法学成立的重要科学基础。与此同时，由于现实中的经济关系具有极强的相关联性，进而导致经济法与相关法律部门之间必然存在着密切联系，或范畴与制度共享，或相互弥补缺陷，或相互衔接，从而使经济法具有了较强的包容性和综合性特点。因此，我们要学习和深入研究中国经济法，必须首先学习好与经济法相关的中国宪法、中国行政法、中国民商法、中国社会法、中国刑法及中国诉讼与非诉讼法知识，要及时掌握这些部门法学科最新的研究动态。只有这样，才能在比较研究中，掌握中国经济法的本质属性与运行机制和规律。

六

近年来，在中国法学及其部门法学的构造上，围绕中国法学的现代化和国际化问题，存在有关"本土资源"和"外来资源"之争，甚至有人提出了中国法学向何处去的问题。[①] 对此，中国经济法学界的基本共识是：中国经济法学的资源主要为本土资源，是中国改革开放的产物。但是，这并不意味着在中国经济法的发展及其经济法学的建设中对"外来资源"的一概排斥。事实上，

---

① 2005年邓正来教授在其主持的国家社科重点课题"经济全球化中的中国法学"的基础上，发表其长文《中国法学向何处去》，该文在对1978～2004年中国法学发展进行评析的基础上指出：当下中国法学的根本问题是未能为评价、批判和指引中国法制发展提供作为理论判断和方向的"中国法律理想图景"。造成这种局面的原因，是中国法学领域的主流理论皆受制于一种"西方现代化范式"的支配。据此，中国法学必须结束这个受"西方现代化范式"支配的法学旧时代，开启一个自觉研究"中国法律理想图景"的新时代。该问题的提出，在法学界引起了热烈的反响。参见邓正来："中国法学向何处去"，载于《政法论坛》2005年1～3期。

经济法作为部门法的独立力量最早产生于20世纪初的德国,① 而后,广泛传播于欧美各国,并被亚洲的日、韩等国接受和有效地运用。而今,虽然就世界范围而言,经济法的国际交流平台只有日、韩等少数国家能够直接对话,但是,如果从体现经济法理念的经济法律制度层面考察,世界各国有关在市场经济条件下国家管理(或规制)市场和宏观调控方面的相关法律制度制定和实施的经验与教训,都是我们研究中国经济法,构造中国经济法学理论重要的参照。特别是对于世界各国经济法产生与演变起决定性影响的重要的理论和重大事件,是我们学习和研究现代经济法所必须要熟悉的。但是,我们所构造的经济法学及其经济法理论所依托的是中国社会主义市场经济的实践,它是人类市场经济实践前所未有的,因此,在借鉴西方市场经济理论和实践经验的同时,必须将其和社会主义的本质要求以及中国经济体制改革不同阶段所面临的国情相结合,只有这样,才能使中国的经济法学具有自己的特色,使中国经济法的研究走在世界的前列。为此,本著作认为,对中国经济法学的研究,必须旗帜鲜明地坚持中国特色的社会主义的方向,并认为,在中国社会主义市场经济法制及其法治建设中,坚持社会主义,不仅仅是一个基本原则,而且必须通过具体的经济法制度安排予以充分地体现。

七

正确的学习和研究,必须建立在正确的方法之上。为此,学习与研究经济法,有必要讨论有关学习研究经济法的方法问题。之所以讨论这一问题,还在于在当前社会科学研究中,受"多元化"思潮的影响,在中国长期处于主导地位的马克思主义的世界观与方法论受到了不同程度的冲击,唯心主义和形而上学盛行,在经济学领域出现了基于对欧美崇拜的西方经济学教旨主义;而在法学领域,则出现了基于对盛行于18世纪的西方自然法学派崇拜的"法律至上主义"。在理论研究中则存在言必称欧美,言必称日本,言必称台湾的现象,从而导致现实中一些经济立法的制定和实施,出现盲目移植其他国家和地

① 目前,学界普遍认为,作为部门法意义上的经济法最早起源于德国,其形成的背景是德国资本主义制度的确立和发展落后于英法等国,为此,德国俾斯麦政府根据宪法授权,制定了一批旨在在政府的积极介入下振兴德国经济,以赶超英法的经济法律,如《煤炭经济法》,这些法律得到了德国国民和企业界的积极响应,并起到了明显的成效。对此,各国学界认为,这些法律不同以往的部门法,特别是作为调整经济关系最重要的民商法,是一个具有法律部门意义的法种,并将其命名为"经济法"。

区的制度，脱离中国实际，不能有效地保护广大人民群众根本利益的情况。[①]
为此，我们必须首先强调马克思主义研究方法在经济法学学习、研究中的主导
地位。要坚持马克思主义的基本观点、立场和方法，[②] 必须坚持唯物主义，坚
持物质决定意识的基本观点，坚持实事求是，坚持经济与社会决定法律的研究
理念和方法，对现实中经济法的立、改、废现象，从经济与社会发展的客观需
求中寻找根源，探寻发展规律；其次，要辩证地分析现实中和未来的经济法现
象，要认识到任何经济法现象的存在均是有利、有弊的，问题是如何将其
"利"能最大限度地发挥，使其"弊"得以最大限度地避免。检验的标准是，
是否有利于生产力的发展，是否体现了先进的文化，是否有利于对广大人民群
众根本利益的保护，是否有利于促进社会的和谐和进步。在具体经济法制度设
计上要在优势比较中作出"利"大于"弊"的理性选择。最后，对于经济法
的历史评价和发展预测，要坚持历史唯物主义的观点，用历史的和发展的眼光
看待一切问题，坚持定性分析与定量分析相结合，提倡实证研究的良好风气，
反对经济法学术研究中的浮燥现象，坚持公认的学术规范。

八

从经济法学产生和发展的基本规律看，其所遵循的基本规律，可以概括为
"经济发展→形成相应的经济关系→法律调整→形成经济法→经济法学的产生
和发展"的基本模式。它符合法学产生和发展的一般规律。据此，经济法学

---

① 2008 年，针对法学理论研究和法制实践中存在的问题，中央决定在政法系统全面展开"大学
习、大讨论"活动。该活动旨在解决政法工作中出现的工作方向、思想认识、工作作风及司法体制改
革问题。并就今后的实际工作提出了八个方面的要求：一是，牢牢把握高举中国特色社会主义伟大旗
帜这个主题，进一步坚定政法工作的政治方向；二是，牢牢把握当前我国发展的阶段性特征，进一步
明确政法工作面临的形势和任务；三是，牢牢把握科学发展观的精神实质，进一步端正政法工作的指
导思想；四是，牢牢把握以改善民生为重点的社会建设的基本要求，进一步推进和谐社会建设；五是，
牢牢把握完善国家安全战略和体制的工作目标，切实维护国家安全；六是，牢牢把握维护社会公平正
义的重大任务，进一步推进司法体制和工作机制改革；七是，牢牢把握严格公正文明执法的基本要求，
进一步提高政法队伍整体素质；八是，牢牢把握党的执政能力建设和先进性建设的主线，进一步加强
和改善党对政法工作的领导。参见：中央政法委员会编：《全国政法系统学习贯彻十七大精神和胡锦涛
总书记重要讲话辅导读本》，中国长安出版社 2008 年 7 月版，第 39～64 页。

② 在马克思主义于中国革命和建设中的传播和实践运用中，始终存在着形式主义和教条主义倾
向。为此，只有把马克思主义同中国革命和建设的实践相结合，坚持发展中的马克思主义，才能使马
克思主义在中国的具体实践中发挥效用。在此方面，从毛泽东思想，到邓小平理论，到"三个代表"
重要思想，再到科学发展观的提出，中国共产党带领人民进行了不断的探索，发展了马克思主义。

的产生要略滞后于经济法的产生。从世界各国情况分析，无论是发达国家，还是发展中国家，发展经济目前仍然是各国所面临的首要问题，因此，必然有与之相应的经济法制，但在是否存在相应的作为部门法的经济法问题上则不尽相同。其与如前所述的各国所依托的法制体制不同有着极大的关系。因而，在经济法学的构建上，也存在着不同的表现。在大陆法系国家，由于存在部门法体制，因而存在经济法学或类似经济法学的相关学科。而在英美法系国家，由于不存在部门法体制，当然也就不存在经济法学。但这种状况，并不影响各国对个别法例（如反垄断法）或某一类法（如财税法、金融法）从经济法律制度层面进行国际性交流。

如上所述，中国经济法学的产生始于改革开放，并且随着中国经济法的不断发展，得到了不断的完善。大体上经历了三个发展阶段：第一个阶段是20世纪80年代初的初创阶段。在此阶段，根据国家经济建设的需要，国家制定了首批经济法规，进行了相应的经济司法建设。与此相适应，根据国家教委的要求，经济法学的教学与研究活动首先开始于财经类院校。其次，很快在恢复后的各法学院校开展了经济法学的教学和研究。在那时，虽及时反映了当时经济法的实践，但学界对于经济法的认识还是初步的和模糊的，经济法的科学理论尚未建立起来；① 第二阶段是与计划商品经济相适应的发展阶段。在此阶段，随着经济体制改革和国家法制建设的深化，特别是1986年《民法通则》的颁布，经济法的定位更加明确。② 至1993年，中国经济法学已形成了自己的理论框架与结构，基础理论研究取得相当的进展；③ 第三个阶段是国家实行社会主义市场经济体制以来的阶段。在此阶段，根据市场经济条件下，国家经济立法的调整，经济法学的内部结构也进行了相应的调整，经济法的理念和基本范畴更加明确，中国经济法学进入与社会主义市场经济相适应的繁荣与完善阶段。如今，中国经济法学的教学与研究，已经形成了由博士、硕士、本科、专科等不同层次的学科体系，且经济法学的教学与科研，横跨法学、经济学、理工科学等院校与领域，是其他法学学科所难以相比的。与此同时，如果按照

---

① 在此阶段，经济法学界对于经济法的认识被称之为"大经济法"，即经济法是调整经济关系的法律规范的总称。该观点虽然在一定程度上反映了当时的现实，但却引发了来自法学界内部的主要是民法学界的广泛质疑。

② 随着1986年《民法通则》的颁布，民法调整平等主体之间的经济关系（即横向经济关系）；经济法调整国家管理经济的经济关系（即纵向关系），被实践部门和学界广泛接受。

③ 在此阶段，除经济法调整对象的科学界定外，经济法学的建设也形成了主要由经济组织法、经济管理法和经济协作法三部分构成的理论框架与体系。

国家宏观经济目标的转变划分，该阶段还可以进一步细化成两个阶段，即以促进快速发展经济为第一个阶段；而以促进全面建设小康社会则为最新发展阶段。对此，本书在相关章节将予以详述。

本著作认为，目前，以中国本土资源为基础发展起来的中国经济法学的教学与研究水平，在世界法学学术界独树一帜，处于领先地位。

九

本著作之构造源于作者学习、研究和实践中国经济法 30 年的心得体会。30 年来，作者由最早接受中国经济法教育的学子，成长为专门从事中国经济法教学和科研工作的教授，亲历了中国经济体制改革和中国经济法学发展的每一个历程。本著作是对作者从 1997 年开始从事经济法专业或相关专业硕士研究生《经济法基础理论》基础课教学经验与科学研究的高度总结。作者以"范畴论"、"结构论"、"体系论"之三论，分 38 个问题，构造中国经济法学的基本框架。其中，在范畴论部分，以 10 大范畴，阐述了中国经济法学习和研究中所遇到的基本理论问题，并提出了自己的观点，目的是使学习和研究经济法的理论和实际工作者明白法学科学意义上的经济法是什么，经济法为什么，经济法怎么做之基本问题；在结构论中，主要结合中国经济立法的实践，在对中国经济法按照经济法运行规律予以经济组织法、经济管理法和经济协作法之基本分类的基础上，对中国经济法立法实践中所可能遇到的 24 个基本问题及立法结构予以概要分析，目的是使学习和研究经济法的理论和实际工作者，能对实践中经济立法知识结构与立法规律予以快速掌握，以便能够"举一反三"地予以运用；而在体系论部分，作者按照有关体系的科学内涵，重点对经济法律体系、经济法群体系、经济法运行体系、经济法学体系的构建问题进行了探讨。并且，作者认为，中国经济法学的范畴论、结构论、体系论之间有着内在联系，如果借助于一座楼房建筑过程予以形象比喻的话，范畴论相当于楼房建筑的材料；结构论相当于楼房建筑材料在一定设计思路指导之下的科学组合；而体系论则相当于楼房建成以后的总体效果。而建筑材料质量是否优良，建筑结构是否合理，直接影响着建筑物（楼房）总体形象与使用的效果。与此同时，作为中国经济法的基础研究，本书只是对经济法学基础理论和实践基本问题的概要性阐述，目的是引导读者对于经济法实践中的具体问题，予以深入的研究。因此，本著作从总体上说，又具有方法论的意义。

第一论

经济法范畴论

第一章

经济法范畴概述

第一节　关于范畴

一、范畴的基本含义

范畴（category）一词，出自希腊文 kategria，其原意为指示、证明之意。中国学界研究认为，汉语中的"范畴"一词，最早渊于《尚书·洪范》中的"洪范九畴"之语，其既有各归其类的意思，又有形范铸器、标榜铸样、垂范滋世、立规制法之意。①

---

① 学界研究认为，《洪范》大约产生于中国的殷末周初时期，是自夏商至春秋战国正统精英文化的代表作，在中国文化及哲学史上具有重要的地位和意义。《洪范》中的"洪"为大，"范"为法。"洪范"即大法，而"畴"是类别之义，"洪范九畴"就是指九种根本大法。因此，在中国古语中，"范畴"一词原义是归类范物，具有"category"一词中"类别、分类"的基本含义。在思维方式上，"洪范九畴"体现的是一种"社会、实用、经验"三位一体的思维方式，表现了经验性、比附、天人感应的中国特色。它与西方由亚里士多德所首倡的范畴理论中的"本体、语言、逻辑"的思维方式迥然不同。参见陈声柏："'洪范九畴'的思维方式——从'范畴'角度看"，载于《甘肃联合大学学报》，2005 年第 1 期。

从现代社会对"范畴"一词的运用上讲，具有以下三种解释：①

一是，（有关事务的）类型与范围之义。

二是，同调代数学和范畴论的一个基本概念，它是对群等代数系统的更为一般的概括。

三是，范畴乃哲学名词，是哲学研究的一个重要领域。

从哲学角度讲，"范畴"是人类认识和掌握世界的思维形式和逻辑工具，也是人类主要以概念的形式，对于客观事物的基本陈述方式和语言表达方式，具有认识论的意义，是科学研究的主要工具，并且认为，科学发展的历史，就是范畴产生和发展的历史。在科学研究中，范畴作为人类认识客观事物的一定阶段的总结，是以压缩的形式来表现大量知识的一种手段。

从以上对于范畴的三种解释看，第一种解释表明，范畴形成的基本过程即是人类对事物类型和范围的划分，反映了范畴的基本功能，容易使人理解，具有普遍的意义；第二种解释属于数学领域的问题，该语义下的范畴，不具有普遍的意义，仅适用于数学专业领域；第三种解释，则对于我们正确认识事物，并以科学的方法研究自然和社会现象，具有普遍的和实际的意义。

二、哲学界研究概述

现有研究成果表明，在西方哲学史上，亚里士多德最早对范畴进行了系统的研究，他把范畴看作是人类对于客观事物的不同方面予以分析归类而得出的基本概念，是"每一个不是复合的用语。"为此，亚里士多德提出了实体、数量、性质、关系、地点、时间、姿态、状况、活动、遭受等十大范畴。② 此后，康德从主观唯心主义的观点出发，对范畴作了进一步解释。在康德看来，范畴不是来自于人类的经验，而是所谓人类知性先天之结果。但在范畴的表现形式上，他也认为，范畴是以概念形式表现的，这一点与亚里士多德是一致的。按照康德的观点，他提出了一个范畴体系，其包括了四类十二个范畴，即第一类为量的范畴，其包括了事物的统一性、多样性、全体性；第二类为事物的质的范畴，其包括了事物的实在性、否定性、限制性；第三类为表明事物之间关系的范畴，其包括了事物之间的依附性与存在性、因果性与依存性、交互

---

① 冯 契主编：《哲学大辞典》，上海辞书出版社 1991 年版，第 946 页；辞海编辑委员会编：《辞海》（缩印本），上海辞书出版社 1980 年 8 月版，第 573 页。

② 参见：[英] 罗素著：《西方哲学史》（上卷），何兆武、李约瑟译，商务印书馆 1963 年 9 月第 1 版，第 258 页。

性；四是，有关事物样式的范畴，其包括了事物的可能性与不可能性、存在性与非存在性、必然性与偶然性。① 在此后，客观唯心主义者黑格尔则把范畴看作是先于自然界和人类而"客观"存在的绝对观念发展过程的环节，亦即绝对观念的自我规定。

与唯心主义相反，马克思主义哲学认为，范畴是反映客观事物的本质联系的思维形式，是各个知识领域中的基本概念。据此，作为科学的标志，各门具体科学中都有各自特有的范畴，如，化学中的化合、分解；经济学中的商品、价值等。其中，哲学中的范畴是各门科学共同使用的最普遍、最基本的范畴（或概念），例如，关于矛盾、事物的质与量、事物的本质和现象等概念的界定。与此同时，马克思主义还认为，范畴是人类在实践基础上概括起来的科学成果，并转过来成为人类进一步认识世界和指导实践的方法。范畴是人类认识发展的历史产物，一定的范畴标志着人类对于客观世界一定阶段的认识，它必然随着社会实践和科学研究的发展而逐步丰富和更加精确。

以上简要分析表明，作为一种认识论理论与科学研究分析的工具，有关范畴理论的研究，经过了主观唯心主义、客观唯心主义和马克思主义的演变过程，并指导着当代科学的进步和发展。学习和研究任何一门既有的科学，创造任何一门新型的科学，都离不开对范畴理论的运用。

三、范畴的科学意义

根据学界研究成果，本著作认为，范畴的科学意义，可以概括为以下五个方面：

（一）范畴是人类认识世界，认识事物，指导实践的基本方法，具有方法论的意义

按照范畴理论，作为人类对于一定事物认识基础上，以概念形式概括其本质属性的分析工具，范畴体现了人类认识事物的基本规律。即人类首先面对的是客观存在的事物（或现象）；其次，是人类在对现实中存在的事物进行主观分析的基础上，通过对事物本质的揭示形成了特定的概念，然后，用特定的语言加以表述，并以所形成的特定概念及其理论指导实践。这一过程反映了人类

① 另一研究将康德的范畴体系概括为："1. 量：（1）单一性；（2）杂多性；（3）全体性。2. 质：（1）实在性；（2）否定性；（3）限制性。3. 关系：（1）实体和性质；（2）原因和结果；（3）交互性（或主动性和被动性）。4. 模态：（1）可能性和不可能性；（2）存在和非存在；（3）必然性和偶然性。"参见［英］亚·沃尔夫著：《十八世纪科学、技术和哲学史》，周昌忠、苗以顺、毛荣运译，商务印书馆1991年11月版，第923页。

认识事物的客观与主观的统一，符合认识论的一般规律；再次，更为重要的是，人类在认识客观事物时，按照范畴原理，首先有一个对纷繁复杂的自然与社会现象的归类问题，其次，才是对相同事物做出概念，并力图准确地界定出该概念的内涵与外延。① 据此，范畴与概念之间既有联系又有区别，一是，作为对事物的归类的范畴在前，作为形成概念结果的范畴在后；二是，作为一个范畴，它不仅包括概念，还应包括与概念相关的一切知识。因此，运用范畴原理分析事物时，对不同事物的归类具有重要的科学意义。这一原理，不仅适用于自然科学的研究，也适用于对社会科学或交叉性学科的研究，具有方法论的普遍意义。

（二）范畴是某一类学科成熟的重要标志

科学研究的意义在于如何揭示自己面对的特定事物的本质属性及其发展规律，并以特定的概念来指导在既定语义、语境环境下的进一步理论研究和实践。因此，判断某一门学科是否科学，其中的标准之一，即是看其有没有自己的特有范畴。在此方面，如上所述，每一门学科均有自己特有的以概念形式体现的范畴。值得强调的是，在人类科学发展史上，经历了一个由融合到细化，再到融合的过程。就目前的发展趋势而言，一些跨学科领域的研究，代表了当代科学研究的先进方向，这使一些本属于某一学科范畴的特定概念，成为相关学科共用的基本范畴。例如，关于对"市场"概念的定义，② 本属于经济学的基本范畴，但在政治学、法学、社会学等领域，论及"市场问题"时，同样要借用经济学中有关"市场"的既有概念，而没有必要重新从各自学科角度，对市场现象的存在做出自己的概念。从而使"市场"这一概念，具有了相关

---

① 作为科学范畴的形态，概念被认为是反映对象（事物）本质属性的思维形式。概念是人类通过实践，从对象（事物）的许多属性中，撇开非本质属性，抽出本质属性概括而成。在概念形成过程中，人类的认识已经从感性认识上升到理性认识，把握了事物的本质。科学认识的成果，都是通过形成各种概念和创新知识来加以总结和概括出来的。表达概念的语言形式是词或者词组。任何概念都有内涵与外延之分，其中，一个概念的内涵是该概念所反映的事物的本质属性的总和，也就是概念的内容。例如，"人"这个概念被学界定义为能够制造工具并使用工具进行劳动的动物。概念的外延则是指一个概念所确指的对象的范围，据此，"人"这个概念的外延是指古今中外一切的人。此外，概念不是永恒不变的，而是随着社会历史和人类认识的发展而变化的。如"人民"这个概念，在不同的历史时期有着不同的含义。

② 定义亦称为概念的"界说"，其是对于一种事物的本质特征或概念的内涵和外延的确切而简要的说明。因此，定义实际上是对于概念的确切的和简要的表述。也有观点认为，作为对于概念的定义，只要反映出概念中所反映的事物或对象的本质属性（内涵），即构成一个定义。参见中国社会科学院语言研究所编辑室编：《现代汉语词典》（第5版），商务印书馆2007年9月版，第323页。

学科通用的价值。而就哲学范畴而言，作为人类认识世界的普遍工具，则历来是对任何科学学习、研究的有用的普遍范畴。但是这种现象，并不改变各门学科仍然应具有自己特定范畴的基本原理。对此，有学者认为，"基于研究的需要，从范畴的形成和对比上看，可以把范畴分为特异性范畴和非特异性范畴两类。其中，非特异性范畴，或称共同性范畴，反映的是相关范畴的共性，体现的是它们之间的共通的、相同的一面；而特异性范畴，反映的是某类范畴的特性，体现的是某类范畴的独特的、与其他范畴相异的一面。由此形成了范畴体系的'二元结构'。"① 据此，每一门学科的范畴体系都由特异性范畴和非特异性范畴所组成，但是，能够证明该学科成立的范畴，则集中体现在其所特有的特异性范畴领域。

（三）一门学科范畴的基本形态是由一系列概念及其相关知识构成的

如上所述，运用范畴原理分析事物的结果是概念的形成。但是，单个概念的形成却构造不成一门科学。一门学科的内部构造是由一系列旨在反映客观事物发展规律的相互关联的概念所组成的。并且，在系列概念之下形成既有的知识体系。因此，学习与研究一门学科，首先必须准确地搞清楚既有概念的确切含义及其相互联系，才能在此基础上系统地掌握相关知识，并为进一步研究奠定基础。此点说明了学习在科学研究中的基础性地位，人们欲研究某一类问题，就应当首先通过学习掌握了与研究有关的学科范畴及其知识，才能开展相关的研究。与此同时，科学范畴具有历史意义。随着时代的发展，科学技术的进步，当既有的科学范畴不能解释新型事物时，与新型事物相伴的是既有科学领域中新范畴的出现或是一门全新科学的诞生。如，随着知识经济现象的出现，经济学界便出现了新型的学科——知识经济学。

（四）范畴有基本范畴与具体范畴之分

目前，学界对于范畴研究的结果表明，一门科学的范畴往往会构成其特有的范畴体系，由基本范畴和具体范畴（或普通范畴）构成。其中，基本范畴是指旨在反映和解决某一门科学所要面对的基本问题的那一类范畴，例如，就经济学而言，按照市场经济理论的通说，经济学所要面对和解决的基本问题是：在资源有限和人类需求无限情况下，运用商品市场机制选择生产什么？怎样生产？以及对于生产出的产品如何分配的问题。据此，有关资源、供给、需求、商品、市场、生产、分配等范畴就成为市场经济学的基本范畴。与此同

---

① 李曙光："经济法词义解读与理论研究的重心"，载于《政法论坛》，2005 年第 6 期。

时，在一门科学的基本范畴中，又存在核心范畴与基石范畴问题，即对于某一门科学具有普遍指导意义的基本范畴为核心范畴，而对于科学形成具有决定性意义的范畴则为基石范畴。例如，市场经济学的核心范畴即是指商品及其运行规律。因为商品的存在是市场经济存在的逻辑前提，而其基石范畴即是以最小的成本代价获得最大的收益或对资源的有效配置，简而言之，即是"利益最大化"原则。正因为这样，马克思在其名著《资本论》中对于资本主义经济制度的研究，才从商品的基本属性研究入手。至于具体范畴（普通范畴）则是有关一门科学所涉及的所有问题中概念的反映，数量众多，是科学学科全部内容的体现。

（五）范畴为科学研究提供了共同的语义和语境

认知语言学认为，范畴化是人的认知赋予世界事物的一定的心理过程，是人类思维、感知、行为和言语最基本的能力，对范畴化的认识，是了解人类思维和语言现象的重要内容。范畴化的结果是以特定语言方式表达的对事物的概念总结。由于语言在概念形成中的重要地位，因此，一旦概念形成，便为今后研究相同问题提供了共同的语境。① 然而，由于语言现象是与特定语言的形成和特殊的文化背景有着密切联系的，因此，在科学研究中，可能会发生四个方面的错误：一是，在对基本概念（范畴）未搞清楚的情况下，就探讨具体的问题，其结果必然是不得要领。从而，使研究中提出的问题与分析的问题出现脱离现象；二是，由于对于事物现象归类及概念的理解不同或定义不同，因此，对于同一问题的讨论，往往会得出不同的结论，并各持己见，长期争论，导致学科概念混乱，进而影响了科学的发展和进步。在此点上，社会科学的研究尤为突出；三是，范畴的错位，即把本属于某一范畴的问题，归类于其他范畴予以研究，必然得出错误的结论；四是，在对不同语言背景下形成的概念进行置换（翻译）过程中，由于缺乏对语言含义及表达习惯的准确把握，进而影响不同文化背景下科学知识的比较分析和具体运用。所有这些，可以概括为"范畴错误"，② 而"范畴错误"的结果是研究的失败，更谈不上科学。因此，科学的学习和研究，必须是在既定的范畴之下的学习和研究，而既定的范畴，又为科学研究提供了共同的语义、语境。据此，在科学研究中，对事物现象进

---

① 陈　君："认知范畴与范畴化"，载于《信阳师范学院学报》，2007 年第 2 期。
② 关于"范畴错误"问题的讨论，详见刘明海，高新民："当代科学研究意识中的'范畴错误'"，《贵州师范大学学报》，2007 年第 4 期。

行归类基础上的概念的准确界定，具有首要的和基础性的科学意义。

第二节　关于经济法范畴的基本认识

一、当代中国法学范畴

法学是以研究法律现象及其规律为对象的科学。

在人类科学发展史上，法学研究经过了由抽象法研究，到部门法研究，再到对具体法例与法律规范研究的三个阶段。在抽象法研究阶段，法及其法律被认为是一种自然的力量，与传统的习惯和道德相混同，并形成自然法学派；在西方进入罗马法时期时，部门法的研究兴起，此后成为大陆法系国家法学研究的主要内容之一；而今，无论是倡导部门法构造的大陆法系，还是不倡导部门法构造的英美法系，对于现实中以个别法例或案例所表现出的法律规范或现实经济与社会发展对法律的需求，是法学研究的共同任务。①

在中国，秦朝之前的法学研究与习惯、道德相混同，大体相当于西方的抽象法阶段，自秦朝制定第一部封建社会的法典，即《秦律》，至清朝之《清律》，由于实行"诸法合一"体制，不存在法律部门的构造，因此，中国古代的法学研究对象是法律规范。正因为这样，中国古代的法学被称之为"律学"。到清朝末年，西方法律部门构造的理念被引进，并在民国时期以"六法全书"形式得以初步完成。② 至此，中国的法律实现了与国际的接轨，中国的法学研究也包含了三个方面的研究：一是，有关法及其法律构造的最一般的基础理论研究。其核心内容包括：法的基本概念、法的渊源、法的产生成因、法的价值、法的功能与作用、法律关系、法的运行等；二是，部门法研究。在部门法研究中，除将法的原理与自身结合外，部门法研究的重点是那些与部门法

① 与抽象法研究阶段重点是从学理角度探讨法的自然原理不同，部门法研究和对实际法例与法律规范的研究，则强调对现实存在的法律现象的"公平、公正"问题的研究，其目的是要促使现实中的法与人类理想的法趋于接近，因而其采取的主要是实证主义的研究方法。此外，部门法的研究，还必须通过对自有概念及其知识体系的构造，区别于其他相关的法律部门，以证明自己存在的必要。

② 民国时期的"六法"是指：宪法、民法、商法、刑法、民事诉讼法、刑事诉讼法。该"六法"在中华人民共和国诞生时在中国大陆地区被废除，代之而起的是与社会主义建设相关的法。但在中国台湾地区一直被沿用至今。目前，台湾地区的"六法"演变为七个组成部分，包括：宪法及其相关法规、行政法及其相关法规、民法及其相关法规、民事诉讼法及其相关法规、商事法及其相关法规、刑法及其相关法规、刑事诉讼法及其相关法规。详见黄荣坚、许宗力、詹森林、王文宇编纂：《月旦简明六法》（第十六版），元照出版公司2008年2月版。

构造相关联的一些基本问题。如，部门法的调整对象，部门法的地位及其与相近部门法的关系，部门法的渊源，部门法的核心价值理念，部门法涉及的基本权利和义务，部门法构造的基本原则，基本框架，调整方法，体系结构，制定和实施等；三是，对某一类具体法例构造及法律规范的研究。在此方面，由于其更接近实际，因而，法律实用主义的色彩更加明显，也更具有法律专业的技术性特点。与此相适应，有关法学范畴的研究，也包括了这三个层面的研究，其目的是，使法学研究本身更加规范，以便为法学的发展和现实中法律的制定与实施，提供一种属于法学界或法律界共识的语义和语境，形成法律共同体，① 并使之明白法学与法律界所应肩负的历史使命。

就本著作所阐述的中国法学而言，从新中国建国打碎旧的国家法律体制，到改革开放之前，法律实践与法学研究虽有建国后短暂的一段辉煌时期②，但很快便被政治所替代，法律被视为阶级斗争的工具，因此，基本上谈不上法学研究，有的只是政策研究。改革开放以来，特别是国家推行社会主义市场经济体制和法治建设目标以来，法学研究才回归了其本来面貌，在坚持马克思主义基本观点的大前提下，中国法学范畴的研究才得以恢复和发展。从研究的状况来看，也集中体现在上述三个方面。

首先，在法学基础理论研究方面，在阐述市场经济条件下，法、法律、法制及其法治一般原理的同时，必须阐述清楚与社会主义制度相联系的涉及法的本质、价值与作用的基本范畴；在法的运行规律分析上，要按照唯物主义的基本观点，研究经济与社会发展在法律形成中的基础性作用；研究在现有政治体制下中国共产党的核心领导、人民群众根本利益保护与法制及其法治建设之间的内在逻辑关系；要研究党和国家的政策、党的纪律在法的运行中的地位和作用。只有这样，才能使中国法学基础理论的研究具有中国特色，并对部门法和

---

① 法律共同体是随着法律工作的职业化而形成的一个概念，其中的法律职业是指以法律工作为个人生活来源的职业的总称。通常主要指法官、检察官、律师。事实上，作为共同体成员，其包括了一切从事法律研究与实际工作的人。其形成共同体的条件包括：（1）有着共同的法律信仰、理念与职业意识；（2）有着专业性的法学教育与法律文化背景以及对于现实法律理解与解释的共同语言与专业技能；（3）作为一种法律事业，有着共同遵守的基本工作准则与道德标准；（4）在整体社会职业分工中，法律职业共同体有着共同的利益需求。参见公丕祥主编：《法理学》，复旦大学出版社 2002 年 9 月第 1 版，第 421 页。

② 自中华人民共和国建国到 1954 年第一部《宪法》的制定和实施，是中国社会主义法制建设和法学初创与繁荣的第一个时期。在这一重要的历史时期，国家在政治协商基础上，制定了第一部宪法。而在经济领域，则颁发了大量的行政经济法规。

具体法例与法律规范的研究，起到积极的指导作用。改革开放以来，中国法理学界有关法学基本范畴的研究，最早始于1988年6月由吉林大学法律系等四单位联合发起，在长春召开的法学基本范畴专题研讨会。在这次会议上，法理学界针对当时法学研究落后于改革实践的问题，就中国法学的基本范畴问题进行了认真的探讨，并在"应当将权利义务确定为法学研究的基本范畴"方面，达成了基本的共识。① 而在此后的研究中，当属张文显教授对法学范畴的系统研究。他认为，法学范畴是一个体系，该体系应当由六类范畴构成：一是，法的本体论范畴，具体包括：法、法律规范、法律原则、权利与义务、法律部门、法律体系、法律文化、法律调整等；二是，法的进化论范畴，具体包括：法的生成、法的类型、法系、法律发展、法制现代化、法的更替、法律继承、法律移植等；三是，法的运行论范畴，具体包括：法律创制（立法）、法律实施、法的效力、法的实效、法律行为、法律关系、法律事实、法律责任、法律推理等；四是，法的主体论范畴，具体包括：自然人、法人、团体、国家、立法机关、审判机关、执法机关等；五是，法的客体范畴，具体包括：社会关系、人身、人格、法律行为、国家权力、财产、利益、智力成果、道德产品等；六是，法的价值范畴，具体包括：民主、法治、秩序、自由、正义、效率、福利、知识等。与此同时，从范畴的层次看，法的范畴包括普通范畴、基本范畴、中心范畴、基石范畴等。他认为，权利义务是法学的中心范畴，而在中心范畴中，权利又是法学的基石范畴。② 法理学界的这一研究成果，被反映在了20世纪90年代后期的各法理学教材之中，并影响着部门法学范畴的研究。

其次，是有关法律部门范畴的研究。目前，经过多年的探索，国家已经将中国法律部门构造定位于七大法律部门，即宪法与相关法、行政法、民商法、经济法、社会法、刑法、诉讼与非诉讼法。③ 据此，有关部门法范畴的研究重点是：在对本部门法调整对象予以明确界定的基础上，形成部门法概念，确立部门法地位，研究本部门法特有的形式与产生规律，研究本部门法特有的价

① 参见：卡文："商品经济、民主政治的发展与法学的重构——法学基本范畴研讨会综述"，载于《当代法学》1988年第3期；郑成良："商品经济、民主政治的发展与法学的重构——法学基本范畴研讨会综述"，载于《政治与法律》，1989年第1期。

② 参见张文显："论法学范畴体系"，载于《江西社会科学》，2004年第4期；张文显著：《法哲学范畴研究》，中国政法大学出版社2001年版。

③ 参见李鹏："全国人大常委会工作报告"，载于《人民日报》2001年3月20日。

值、调整方法，研究部门法的体系构造及其运行规律，以便为现实中的部门立法和执法提供理论指导。与此同时，有关各部门法范畴及其知识体系的构造的重要任务之一，就是要通过部门法范畴的研究，使本部门法与其它部门法，特别是相近的部门法予以区别，以突显本部门法在中国社会主义法律体系中的地位和作用。为此，相关的部门法学界进行了探讨。①

再次，是有关个别法例与法律规范范畴的研究。一个不容否认的事实是，现实中的成千上万的个别法例，除少数法例，如《刑法典》、《民法典》的部门法归属较强外，绝大多数法例与法律规范，只是具有某一部门法的倾向而已。因此，有关个别法例与法律规范的范畴研究，首先是要识别个别法例与法律规范应主要属于什么法律部门，因为其直接关系到该法例及法律规范适用的价值定位、基本原则及调整方法。其次，对于那些属于复杂性经济和社会关系的法律调整，往往需要由多个法律部门共同调整，才能满足经济与社会发展的需要，这样一来，就使部门法范畴的研究具有了相对性和灵活性。至于究竟在具体法例与法律规范制定中，哪一个法律部门的作用更大，要取决于不同经济与社会发展阶段对法律价值的需求如何。在现阶段，由于私法功能的发挥有利于社会主义市场经济的发展，因而，大力发挥以民商法为基础的私法的功能和作用，强调公民与企业的权利意识，限制公权力对于市场行为的过度干预，具有阶段性的科学意义。在此方面，一些成果进行了有益的探讨。②

最后，需要特别强调的是，在马克思主义看来，与经济与社会发展相比，法、法律、法制及其法治，总是第二性的，它们只不过是现实经济与社会关系在法律上的表述而已（或反映）。因此，法学范畴的构造，除法言法语的特殊构造外，政治学、经济学、社会学、管理学及相关自然科学中的范畴与概念，

---

① 关于各部门法范畴的探讨，对于传统成熟的部门法而言，较为鲜见，如民法、刑法等；经本著作者之初步检索，改革开放以来，对于部门法范畴探讨的领域，主要涉及到原有的部门法范畴不规范（如宪法）或一些新兴的法律部门（如经济法、社会法）。此方面的研究成果，如，车丕照："试论国际经济法学的基本范畴"，载于《吉林大学社会科学学报》1993 年第 1 期；童之伟："论宪法学新体系的范畴架构"，载于《法学研究》1997 年第 5 期；夏泽详："我国宪法学基本范畴的历史类型"，载于《河南省政法干部管理学院学报》2006 年第 5 期；单飞跃、甘强："社会法基本范畴辨析"，载于《北京市政法管理干部学院学报》2003 年第 4 期。

② 参见：张光君："国际刑法学若干基本范畴探析"，载于《西南农业大学学报（社会科学版）》2006 年第 2 期；张洪光："海关法的经济法范畴及对构建现代海关法律制度的影响"，载于《世界海运》2005 年第 3 期；宋忠胜："合同上第三人法律范畴刍议"，载于《河北法学》2004 年第 7 期；吴双全、胡晓红："绿色壁垒之法律范畴研究"，载于《兰州大学学报》2003 年第 6 期；张平化："民法中的四种行为范畴关系探析"，载于《长江大学学报》2005 年第 2 期等文。

在法学范畴中的具体运用是不可避免的。这一点，尤其在部门法学和个别法例与法律规范范畴的研究和构造中体现的十分明显。法学范畴的研究，越深入到具体问题的研究，其范畴界定的综合性越强。① 据此，企图将法学研究隔离现实的政治生活、经济生活、社会生活，搞纯法学研究是不可取的。必须把法学思维与相关科学思维相结合，才能使法学范畴的研究具有实际意义。

总之，法学范畴的研究，属于法律认知的领域。法学范畴的研究要遵循范畴研究的一般规律。首先，要对现实中复杂的以经济与社会现象为基础的法律现象予以科学的归类；其次，要对归类后的法律现象予以高度的概括，并以特定的语言形成相应的概念及相关知识体系；再次，形成后的概念及知识体系，将为法学的进一步研究和指导法律实践提供一种可供参考的标准（或范式），进而使法学的研究和法律实践趋于规范化、科学化。因此，其在法学的学习和研究中具有基础性的地位和作用。

二、经济法范畴研究的基本问题

（一）研究经济法范畴的必要性和紧迫性

中国经济法属于中国改革开放以来的新生事物，其发展至今，仅仅30年的历史，因此，经济法学的发展受到来自于传统法学，特别是传统部门法学界的质疑，甚至抵制。因此，对于经济法范畴的研究，关系到经济法的存在与发展，相对于其它部门法而言，更具有必要性和紧迫性。并且，一直到现在，整个经济法学界，均在为经济法的部门法地位的被肯定，以及在部门法地位被肯定后如何巩固的问题而不懈地努力。在这一努力过程中，大致分为两个阶段，第一阶段为自改革开放之初诞生中国经济法，到2001年经济法的部门法地位得到国家最高立法机关的确认，以及法学界的普遍认可。在这一阶段，经济法学的研究，主要围绕着涉及到经济法的产生、调整对象与概念界定、渊源、地位与作用、调整原则、调整方法、法益目标、价值取向等基本问题展开。这些论证，若按照范畴理论，就是对经济法基本范畴的研究。它涉及到经济法学的本体论范畴、进化论范畴、主体论范畴、客体论范畴、价值论范畴等问题的研究，只不过未引进范畴研究方法而已。第二阶段是自2001年以来，围绕经济

---

① 比如，在制定有关医疗方面的法律时，立法者首先要搞清楚有关医学方面的基本范畴及其规律，并将法律运行规律与其相结合，才能使所制定的法律能有效实施。对此，有人认为，只要有医疗专家参与就可以了，法学家或立法专家不必也成为医疗专家，但根据本著作作者参与立法的实践体会，仅此，显然不够，必须使法学家与立法专家通过向医疗专家学习，并将立法规律与医疗规律相结合，才能使所制定的法律，既符合法律范式的要求，又符合医疗的规律。

法实现问题展开的研究。此阶段的经济法研究是对经济法运行范畴的探讨，即中国经济法究竟如何通过经济法的立法、执法和司法来实现经济法的法益目标。有关经济法的实现问题的探讨，涉及到经济法的结构与制定、经济法的实施、经济法的效力、经济法的实效、经济法的推定等基本范畴的界定，对这些问题的研究及相关对策的实践，关系到经济法部门法地位的巩固问题，它对于经济法学界而言，同样具有必要性和紧迫性。因为，这一问题不解决，中国经济法的存在将只是一种仅供经济法学界内部自我欣赏的理论而已，它将使中国经济法的研究离现实的实践越来越远。

（二）研究经济法范畴的基本路径

按照范畴原理，本著作认为，经济法的范畴可以表述为：经济法学者对于客观存在的经济法现象在认识与归类基础上所形成的概念及其相关知识。它是我们认识经济法现象，指导经济法实践的重要的和基本的方法。在当代中国社会主义法律体系构造中，经济法作为独立的法律部门的地位不仅被国家立法所确认，也已被法学界所广泛接受。因此，有关经济法范畴的研究主要包括两个方面：一是，有关经济法部门法范畴的研究，其目的是通过对经济法部门法范畴的界定，使经济法区别于其它法律部门，以表明其存在的价值与科学意义；二是，对于现实中经济立法所涉及到的具体经济法法例与法律规范范畴的研究，其目的是使现实中的经济法立法，能够体现经济法的理念、价值、调整原则与方法，使经济法能在法制实践中发挥应有的作用。因此，总体上说，在法学范畴研究体系中，经济法范畴的研究，属于法学理论范畴研究之下的下位的部门法研究，与其他法律部门一样，担负着同样的历史使命。

然而，从经济法的研究情况看，经济法范畴研究首先遇到的难题是有关对"经济法"一词如何解读的问题。从法学逻辑看，对于"经济法"，不能简单地解读为是有关"经济的法"，因为，这样就会破坏既有部门法内部构造的结构。为此，经济法学界必须将经济法中的"经济"限定在一定的范围，并以此构造自己的知识体系，体现自己的特有价值与制度特色；其次，鉴于经济关系是所有法律部门所共同调整的基础，因此，在调整经济关系时，如何处理好经济法与其他部门法的分工与协调，成为经济法范畴研究的重要课题；再次，由于经济法是有关经济的法，因此，经济法范畴的研究必然涉及到经济范畴在经济法领域的运用问题，并且，随着中国现阶段已经由单纯追求经济增长，进入到全面建设小康社会的新的历史发展时期，有关社会发展范畴研究成果，也应体现到经济法范畴研究之中。最后，由于经济法所涉及的经济与社会发展问题，除部分属于稳定的以外（如基本经济制度），多数具有动态的和综合性特点，这使经济法范畴的研究更具有变异性质与综合性特点。

与此同时，从方法论角度讲，首先，经济法范畴的研究，必须遵循范畴研究的一般规律（或逻辑），以"归类→形成概念与知识体系→指导实践→根据实践完善概念与知识体系或补充新的概念与知识"的模式进行。只有这样的经济法范畴研究，才是科学意义上的经济法范畴研究。其次，经济法范畴的研究，不能是经济学、政治学或社会学范畴的简单翻版，要按照法学一般范畴对于经济法问题予以符合法学研究范式的抽象总结，使相关科学范畴在经济法运用中，能有新的含义。

（三）经济法范畴研究的现状及理论贡献

以"范畴"视角研究经济法，包括对经济法范畴和经济法学范畴的研究，以及对范畴论方法在经济法领域的运用性研究和对具体范畴问题的研究的基本分类。纵观相关成果，以"范畴"名义研究经济法，最早见于1985年张士元教授在《河北法学》发表的《浅议经济法学的范畴》一文，在该文中，作者在对经济法律体系、经济法学体系、经济法课程设置各自范畴及其相互关系探讨的基础上，对中国经济法学、比较经济法学和国际经济法学的构造提出了自己的观点。他认为，中国经济法学的研究包括：经济法基础理论研究、经济法律史的研究和各项经济法律制度的研究三部分。① 这比法理学界开始对法学基本范畴研究早三年。经济法学界对于经济法范畴的深入研究始于1999年。1999年，刘红臻在《法制与社会发展》上发表《经济法的基石范畴论纲》一文，该文以利益关系为切入点，将社会整体经济利益作为经济法的基石范畴，并进行了深刻的论述，此观点的提出，得到了经济法学界的普遍认可，并有相关的文章予以了更进一步的探讨。② 经济法学界有关经济法基石范畴或基础范畴的研究，是建立在经济关系发展对法律需求基础上的，它符合马克思主义的基本观点，是对法学基础的和基石范畴研究的贡献。总的来说，中国经济法的基本范畴的研究呈现出两种基本的路径，一种是按照法理学界关于法学基本范畴的研究思路，将经济法的基本范畴定位于经济权利和经济义务，或者为经济职权（职责）；另一种是结合经济法的特点，提出了新的范畴概念或理念。前

---

① 张士元："浅议经济法学的范畴"，载于《河北法学》1985年第5期。

② 进一步的探讨，如，卢代富、陈治："经济法基础范畴刍议—基于社会法研究进路的思考"，载于《云南大学学报》（法学版），2003年第4期；蒋悟真、李晟："社会整体利益的法律维度—经济法基石范畴解读"，载于《法律科学》2005年第1期。

者如任先行教授的观点；① 后者如程信和教授的观点。② 而较为全面探讨经济法范畴问题的专著或硕士、博士论文有单飞跃：《经济法理念与范畴的解析》、李莉：《经济法基本范畴解读》、刘水林：《经济法基本范畴的整体主义解读》等。③ 此外，关于范畴方法论在经济法学研究中如何运用的研究成果，主要体现于张守文教授《论经济法学的特异性范畴》一文。他认为，"经济法的范畴体系，主要是由各类组合范畴形成的，而各类组合范畴作为衍生特异性范畴，则是由非特异性范畴与原生特异性范畴按照'属概念＋种差'的原理组合而成的。因此，从整个范畴体系来看，包含着特异性范畴与非特异性范畴的'二元结构'。此外，在特异性范畴体系中，又形成了深层次的原生特异性范畴和浅层次的衍生特异性范畴所构成的'二元结构'。通常，人们在法学研究中所直接关注的，往往是衍生特异性范畴，这些范畴也是体现各个部门法或部门法学的区别与联系的重要标志。另外，在原生特异性范畴体系中，还有主导性范畴和辅助性范畴所构成的'二元结构'。上述的各类'二元结构'的存在，不仅体现了整个经济法范畴体系的层次性，而且也体现了各类'二元结构'内部的层次性。不同范畴的层次性是形成范畴体系的重要基础，对于深入研究范畴体系的内部关系很重要。"而就经济法的范畴体系如何构造，他提出的观点是以"调制权"为核心来构建经济法的范畴层级和体系。④

综上所述，以上以"范畴"名义，对经济法基础理论的研究，遵循了范畴研究的基本规律，并在法学基本范畴研究的基础上有所创新。但是，目前的经济法范畴研究中，有两点值得注意：一是，经济法作为一门综合性的和交叉性的科学，反映了法学、经济学、政治学、管理学、社会学等科学的知识融合性、兼容性特征，为此，经济法范畴的塑造，必须将这些既有科学中的范畴与知识融合到自己的科学范畴体系之中，并且，应当在经济法语境之下，赋予其新的含义。而在此方面，经济法学界不仅做得不够，而且，还存在排斥其他相关科学范畴与知识的理念和倾向，这对经济法的发展极为不利；二是，在具体

---

① 参见任先行、张奉礼："论经济法的范畴"，载于《兰州商学院学报》2001 年第 4 期。

② 参见程信和："发展、公平、安全三位一体——经济法学基本范畴问题探析"，载于《华东政法学院学报》1999 年第 1 期。

③ 参见：单飞跃：《经济法理念与范畴的解析》，中国检察出版社 2002 年版；李莉：西南政法大学硕士学位论文：《经济法基本范畴解读》；刘水林：西南政法大学博士论文：《经济法基本范畴的整体主义解读》。

④ 参见：张守文："论经济法学的特异范畴"，载于《北京大学学报（哲学社会科学版）》2006年第 3 期。

经济法律制度范畴的研究方面，研究成果甚少，需要加强。

三、经济法的基本范畴与普通范畴

按照哲学上的范畴理论，每一门科学的范畴是一个体系，由基本范畴与普通范畴所构成，而在基本范畴中，又存在核心与基石范畴。对此，经济法学也不例外。

所谓经济法的基本范畴，就是指涉及经济法部门法基本问题的范畴。根据中国经济法的实践及研究，本著作认为，中国经济法学的基本范畴包括如下内容：

（一）经济法的概念与调整对象

按照部门法学范式，并根据现实中的经济法现象的科学归类，对经济法予以概念界定，是经济法学构造的逻辑起点，是经济法学首要的基本范畴。关于经济法的概念的界定，既要符合法学中有关部门法概念界定的范式要求，又要体现其所依赖的客观存在的社会关系之基础。与此同时，部门法概念界定中的核心问题是关于相关部门法的调整对象，因此，对于经济法调整对象的分析与理论界定，是对现实经济立法中法律部门属性的基本依据。为此，经济法的研究，必须全面地阐述清楚经济法的调整对象，并指导经济法制的社会实践。

（二）经济法的渊源

按照法学原理，经济法渊源不仅包括现实中的经济法表现形式，也包括经济法的理论来源和政策渊源。因此，探讨经济法的渊源范畴，旨在研究在经济法形成和发展中，具有作为经济法实在存在的法律形式和对经济法产生和发展具有重要影响的理论和政策基础，以区别于其它的部门法。

（三）经济法的地位

目前，虽然经济法的部门法的地位已经被实践部门与学界所广泛接受，但是，对于经济法为什么能成为独立的法律部门问题，仍然需要科学地阐述；与此同时，经济法地位范畴的研究重点在于对经济法与相近法律部门关系的研究，以明确经济法与其他法律部门之间的联系与区别，并使经济法作用的发挥定位于恰当的领域。

（四）经济法的产生与发展

法律是人类意志的反映，属于上层建筑领域。但是，法律的产生和发展，又是不依人类的主观意志所任意左右的，是以经济与社会发展的需求为客观依据的。对此，经济法也不例外。研究经济法的产生与发展范畴，不仅在于揭示经济法产生发展的历史条件，更重要的是要揭示经济法产生与发展的规律，以证明经济法产生、发展与其他法律部门的不同，并进一步说明经济法存在的必要。

（五）经济法的价值

任何法律部门的存在均有其特殊的有用性，这即是法律部门的价值所在。它关系着特定法律部门所要维护的法律秩序与所要达到的法益目标，因此，其在法律部门构造中具有根本性的地位。为此，经济法范畴的研究，必须回答经济法有别于其他法律部门的特殊的价值，并为经济法理念的塑造奠定理论基础。

（六）经济法的功能与作用

经济法价值的实现，需要通过经济法功能和作用的发挥，才能得以实现。与传统的法的功能相比，经济法作为现代法的功能主要是协调经济和社会发展的利益关系，促进国民经济和社会的和谐发展。而经济法作用的发挥，既要注意其积极作用，又要克服其消极作用，为此，它是经济法范畴研究的重要内容。

（七）经济法的基本原则

法律部门的基本原则是构建法律部门的基本总则，与此同时，在立法与司法实践中，法律的基本原则，又被作为"一般条款"和"兜底条款"适用，以弥补具体条款的不足。因此，经济法基本原则范畴的界定，不仅具有重要的理论意义，而且具有重要的实践价值。

（八）经济法的调整方法

每一个法律部门，总有一些与其他法律部门不同的调整方法，而调整方法的不同，又取决于法律部门所依赖的社会关系的性质。经济法调整的是特定的经济关系，经济法调整方法范畴的界定，必须与特定经济关系发展的需求相一致，才能达到经济法的功效。为此，经济法范畴的研究，有必要对于经济法特定调整方法予以界定，并论证其存在的客观需求。

（九）经济法的制定与实施

法的制定与实施，涉及到法的运行模式与规律问题，是法律范畴研究的基本内容之一。对此，为了保持法律制定与实施的统一性，各部门法的制定与实施存在共性是必然的。但是，不同法律部门的制定与实施，又存在其各自的不同路径。因此，经济法制定与实施范畴的研究，重在揭示经济法制定与实施运行的特色，以便指导现实中经济法的制定与实施。

（十）经济法律关系

法律关系是法律运行的基本模式。有关法律关系范畴的研究，给我们提供了法律关系范畴研究的基本框架，即法律关系的主体范畴、客体范畴、以权利（权力）与义务为内容的内容范畴，以及法律关系的产生、发展范畴和法律关系的保护范畴。从而，为法学研究实际问题时，提供了体现法学特色与科学性的基本范式。为此，经济法作为法律部门，有必要探讨经济法律关系作为法律关系的一种，其区别于其它法律关系的特色，以便于经济法的适用。

（十一）经济法的结构

从中国改革开放以来的法制实践情况看，经济法数量众多，约占整个立法数量的80％，且给人以杂乱的感觉。经济法结构范畴的研究目的在于，运用结构分析理论，对经济法予以分类基础上的基本问题的总结与抽象，以利于人们对经济法更好地学习、研究和应用，具有重要的实用价值，是经济法实现范畴的具体体现。

（十二）经济法的体系

以体系论的理念构造科学，是当代最先进的科学研究方法之一。因为，它可以使人们对于庞杂的现象和知识及其相互联系，从宏观角度看得更准确、更明白。为此，经济法及其经济法学要具有科学意义，就必须根据现实需求，构建自己的科学体系，使经济法体系范畴的研究成为经济法学的基本范畴。

以上经济法学基本范畴的研究，应当在范畴理论指导之下进行。但是，鉴于对经济法结构问题和体系问题的研究，涉及到结构研究方法和体系研究方法的独立运用，且是本著作"范畴论、结构论、体系论"三论中的独立问题，因此，本著作在阐述范畴问题时主要集中在前十个问题上，对于结构和体系问题将予以单独论述。

关于经济法的普通范畴，则是指体现在经济法众多制度构建中的相关概念与知识，其数量庞大，本著作作为基础研究不对之一一阐述。

四、经济法的核心范畴与基石范畴

按照范畴原理，一门科学的基本范畴中，存在核心范畴与基石范畴问题。并且，从基本范畴中所进一步抽象出的核心范畴所表述的基本概念及相关知识应当贯穿于该门科学的所有领域，并鲜明地区别于其他法律部门。为此，如上所述，学界对于经济法的核心范畴和基石范畴问题进行了相应的研究。根据学界的探讨，结合中国经济法的实践和作者的学习、研究心得，本著作认为，在社会主义市场经济条件下，经济法的核心范畴包括经济法的主体范畴、调整范畴、经济法的职责范畴和经济法的价值范畴四个方面，而有关经济法的价值范畴又成为经济法的基石范畴。

首先，就主体范畴而言，任何法律部门均有其特定的主体范畴。比如，民法的主体范畴是自然人和法人；行政法的主体范畴是行政管理人和相对人。为此，经济法要成立，必须明确自己的主体范畴。在此方面，鉴于从国外经济法的发展历史和中国经济法产生的历史原因考察来看，经济法是国家管理和促进市场经济发展的法。所以，经济法的基本主体范畴应当被界定为国家和市场主体，其中的国家主体包括了一切可以代表国家依法参与经济决策的制定和实施的组织，而尤为重要的是政府的经济和社会管理部门；而市场主体则涵盖了市场消费主体、生产主体、经营主体和服务主体；此外，随着介于国家与市场主体之间的社会中介机构的作用日益明显，经济法学界认为，社会中间体组织，也是中国经济法的重要主体。

其次，关于调整范畴研究，是指对于经济法调整对象及其法域范围的确定。如上所述，对于经济法调整对象范畴的研究，不仅涉及到对经济法概念的界定，而且，关系到对现实经济立法实践的识别与指导问题，因此，其显然是经济法的核心范畴。

再次，由于法律问题实质上就是权利义务问题。因此，关于权利义务的研究，历来被法学界认为是法的基本的和核心的范畴。所以，以此推理，经济权利与义务范畴的研究必然属于经济法核心范畴研究的重要内容。但是，这种按照法学研究一般思维对于经济法权利（权力）、义务问题的研究，不足以体现出对经济法权利义务本质属性的体现。而事实上，从经济法的实践情况看，经济法的"义务本位"，使经济法主体的职责，成为经济法的核心范畴，并使其显然与法学界所普遍倡导的"权利本位"有所不同。

最后，关于经济法的价值范畴，不仅是经济法的核心范畴之一，也是经济法的基石范畴。因为，经济法的价值问题，不仅表明了经济法存在与发展的有用性，而且，它向世人宣示了经济法所要保护的根本利益，维护的基本秩序。以便使人们更简明扼要地知道，现实中究竟哪一类问题应属于经济法的基本问题，归经济法调整。对此，经济法学界的普遍观点是经济法的价值体现为对社会整体经济利益的保护，并涉及到对于社会整体经济利益范畴的界定问题。对此，本著作将予以专门论述。

对于以上经济法范畴的详尽分析，将是下列各章的任务。

第二章

中国经济法的概念解析

第一节　经济法的语义辨析

所谓语义，系指某一特定词语的含义。按照语言学的原理，研究与探讨某一特定词语的语义，即是要研究该词语的意义及其历史演变。① 据此，本著作认为，所谓经济法的语义，也就是指经济法这一特定词语的含义，而了解经济法的语义，即是要研究经济法词语的意义及其历史演变问题。在此方面，根据人类对经济法研究与实践的历史与现状，对经济法一词的理解，既存在字面意义上的望文生义之说，也存在着作为法学专业术语上的特定含义，还存在着对于相关词语的理解问题。

一、望文生义的经济法

当人们仅从字面上望文生义时，往往会把经济法理解为：经济法即是与经济有关的法的统称，换言之，凡是与经济有关的法，统统可称之为经济法。在此意义上理解的经济法，它所要解决的问题是经济活动中的所有经济法律问题。因此，与之相对应的学科，不应称之为"经济法学"，而应称之为"经济法律学"。该词义代表了非法学专业领域对于经济法的一般认识与索求。与这种理解相对应的词则是"法经济"，它是指在法的制定与实施过程中所存在的经济问题的统称，其所解决的问题是法律的经济问题，"法经济"词义的运用，在当今世界各国的法制建设中具有重要的理论与实践意义。由此可知，望文生义意义上的经济法与法经济，都不是从法学部门法意义上对法的归类的结果，但与部门法意义上的经济法的研究具有相关联性。

---

① 中国社会科学院语言研究所编辑室编：《现代汉语词典》（第5版），商务印书馆2007年9月版，第1665页。

二、方法论上的经济法

对于经济法律理论与实践工作者而言，上述从字面意义上对经济法与法经济的理解，形成了两种可供人类分析经济法律现象的分析方法。其中，经济法律分析，即是运用法的理念、法的制度等法律方法，分析经济现象的统称。在该分析中，从法的角度，对经济现象合理性存在与选择的分析及进一步解读是该分析所要达到的目的，而法律只不过是一种分析问题的方法与工具而已。而与之相反的是，所谓法律的经济分析，则是运用经济学的效率、利益等理念和成本分析等工具对客观存在的法律现象的分析的统称，在此分析中，对法律现象合理存在与选择的分析及进一步解读是目的，而经济分析方法的运用也同样只是一种工具。

本著作认为，从科学发展的历程看，无论是经济的法律分析，还是法律的经济分析，都属于法学和经济学互动的结果，体现了两者的交叉特点，它们对于推动包括部门法意义上的经济法学、民法学、商法学等经济法律科学的进步，具有分析论上的理论与实践意义。从理论上看，其反映了经济与法的紧密结合，从实践上看，则可以突破传统学科划分的禁锢，从新的视角对现实中的经济法律现象做出科学的解释，并进而被当今世界各国的经济与法律学界所提倡与推崇。①

三、法律科学意义上的经济法

法律科学意义上的经济法主要存在有关广义经济法与狭义经济法之分。

广义经济法一词及其概念的提出，承袭了人类对于经济法的一般理解，将经济法定位于与经济有关的法，为此，广义经济法的法域涉及到部门法体制下的众多部门。从中国目前法律体制下的法律部门划分看，其主要涉及到宪法及其相关法、民法、商法、行政法、经济法（指狭义经济法）、社会法和刑法等部门法理论研究与实践问题。此外，学界对中国经济法产生初期的经济法也称之为广义的经济法，因为在中国经济法学发展的第一阶段，国家虽然提出了经济体制改革，并授予企业自主权，但在经济法律制度层面，以计划管理为中心

---

① 在此方面，当今世界最引人注目的是美国学者波斯纳在其著作《法律经济分析》中对于法律现象的经济分析，该方法自上世纪80年代后期被引进中国，法学领域各个学科的学者对此均进行了有益的探索。参见［美］理查德．Ａ．波斯纳著：《法律的经济分析》，蒋兆康译，中国大百科全书出版社2006年版；国内学者较早引进并著述立说者为周林彬教授，参见周林彬著：《法律经济学论纲》，北京大学出版社1998年版。

的经济管理体制仍然占有统帅地位，商品经济的范围极其有限。例如，即使是当时最能反映市场关系的企业间的合同关系，也被《经济合同法》赋予了计划调节的前提条件。① 在同期出版的经济法教材、讲义中，均把保证国民经济计划的实现作为经济合同的原则、作用或功能予以了阐述。② 此种词义下的经济法虽然在中国实行商品经济初期，遭到来自法学界内部的批判，但本著作认为，这种对于经济法的广义认识，并非是经济法学者的主观臆断，而是对当时经济法现象的总结和概括，具有阶段性特点。这种状况，在1986年国家制定《民法通则》后，得到了改变。③

此外，值得注意的是，在英美法体制下或虽属于大陆法系国家，但不存在独立的经济法部门的国家或地区，则表现为并不明显归属于哪一个法律部门的各项具体经济法律制度的研究与实践。这是由经济问题及其经济关系在人类现实生产与生活中的基础地位所决定的。

本著作认为，广义经济法相当于望文生义下的经济法，它并非完全不具有科学性，因为在广义经济法词义下，人类可以将经济规律与法律规律有机地结合起来，从整个法的角度考虑与分析经济法律问题，使一国经济法律制度的建设，能够从总体宏观角度，获得较为理想的效果；其不足之处是可能不能照顾基于不同属性的经济关系所引发的特殊问题及其对法律的需求。④

针对上述广义经济法存在的缺陷，中国经济法学界提出了狭义经济法之说。在狭义经济法说对经济法一词的解读上，经济法的语义被严格限定在经济法作为部门法的特定范畴之内，即只有反映国家干预、参与及调节经济，以及

---

① 1981年12月31日通过的《中华人民共和国经济合同法》的立法宗旨即明确规定，"为了保护经济合同当事人的合法权益，维护社会经济秩序，提高经济效益，保证国家计划的执行，促进社会主义现代化建设的发展，特制定本法。"；在签订合同的原则方面，第四条规定，"订立经济合同，必须遵守国家的法律，必须符合国家政策和计划的要求。任何单位和个人不得利用合同进行违法活动，扰乱经济秩序，破坏国家计划，损害国家利益和社会公共利益，牟取非法收入。"，而在经济合同无效方面，则在第七条规定"违反法律和国家政策、计划的合同"为无效合同。
② 参见高程德著：《经济法学》，中国展望出版社1985年版，第146页；刘隆亨编：《经济法简论》，北京大学出版社1981年版，第102页；西南政法学院经济法教研室编：《经济法讲义》（1982），第125页。
③ 1986年《民法通则》颁布后，与商品经济相联系的平等性经济关系由民法调整，而经济法则调整基于国家经济管理的具有不平等性质的经济管理关系和与经济管理有密切联系的经济协作关系。
④ 例如，在部门法体制下，宪法对于经济关系的调整只能是宣言性的和纲领性的；民法则只能调整平等主体之间的财产关系和与之联系的人身关系，且在许多方面是抽象的；经济法则只能调整国民经济运行中的不平等的或变相不平等的关系，且是与经济关系密切联系的具体的经济和社会关系。

社会公益等经济法本质属性，且调整特定经济关系的法，① 才属于经济法的范畴。这样，就为具体制定经济法或评价现实各类经济法时，提供了一个大致科学的定位与标准，且由于各国国情不同或经济法学者对经济法一词的理解不同，而有所不同。

本著作认为，在中国现行法律体制下，狭义经济法的语义解读，虽解决了广义经济法的缺陷，突出了经济法应有的特定含义，具有实践意义，也符合法学研究与实践的规律，但其缺点也是比较明显的，即其往往会忽略了一国法律体系内部各个法律部门之间的协调统一问题，使法律对于经济关系的全面调整出现漏洞，② 这是在狭义经济法理论研究与实践中应特别注意的问题。

此外，从中国经济法的研究历史看，有关前置词限定下的经济法，除广义经济法和狭义经济法之提法外，还有空想经济法与现实经济法，古代经济法与现代经济法，外国经济法与中国经济法，以及资本主义经济法与社会主义经济法之说，③ 对这些经济法词义、含义、意义及其历史演变的准确理解与定位，对于经济法的理论研究与实践也具有重要的意义。

以上分析表明，在经济法的理论研究和实践中，"经济法"一词，可以从

---

① 在此方面，中国经济法学界目前的共识是经济法的调整范围主要指市场规制关系和宏观经济调控关系，而对于社会保障关系是否应由经济法调整则存在着争议，但官方则把其归类于社会法的范畴。

② 在此方面，最为突出的问题是经济法责任与民事责任、行政责任和刑事责任的不衔接问题。而在实践中则表现为在处理经济纠纷时，往往会出现民事不管刑事、行政责任，刑事不管民事或行政责任现象的大量存在，尤为突出的是，在许多情况下，由于经济法规定的刑事责任，在刑法典中没有相应的刑事处罚规定与之衔接，从而导致大量的经济犯罪得不到应有的追究。目前，该问题已经引起了理论与实践部门的重视，成为经济法研究的一个涉及经济法实施的热点问题，并已组织了几次专题研讨。

③ 按照通说，所谓空想的经济法，即是指思想的经济法，根据目前的研究成果，一般认为其最早可见于 1755 年法国空想社会主义者摩莱里在其著作《自然法典》中有关未来社会财富分配的经济法构想，但本著作认为，实际上，作为思想意义的经济法是贯穿于自从有了国家以来的人类整个历史发展之中的，它是人类各个历史发展阶段经济法产生与发展的思想基础；而与之对应的经济法是现实意义上的经济法，它是由特定历史时期，由国家制定、认可并具体实施的经济法。所谓古代与现代经济法的词义是按照时期不同划分的经济法，其中，现代经济法与古代经济法区别的主要标志是是否将经济法作为独立法律部门看待的经济法，以此标准划分，现代经济法是指资本主义垄断时期以来的经济法。所谓外国经济法与中国经济法之分是按照国家领域不同划分的经济法，按照法学原理，只要各国国家具有组织与管理国民经济的职能，其就存在经济法的理论研究与实践问题，其中，关于中国经济法之提法，按照习惯用法，通常即是指中国大陆地区的经济法，但严格意义上讲，基于目前中国法律管辖之现状，中国经济法应包括祖国大陆的经济法、香港地区经济法、澳门地区经济法和台湾地区经济法四种不同类型的经济法。关于资本主义经济法与社会主义经济法的划分与词义，是按照经济法所依托的不同性质政治与法律体制的经济法。

不同的角度加以分析，内涵丰富，但是，依据中国目前的法律体制，法律科学意义上的经济法必定是部门法意义上的经济法，且应当是现实的、现代的、中国的和社会主义的经济法。

第二节　部门法概念的范式分析

一、部门法概念模式

在中国法学教学与研究中，部门法概念界定有着自己的语言表达范式，其通用于任何部门法律概念的界定，并形成如下基本概念模式：

某某法是调整某某关系的法律规范的总称。

按照该模式，民法概念可以被简要地表述为"民法是调整民事关系的法律规范的总称"，刑法概念可以被简要地表述为"刑法是调整刑事关系的法律规范的总称"。与此同时，这种概念范式还适用于那些虽然在学术上不能称之为法律部门，但可以在学术上予以归类的处于三级学科地位的"法群"概念的简要概括，如，会计法和统计法均属于经济法部门法的下位法群，其中，会计法概念可以被定义为会计法是调整会计关系的法律规范的总称；统计法可以被定义为调整统计关系的法律规范的总称。

二、部门法概念的基本要素分析

（一）调整对象要素

在大陆法系体制之下，任何法律部门均应有独立的调整对象，即特定的社会关系。并且理论上通常将是否具有自己独立的调整对象，作为判断其是否成为独立法律部门的基本标准。因此，调整对象的存在及其界定，便成为部门法概念成立的第一要素。从部门法调整的社会关系来看，某一类性质相同或相近的社会关系，即构成某一法律部门的调整对象。从其表现形态来看，其又可以分为两种表现形式，一种是比较单一的社会关系，如，行政法即是调整基于政府代表国家行使行政权力时，与行政相对人之间发生的行政关系的法律规范的总称。刑法即是调整基于刑事案件的发生而引起的刑事关系的法律规范的总称；另一种是以调整某一类社会关系为主，但是，同时也调整与之密切联系的相关关系的法律部门，如，民法主要是调整公民之间、公民与法人之间，以及法人与法人之间发生的平等的财产关系，其主要包括基于财产所有、占有和使用而发生的物权关系和基于财产流转而发生的债权关系，但是，与这些财产关系相联系的人身关系，也在民法的调整之列。通过上述分析，经济法的调整对象亦属于此类社会关系。与此同时，还应当注意的是，部门法概念界定对于各部门法调整对象的划分，只是一个大致的划分，因为，现实中的社会关系是复杂的和多变的，这就会导致法律部门之间的交叉和相互依赖关系的产生，如，政府行政机关在行政管理过程中，如若构成对于公民、法人的侵权，并造成了实际的损害，即会导致行政附带民事诉讼关系的产生，而许多民事关系的产生又是以行政关系为前提的，① 又如，就刑法而言，虽然看起来其调整对象比较单一，但是，事实上，刑事关系的产生又是以既有的行政关系、民事关系、经济关系为基础的，即只有在这些社会关系运行中，当事人的行为触犯了刑法，构成犯罪，并按照刑罚应当受到刑事处罚时，才会发生刑事关系，并且，如果刑事关系的发生涉及到对被害人利益侵害时，还会引发刑事附带民事诉讼关系的产生。尽管如此，法律部门概念对于调整对象的界定还是至关重要的，因为，不同性质的社会关系，决定着调整不同社会关系的法律部门的性质、地位、法益目标②和价值的定位及法律适用的基本原则。如，在当前社会主义市场经济条件下，民事商事关系决定了作为调整民事商事关系的民法部门在这些

---

① 例如，企业作为民事主体，其成立的条件是在符合行政许可条件的基础上，经工商部门登记注册后，才能开展民事活动。

② 关于法益目标问题，中国台湾学者李宜琛认为，"法益应为法律保护的利益。"大陆学者王保树教授认为，"任何部门法都将保护一定的利益作为自己的任务，或言之，将追逐和实现一定的利益作为自己的目标。所以，所有部门法都有自己的法益目标。当我们讨论法益之时，不可避免地会注意到社会上存在的'利益'。法益和利益的关系如何？无疑，利益先于法益而存在，它是指在一定的社会形式中满足社会成员生存、发展需要的客观对象。利益总是满足社会成员的生存和发展需要的，不能满足社会成员生存、发展需要者，不能成其为利（如名誉等），它们都可能成为法律所保护的利益。但是，利益并非都是法益。只有当某些利益成为一定法的目的，并受到其保护时才成为法益。"与此同时，"法益目标结构在法益目标的讨论中应该给以特别注意。法益目标结构有两种不同的含义：一是，依保护形态而区分，法益应由积极的法益和消极的法益构成。前者，指法律保护和积极实现的利益；后者，指法律消极地排除他人之侵害。二是，以法律的直接保护和间接保护加以区分，法益由直接法益和间接法益组成。显然，后者有着特别的意义。就总体而言，我国法律体系中诸多法律部门共同担当着保护和实现自然人（公民）利益、法人利益、国家利益和社会公共利益的任务。但就每一个法律部门而言，它不可能毫无主次地平行地保护和实现上述每一种利益，而只能首先保护和实现一种性质的利益，而后由法律反射进而实现又一种利益，或间接地实现另一种性质的利益。由此，每一个法律部门的法益只能是一个凸现一种利益目标，并由多种利益目标组成的利益保护结构。这种不同的法益结构，虽不能认为是划分不同法律部门的标准，但对辨别不同法律部门，尤其是把握不同法律部门的功能及其本质，判断行为的违法性，有着不可忽视的意义。"参见：［台湾］李宜琛著：《民法总则》，正中书局1977版，第44页；王保树："论经济法的法益目标"，载于《清华大学学报（哲学社会科学版）》2001年第5期。

基本问题上的理论界定，① 即从其性质上讲属于私法的范畴，在市场经济运行中处于基础法的地位，其法益目标和价值的定位在于通过赋予民商事主体权利，使其在市场运行中实现自身利益的最大化，而在法律适用原则上则应强调民商事主体之间的自愿、平等、有偿和诚实信用原则。这些基本理论假设，直接影响着中国民法的立法和司法实践。

（二）法律规范要素

按照法律规则主义理论，法律部门的成立，应当有与之对应的法律规范的存在。并且，这些规范本身是法律部门存在的基础。从社会规范属性角度分析，法律规范是一种与现实中同样调整着社会关系的政策②、道德③及其他社会规范④不同性质的社会规范，具有鲜明的稳定性、强制性和形式的规范性。其中，以特定法律文件及法律条文形式所表现的法律规范，应当具备假定、处理、制裁（或后果）之基本要素。⑤ 否则，就谈不上法律的成立，更谈不上法律部门的构造。

（三）法律规范的集合

一个法律部门之法律规范是由诸多性质相同的法律规范组成的一个集合体，因此，仅有少量的法律规范便无法组成一个法律部门。所谓某一法律部门是调整同一社会关系的某类法律规范的总称，即是指法律规范的集合。这种集合包括两种状况：一是，在一个法典性的法律文件中，集中规定了该法律部门的基本问题，如，中国现行的《中华人民共和国民法通则》、《中华人民共和

---

① 商事关系主要是指发生于公司、合伙企业及独资企业之间的商品流转关系，属于民事关系的一种特殊关系。在部门法的划分上，一种是将商事关系予以独立，构成商法；另一种是采取"民商合一"的部门法体制。中国目前采取了"民商合一"的部门法体制，因此，民法的调整对象可以概括为民商事关系。

② 政策通常是政党在一定时期确定的工作方针、任务及措施的总称。在现代政治经济体制下，执政党的政策与国家政策具有一致性，对于社会行为具有指导与规范作用。因而，政策是调节社会关系的主要规范之一。但与法律不同的是，政策具有号召性、灵活性和非强制性等基本特征。在中国，由于中国共产党作为唯一的执政党处于全国的领导核心，因此，中共党的政策与国家政策具有统一性特点，因而，政策常常受到法律措施的保障。

③ 道德是一种存在于人类意识范畴并影响到社会大众行为的一种"隐性"性规则，道德不具有强制性，但是，符合一国民族传统和统治阶级统治的主流道德意识与理念，需要主流渠道予以宣扬，甚至将其直接上升为法律，以法律手段予以推行和保障。

④ 其他社会规范如习惯、行业规范、企业内部规章等。

⑤ 按照法律规范的理论与实践，一项完整的法律规范应当包括假定、处理、制裁（或后果）三大基本要素。其中，假定是指使用法律的前提条件，处理是指在与法律规范有关的社会关系中当事人享有的权利和应履行的义务；而制裁或后果，是当事人依法处理各项事务或违法后所引起的法律预期后果，包括获得相应的利益、奖励或惩罚等。

国刑法》等，在此情况下，这些法典性的法律文件，被称之为与该法律部门相对应的狭义的民法或刑法；二是，反映某一法律部门的规范，被分别规定在不同的法律文件之中，散见于不同的法律文件。其中，常见的是，就法律规范的表达而言，假定与处理部分在一个法律条文（或法律文件）之中，而有关处理部分之规定，则反映在另一个法律条文（或法律文件）之中。此种情况，常见于行政法和经济法之规定。与此同时，在立法实践中，法律部门法律规范的这种集合特征，通过《立法法》的规定，使相同和相近的法律规范分别以宪法的基本规定、基本法律的规定、行政法规的规定、全国性规章的规定，以及地方性法规和地方性规章之文件形式予以体现。

综上所述，满足了以上三个方面基本要素的要求，即可对某一法律部门的概念做出定义。比如，民法是指调整公民之间、公民与法人之间，以及法人与法人之间的平等的财产关系和与财产关系密切联系的人身关系的法律规范的总称。

三、扩展性要素分析

在按照以上法律部门概念范式做出定义的同时，为了全面反映法律部门的属性，在对某一法律部门做出定义时，还可以在以下五个方面予以扩展：

（一）地域的限制

一定的法律总是调整特定地域，并且，只能是在特定地域发生法律效力的法。因此，在给某一法律部门做出定义时，应当对其地域属性做出限制，以便对不同地域的法律予以区别和比较分析。例如，就民法而言，可以在民法概念表述的基本要素之前附加"中国"、"美国"、"日本"等地域限制。而就中国而言，在当前，也不能笼统地表述为"中国"，因为，事实上，目前的中国是由一国四地所组成的，并且，各地之法律性质和法律体制均有较大的差异，因此，我们必须在对于特定法律部门做出概念时有必要将法律部门分别限定在"中国大陆"、"中国香港"、"中国澳门"和"中国台湾"之地域范围之内，以便引起误解。① 由此决定了在对中国民法做出定义时，有必要将其分别表述为中国大陆民法、中国香港民法、中国澳门民法和中国台湾民法。其他法律部门的表述，亦同样如此。此外，对于地域范围的界定还表明了一国法律体系之部门法属于国内法的范畴，以区别于国际法。

---

① 需要说明的是，虽然在20世纪90年代末，香港和澳门地区已经回归祖国大陆，现统一为中华人民共和国国内的一个地区，但是，按照国家特别行政区法的规定，为了稳定这两个地区的社会发展，按照"一国两制"的方针，其基本法律体制仍然按照其回归前的体制运行，即香港地区的法律体制仍然按照英国殖民地时期的法律运行；而澳门地区的法律体制则遵循原有的葡萄牙殖民时期的法律体制。

（二）法律性质的限制

一定的法律总是依附于政治，并为一定的政治服务。所以，法律的性质问题即法律的政治属性问题。20 世纪的历史进程形成了有关与各国政治体制相应的社会主义与资本主义的基本划分，因此，从法律性质（或本质）上讲，各国的法律也大体划分为社会主义的法和资本主义的法两大类。其中，社会主义的法是一种在共产党统一领导下，以坚持公有制为基础的，以保障广大人民群众根本利益为宗旨的法。而资本主义的法则是一种建立在西方多党轮流执政基础上的，主要以私有制为基础的，以保障资本利益为主要宗旨的法。至 20世纪 90 年代初期，随着前苏联解体和东欧社会主义国家的巨变，社会主义制度受到严峻的考验。为此，中国、越南、古巴、朝鲜开始探索具有各国特色的社会主义道路的发展。① 就中国而言，早在 80 年初的改革实践中，即提出了社会主义初级阶段的理论，② 现行《宪法》明确规定，中国坚持以公有制为主体，多种所有制经济形式并存的所有制结构，③ 至 1993 年起，正式实行社会

① 20 世纪 90 年代初，随着前苏联的政治解体，前苏联和东欧各国先后放弃了原来坚持的社会主义制度，放弃了共产党的统一领导，使自 1917 年苏联建立第一个社会主义国家以来所奉行的社会主义制度，遭遇到严重的挫折。在此情况下，坚持社会主义制度的中国、越南、古巴、朝鲜开始探索走具有本国特色的社会主义道路，其中，中国共产党早于 80 年代改革开放之初，即提出了走中国特色社会主义道路的战略构想。

② 1984 年中共中央《关于经济体制改革的决定》明确中国处于社会主义初级阶段，发展商品经济是不可逾越的阶段。至 1993 年宪法修正案第 3 条明确规定："中国正处于社会主义初级阶段。国家的根本任务是，根据建设中国特色社会主义的理论，集中力量进行社会主义现代化建设。"

③ 改革开放以来，关于所有制结构在《宪法》规定中的演变是：1982 年宪法规定，"中华人民共和国的社会主义经济制度的基础是生产资料的社会主义公有制，即全民所有制和劳动群众集体所有制。"（第 6 条）"国营经济是社会主义全民所有制经济，是国民经济中的主导力量。国家保障国营经济的巩固和发展。"（第 7 条）"农村人民公社、农业生产合作社和其他生产、供销、信用、消费等各种形式的合作经济，是社会主义劳动群众集体所有制经济。参加农村集体经济组织的劳动者，有权在法律规定的范围内经营自留地、自留山、家庭副业和饲养自留畜。城镇中的手工业、工业、建筑业、运输业、商业、服务业等行业的各种形式的合作经济，都是社会主义劳动群众集体所有制经济。国家保护城乡集体经济组织的合法的权利和利益，鼓励、指导和帮助集体经济的发展。"（第 8 条）"在法律规定的范围内的城乡劳动者个体经济，是社会主义公有制经济的补充。国家保护个体经济的合法的权利和利益。"（第 11 条）"中华人民共和国允许外国的企业和其他经济组织或者个人依照中华人民共和国法律的规定在中国投资，同中国的企业或者其他经济组织进行各种形式的经济合作。在中国境内的外国企业和其他外国经济组织以及中外合资经营企业，都必须遵守中华人民共和国的法律，它们的合法的权利和利益受中华人民共和国法律的保护。"（第 18 条）1988 年宪法修正案第 1 条规定："国家允许私营经济在法律规定的范围内存在和发展，私营经济是社会主义公有制经济的补充。国家保护私营经济的合法的权利和利益，对私营经济实行引导、监督和管理。"至 1999 年宪法修正案第 14 条进一步明确，"国家在社会主义初级阶段，坚持公有制为主体，多种所有制经济共同发展的基本经济制度，坚持按劳分配为主体、多种分配方式并存的分配制度。"而第 16 条修正案则规定，"在法律规定范围内的个体经济、私营经济等非公有制经济，是社会主义市场经济的重要组成部分。""国家保护个体经济、私营经济的合法权利和利益。国家对个体经济、私营经济实行引导、监督和管理"。从而，提升了个体经济和私营经济的法律地位。

主义市场经济制度，大力发展私有制，① 大力发展混合所有制，② 但公有制仍然是中国社会主义建设的经济和政治基础，在改革及法制建设的逐步推进中，坚持中国共产党的领导，坚持以维护广大人民群众的根本利益为宗旨，走出了一条具有中国特色的社会主义发展道路。与此同时，其他国家也进行了相应的探索，③ 而在欧洲一些国家，则一直坚持自己走的是民主社会主义道路。④ 为此，在对法律部门概念做出定义时，有必要对其本质属性予以明确的界定。

（三）法益目标的定位

法益目标是法律的存在所应保护的利益及达到的目标。它是法律存在价值的基础，也反映了法律的本质。其要解答的是，法律这种现象为什么存在？以及为谁服务的根本问题。对此，从法律产生发展的一般历史来看，实现"公平、公正、正义"等法益目标，均为世界各国所倡导，也是自古以来，人类

---

① 中国对于私有制的扶持始于 20 世纪 80 年代初对个体经济的扶持，之后，通过制定《私营企业法》，使个体经济上升到企业的高度，至 2004 年，有关私有财产神圣不可侵犯的条文正式入宪。与此同时，国有企业实施了"抓大放小"、"国退民进"的战略，国家将竞争领域的国有经济通过改革交由私人经营，使私营经济力量的数量比重在国民经济发展中显着增长。

② 混合所有制是一种包含私有因素和公有因素的企业所有制结构形态，是目前世界上通行的企业所有制结构形态。在中国企业改革中，一些国有企业在公司化改革中实行了混合所有制结构，即在国有股占控股地位的同时，引入了私有资本的介入，但是，这种情况之下的混合所有制仍然在理论上被视为是国有经济。

③ 据中国经济网转摘，辽宁社会科学院朝鲜—韩国研究中心主任吕超在《国际先驱导报》上发表署名文章《朝鲜正在探索朝鲜式社会主义道路，不会照搬越南模式》。该文指出，近来，朝、越两国互动频繁，朝鲜希望了解参考越南革新开放的经验，但由于两国国情不同，其所选择的社会主义改革路径是不同的。其中，越南正在摆脱计划经济，逐步向市场经济转变，经济对外程度不断提高；而朝鲜的市场化改革则处于试点阶段。朝鲜开城工业园区的设立，最初借鉴了中国特区的经验，但与中国的经济特区有很大的不同，园区内的市场经济模式与国内的计划经济体制互不相干，具有明显的朝鲜社会主义特色。参见中国经济网 2007 年 11 月 2 日，10：31。

④ 欧洲民主社会主义是欧洲各国社会党、社会民主党和工党思想体系的总称。欧洲民主社会主义的基本目标，是在不从根本上触及资本主义制度的前提下，通过改良、渐进的方式，实现其"民主、公正、自由、互助"的价值观。"福利国家，被认为是民主社会主义社会形成过程中的一个阶段，也是民主社会主义在现阶段的实现模式。民主社会主义的福利制度和政策在各国的具体表现不尽相同，但其基本做法是一致的。主要有：1. 对关乎国计民生的经济部门实行国有化和计划化，加强对市场的宏观监控，强化政府对经济的调节职能，反对自由放任。2. 实行"高税收、高工资、高福利"的"三高"主义，公平分配社会财富，缩小社会贫富差别。3. 建立劳资协议制度，努力实现充分就业，通过刺激消费发展生产。民主社会主义福利政策的基础是凯恩斯主义经济学。参见：李宏著：《另一种选择：欧洲民主社会主义》，法律出版社 2007 年 1 月版。高继文："欧洲民主社会主义面临的挑战及其政策调整"，载于《国际观察》1999 年第 2 期。

对于法律存在价值的一般认识。① 但是，按照马克思主义的基本观点，世界上从来不存在绝对的公平、公正和正义，为此，马克思主义法学鲜明地提出，法律存在基础是现实的物质基础及其利益。法律的法益目标从来都是为维护统治阶级的利益而存在，是为一定社会条件下的统治阶级所服务的。所谓"法律面前人人平等"仅限于统治阶级内部的平等，在统治阶级和被统治阶级之间是不存在所谓法律平等的。

在此基础上，各个部门法均应当有自己的特定的法益目标，才有存在的价值。结合理论研究及司法实践，本著作认为，就中国目前的七大法律部门而言，其各自的法益目标不同，并决定着他们各自在经济与社会关系中的地位和作用。其中，宪法及其相关法的法益目标在于实现国家基本制度与建设的法治化，进而使宪法不仅为国家经济与社会发展提供基本的制度保障，也对实现中国社会主义法治目标具有战略意义，它在整个社会主义法律体系建设中处于最高的地位，以便为其他法律部门的存在提供宪法依据；行政法的法益目标在于提高各级政府的工作效率，规范其行为，并保护行政相对人的利益；民法的法益目标在于在保护市场主体私益权益的基础上，为市场经济运行提供基础的交易规则；经济法的法益目标在于促进国民经济和社会发展目标的实现，并保护社会公共利益（或整体利益）；社会法的法益目标在于通过有效的劳动和社会保障制度的供给，保护劳动者和相关弱势群体的利益，并不断增进社会保障和社会福利；刑法的法益目标是通过对刑事犯罪行为的打击，维护社会经济和社会发展秩序；诉讼和非诉讼法的法益目标是通过规范诉讼与非诉讼程序，实现诉讼与非诉讼程序的公平和正义。

（四）如何体现法的基本范畴

法的基本问题是权利（力）与义务问题。从经济与社会关系的发展需求来看，只有那些在经济和社会发展中需要对各经济与社会主体的权利（力）与义务予以明确而稳定的界定时，才需要法律的介入，因此，在对法律部门概念界定时，明确表述其权利（力）与义务属性，有利于使人类强化法律的权利（力）与义务意识，并成为现实中判断法律部门调整社会关系时的基本范畴和与非法律关系的界限。但是，由于法律部门知识的传播主要是针对专门学习和研究法律专业的学生和研究者而言，因此，此问题通常没有必要在法律部

① 对法的这种一般认识体现在世界各国法文化之中，在中国，古汉字的"法"字，即是一种象形文字，其蕴含了公平、正义之义，而在西方文化中，对于法的理解也缘于公平、正义。

门概念表述中予以表述。

（五）法律调整主体的界定

通常情况下，为保持一国法制的统一，传统法学特别强调法律的国家属性。依此理论，唯有国家才是法律部门构造的主体。但是，在现代社会之大陆法系国家，除传统的宪法、民法、刑法及诉讼法应当由国家统一制定外，在行政法领域、经济法领域和社会法领域，由于其所涉及的社会关系的复杂性，再加上地方一级政权组织对于处理地方事务有相对的自主权，这样，就使得相关法律部门中制定法律的主体不仅仅是代表国家的中央一级立法机构，而且，也表现为地方一级的立法机构。由此，对于行政法、经济法、社会法部门法概念的界定，便不能以简单的国家制定予以表述，而应当以"国家或地方制定"表述更为准确。

综上所述，以上可以在部门法概念中扩展的要素，是在概念界定时，为全面表述部门法概念而增加的内容。结合概念基本模式，可以将其范式更变为：

某国社会主义/资本主义法是指为实现某某目标，明确相关权利（力）与义务，由国家立法机关/国家与地方立法机关制定的调整某某关系的法律规范的总称。

例1：中国社会主义民法是指为保护市场主体私益权益，并提供市场经济运行的基础性交易规则，明确民事权利与义务，由国家立法机关制定的调整公民之间、公民与法人之间、法人之间平等的财产关系及与财产关系密切联系的人身关系的法律规范的总称。

例2：中国社会主义行政法是指为提高各级政府之工作效率，规范其行为，明确行政权（力）与义务关系，由国家和地方立法机关制定的调整政府行政主体与行政相对人之间的行政关系的法律规范的总称。

第三节　部门经济法概念的界定

一、部门经济法概念的不同表述

现有研究成果表明，世界最早制定具有经济法意义的法律文件的国家是美国[①]。但作为部门法意义上的经济法则最早起源于20世纪初的德国。在当时，

[①]　美国是典型的非大陆法系国家，因而，在美国不存在部门法概念，但目前学界普遍认为，美国于1890年制定颁布的《谢尔曼反托拉斯法》是世界上典型的具有经济法属性的最早的法律文件。

德国为了赶超英国、法国等国家，制定了大批旨在通过国家干预实现经济赶超战略的新的有别于传统民商法的调整经济关系的法。为此，德国学者开始提出了经济法概念，并将其视为是一种新的法律力量的法，此即为经济法部门概念的提出。① 此后，在西方资本主义国家的立法中，许多国家出现了类似的经济法规，尤其是日本，它对于德国经济法的借鉴是较为全面的。② 在当前，欧洲的学者则将经济法视为经济公法予以研究。③ 而就实行社会主义国家制度的前苏联和前东欧各国的学界，都对部门经济法有所研究。④ 中国在改革开放之前，虽然存在大量的有关国家管理经济的法和具有法律意义的政策，⑤ 但不存

---

① 第一次世界大战后，德国建立魏玛共和国，并直接以经济法命名颁布了《煤炭经济法》、《钾盐经济法》等一批新的有别于传统民法的经济法律。1916 年，德国法学家赫德曼（Hedmen）在《经济学字典》中使用经济法概念，他认为经济法是经济规律在法律上的反映。由此，他将有关经济法制的保护、监督卡特尔的法律称为经济法。并出版其著作《经济法基础》，此外，在 1922 ~ 1924 年间，在德国出版了不少以经济法为题的学术专著和教科书，如鲁姆夫的《经济法的概念》等。参见：李昌麒主编：《经济法学》，法律出版社 2007 年 1 月版，第 29 页。

② 日本是借鉴德国经验以经济法规促进国家经济快速发展成功的国家之一。无论在"二战"前或"二战"后，日本均制定了大量的经济法规以实现国家在不同时期的经济、社会与军事发展战略目标。对此，日本经济法学界代表性人物金泽良雄先生认为，"经济法不外乎是适应经济性及社会协调性要求的法律，也就是主要为了以社会协调的方式来解决有关经济循环所产生的矛盾和困难（通过市民法进行的自动调节作用的局限）的法律。换句话说，经济法也就是在资本主义社会，为了以'国家之手'（代替'无形之手'）来满足各种经济性的，即社会协调性要求而制定之法。"参见［日］金泽良雄著：《经济法概论》，满达人译，甘肃人民出版社 1985 年版，第 2 页。

③ 如法国的 F. C. 让泰认为，"经济法集中了使国家得以对经济施加直接影响的全部法律规则。经济法由于主要包括官方组织经济的措施而属于公法，是官方对商品和服务的生产、销售和商品化进行管理和干预的法律。"而另一位代表性人物 R. 萨维则认为，"经济法是旨在保证在特定时期和特定社会的国家和私人经济代理人的特殊利益和普遍经济利益之间的均衡的规则的总称。"参见：［法］阿莱克西. 雅克曼、居伊. 施朗斯著：《经济法》，宇泉译，商务印书馆 1997 年版第 44 页；张守文、于雷著：《市场经济与新经济法》，北京大学出版社，1993 年版第 41 页；［德］乌茨·施利斯基著：《经济公法》，喻文光译，法律出版社 2006 年版，第 3 页。

④ 前苏联在 1917 年确立社会主义制度后，就提出了经济法问题，前后长达 60 年之久，而在前东欧各国则围绕经济体制改革进行了经济法方面的实践，典型的代表是前捷克斯洛伐克社会主义共和国，在制定《民法典》的同时，制定了《经济法典》。在学术研究领域则存在着不同的观点，最具代表性的观点是 B. B. 拉普捷夫提出的"纵横统一说"，在拉氏看来，"在社会主义经济中，实行经济活动方面的关系和领导经济活动的关系是统一的，不能根据它们中间一些关系是商品关系，而另一些不是商品关系而将它们分割开来。"他认为，"经济法作为法律部门，是规定领导经济活动和进行经济活动的方法、调整社会主义组织及其所属内部单位之间的经济关系、并使用各种不同的法律调整方法以保证合理地进行社会主义经营管理的法律规范的总和。"参见：［苏］B·B·拉普捷夫主编：《经济法》，中国社会科学院法学研究所民法经济法研究室译，群众出版社 1987 年版。

⑤ 改革开放之前，中国的经济管理主要采取的形式是由中共中央制定的各项政策，在当时历史条件下，实际上起着法律的作用。

在部门法意义的经济法。部门法意义的中国经济法，产生于改革开放之初，并至 2001 年开始，得到国家立法的确认。在各国经济法的发展中，各国学者对于经济法的概念进行了研究，提出了自己的观点。其中，在中国，自实施社会主义市场经济以来，有较大影响的观点总结如下：

其一，作为全国高等学校法学专业面向 21 世纪核心课程教材之一的《经济法》，由杨紫烜教授主编，该教材第二章专门阐述了经济法的概念，并认为，"经济法是调整在国家协调本国经济运行过程中发生的经济关系的法律规范的总称。简言之，经济法是调整国家经济协调关系的法律规范的总称"① 此说被学界称之为"协调说"。

其二，作为普通高等教育"十一五"国家级规划教材的《经济法学》，由李昌麒教授主编。该教材第二章为经济法的定义和调整对象，经过分析，该教材的观点是，"经济法是国家为了克服市场失灵而制定的调整国家干预的具有全局性和社会公共性的经济关系的法律规范的总称。简而言之，经济法是调整需要由国家干预的经济关系的法律规范的总称。"② 此说被学界称之为"干预说"。

其三，作为中国人民大学向社会推出的 21 世纪法学系列教材之一的《经济法》，由潘静成、刘文华教授主编，该教材第二章专门阐述了经济法的概念、本质和基本原则，该教材认为，"经济法是调整经济管理关系、维护公平竞争关系、组织管理性的流转和协作关系的法。"并指出，"这是从调整对象的角度对经济法概念的基本定义或界说，对于作为一门社会科学的经济法学来说是必不可少的。同时，任何事物，尤其是复杂的事物，都可以也需要从多种角度进行表述或定义，方可形成较为完整、准确的概念，经济法也不例外。"③ 此说被学界认为是"纵横统一说"。

其四，作为由韩德培、马克昌先生任总主编的 21 世纪法学创新系列教材之一的《经济法学》，由漆多俊教授主编，该教材第一章即是经济法的概念和调整对象。该教材认为，"经济法是调整在国家调节社会经济过程中发生的各种社会关系，规范和保障国家调节，促进社会经济协调、稳定和发展的法律规范的总称。"④ 此学说被学界认为是"国家调节说"。

---

① 杨紫烜主编：《经济法》，北京大学出版社、高等教育出版社 1999 年 11 月版，第 35 页。

② 李昌麒主编：《经济法学》，法律出版社 2007 年 1 月版，第 57 页。

③ 潘静成、刘文华主编：《经济法》，中国人民大学出版社 1999 年 10 月版，第 55 页。

④ 漆多俊主编：《经济法学》，高等教育出版社 2003 年 9 月版，第 4 页。

其五，由中共中央组织部全国干部培训教材编审委员会组织编写，作为全国干部读本，由张福森任主编的《社会主义法制读本》中，在阐述中国特色社会主义法律体系时，将经济法概念界定为"经济法是调整经济管理关系、经济协作关系、经济组织内部关系以及涉外经济关系的法律规范的总称。"在该读本第八章论述经济法在保障社会主义市场经济中的作用时认为，"经济法是在市场经济条件下，调整因国家宏观调控和管理市场而产生的各种社会关系的法律规范的总称。"[1]

其六，作为中央党校函授学院面对全国党校学员所编写的《经济法》教材，由张忠军教授主编，该教材关于经济法概念（定义）的界定是，"经济法是调整政府在管理、协调经济运行过程中发生的宏观调控关系、市场规制关系和体现国家意志的流转和协作关系的法律规范的总称。"[2]

此外，在中国经济法学说史上，值得提及的还有"大经济法说"[3]、"企业法说"[4]、"国民经济运行说"[5]、"宏观调控法说"[6] 和"经济管理说"[7]。

概而言之，总结以上部门经济法诸概念，其基本观点集中表现在以下三个方面：

---

[1] 张福森主编：《社会主义法制理论读本》，人民出版社2002年2月版，第161页、第315页。

[2] 张忠军主编：《经济法》，中国财政经济出版社2002年6月版，第26页。

[3] "大经济法说"，始于中国改革开放初期，该观点认为，"经济法是调整国民经济管理和各种经济组织在经济活动中的经济关系的法律规范的总称"，或者是"国民经济管理和经济组织之间，以及它们与公民之间，在生产、交换、分配、消费过程中，发生的经济关系的法律规范的总称。"参见施竟成："对经济法命题的一点认识"，载于《湖北财经学院学报》，1982年第1期；王河："试论中国经济法的基本原则"，载于《青海社会科学》1982年第1期。

[4] 该观点认为，"经济法是调整企业在经营管理活动中所产生的经济关系的法律规范的总称"。参见：潘念之著：《中国经济法理论探索》，上海社会科学出版社1987年版，第86页。

[5] 该观点认为，经济法是"法在调整国民经济总体运行过程中所形成的法制度、法形式和法方法的总和，……它是关于国民经济总体运行的法，包括国民经济组织法、经济活动法和经济秩序法。"参见刘瑞复著：《新经济法论》，中国政法大学出版社1991年版，第164页。

[6] 该观点认为，"经济法的调整对象是国家作为经济管理主体与市场主体之间间接宏观调控性的经济关系"，因而，经济法也就是调整这种关系的法律规范的总称。其他平等性质的经济关系、商事主体间的商品货币流通关系、国家作为行政主体与市场主体间的直接管理性经济关系，则分别由民法、商法、行政法等调整。参见朱慈蕴、张涵："经济法学研究述评"载于《法学研究》1997年第1期。

[7] 该观点认为，经济法是调整经济管理关系的法律规范的总称。其中，经济管理关系包括"政府对经济的管理"、"国家和企业之间的关系"、"企业内部的纵向关系"，以及实际上属于经济管理关系的"不平等主体之间的经济关系"，并认为，这些关系既可以是强制性的命令和服从、监督和被监督的关系，也可以是非强制性的指导和被指导关系。参见谢次昌："论经济法的对象、地位及学科建设"，载于《中国法学》，1990年第6期。

一是，在经济法作为部门法意义上的法的调整对象上，首先，经济法调整的是经济关系及相关的社会发展关系，① 非经济关系不在经济法的调整范围之内；其次，作为一个部门经济法只能调整一定的（或特定的）经济关系，以区别于平等的民事关系，它是一种与国家管理经济密切相关的不平等的或相对不平等的经济关系。但是，在具体表述上有"宽"、"严"之分。② 进而，形成了在经济法学界看来的不同学派。③

二是，在对作为部门经济法所依托的法律规范的基本特征方面，比较一致的观点是，经济法律规范总是与国家对经济的直接干预④、参与⑤、协调⑥、调节⑦和监督⑧行为相联系的法律规范，但是，它却不仅仅是为了保护国家利益，而是一种以保护社会公共（或整体）利益为立法宗旨的法。

三是，在市场经济的实践中，存在着大量体现了上述经济法特征的立法实践，进而，使其在数量上足以构成一个部门法形成所应有的集合条件。

以上分析表明，在主张经济法为法律部门的前提条件下，对于经济法的部门要素的认识，基本上是一致的，主要区别在于对于调整对象范围的把握上有

---

① 经济关系是以一定既有的财产所有关系为基础，为满足人类生存和发展需要，在生产、交换、分配、消费领域发生的各类物质利益关系的总和。它是人类发生其他社会关系的基础，但不是最终目的，经济关系发生的最终目的是使人民的生活不断改善，社会不断向前发展。就社会主义经济关系发展的目标而言，是为了满足人民群众日益增长的物质和文化需要，因此，必须把物质文明建设和精神文明建设予以紧密地结合。

② 从以上介绍的各概念的界定情况看，目前，在经济法教学与科研中流行的学说均属于对经济法调整对象较"宽"的一类；而所谓"窄"者，如"企业法说"、"宏观调控法说"等。

③ 目前，经济法学派主要依据学者对于经济法调整对象的不同把握而划分，但是，对于经济法本质的把握并无大的区别，因此，本著作认为，其能否构成学派，值得进一步研究。

④ 在经济法领域，所谓的直接干预是指通过制定经济法为市场运行直接提供强制性规则的法律，如反不正当竞争法、反垄断法、产品质量法、保护消费者权益法。

⑤ 经济法中的参与关系，是指国家以民事关系为基础，通过授权政府或国有企业直接参与市场经济活动时，与其他民事主体发生的经济关系，典型的形态如政府采购发生的合同关系、国有企业或国有资产代理机构以国有股身份对公司上市的参与，或直接以国有公司形态对经济活动的参与。

⑥ 协调关系是指经济法主体在协作基础上对经济关系发展的调节。此类关系，如若发生在政府经济管理机构之间，表现为在某一机构为主管部门时，需要和其他相关部门协调；如若发生于政府和企业之间，则体现了政府对于企业自主权的尊重；如若发生于中央政府与地方政府之间，也同样体现了中央政府对地方政府区域经济自主权的尊重。

⑦ 调节关系是指市场经济条件下，经济调控主体对市场经济活动的调节和控制时发生的社会关系。与协调关系不同，调节经济关系的产生不存在与相关经济主体的协作问题，而是为实现特定国民经济和社会发展目标，由经济调控主体依法实施对经济主体活动的间接引导或直接管制。

⑧ 监督关系是一种依附于相关经济关系的监视与督察关系，是经济关系不可缺少的组成部分，但其又具有相对的独立性，因而，需要由特定的监督主体因履行监督职责而产生。

所不同。对此，本著作认为，形成这种状况的原因可以从客观和主观两个方面予以认识：

首先，从客观原因角度分析，一国在不同的经济发展阶段所遇到的经济与社会问题不尽相同，进而，对于经济法律的需求也是不同的。鉴于法学的实践属性较强，因而，国情不同，必然导致各国学者认识上的不同，而经济与社会发展不同阶段的法律需求，又必然反映到学者对于经济法调整对象，在不同阶段产生不同的认识，并影响到其对于部门经济法概念的界定。其次，从主观角度分析，各国经济法学者基于其世界观的不同，以及学术背景和文化差异，①也会导致他（她）们对于部门经济法做出概念，并对经济法调整对象予以抽象概括时出现分歧。据此，有必要按照法学部门法概念的范式要求，对之予以逻辑分析。

二、部门法范式下中国经济法概念的界定

通过以上分析，按照法学理论中有关部门法学范式之要求，对中国经济法的概念，可以作出如下概念之界定：

其一：简单要素之通用表述。

中国经济法是指调整一定/特定经济关系的法律规范的总称。

其二：增加其他扩展性要素之经济法概念。

中国社会主义经济法是指为实现国民经济和社会发展目标，保护社会公共利益，明确经济法主体的权利（力）与义务，由国家和地方立法机关制定的调整特定经济关系的法律规范的总称。

其三：如若按照目前基于对于经济法调整对象之不同认识所形成的协调说、干预说、纵横统一说和调节说四种观点予以表述之概念。

首先，是协调说。

中国社会主义经济法是指为实现国民经济和社会发展目标，保护社会公共利益，明确经济法主体的权利（力）与义务，由国家和地方立法机关制定的调整国家和地方机关在协调国民经济和社会发展中发生的各类经济关系的法律规范的总称。

其次，是干预说。

---

① 从中国经济法的实践情况分析，经济法被称为"七分经济，三分法"，因此，研究经济法的学者与实践者至少需要具有经济学与法学之双重背景，才能为经济法予以准确的定位。所以，不同学术背景的经济法学者，对于经济现象及其政策实施的理解不同，对于经济法的界定也会有所不同。

中国社会主义经济法是指为实现国民经济和社会发展目标，保护社会公共利益，明确经济法主体的权利（力）与义务，由国家和地方立法机关制定的调整需要国家和地方政府干预的经济关系的法律规范的总称。

再次，是纵横统一说。

中国社会主义经济法是指为实现国民经济和社会发展目标，保护社会公共利益，明确经济法主体的权利（力）与义务，由国家和地方立法机关制定的调整经济管理关系、维护公平竞争关系、组织管理性的流转和协作关系的法律规范的总称。

最后，是调节说。

中国社会主义经济法是指为实现国民经济和社会发展目标，保护社会公共利益，明确经济法主体的权利（力）与义务，由国家和地方立法机关制定的调整国家和地方调节社会经济过程中发生的各种社会关系的法律规范的总称。

第三章

中国经济法的调整对象

从前面分析情况看，中国经济法学术界对经济法调整对象的概述，存在着一些区别。但是，在经济法调整对象的具体涵盖内容上则是认识基本一致的，其主要原因是现实的法律需求所使然。然而，自中国经济法诞生以来，学界对于经济法具体调整对象的分类与把握上，经过了一个发展演变的过程，其基本上可以分为两个阶段：第一个阶段为市场经济体制未确立之前，经过自1979年起到1994年的15年的探索，在经济法教学与科研中，基本上将中国经济法的具体调整对象分为经济组织关系、经济管理关系与经济协作关系三大类，与此相对应，经济法教材的结构内容，除总论外，在分论部分则大体包括了经济组织法、经济管理法和经济协作法三部分①；第二阶段为市场经济体制确定以来，适应社会主义市场经济发展对经济法的需求，经济法的调整对象基本上被定位于：经济组织关系、市场规制关系（或市场管理关系）、宏观调控关系、社会保障关系、经济监督关系以及经济协作关系，其中，最主要的是市场规制关系和宏观调控关系。而在目前，随着社会法体系的建立，② 社会保障关系的法律调整除涉及社会保障调控关系外，基本上归属于社会法的范畴。

第一节　经济组织关系

一、关于经济组织

经济组织是以营利为目的，专门从事商品生产、经营与服务的社会组织。作为社会组织的一种形式，其典型的表现形态是各类企业与公司。经济组织存

---

① 参见20世纪80年末90年代初的各类经济法教材。

② 按照目前立法部门对于社会法范畴的界定主要包括劳动法和社会保障法两部分，因而，中国目前的社会法也称之为劳动与社会保障法。

在目的的营利（或盈利）性，以及其专门从事商品生产、经营与服务活动，使其区别于国家机关和事业单位、社会团体等其他社会组织。① 在市场经济条件下，经济组织的一般法律主体归属于商事法的主体范畴，并以平等的民事主体身份参与商品经济活动，但是，在其本身存在的形态涉及社会公共利益时，便成为公共性质的企业或公司②，这时的企业或公司行为，并非完全出于自主决定，而是受到公共利益的制约、政府宏观调控政策的指引和市场规制的干预，因而使其成为经济法的主体，是经济法的主要规制（管理）、调控及监督的对象。为此，经济组织成为经济法的一个特定的主体范畴。

根据经济法原理及中国企业法、公司法的规定，经济组织关系就是围绕经济组织的产生、变更和消灭以及其权利与义务的实现而发生的各类经济关系的总和。

二、中国的经济组织关系

（一）经济组织的产生关系

在当前，中国经济组织的产生关系，主要涉及到当经济组织符合法定条件时，与国家经济管理机关发生的审批关系和工商行政管理机关的工商登记及注册关系。按照中国的工商管理规定，一般商事主体若要成立，只要具备法律规定的一般条件即可向工商管理部门直接申请开办企业。③ 但是，对于涉及公众利益或国家法律规定限定领域的企业的开办，则要经过政府有关部门的审批才能进入工商登记阶段。这里的审批被称之为前置性审批。这种审批，体现了国家对经济组织市场准入的宽严程度，具有极强的政策意义。

（二）经济组织的变更关系

经济组织的变更，如若仅涉及工商登记事项的变更，则按照工商登记条例到工商部门登记备案即可。但是，当涉及到经济组织的合并或分立时，即涉及到经济组织的重组问题。一般性经济组织的重组，按照经济组织自愿原则，在合理确认原有债权债务并予以妥善处理的基础上，经过工商登记即可。但对于公众性经济组织的重组，由于涉及到国家或社会公共利益的保护问题，因此，公众性经济组织的重组必须在政府引导监督及社会的监督之下进行，以免发生

---

① 依中国对国家机关和社会组织的基本分类，国家机关是依法从事社会与经济事务管理的专门机关。其不涉及经济盈利问题；而各类事业单位或各类社会团体均属于社会公益性组织，也不能以盈利为目的。这是它们与企业的根本不同点。

② 公共性企业与公司主要指国有公司（企业）、上市公司，以及从事与社会公众利益密切相关的水、电、气、煤、公交、银行等生产、经营或服务的企业与公司。

③ 该一般条件主要是指：投资人条件；资本条件；生产、经营与服务场所条件等。

国有或集体资产的流失及对公众权益的侵害，并由之发生经济法关系。

（三）经济组织的消灭关系

经济组织的消灭关系涉及经济组织的市场退出问题。其主要涉及到债权、债务清理、破产及工商注销关系。此类关系通常适用商事法原则处理，但由于涉及到国家产业政策中经济组织结构的调整问题、经济组织消灭后职工权益的保障等问题，因而，理应属于经济法的调整范畴。

（四）经济组织的权利与义务关系

就经济组织设立后的权利义务关系而言，经济组织一旦成立，便拥有了独立的企业法人或经营者的资格，拥有独立的"人、财、物"及独立从事生产、经营或服务的权利，可以以民事主体的身份平等地参与市场活动，但是，在拥有独立市场主体资格的同时，其也具有了被管理者和管理者的双重地位。从被管理者资格来看，一旦经济组织成立和运行，即应接受来自工商、税务、物价、卫生等政府职能部门的监督管理；而从管理者角度分析，经济组织的成立，意味着其可以依法行使适用于企业或公司内部的计划、劳动、财务、设备、技术等内部管理权，这实际上反映了经济组织在权利与义务上的一致性，即拥有的管理权利越大，接受来自于政府监督与管理的程度也越高，并由此形成了管理和被管理关系。此外，在企业管理中，企业与公司在对劳动者拥有管理职权的同时，也具有保护劳动者利益的义务。①

（五）经济组织的内部管理关系

改革开放以来，中国经济组织领导体制的演变经过了厂长（经理）负责制和形成公司治理结构两个阶段的改革，它涉及到企业与公司领导体制关系的确立问题。改革至今，对于非公共性企业与公司而言，其领导体制依法由经济组织自己选择，由此产生的关系属于民事关系的范畴；而对于公共性经济组织而言，确立什么样的领导体制更有利于经济组织的发展？使用什么样的人去经营经济组织能保证国有或集体资产保值增值，并切实维护广大职工的合法利益？其涉及的问题已经超出民事关系的范畴，应运用经济法原理予以国家干预，才能保证公共性经济组织正确的前进方向，由之产生的关系属于经济法的关系。

值得强调的是，在中国经济体制改革中，围绕国有或集体企业与公司内部

---

① 经济组织法对劳动者权益的保护，主要通过建立工会组织，建立劳资协商机制保护劳动者的合法权益，而对于国有性质的企业或公司，还需要建立职工代表大会机制。当涉及职工切身利益的问题时，均应当通过职工代表大会形成决议，才能得以实施。

经营方式的自主选择，出现了企业或公司的承包关系、租赁关系、股份制关系和委托经营（托管）关系，这一部分关系，如若涉及到与企业或公司外部主体的平等关系，则属于民事关系的范畴，应按照民法原则处理；但如若仅涉及到企业或公司与自己内部职员发生关系，则属于经济法调整的范畴，因为，这种关系往往是以承包合同、租赁合同或职工入股协议的方式产生，表面上看似平等，但实际上存在着不平等因素，它往往涉及到国有或集体资产的保护、职工利益的保护等问题，因而属于典型的经济法关系。

第二节　市场规制关系

一、关于市场与市场规制

（一）关于市场

市场是商品经济的一个基本范畴。只要有商品交换就存在市场。传统的市场就是指商品交易的场所，这种市场自古即有之。在人类奴隶社会和封建社会时期，虽然主要以自给自足的自然经济为主，但是，存在必要的商品交换，进而使作为商品交换的市场得以产生。发展到资本主义社会，商品经济得到大发展。进入到市场经济阶段后，市场的范畴已由传统意义上的场所，扩展到了凡是能够引入市场机制①的一切渠道或领域，从而使市场这一实现商品交换的基本载体的外延逐步扩大。究其原因，主要是传统意义上的"商品"范畴已由"用于交换的劳动产品"扩展到一切生产要素，即包括了从事生产、经营或服务活动所必需的一切物质资料、劳动力、资金、资本、技术、信息等。

在中国社会主义计划经济条件下，由于基本上实行公有制，基本经济形态为产品经济。② 在产品经济条件下，企业不具有商品经济主体的独立地位，企

---

① 按照市场经济原理，市场机制是一种由市场主体自发地按照商品供需规律、价值规律和竞争规律实现社会消费需求和生产目的的经济运行方式。

② 按照社会主义的基本理论，在社会主义条件下，不存在商品及商品经济。由于实施了社会主义公有制和计划经济体制，因而，在公有制体制内部只存在为满足人民群众日益增长的，基于按计划产品生产基础上的社会成员之间的内部分配关系，这种生产与分配关系被称之为产品关系。但在具体的社会主义实践中，中国的社会主义计划经济与前苏联及东欧国家实施的计划经济有所不同。中国从本国国情出发，在总体上实施计划经济的同时，一直保留着农民的自留地及其基于传统习惯的农村集贸交易市场，以满足农民及农村和部分城镇居民的消费需求。这种保留虽然被视为"资本主义的尾巴"，但表明中国的计划经济并非是高度集中的计划经济。在中国改革开放之前，中国的商品经济并未彻底消失。

业之间产品的交换，由国家统一制定价格，实施统一的计划分配；居民用于消费的用品也基本由国家定价，统购统销，因而不存在商品经济，也就不存在属于商品经济范畴的市场。改革开放以来，中国提出了社会主义初级阶段的理论，该理论认为，"商品经济是社会主义初级阶段不可逾越的阶段"，从而为发展社会主义商品经济奠定了理论与实践基础。从中华人民共和国 60 年的发展历程看，1949 年到 1956 年存在商品经济及其市场；1956 年实施社会主义改造到改革开放之前，除保留个别农村集贸市场外，总体来看，商品经济及其市场基本消失。自 1978 年改革开放以来，商品经济及其市场逐步恢复；自 1993 年起，随着中国开始实施社会主义市场经济体制，中国的市场逐步实现了与世界各国市场经济的接轨。这种接轨的主要标志就是实现了一切生产要素的商品化和市场化运行，社会经济资源主要通过市场机制予以配置。

（二）关于市场规制

然而，中国实施的社会主义市场经济，并非西方所倡导的自由市场经济。它是与现代市场经济相适应的，在国家干预下的市场经济。为此，在中国社会主义市场经济从起步、运行到逐步完善的历史过程中，均离不开国家通过政府对市场的规范和治理。因此，所谓市场规制，就是有关国家通过政府对于市场主体行为的规范和治理活动的总称。因而，也被称之为政府的市场管理，由之形成的关系为市场规制关系。

二、中国的市场规制关系

（一）围绕反不正当竞争与反垄断形成的关系

竞争是市场经济的灵魂，没有竞争就没有市场运行的公平与公正。为此，大陆法系体制下，首先需要通过民商法法律资源的供给，为市场主体的公平竞争提供基础性法律保障，从而使市场主体能够在理性状态之下，参与市场竞争，获得自己应得到的预期的合理利益。然而，基于市场主体的趋利性之本质属性，市场主体并非理论假设与法律预期的那样理性，许多情况下的市场竞争行为均是在非理性的状态之下发生的，这样就产生了为了达到竞争目的而采取的混淆行为、商业贿赂行为、虚假宣传行为、侵犯商业秘密行为、倾销行为、不正当有奖销售行为、附条件交易行为、诋毁竞争对手行为以及串通勾结投标行为等不正当竞争行为，进而破坏了市场竞争秩序。对于这些行为，无法用民商法意思自治的原则处理，事实上，也不能按照民商法的原则处理，因为，这些行为不仅直接侵犯了其他经营者的权益，而且，间接地侵犯了国家利益和消费者的利益，因此，必须采取经济法的手段，以国家干预的方式，对市场不正当竞争行为及其法律责任予以明确的法律界定，以便遏制不正当竞争行为的蔓延，并补充民商法的不足。为此，在现代市场经济条件下，各国或地区纷纷制定了《反不正当竞争法》或类似的法律①。由之引起反不正当竞争关系，属于中国经济法的调整范围。

与此同时，即使在市场主体理性竞争的情况下，按照"优胜劣汰"的规律，必然会使少数的市场主体处于垄断市场的地位，进而，在客观上破坏了市场竞争的环境和条件。此外，还存在非理性的垄断②，以及行政垄断问题③，而从国家经济发展战略的角度出发，一些市场行为的垄断又具有合理性。④ 所有这些问题，也无法运用民商法的原则处理，因此，通过制定《反垄断法》，合理界定非法垄断与合理垄断的界限，以保护市场竞争秩序，便成为各国经济法的一项重要任务。由之引起的反垄断关系，也属于中国经济法的调整范围。

（二）产品与服务质量管理与监督关系

在市场经济条件下，经济组织以自己的生产技术或服务技能，通过生产、经营或服务活动向社会提供相关的产品或服务，并以此获得使经济组织得以生存和继续发展的利益，是经济组织运行的基本过程。在这一过程之中，有关产品与服务的质量如何，是保证经济组织生存与发展的根本。在一般情况下，经济组织只要满足了消费者的消费需求，即可视为其产品与服务质量合格。但是，在现代市场经济条件下，有两方面的原因，使得国家应对经济组织产品与服务质量予以介入，一方面，现代生产是一种标准化的生产，因此，涉及到常规性产品的生产，必须以国际上通行的技术标准，或者是国家或行业颁发的技术标准予以规范化的生产；另一方面，一些产品的生产和服务关系到人类的生命健康，为此，国家必须制定强制性规范，要求提供相关产品或服务的经济组织，只有符合国家强制性标准才能使产品或服务进入市场领域，以保护社会公

---

① 国外一些国家或地区制定的是《公平交易法》，如日本和中国的台湾地区。

② 非理性的垄断是以不正当竞争为基础建立起来的垄断。

③ 行政垄断是利用行政权力实施的地区或行业垄断。如地方政府为了保护本地利益，采取行政措施限制本地商品流向外地，或阻止外地产品进入本地；又如，一些拥有公共事业服务权利的行业与企业，利用自己的行政优势，强迫消费者购买自己指定的产品或服务。行政垄断的危害主要是破坏了全国统一市场机制的形成，并剥夺了消费者消费优势产品的权利，因此，行政垄断为各国反垄断法所禁止。

④ 垄断的合理性往往是基于整个国家发展战略的实施和对公共利益的保护而采取的反垄断例外措施，通常涉及对自然垄断行业的保护、对外贸易保护、知识产品保护及国家对民族工业、夕阳产业及对国民经济有重要贡献产业的保护。

众的生命健康。这样，国家便需要通过立法，授权有关机构专门负责对经济组织相关产品和服务进行质量管理和监督，并引发相关的经济法关系。

（三）消费者权益保护关系

与计划经济不同，市场经济运行的逻辑起点不是生产，而是生产与生活消费。在实际的生产活动中，通常情况下，唯有存在消费市场，生产者才能组织生产，服务者才能组织服务，这是一般规律。① 正因为这样，在市场经济条件下，消费者被称之为是企业的"上帝"。然而，这个"上帝"在市场交易活动中，却最容易受到侵害。其最根本的原因在于，在消费者与经营者的交易活动中，基于信息的不对称性，使消费者无法全面了解自己所消费的商品和接受的服务的所有与质量和保护自身健康和安全有关的相关信息。这样，在市场交易活动中，消费者与经营者实际上始终处于不公平的地位，而一旦单个的和分散的消费者的利益受到侵害，又很难与有组织的经营者抗衡，进而使民商法的抽象平等变得毫无意义。为此，至 20 世纪 50～60 年代，世界上掀起了消费者保护运动，以致各国纷纷制定《消费者权益保障法》，通过行政与司法干预，维护消费者的合法权益，以最终维护市场经济秩序。② 至 80 年代，经联合国组织立法，消费者权益保障制度成为一项世界性的制度。③ 而《消费者权益保障法》侧重并倾斜于保护消费者的权益，是典型的经济法。由之产生的关系，属于经济法的基本范畴。对此，中国在确立市场经济体制之初，即于 1993 年10 月，结合世界各国和联合国的规定，及时地制定了《消费者权益保护法》，并明确规定了生活资料消费者的九大权利，④ 而有关生产资料消费者的权益保障则通过《产品质量法》予以保障，从而，为保障消费者的权益，提供了法

① 与该一般规律例外的情况是：当市场运行是以产定销或以原材料的供给定产定销时则不适用于"以消定产"之规律。当然，以产定销或以原材料定产定销也是以有稳定的消费市场为基础的。

② 二十世纪五六十年代西方国家爆发了"消费者权利运动"，对消费者权益保护的专门立法起到了巨大的推动作用，使其逐渐成为世界各国普遍实行的一项制度。1960 年，由美国、英国、澳大利亚、比利时和荷兰等国的消费者组织联合发起，成立了国际消费者组织联盟，提出了消费者的八项权利。1962 年美国总统约翰·肯尼迪向联邦议会提出了《关于保护消费者利益的总统咨文》，该文认为，政府有责任采取相应的法律措施来保护消费者的利益。并提出消费者应当拥有有权获得安全保障、有权获得正确的信息资料、有权自由决定选择，以及有权提出消费意见之四项基本权利。

③ 1985 年，联合国通过了《保护消费者准则》，规定了消费者享有的六项权利，并对政府和企业在保护消费者权益方面所承担的责任提出了严格要求。

④ 《消费者权益保护法》确立的消费者的九大权利是：（1）安全权；（2）知情权；（3）自主选择权；（4）公平交易权；（5）依法求偿权；（6）依法结社权；（7）获知权；（8）受尊重权；（9）监督批评权。

律保障。

（四）各类市场之管理、服务与监督关系

如上所述，市场的一般含义是指商品交换的场所。但是，在市场经济条件之下的市场，不仅包括传统的商品与服务市场，还包括生产资料、劳动力、资金、资本、技术、土地、信息等生产要素市场。这些市场不一定是以场所形式存在，而是一种渠道或机制。在中国社会主义市场机制的形成过程中，政府的职责分两个阶段，第一阶段为市场机制的建立和培育阶段，在此阶段，通过体制改革，使各种生产要素市场得以建立和巩固；第二阶段，在市场机制形成之后，政府的职责则由传统意义上的管理，转化为对市场运行的服务和监督，尤其是对于关系社会公共利益和社会经济安全的金融市场、资源与能源市场，必须严加监管，由此，便产生了属于经济法调整的各类市场之管理、服务与监督关系。

与此同时，在市场化改革中，国家为减少财政支出，鼓励社会力量投入公共事业，并使准公共产品的产出与市场相结合①，促进生产力的发展，可以将一部分准公共产品实施市场化改革，使其引入市场机制。但是，在这种市场化改革中，必须同时加强管理、服务与监督，以便使其有序、合理地进行。由此形成相关的经济法关系。

第三节　国民经济调控关系

一、关于国民经济与宏观调控

所谓国民经济，是指一国或一地区经济运行或活动的总称。在市场经济条件下，国民经济的管理主要通过国家的宏观调控予以实现。按照市场经济原理，宏观调控就是指国家为了实现宏观调控目标②，在制定宏观调控政策的基

---

① 按照市场经济理论，社会产品被划分为公共产品、准公共产品和私人产品三大类。其中，公共产品只能由国家或地方之财政供给，不能引进市场机制，如，义务教育、国防及司法资源的配置等；私人产品则属于市场调节的范畴，其通过市场机制予以配置；而准公共产品是指那些虽然总体上说属于公共产品，应当予以财政供给，但由于其存在"拥挤点"，因此，财政供给无法满足社会的所有需求，对此，可以引入市场机制，实行市场化改革，如中国进行的高等教育改革、公用设施建设与运营的改革、医疗改革等。但是，对于这种市场化改革，不能否定其公众属性，应坚持公众利益优先的原则。

② 按照宏观经济理论，宏观调控目标主要包括：经济增长、充分就业、物价稳定和国际收支平衡四个方面。

础上①，运用宏观调控手段②，对宏观经济（或国民经济）运行的调节和控制活动的总称。按照市场经济原理，在现代市场经济条件下，宏观调控是市场经济特有的范畴，是现代市场经济发展的重要组成部分。中国于 1993 年确立发展社会主义市场经济体制的同时，即强调了加强宏观调控，③ 并在宏观调控模式选择上，④ 借鉴国外的经验，结合中国国情，确立了以国家价格调控为基础，以发展规划与计划调控为牵头，以财政税收调控和金融调控为两翼，以其他经济调控相配合的综合调控模式，并提出中国的市场经济是"宏观调控下的市场经济"⑤。该调控模式的运行，首先以《国民经济发展规划》及其计划为牵头，在国民经济领域引起以下诸多新型的经济关系，具有鲜明的经济法特色。

二、中国的国民经济调控关系

（一）价格调控关系

价格是商品价值的货币反映，以价格围绕着价值上下波动为基础，确立市场价格是商品经济运行的基本规律，此规律在经济学上被称之为价值规律。因

---

① 宏观经济政策首先体现于国家发展战略的确立，其次，就专业性而言，则主要表现为财政政策、货币政策的制定和相互搭配。在 1993 年至 2001 年的第一轮宏观调控阶段，针对中国经济发展中有效需求不足的情况，中国实行了扩张性财政政策和稳健的货币政策；而从 2004 年进入第二轮宏观调控阶段以来，则实施的是"双稳"政策，即稳健的财政政策和稳健的货币政策。此外，还根据国民经济运行的具体情况予以"相机抉择"。另外，国家的就业政策、收入分配政策、能源与环境利用和保护政策、对外经济贸易政策等也是宏观调控政策的具体体现。至 2008 年 10 月，由于世界金融危机的爆发，又采取了扩张性的财政与金融政策，以确保经济增长和充分就业目标的实现。

② 宏观调控的基本手段，总体上表现为经济手段、法律手段和必要的行政手段。其中，就经济手段而言，主要表现为"一价三率"。所谓"一价"，即是对市场价格的调节，所谓"三率"，即对"税率"、"汇率"、"利息率"的调节，具有经济上的"杠杆"作用。而就具体的宏观调控领域而言，均具有其特殊的宏观调控手段，如，金融货币调控的典型手段包括：货币发行调控、银行准备金调控、针对商业银行的再贴现调控，以及公开市场业务等。而就法律手段而言，其基本功能表现为：一是，通过制定实体法，为宏观调控关系各主体参与宏观调控提供基本的法律保障，并维护宏观调控秩序；二是，通过宏观调控程序法的制定，使经济手段的运用，能够依法有序地进行，以保障其决策的科学性和有效性。此外，鉴于宏观调控是对市场行为的一种间接引导，因而，通常情况之下，是不宜采取直接的行政手段的，只有出现足以影响整个国民经济正常运行，甚至危及到国家经济安全之情况时，才能得以使用。

③ 对此，1993 年国家宪法修订案第七条在规定"国家实行社会主义市场经济"的同时，明确规定，"国家加强经济立法，完善宏观调控。"，"国家依法禁止任何组织或者个人扰乱社会经济秩序。"

④ 在世界市场经济各国，均依据本国国情，选择了不同的宏观调控模式，如，美国实施金融调控模式、日本则选择了主要实施产业政策指导模式，而更多的国家则为财政调控模式。

⑤ 参见中共"十四大"政治报告。

此，要发展市场经济，使市场成为配置社会经济资源的基础，首先即应改变原来的计划体制，将大部分商品的价格交由市场，并通过市场主体的竞争予以决定，从而，为发展市场经济奠定制度基础，在此方面，经过 30 年的改革开放，已经达到目的。通过《价格法》的制定和实施，市场上 90% 的商品价格实现了市场调节；其次，属于国民经济领域国家调节的价格则主要体现在对价格总水平的调节之上，即为了使价格总水平能够保持在合理增长的范围内，国家可采取一系列法定措施与手段对国民经济运行予以调节，进而形成价格调控关系。①

（二）计划与规划关系

计划是人类为达到未来计划期内的发展目标，通过确立未来发展任务、具体指标及其保障措施，以影响未来人类行动方向的方案。在古代时期，中国古人即提出了"预则立，不预则废"的先进的管理思想。发展至今，计划管理已经成为国家、企业乃至自然人个人有效地和科学地②发展的基本管理手段。就国民经济发展而言，运用国家计划手段统一调节国民经济运行是中国的传统的经济管理手段。并且，这种国家管理经济的方式，至今一直被中国的宪法所确认。以政府提出国民经济计划和财政预算方案③，交由各级人民代表大会审议通过后，再由各级政府组织国民经济运行，是中国的一项基本制度，不仅具有经济意义，也具有政治意义。因此，在实行市场经济体制后，如果完全放弃国家计划，则是不可行的。但是，市场经济条件下的国家计划必须加以改革，改革的方向和内容是将原来的指标性计划，逐步改革为一种政策性计划，这种

---

① 价格总水平是指一定时期内，全国或某一地区范围内各项商品和服务价格变动情况总的状况的体现，由各类商品和服务价格加权平均后得出结论。价格总水平的调控意义在于对价格总指数上涨的控制，一般控制在 5% 以内，否则便会引发严重的通货膨胀。为此，国家可以通过重要商品的国家储备、建立价格基金、对市场价格波动予以检测、对农产品价格予以重点保护，以及在必要时，政府可以对部分价格采取限定差价率或者利润率、规定限价、实行提价申报制度和调价备案制度等进行价格行政干预，甚至在某一地区或全国实施价格冻结等措施，来进行价格调控。参见《价格法》第四章。

② 一项计划的科学性表现为科学计划所应具有的基本要素，即（1）计划编制、审议与批准主体的确定；（2）计划预期期限的确定；（3）计划期目标确定的客观依据及面临形势的分析；（4）计划期目标与任务的确定；（5）计划指标及其分解；（6）计划实施主体的确定；（7）计划完成之检查、监督保障措施；（8）计划预期的调整；（9）计划执行情况的评价及对下一轮计划制定的预测分析。

③ 财政预算就是指财政计划，是国家对于计划（或规划）期国家财政收支的预期。在国外，财政预算必须由政府提交议会通过后，才能实施。而在中国，按照《宪法》之规定，政府的经济计划报告和财政预算和决算报告，是每年召开人代会期间，必须向人大提交的报告，并经过人大审议通过后，才能由政府组织实施。

政策性计划，至 2005 年制定国家"十一五"计划时，被调整为"规划"①，从而，更加符合现有国家计划的本质属性。由之，在国家规划的编制、审议、批准、执行、监督和调整中，形成了具有战略意义的规划及计划关系，这一关系的确立，对于其他宏观调控关系的运行和市场关系的发展具有牵头性的或总的指导与规范作用。

（三）产业指导关系

从现代经济的发展情况看，产业是指所有从事生产经营活动并提供同一产品或劳务的企业群体、行业或部门的集合。② 对此，英国经济学家阿伦·费希尔于 20 世纪 30 年代首先提出了"三次产业分类法"。③ 按照目前世界上通行的划分标准，通常将产业划分为第一产业、第二产业和第三产业三大块，其中，第一产业是指农业、牧业、渔业等直接从自然界获得物质财富的企业群体、行业或部门；第二产业是指在第一产业生产的基础上，对所获取的原材料进行加工的工业企业群体、行业或部门；第三产业则是指为满足人的物质和精神需要的，以人的知识技能或所拥有的特殊设备或体力所进行的各种服务的企业群体、行业或部门，如商业、银行业、酒店餐饮业等。在产业划分的基础上，通过制定产业政策，对于不同产业进行分类指导，首先由日本运用于政府对国民经济发展的管理与指导，后在各国推行，并已经成为宏观调控的重要手段或工具。

在中国，有关产业指导的工作实际上属于计划或规划的组成部分。运用产业政策指导国民经济发展，起始于 20 世纪 80 年代末。1989 年 3 月国务院

---

① 由"计划"到"规划"的演进，有人认为，体现了中国计划经济时代的彻底终结。但是，笔者认为，计划和计划经济是两个不同范畴的概念，计划作为一种管理手段，在任何经济体制下均存在，而计划经济则是一种政治制度与国家配置社会经济资源方式的选择。在中国国民经济计划更改为"规划"后，仍然需要具体的计划予以落实。因此，"计划"与"规划"没有实质性区别，只是"规划"更为原则一些，"规划"是一种广义的计划。

② 产业的概念是随着人类的认识水平和社会生活的发展而不断发展的。"产业"一词最早由重农学派提出，主要指农业。工业革命后，产业亦指工业。马克思主义政治经济学曾将产业表述为从事物质产品生产的行业，即生产同类产品的若干相互联系的企业的集合。这也是长久以来被普遍接受的定义。20 世纪 50 年代以后，服务业和各种非生产性产业迅速发展，使产业的内涵发生了变化，产业不仅指物质产品生产部门，而且指所有从事盈利性经营活动并提供同类产品或劳务的企业群体。

③ 英国经济学家阿伦·费希尔在其 1935 年出版的《安全与进步的冲突》中提出，在世界经济发展史上，人类经济活动的发展经历了三个阶段：第一阶段即初级阶段，人类的主要活动是农业和畜牧业；第二阶段开始于英国工业革命，以机器大工业的迅速发展为特征；第三阶段开始于 20 世纪初，大量的资本和劳动力流入非物质生产部门。其中，处于第一阶段的产业称为第一产业；处于第二阶段的为第二产业；处于第三阶段的产业为第三产业。

发布《关于当前产业政策要点的决定》，标志着中国有了独立的产业政策，确定了产业政策作为宏观调控手段之一，在中国经济发展中开始独立地发挥效用。1992 年，国务院《关于加快发展第三产业的决定》对中国三大产业进行了基本划分，① 1994 年又发布了《九十年代国家产业政策纲要》，该《纲要》指出："产业政策包括产业结构政策、产业组织政策、产业技术政策和产业布局政策，以及其他对产业发展有重大影响的政策和法规。"根据国务院的决定和纲要的总的精神，国家先后制定了一系列产业发展政策性文件。② 产业指导关系基于三个方面产生与发展，一是，针对中国实际情况，巩固第一产业的基础性地位、加大对第二产业结构的不断调整力度、大力发展第三产业，一直是中国产业政策的总的指导方针。此方针一直指导着中国企业、行业或部门的发展方向，并形成相应的产业指导关系；二是，在经济体制改革过程中，自 20 世纪 80 年代以来，产业结构调整一直是中国经济工作的重头戏，由此引发了相关的产业结构调整关系；三是，在产业政策的具体落实上，国家对于产业指导采取颁发目录的形式指导市场主体行为，引导社会投资的方向，进而形成产业发展关系。③ 这些关系是属于经济法范畴的宏观调控法的重要调整对象。

---

① 按照该《决定》，中国国民经济的三大产业划分为：第一产业是农业；第二产业是工业和建筑业；第三产业是除此以外的其它各业，主要包括流通部门、为生产和生活服务的部门、为提高科学文化水平和居民素质服务的部门。

② 根据国家产业政策总的规定，国家先后制定了《九十年代农业发展纲要》和《农业法》、《农业技术推广法》（1993 年）、《基本农田保护条例》（1994 年）、《关于当前调整农业产业结构的若干意见》（1999 年）、制定了《全国第三产业发展规划基本思路》（1993 年）、《指导外商投资方向暂行规定》（1995 年）、《汽车工业产业政策》（1994 年）、《水利产业政策》（1997 年）、《关于调整缫丝绢纺加工能力的意见》（1997 年）、《国务院关于纺织工业深化改革调整结构、解困扭亏工作有关问题的通知》（1998 年）、《中共中央、国务院关于加强技术创新，发展高科技，实现产业化的决定》（1999 年）、《关于促进科技成果转化的若干规定》（1999 年）、《关于鼓励和促进中小企业发展的若干政策意见》（2000 年）、《鼓励软件业和集成电路产业发展的若干政策》（2000 年）、《关于加快发展环保产业的意见》（2000）、《中西部地区外商投资优势产业目录》（2001）、《"十五"期间加快发展服务业若干政策措施的意见》（2001）、《国家产业技术政策》（2002）、《清洁生产促进法》（2002）、《中小企业促进法》（2002）等。至 2009 年国家陆续推出振兴十大产业的规划。

③ 这类规范性文件如：《当前的产业发展序列目录》（1989 年）、《关于实施固定资产投资项目经济规模标准（第一批）的若干规定》（1994 年）、《外商投资产业指导目录》（1995 年）、《当前国家重点鼓励发展的产业、产品和技术目录》（1997 年）、《淘汰落后生产能力、工艺和产品的目录》（第一批、第二批）（1999 年）、《当前国家鼓励发展的环保产业设备（产品）目录》（第一批）（2000 年）等。

（四）投资管理与调控关系

投资是保证国民经济发展速度与规模的有效方式，其中，国民经济的投资包括生产性投资和非生产性投资两类。在计划经济体制之下，国民经济与社会发展的投资被称之为基本建设，并由国家计划统一安排。但在市场经济条件下，投资主体由单一的国家投资，改革为国家与社会投资①两部分。相应的投资活动也呈多元化格局。国家投资主要涉及众多的公共领域，其中主要是公路、铁路、航空运输及其它重大工程等；然而，无论是怎样的投资，均必须纳入国家的计划或规划管理的范畴，据此，投资管理关系实际是计划或规划关系的延伸。从宏观调控角度分析，投资管理与调控关系的产生，主要基于四种情况：一是，国家对于投资规模的控制，即必须把投资规模控制在一定的增长范围之内，否则，过度的投资将引起基于水泥、钢材、木材等原材料的涨价而引发通货膨胀；二是，通过产业政策的制定和实施对于投资结构的引导，即鼓励民间投资行为投向符合国家产业政策的投资项目；三是，对于属于国家投资部分资金的使用，实施严格的监督管理，以防止被使用者将国家建设资金挪作他用或乱用；四是，对于所有涉及基本建设的投资，均要建立严格的质量监督体系，以防止基于"豆腐渣"工程给社会造成的危害。由此，便产生了属于经济法调整的投资管理与调控关系。

（五）财政与税收调控关系

财政是国家为实现国家职能②和财政资金使用主体③的正常运行和发展，运用政治与法律手段，强制地参与国民经济收入分配的基本方式。由财政预算（计划）、预算的执行和决算引发的财政关系，主要包括财政收入关系和财政

---

① 社会投资包括企业自己投资、自然人投资、事业单位或社会团体自筹资金之投资，其中，属于私人投资的也被称之为民间投资。

② 国家职能，即国家机构存在的价值所在，但主要表现为政府职能的确定与履行。在人类发展历史上，早期的国家职能主要是为了国防和必要的公共事务的管理和公共设施的建设。在自由市场经济阶段，根据亚当·斯密的理论，国家的职能被定为于"守夜人"的角色。按照自由市场经济理论"干预越少的政府，是最好的政府"。发展到现代市场经济阶段，依据凯恩斯理论与各国之实践，国家越来越多地为实现宏观经济发展目标而干预国民经济的发展，使宏观调控成为现代国家职能的重要体现。而在社会主义条件下，国家及政府本身即具有组织和管理国民经济建设的职能。参见：［英］亚当·斯密：《国民财富的性质和原因的研究》，郭大力、王亚南译，商务印书馆1974年版；［英］约翰·梅纳德·凯恩斯：《就业、利息和货币通论》，高鸿业译，商务印书馆1999年版。

③ 在中国现阶段，国家财政供养单位除国家机关外，还包括政党机关、事业单位和部分社会团体，其中，有关事业单位和社会团体的改革正在进行，除必须由财政供养的以外，将逐步与财政脱钩，实行自收、自支、自养政策。

支出关系两部分。其中，财政收入关系涵盖了税收关系①、非税收入关系②、国债关系③。财政支出关系涉及到财政主体基本财政资金的使用关系④、财政资金的建设关系及财政转移支付关系⑤。在市场经济条件下，国家通过各类税种和税率的调整，对国民经济发展具有重要的调节功能，并且，税收收入占到国家财政收入的90%，因而，税收关系的调控作用十分明显。此外，从宏观调控角度分析，财政与税收调控关系的经济法依据主要表现：一是，由政府主导的整个财政关系的确立与运行，必须坚持以合理的支出来决定收入，即"以支定收"，才能保证财政的适度性，否则将构成财政对于社会利益的侵占。为此，国家须通过宪法与经济法立法对之予以干预；二是，财政支出关系的产生和发展，实际上会形成对国民收入的再分配，分配是否合理，对国民经济具有相应的调控功能⑥；三是，在现代市场经济条件之下，为发挥财政的宏观调控职能，理论和实践均打破了传统意义上的财政收支平衡原则，实施政府的"赤字"政策，并以发行国债的方式予以弥补，进而形成了财政调控关系⑦；四是，从宏观调控手段角度分析，财政政策是现代市场经济条件下宏观经济政策的基本内容之一。国家可以根据不同时期国民经济发展的需要，分别采取扩

---

① 税收关系包括对征收税收税种的确立关系和税务机关依法就法定税种税率征收税收而产生的税收征纳关系。依税法原理，税收关系具有强制性、固定性和无偿性特点。

② 非税收入关系指政府对于不属于税收范畴的各项费用依法征收时产生的财政收入关系。

③ 国债关系是基于国家为了达到宏观调控目标，以国家信用为基础，面向社会公开发行国家债券而发生的关系。对此，民法上将其视为特殊的民事关系。而在经济法领域，则针对其具有明显的宏观调控的目的性，而将其视为宏观调控关系。

④ 财政主体基本财政资金的使用关系是指为保障财政供养单位的正常运行而使用财政资金发生的财政关系，也可称之为"吃饭财政关系"。

⑤ 财政转移支付包括纵向财政转移支付和横向转移支付，其中，前者是指上一级政府对下一级政府财政使用资金的单方支付，通常是下一级政府财政资金不足时，上级政府对下一级政府的补足部分，也包括依据相关法律和政策，对于中央或省级政府应负担的部分，由其对市、县级政府的直接拨付；后者是指富裕地区财政对欠发达地区财政的支持。由此产生横向的财政转移支付关系。

⑥ 在财政支出规模既定的情况之下，财政的支出结构除基本供给外，还包括对国防、教育、科技、基本建设等财政投资比例的安排，由之形成对国民收入的再分配，其结构是否合理对国民经济和社会发展影响重大。

⑦ 政府"赤字"财政宏观调控的意义在于，一方面，政府通过支出大于收入的方式，使政府运用赤字资金专门用于宏观调控；另一方面，通过发行国债弥补赤字财政，又会实现对国民收入的再分配目的，以调节社会收入的贫富差别。

张性财政政策①、紧缩性财政政策②和中性的财政政策③。所有这些均表明，财政税收关系的明显的经济法宏观调控特点，由之引起的社会关系，理应由经济法调整。

（六）金融调控关系

金融是指货币资金的融通活动的总称。金融业是以经营货币为主的行业，其行业范围涉及银行业、保险业、证券业、投资信托业、典当业以及相关担保业等行业的经济活动。金融活动是现代市场经济条件下不可缺少的行业。它主要通过为市场经济主体提供资金储蓄、信贷、结算、保险、证券、投资信托、典当及信贷担保等服务，促进市场经济的发展，因此，总体上说，金融业属于服务行业，有关金融企业与市场主体（客户）之间发生的金融业务关系，属于特殊商事关系的范畴，基本适用商法原则处理。然而，由于金融业的活动涉及到公众利益和国家经济安全问题，因此，与经济法相关的金融关系主要包括两类：一是，金融调控关系的产生，即国家通过货币发行以及货币政策④和各项金融政策的制定，并以特定的金融调控手段⑤直接或间接地影响着金融业的发展⑥；二是，基于金融市场的发展状况涉及公众利益和国家经济安全，因此，世界各国对于金融业的发展均采取了较严格的金融监管措施，由之产生了金融监管关系⑦；三是，为了执行国家的各项经济政策，国家成立专业性的政

---

① 扩张性财政政策也称之为"积极财政政策"或"赤字财政政策"，它通常指通过减少财政收入或扩大财政支出刺激社会总需求增长的政策。

② 紧缩性财政政策也称为"消极财政政策"或"盈余性财政政策"，它通常是通过增加财政收入或减少财政支出，以抑制社会需求增长的政策，其结果往往表现为财政节余，常作为反通货膨胀的宏观调控措施予以运用。

③ 中性财政政策也称为稳健的财政政策，它是指有关保持财政收支平衡以实现社会总供给与总需求平衡的政策。

④ 货币政策是国家宏观调控的主要工具之一，与财政政策一样，也分为扩张性金融政策、紧缩性金融政策和稳健的金融政策。总体上说，中国自改革开放以来，为稳定币值，一直实施稳健的金融政策。但在不同的经济发展阶段，根据宏观调控"相机抉择"原理，也可分别采取"扩张"或"紧缩"性的金融政策。

⑤ 金融调控的特殊手段主要包括利息率、银行存款准备金率、商业银行再贴现率的调整和中央银行公开市场业务的开展。

⑥ 金融调控的直接调控如通过货币的计划发行对金融规模的直接控制；间接调控如利息率的调整，但要注意，这种间接性主要体现在对市场主体行为的调节，而对商业银行而言，则是一种直接的调控。

⑦ 目前，中国的金融监管的典型形态包括银监会、保监会、证监会，分别依法对商业银行、商业保险公司及证券公司和相关市场的监管。

策性银行，以作为主要执行国家相关金融政策的金融机构。① 该政策性金融机构与企业之间发生的业务关系直接受到国家政策的制约，且主要不以营利为目的，因此，由之产生的金融业务关系，属于经济法的调整范畴。

（七）人口与劳动力资源调控关系

由于中国人口众多，使人口的不断增长成为影响中国经济发展的一个基本因素。据此，自改革开放以来，国家将控制人口作为长期的战略国策予以实施。该项战略国策主要通过对人口的计划生育和优生优育政策和法律的实施来实现。与此同时，也需要考虑人口性别比例、人口的老龄化问题，以及少数民族人口的增长等人口结构调整问题，进而形成人口调控关系。

劳动力资源是发展市场经济的基本生产要素。改革开放以来，中国劳动力资源的配置方式，由计划经济时期的政府配置改变为主要通过劳动力市场或人才市场予以配置，实现了使劳动者由"身份向契约的革命性转变"，由此，目前的劳动者就业主要通过与用人单位签订劳动合同或自谋职业产生就业关系，并随着 2008 年 1 月 1 日《劳动合同法》的实施，纳入了国家强制性法律规范的范畴，② 其调整法律主要以社会法为主。但是，鉴于中国劳动力数量庞大，并存在严重的结构性问题，因此，通过制定相关政策，促进劳动力充分就业本身就是宏观调控的目标之一，在此情况下，从经济法角度讲，国家主要通过制定劳动力就业政策，完善社会保障制度，引导劳动力就业的方向，并在必要时对特殊人群的就业实施强制性就业措施③，由之产生劳动力资源的调控关系。对此，中国于 2007 年颁发了《就业促进法》，该法就中国劳动力就业的促进原则、促进措施等进行了基本规定，由之产生的劳动力就业调控关系属于经济法的调整范畴。

（八）自然资源调控关系

对于自然资源，简单地说是指天然存在的自然物质、能量或因素。④ 具体地说，自然资源是指"存在于自然界中能够被人类利用或在一定技术、经

---

① 中国现有的政策性银行包括：国家开发银行、农业发展银行和国家进出口银行。

② 依《劳动合同法》，自 2008 年 1 月 1 日起，所有企业用人单位招聘劳动力，必须与之签订劳动合同，否则将受到法律的制裁。

③ 目前，国家实施强制性就业措施的，如对转业军人的就业实施强制性的国家计划安排，但同时也鼓励转业的军人自谋职业。

④ 关于自然资源的概念存在着不同的定义，大部分研究者将其总结为天然存在的自然物质与能量，但也有学者将其概括为"因素"，如，金瑞林教授认为"自然资源是存在于自然界的可以被人类利用于生产和生活的自然因素。参见金瑞林主编：《环境法学》，北京大学出版社 1989 年版。

济和社会条件下，能被利用来作为生产、生活原材料的物质、能量的来源，或在现有生产力发展水平和研究条件下，为了满足人类的生产和生活需要而被利用的自然物质和能量。"① 自然资源的表现形态主要包括土地资源、森林资源、矿藏资源、水利资源、生物资源、海洋资源等。在国民经济发展中，自然资源是国民经济发展的物质基础，拥有丰富的自然资源便占居了国民经济发展的主动权。有关自然资源的法律问题主要涉及到自然资源产权的确立、自然资源的合理利用和自然资源的保护等。其中，在市场经济条件下，有关自然资源产权的确立属于物权法的范畴，② 而对于利用自然资源所引发的用益物权问题及其相关的社会关系，也首先由民事法律予以调整。③ 而与经济法相联系的社会关系则体现在三个方面：一是，鉴于自然资源的稀缺性，使其具有重要的战略意义。为此，国家必须站在国家经济安全和保护社会公共利益的角度，按照可持续发展的要求，对如何合理地利用自然资源予以总体上的布局和规划，并由之产生经济法调整的自然资源开发利用方面的社会关系；二是，为了保护有限的自然资源，国家通过税收、收费、强制许可、限制开采，直至强制性禁止等措施，对自然资源的利用进行必要的干预，由此形成相应的调控关系；三是，在特定情况之下，国家制定特殊的自然资源保护政策，以保护自然界的生态平衡，比如，1998 年中国长江流域爆发洪水后，国家对长江上游流域实施了特殊的退耕还林政策，按照这一政策，国家对退耕还林后当地农民出现的生活困难予以补助，从而形成了经济法调整的社会关系。

（九）对外贸易调控关系

对外贸易，又称海外贸易或国际贸易。是指一个国家或地区的对外贸易经营主体，同世界其他国家或地区的对外贸易经营主体所进行的，以货物、技术或服务为交易客体的商品交换活动的总称。对外贸易是中国国民经济的重要组成部分，是实施"对外开放"政策的具体体现。经过 30 年的对外开放，特别是自 2000 年中国"入世"以来，中国的对外贸易有了大幅的增

---

① 李文华等："自然资源科学的具体特点及其发展的回顾"，载于《自然资源研究的理论与方法》，科学出版社 1985 版。
② 对此，中国《物权法》第 46~49 条规定，矿藏、水流、海域属于国家所有；城市的土地，属于国家所有。法律规定属于国家所有的农村和城市郊区的土地，属于国家所有；森林、山岭、草原、荒地、滩涂等自然资源，属于国家所有，但法律规定属于集体所有的除外。法律规定属于国家所有的野生动植物资源，属于国家所有。
③ 用益物权是指非所有人对他人所有的不动产或者动产，依法享有占有、使用和收益的权利。

长。对外贸易关系包括出口关系和进口关系两部分，如若按照交易对象的不同，则包括传统的货物贸易关系和新型的技术贸易及服务贸易关系。对外贸易关系成为经济法的调整对象主要表现，一是，对外贸易活动涉及到一国国际收支的平衡问题，而实现"国际收支平衡"正是市场经济条件下，国家宏观调控的重要目标之一，为此，国家主要通过对外汇汇率的调节，引导对外贸易的进出口业务，从而形成典型的经济调控关系；二是，按照国际贸易所倡导的原则，对外贸易活动虽提倡"自由贸易"，但是，基于国家经济的安全①及各国国际竞争战略和政策实施的需要，世界各国均采取了鼓励出口，限制进口的保护性措施，由此产生了一系列与国家贸易政策相关的对外贸易关系；三是，对外贸易关系属于国内的涉外经济关系，但是，它涉及到与国际上通行的国际惯例及国际经济贸易规则的协调问题，由之产生了对外贸易的协调关系，它既是国际经济法调整的对象，也是国内经济法的调整对象。

第四节　社会发展调控关系

一、关于社会发展调控问题

国民经济发展的最终目标是使社会不断进步，人类的生活水平不断提高，城乡建设日益完善，科、教、文、卫、体事业得到全面发展。如果按照社会主义经济建设的目标要求，即是"为了满足人民群众日益增长的物质和文化生活的需要"②。为此，中国自改革开放开始，将"社会发展计划"予以单列，

---

①　对外贸易活动的国家安全主要体现在两个方面，一是，对进口国而言，可能由于进口外国的产品或服务的过度，会对本国的产业发展和劳动力就业构成威胁；而对出口国而言，一些技术的出口可能对本国的科技进步与国防构成威胁；二是，除自由贸易地区外，一般情况下，一国或一个地区国民经济发展的对外贸易依存度不能太高，否则，过度地依赖于国外的产品、技术或服务，可能使本国丧失经济的主动权，受制于国外，并最终使本国的政治也受到国外的制约。据此，在市场经济条件下，通过宏观调控，从对外贸易的规模、速度和结构上予以调控是十分必要的。

②　关于社会主义经济建设的目标，最早由斯大林根据苏联社会主义建设的实践提出。对此，本著作认为，至今仍然有效。并且，它与现代市场经济理论中有关市场经济发展的目标是不断地增进社会福利并无矛盾。参见斯大林：《社会主义经济问题》，人民出版社 1952 年版。

原来的"国民经济计划"也更名为"国民经济和社会发展计划"①，说明在当时，国家已经意识到社会发展的重要性。但是，鉴于在当时的历史时期，中国还处于经济短缺期，因此，从 20 世纪 80 年代到 2000 年的 20 年间，虽然在沿海开放地区已经提前摆脱贫困，步入发展阶段，但总体上讲，中国经济发展面临的主要问题还是生存问题。因此，在经济实践中，单纯追求 GDP 增长的现象，甚至以牺牲环境为代价发展经济便不可避免。到 2000 年，中国人均收入已经达到了 1000 美元的水平，这标志着中国进入社会发展期，各种基于社会不公的社会矛盾日益突出②，如果社会发展问题解决不好，将会使原来的经济发展前功尽弃，为此，党和国家及时提出了科学发展观、"以人为本"的全新理念，提出了建设和谐社会，全面实现小康社会的奋斗目标。由此，从 2004 年至今的新一轮宏观调控中，在继续稳定国民经济发展的同时，加强了有关社会发展的宏观调控，形成了一系列社会发展调控关系，对此，中国的经济法理应对之予以回应。

二、中国的社会发展调控关系

（一）社会保障调控关系

社会保障是国家通过制定社会保障政策，采取财政或其他支持措施，以确保劳动者和社会民众的基本生活水平的制度的总称。社会保障制度的建设主要

---

① 从"六五"计划（1981～1985）开始，中国的经济计划中增加了社会发展的内容，在计划中单独用一编"社会发展计划"的篇幅，对社会发展的各个方面进行计划安排，包括人口、劳动就业、居民收入和消费、城乡建设、社会福利、文化、卫生、体育、环境保护、社会秩序等。对此，有论著指出，其原因，从国内来说，主要是要纠正以往在计划安排上过分追求高速度、高积累，长期忽视经济效益和人民生活及整个社会的发展的倾向；而从国际上讲，也符合当时的世界潮流。从 20 世纪 60 年代开始，一些国家先后在自己的经济计划中增加了"社会发展"内容，并将国家计划改名为"经济和社会发展计划"，如当时属于社会主义国家的罗马尼亚、苏联，属于资本主义国家的法国、日本等。这一改变的认识基础是：国民经济计划是经济任务和社会任务的综合，是同人的生活有关的一切问题的综合；人民生活水平的提高不仅仅是国民经济发展的结果，而且成为加快经济发展的重要因素。参见：刘国光主编：《中国十个五年计划研究报告》，人民出版社 2006 年 3 月版，第 455～456 页。

② 基于社会不公引发的社会矛盾突出地表现为与民生有关的"上学难"、"看病难"、"住房难"，"国有企业下岗再就业难"，以及"三农问题"等。而改变计划财政供给方式，以不加分类的方法，对相关社会发展事业的商品化、市场化的改革，又加剧了相关问题的产生。

包括社会保险①、社会救济②和社会优抚③等制度的建设，在一些发达国家则将社会福利④也纳入社会保障的范畴。在计划经济时期，有关社会保障的问题，由国家根据实际财力予以统一解决。在市场经济条件下，社会保障制度是市场经济制度的重要组成部分，没有与市场经济相适应的社会保障，就构不成市场经济。对此，中国根据当前的国情，正在按照"三三制原则"建立社会保险基金，即国家财政支持一部分、企业事业单位上缴一部分、个人上缴一部分，逐步完善城市的社会保险制度，并形成了相应的社会关系。在社会救济方面，主要是国家和地方财政予以支持，同时，注重社会救济力量的发动，建立了社会福利彩票制度，以支持社会福利事业的发展，形成相应的社会关系；而在社会优抚方面，则完全由政府财政根据相应的政策予以负担。

在市场经济条件下，社会保障制度属于强制性制度，中国目前的社会保障还主要是对城市人口的社会保障，其中，包括对进城务工农民利益的保障，而在广大的农村区域，正在进行医疗保障方面的试点工作，今后面临的任务十分艰巨。按照目前法律部门的分工，主要由社会法予以调整。从经济法角度讲，所涉及的社会关系主要体现在两个方面：一是，从宏观调控角度讲，社会保障政策应当纳入新形势下的宏观调控政策范畴，由国家统一协调，并由之引起经济法调整的社会关系；二是，在社会保障过程中，涉及到对社会保障基金、社会福利彩票及相关基金规模、结构及如何合理使用的调节和控制问题，为此，

---

① 社会保险制度是专门针对劳动者的一项社会保障制度，具体包括：养老保险、失业保险、工伤保险、医疗保险、生育保险制度。

② 关于社会救济、社会帮助或社会援助，一般是指国家和社会对由于各种原因而陷入生存困境的公民，给予财物接济和生活扶助，以保障其最低生活需要的制度。在实践中，社会救助对象大致包括三类：一是，无依无靠，完全没有生活来源的公民，如孤儿、孤寡老人和无社会保险待遇的失业者；二是，有劳动能力，也有生活来源，但因意外自然灾害、社会灾祸降临，遭受沉重的财产或者人身损失，一时陷于生活困难的公民；三是，虽有收入来源，但是，生活水平低于或仅相当于法定最低生活标准的公民。中国目前的社会救济制度主要包括：自然灾害救济制度、贫困地区救济制度、城市低收入者救济制度和特殊事件救济制度。

③ 社会优抚制度是指国家和社会对有特殊贡献者及其家属提供褒扬和优惠性质的物质帮助，以保障其生活水平不低于当地一般生活水平的制度。主要包括：社会优待、社会抚恤和社会安置制度。目前，中国法定的社会优抚对象主要有：现役军人、革命伤残人员、退役军人、烈属、病故军人家属、现役军人家属、见义勇为人员。

④ 社会福利制度通常是指国家和社会为维持和提高公民的一定生活质量而提供一定物质帮助，以满足公民的共同和特殊生活需要的制度。与社会保险、社会救济、社会优抚不同，社会福利制度不是为了济贫，而是为了提高和改善公民的生活质量。因而，其具有较大的普适性。其涉及到国民教育福利、住房福利、老年人福利、儿童福利、妇女福利、残疾人福利等，为西方市场经济国家所倡导。中国目前的社会福利包括民政部主管的社会福利事业、劳动部门主管的职工福利和社区服务。

必须由政府予以适度干预，以使其在保障社会需求的前提之下，为国民经济发展发挥应有的作用。①

（二）环境调控关系

环境问题是当前具有世界性的社会问题，关系到社会公共利益和可持续发展。环境问题包括基于自然要素的变化引起的生态平衡问题，但更主要的是由于人类的不合理生产、生活，对于自然资源的破坏而引起的包括大气、水、土地引起的环境污染，以及由于这些污染和对自然资源的破坏而造成自然界生态平衡的失调。目前，环境污染已经危及到人类的生存和发展。从中国的实际情况看，改革开放之初，当将工作重点转移到经济建设上时，为避免西方国家走过的"先污染，后治理"的道路，中国即提出了对环境问题采取"防治并重，且以防为主"的方针，但在30年的经济发展中，却没有避免环境污染问题。一方面，经济在快速地发展；但另一方面，环境污染问题却日益严重。中国虽然健全了相关的环境法律制度，并主要以行政手段予以治理，但是，收效不大。② 发展至今，中国已经成为世界上向大气排放污染最多的国家之一，为此，国家不得不将"节能减排"工作当作重要工作来抓。③ 事实证明，有关环境保护问题的解决，不能寄希望于市场主体，因为市场主体的行为是以其自身的利益最大化为根本宗旨的，在环境问题上存在"外部不经济"④ 问题。因此，除政府环境保护部门的行政监督外，必须发挥国家和社会民间的力量予以

---

① 例如，对于暂时闲置的社会保障基金，除传统的储蓄方法外，运用社保基金购买国债或使其以基金股的方式进入股市，一方面，可以使其增值；另一方面，对于稳定金融市场有着积极的作用。为此，世界各国法律均允许社会保障基金进入金融市场，以获得其应有的经济效益。参见董玉明，汪丽丽："社会保障调控法论纲"，载于董玉明著：《与改革同行——经济法理论与实践问题研究》，知识产权出版社 2007 年 4 月版，第 553～568 页。

② 笔者认为，行政手段收获不大的主要原因在于中国的经济在改革开放的前 20 年间仍然处于经济生存阶段。在许多地区，为了发展经济，只能放弃环境的保护，只有在进入发展阶段后，才有可能，也才有经济实力考虑环境保护问题。另外，在人和自然的关系上，长时期"与天斗、与地斗"的思想理念，影响着政界、科技界、经济界的行动。直到发展至今，当人类遭遇到诸如温室效应、沙尘暴、酸雨、生物灭绝等足以危及到人类生存发展问题时，才意识到人类应当与自然界和谐相处。

③ 自 2006 年起，为了履行国际义务，也为了解决中国自身的环境问题，中国政府将"节能减排"工作当作一项重要工作来抓，并确立了行政责任制。一些能源与资源大省则将其纳入本地的"碧水蓝天"工程，收到了一定的效果。而从国家对于政府绩效考察角度分析，则提出了"绿色 GDP"的新的考核办法。以促进各地将环境保护纳入国民经济和社会发展规划，真抓实干，有所成效。

④ 按照市场经济理论，市场主体之微观行为对外部的影响，有正效应和负效应之分，其中，有关环境污染则属于"外部不经济"范畴，其含义是指即使市场主体采取了符合环境标准的既有技术，其行为也会造成环境的污染。为此，必须通过来自于国家或社会的外部干预，才能使其污染降低到最低的限度。

调控和监督，才能使环境问题得以有效的控制与解决。从经济法角度讲，其调整的社会关系主要包括两个方面：一是，在市场规制或管理领域，政府通过对进入市场领域的产品、技术和服务，实施严格的环境标准，以使这些产品、技术和服务符合既有环保技术的要求，并形成相应的社会关系；二是，从宏观调控角度，制定相应的环境保护政策、鼓励和支持环境保护项目、技术与服务，颁发符合环境标准的产业发展指导目录，开征环境税、收取环境保护费[1]，对重点区域、重点项目、重点企业实施重点调节和控制，必要时实施项目限批，以促进环境的不断改善。由此，便会产生相应的环境调控社会关系。[2]

（三）区域经济调控关系

一国之下乃区域，因此，所谓区域经济通常就是一国国内各个行政区域内的国民经济的总称。但是，若从全球范围看，世界各国所辖的就是一个区域，因此，相对于世界而言，各国之经济就是一个区域经济。而各国之联盟后所辖之地区经济也可称之为一个区域经济，如现在的欧盟即涉及到欧洲大陆的27个国家。[3] 由此看来，由于区域概念本身的相对性，区域经济的概念也是相对的。而且，区域经济的发展具有很强的社会属性。区域经济的发展，必须将经济发展与社会发展统一协调，必须把城乡发展统一协调，必须把近期发展与长远的和可持续性的发展相结合。因此，本著作将其划归社会发展调控范畴。

就中国的区域经济而言，在目前，中国的地方行政区域虽然包括省级、市级、县级、乡镇级四级，每一级行政区域内均有其区域经济问题。但是，宏观调控角度讲的区域经济通常是指两种情况，一是，以省一级为基本单位的省级区域经济；二是，以地域相邻为基础由若干省所组成的区域经济，如改革开放之前，中国由若干省份组成的区域被划分为东北区、华北区、华中区、华南

---

[1] 中国目前没有环境税，但存在对排放污染气体和污染水征收"污染排放费"的收费制度，并实施"谁污染，谁治理"的方针和措施。

[2] 参见董玉明、冀惠珍："环境调控法论纲"，载于董玉明著：《与改革同行——经济法理论与实践问题研究》，知识产权出版社2007年4月版，第569~576页。

[3] 欧洲联盟（European Union），简称欧盟（EU），是由欧洲共同体（European Communities，又称欧洲共同市场）发展而来的，是一个集政治实体和经济实体于一身、在世界上具有重要影响的区域一体化组织。1991年12月，欧洲共同体马斯特里赫特首脑会议通过《欧洲联盟条约》，通称《马斯特里赫特条约》（简称《马约》）。1993年11月1日，《马约》正式生效，欧盟正式诞生。截至2007年1月，欧盟共有27个成员国和近5亿人口，总部设在比利时首都布鲁塞尔。欧盟的宗旨是"通过建立无内部边界的空间，加强经济、社会的协调发展和建立最终实行统一货币的经济货币联盟，促进成员国经济和社会的均衡发展"，"通过实行共同外交和安全政策，在国际舞台上弘扬联盟的个性"。欧盟27国总面积432.2万平方公里。

区、西北区、西南区，并与之相适应，建立了各自相对独立的经济体系。① 改革开放以来至今，则将区域经济划分为东北地区、东部地区、西部地区、中部地区四大区域。此外，基于地理及交通因素，中国自然存在着长江三角区、珠江三角区、环渤海区等区域，随着公路、铁路等交通事业的发展，又形成了许多以经济要素为基础的经济区域。② 而随着经济的深入发展，发达地区的产业提升后，存在一个产业转移问题，为此，结合经济地理条件，又形成一些新的区域，如"泛珠三角经济区"③。

中国是一个地域广袤的国家，各地区所拥有的经济资源、社会及文化发展水平存在很大的差异，因此，虽自秦汉以来一直实施中央集权的政治

---

① 1958年1月，中共中央根据毛泽东的建议，为了"多、快、好、省"地建设社会主义和配合国民经济计划的进行，决定全国划分为7个经济协作区，即（1）辽宁、吉林、黑龙江、东蒙（今内蒙古东部三个盟）为东北协作区；（2）北京、天津、河北、山东、山西、内蒙古（今内蒙古西部四个盟和呼和浩特市）、河南为华北协作区；（3）上海、江苏、浙江、安徽、福建、山东、江西为华东协作区；（4）广东、广西、湖南、福建、江西为华南协作区；（5）湖北、湖南、江西、河南、安徽为华中协作区；（6）云南、贵州、四川、西藏、陕西为西南协作区；（7）陕西、甘肃、青海为西北协作区。其工作方式是通过会议形式，使各省、市、自治区互通情报，交流经验，互相协作，彼此支援，调节矛盾，互相评比，以便在中央方针政策和统一规划下，促进社会主义建设事业的共同发展。其中，有些省、自治区划分在几个协作区的，按照经济关系的密切联系程度，以参加一个协作区为主。至1961年1月，中共八届九次会议进一步决定成立华北局（包括北京、河北、山西、内蒙）、东北局（包括黑龙江、吉林、辽宁）、华东局（包括上海、江苏、浙江、安徽、江西、福建、山东）、中南局（包括广东、广西、湖南、湖北、河南）、西南局（四川、云南、贵州、西藏）、西北局（包括陕西、甘肃、青海、新疆、宁夏）六个中央局，其以建立本地区的比较完整的经济体系为主要任务，根据党的社会主义建设总路线和党的各项方针、政策，因地制宜地贯彻执行中央的决定，以保证党的任务的完成和促进社会主义建设事业的全面发展。参见刘国光主编：《中国十个五年计划研究报告》，人民出版社2006年3月版，第156～157页。

② 以经济要素为联系纽带的区域被学界称之为经济区域，其与建立在行政区划基础上的区域经济有着本质的不同，它以行政区划为基础，但又不受行政区划的限制。在此方面，交通因素具有重要的意义。例如，中国长江流域即是一个自古以来的自然经济区域，它使长江流域的相关行政区域存在着一种必然的经济联系。此外，由于新的交通铁路、公路干线的建设，又会围绕这些新交通干线形成新的经济区域。至上世纪90年代，中国已形成了十大经济区，即沿长江经济区、珠江三角洲经济区、环渤海经济区、海南岛经济区、闽东南经济区、新南昆沿线经济区、陇海——兰新经济区、中原金三角经济区、哈尔滨——长春经济区、南昌——九江经济区。进入21世纪以来，围绕发达地区的产业转移和升级问题，又形成了一些新的经济区域，如，2004年6月3日，在香港举行的"泛珠三角区域"合作与发展论坛会上，包括福建、江西、湖南、广东、广西、海南、四川、贵州、云南九个省、自治区和香港、澳门两个特别行政区的行政一把手共同签署了《泛珠三角区域合作框架协议》，从而形成了以产业转移为主要内容的"9＋2"经济区域。此外，从经济要素的流动性角度考察，基于语言、传统习惯上的经济交往，也是形成经济区域的一个重要因素。

③ 进入21世纪以来，围绕发达地区的产业转移和升级问题，又形成了一些新的经济区域，如上所述的"泛珠三角区域"就是典型的经济区域。

体制，但是，在经济方面，如何处理好中央和地方的经济关系，处理好不同地区之间的经济关系，始终是历朝历代的重大国事。从中华人民共和国成立至 1978 年改革开放，国家对于区域经济的管理一直采取由国家统一布局，适度给予地方一定的自主权，再由中央政府统一协调平衡的方式，走的是力争平衡发展的路子，并基于国防的考虑，形成了各大区相对独立的经济体系。改革开放之后，为促进经济快速发展，实施了倾斜性的发展政策，先后实施经济特区、沿海开放①、沿边开放政策②，使政策受惠地区很快发展起来，但到 20 世纪末，东、中、西及东北地区之间出现严重的区域经济发展不平衡问题，为此，自 1989 年开始，又先后实施西部大开发③、

---

① 1980 年国家为实施"对外开放"战略，首先批准深圳、珠海、厦门、汕头为经济特区，试点成功后，又于 1984 年 5 月，批准进一步开放大连、秦皇岛、天津、烟台、青岛、连云港、南通、上海、宁波、温州、福州、广州、湛江、北海 14 个沿海港口城市为经济开放区。在政策上，扩大这些城市的自主权，让它们有充分的权利去开展对外经济活动，对前来投资的外商在企业所得税方面给予优惠待遇，允许这些城市举办经济技术开发区，实行特区某些政策。1985 年 1 月，又将长江、珠江三角洲和闽南夏（门）、漳（州）、泉（州）三角地区开放为沿海经济开发区。决定对这几个地区吸引外资和发展创汇农业给予适当的政策支持，使这些地区能够增强对外经贸活动的能力。与经济特区和开放的沿海港口城市不同，沿海经济开放区凭借的优势是农业基础好，农产品丰富，农村商品化率高，且又顺江近海，交通方便，对外联系广泛，同时也有一定的工业基础。

② 1992 年 3 月，国务院批准开放黑龙江省黑河市、绥芬河市，吉林省的珲春市，内蒙古自治区的满洲里市、二连浩特市，新疆维吾尔自治区的伊宁市、塔城市、博乐市，云南省的瑞丽市、畹町市、河口市和广西壮族自治区的凭祥市和东兴市等 13 个沿边市、镇，使中国对外开放格局由沿海、沿江扩大到沿边。当时沿边开放的内容主要是边境贸易和边民互市。最近几年，中央又先后提出了"周边是首要"、"安邻、富邻、睦邻"和"兴边富民"的战略方针政策，为扩大和提升沿边开放指明了方向。

③ "西部大开发"战略的提出始于 1999 年，其直接起因是由于西部地区资源植被的严重破坏导致 1998 年长江流域大洪水的爆发，急需退耕还林，以及西部地区与东部地区相比，在经济与社会发展上存在着较大的差距，急需改善。该战略由中央于 2000 年正式启动。西部大开发的范围包括重庆、四川、贵州、云南、西藏自治区、陕西、甘肃、青海、宁夏回族自治区、新疆维吾尔自治区、内蒙古自治区、广西壮族自治区等 12 个省、自治区、直辖市，面积 685 万平方公里，占全国的 71.4%。2002 年末人口 3.67 亿人，占全国的 28.8%。2003 年国内生产总值 22660 亿元，占全国的 16.8%。西部地区资源丰富，市场潜力大，战略位置重要。但由于自然、历史、社会等原因，西部地区经济发展相对落后，人均国内生产总值仅相当于全国平均水平的 2/3，不到东部地区平均水平的 40%，迫切需要加快改革开放和现代化建设步伐。根据《国务院关于实施西部大开发若干政策的通知》，从 2001 年到 2010 年西部大开发的战略目标是：力争用 5 到 10 年时间，使西部地区基础设施和生态环境建设取得突破性进展，西部开发有一个良好的开局。到 21 世纪中叶，要将西部地区建成一个经济繁荣、社会进步、生活安定、民族团结、山川秀美的新西部。为此，该通知确定的西部开发的重点任务是：加快基础建设；加强生态环境保护和建设；巩固农业基础地位；调整工业结构，发展特色旅游业；发展科技教育和文化卫生事业。

东北老工业基地振兴①和中部崛起②的区域经济发展战略，以达到区域经济发展的协调，实现全面小康社会的目标。

由上分析可看出，有关区域经济发展引发的社会关系，首先属于国家战略的组成部分，区域经济与社会发展关系属于宏观调控法的调整对象；同时，各区域自身均有一些特殊的情况需要自身解决并引发相应的经济与社会关系，这一部分属于中观经济法的范畴。由此，区域经济法呈现出明显的"二元结构"特色。③ 此外，区域经济实际上是国民经济在区域发展中的一个缩影，具有很强的综合性，因而，唯有以同样具有综合性特点的经济法才能对之予以有效的调节和控制。

（四）科技事业发展调控关系

在理论界，尽管有关科学与技术的含义一直存在着争论，④ 但从实践情况看，"科技"一词是"科学研究与技术开发"的简称。科技事业就是科学技术教学与科研单位或人员，为了完成科研项目或使既有的科研成果能够在实际生

---

① 2003年，中共中央国务院发布《关于实施东北地区等老工业基地振兴战略的若干意见》，从而，正式启动了中国东北三省及相关老工业基地的区域发展战略。其政策惠及地区除辽宁、吉林、黑龙江以外，还包括了山西、重庆等老工业基地地区。

② 中部崛起战略提出于2004年，至2006年同4月，中共中央国务院发布《关于促进中部地区崛起的若干意见》，该《意见》出台了有利于中部地区崛起的36条政策，提出要把中部地区建设成全国重要的粮食生产基地、能源原材料基地、现代装备制造及高技术产业基地以及综合交通运输枢纽。（简称为三基一枢纽）从而，从国家宏观调控角度为中部地区如何崛起定了调。中部崛起战略政策惠及山西、河南、安徽、湖南、湖北、江西六省，其地处内陆腹地，土地面积102.70万平方公里，占全国的10.7%；人口总数3.16亿，占全国的28.1%；2004年时，国民生产总值2.63亿元，占全国22.5%。中部地区是中国不同区域之间关联度最强的地区，承东启西、接南进北、吸引四面、辐射八方，发挥着独特的东西互动的桥梁纽带作用。它是国家重要的交通枢纽、农产品生产基地、能源原材料工业基地、科研教育基地，与此同时，作为中华文化的发祥地，旅游资源得天独厚。

③ 参见董玉明："区域经济法律调整的二元结构解析"，载于《山西大学学报》2004年第3期。

④ 科学被通常解释为"反映自然、社会、思维等客观规律的分科的知识体系。"而技术则是"人类在认识自然和利用自然的过程中积累起来并在生产劳动中体现出来的经验和知识，也泛指其他操作方面的技巧。"但对于这种一般的静态的表述，有人认为不能反映科学的本质。如英国著名的物理学家、伦敦大学教授、科学学的创始人贝尔纳指出："科学史的研究表明，科学的本质是不能定义一劳永逸地固定下来的。科学是一种描述的过程，是一种人类活动，这一活动又和人类的其他种种活动相联系，并且不断地和它们相互作用。"然而，人类关于科学、技术与生产之间的关系，认识是基本一致的，即科学的发现与进步为技术研究开发奠定了基础，技术开发成果又为生产发展提供了前提；反过来，生产对科学技术的需求、生产经验和财富的积累，又为技术开发提供了动力和精神与物质条件，技术的蓬勃发展又为新的科学思想、原理、新的科学发现奠定了知识基础。由之，科学、技术、生产三者相互作用、相互促进，从而导致生产力的不断发展和社会经济的不断进步。参见：中国社会科学院语言研究所词典编辑室编：《现代汉语词典》（第5版），商务印书馆2007年9月版，第769、646页；罗玉中主编：《科技法学》，华中科技大学出版社2005年3月版，第10~11页。

产中得到运用的活动的总称。其中，科学技术教学与科研单位或人员，既包括专门从事科技活动的专业单位与人员，也包括科技活动的爱好者；科研项目的研究和推广，既包括自然科学的研究，也包括社会科学的研究；从活动的类别看，分为专门进行科学研究与技术研发者，或专门进行研究成果推广者，或两者兼而有之。此外，在中国，科技事业的活动，往往与科技事业单位的活动相联系，并区别于科技企业。科技事业是公益性组织，其活动不能以经济效益为目的；而对于科技企业而言，则是以营利为目的，专门从事科技活动的企业。但如果从广义角度理解事业概念，即使是企业的科技活动也应纳入科技事业的范畴。

改革开放之初，在首届全国科技大会上，邓小平提出"科学技术是第一生产力"，① 到党的第三代领导人意识到"创新是一个民族的灵魂"，② 这充分说明了科技事业在国民经济和社会发展中的重要地位和作用。如果按照市场经济理论指导中国科技事业的发展，现实中的各项科技活动及其关系，实际上可以分为三类：一是，对于属于完成各类纵向课题③一类的科技研发活动，属于公益性活动，其成果具有公共产品的属性，这种研发活动所涉及的科研项目，通常或涉及重大项目的研发，或是需要国家予以扶持的基础性的研究项目，而对于这些项目，私人不愿意投资，一般通过制定科技政策，将其纳入国家或地方科研规划，由中央或地方拨出财政专款予以扶持，由此产生了经济法调整的社会调控关系；二是，对于纯粹属于市场主体根据市场需求进行的科技研发活动，属于私益活动，其成果具有私人产品的属性。成果的研发活动，包括从课题经费的投入，科研风险的承担，到科研成果研发成功后，科研成果产权的归属，

---

① 1978 年 3 月 18 日，邓小平在全国科学大会开幕式上的讲话中指出："四个现代化，关键是科学技术的现代化。没有现代科学技术，就不可能建设现代农业、现代工业、现代国防。没有科学技术的高速度发展，也就不可能有国民经济的高速度发展。"与此同时，在论述对科学技术是生产力的认识问题时指出："…近三十年来…社会生产力有这样巨大的发展，劳动生产率有这样大幅度地提高，靠的是什么？最主要的是靠科学技术的力量、技术的力量。"参见：《邓小平文选》，人民出版社 1983 年版，第 82～84 页。

② 1999 年 8 月 23 日，江泽民同志在全国技术创新大会上指出："全面实施科教兴国战略，加速全社会的科技进步，关键是要加强和不断推进知识创新和技术创新。我曾经说过，创新是一个民族进步的灵魂，是一个国家兴旺发达的不竭动力。"《江泽民文选》（第二卷），人民出版社 2006 年 8 月版，第 392 页。

③ 科学研究与技术开发研究课题分为纵向课题和横向课题两类。通常情况下，纵向课题是由财政资金资助的课题；而横向课题则是由企业或其他组织委托科研机构或人员进行的科学研究与技术开发，因而，其经费由委托单位支持。

科技成果的转让、咨询和服务。这类关系直接与市场结合，投资者和技术研发者的权益，按照技术合同法和各项知识产权法的规定，享有权利，承担义务；三是，即使属于第二种情况的科技活动，但是，如果涉及到国家或社会公共利益时，应实施公益优先原则，由此发生的社会关系，由民商法与经济法共同调整。与此同时，国家从宏观上制定有利于科学技术进步的各项人才、税收、金融、奖励等政策，以促进科技事业的发展，由之引起的社会关系，属于经济法调整。

（五）教育事业发展调控关系

从古至今，教育事业乃是以教书育人为根本的事业。为国家保持民族昌盛之根基。科教兴国，教育为本，只有教育搞好了，才能为科技发展、经济发展、社会发展，提供人才资源，保障各项事业发展后继有人。因此，教育的本质是教书育人。教育的问题属于典型的社会发展问题，关系到一国国民素质的提高问题。如若将教育视为一种生产的话，教育就是一种运用教育资源，通过对受教育者德、智、体、美学习的培养过程的一种人才资源的生产，教育生产的"产品"，就是符合社会就业要求的各类劳动者。据此，教育是一种典型的公益性事业，理应属于国家责任，实行国家统一计划配置教育资源和人才培养，由财政负担基本的教育经费。

然而，对于受教育者而言，除了必须接受国家强制性的义务教育以外，对于进一步地接受教育，以及选择怎样的教育，应当根据自身的情况具有选择的权利，而这种选择的结果，往往是与预期的就业目标及人生成长规划结合在一起的。因此，对受教育者而言，赋予其私益权利是十分必要的。这样，在市场经济条件下，基于国家投资负担的部分，属于公共教育，是每个公民必须接受的教育，其教育结果属于公共产品的范畴，利益由国家或全民共享；基于私人投资负担的部分，属于公民选择教育的部分，具有较大的私益性质，因而，其教育结果属于私人产品的范畴，利益由受教育者与负责教育的学校及其他培养单位共享；而对于那些本应由国家负担，但是，鉴于教育培养资源与社会要求培养的需求量存在较大的差距，需要由国家和私人共同投资的部分，其教育结果则具有准公共产品的属性，利益由国家与受教育者共享。这样，教育的层次性，是显而易见的，并形成不同的社会关系，需要由不同的法律部门调整之。

就中国的情况而言，计划经济时期，实行教育资源的统一计划配置，公民接受教育，亦由国家安排。但实行市场经济以来，教育体制改革的结果是教育的层次性逐渐形成，其中，国家法律规定的九年义务教育和强制性培训的部分①属于公共教育部分，由国家和地方财政负担；属于高中以上的教育部分②则属于准公共领域，由国家和受教育者（家庭）共同负担，实行上学缴费制度③；而属于在私人选择基础上的各类教育部分，则属于私人产品部分，为此，国家法律允许社会力量投资办学，以满足这部分教育需求，但强调了其不能以经济效益为目的。④ 与此同时，有关包括人、财、物在内的教育资源的配置，也采取了不同的方式，即属于公共产品部分，由国家制定政策与规划，统一配置；属于准公共产品部分，由国家与地方财政及教育单位共同配置⑤；属于私人产品部分则通过市场机制配置。此外，国家提倡公民的终身教育，努力营造学习型社会。由此，就存在一个教育政策的制定和教育宏观调控问题。教育的宏观调控主要解决教育事业发展中的发展规模、发展速度、发展结构的调节和控制，学生就业促进及包括税收、土地、价格、金融等在内的各种优惠或限制措施的制定和实施。其中，属于国家教育部直接管理的教育单位由教育部直接调控；属于地方主管的教育单位由地方直接调控，中央间接调控。由之形成教育调控关系，由经济法之宏观调控法予以调整。

　　值得强调的是，中国的高等教育不仅承担着培养大学生、研究生的重任，也是中国科技研究的主要力量，为此，有关高等教育事业发展的调控问题，必须将科技事业发展调控与高等教育事业发展调控有机地结合起来，将科学研究与人才培养相结合，以满足国家和社会对高层次人才的需求。

　　另外，关于教育的市场化、产业化问题，是近几年来颇具争议的一个问题。因为，这一问题涉及到对教育根本及价值取向的否定问题，而在实践中，

---

　　① 强制性培训教育，如国防教育。

　　② 高中以上的收费学历教育包括高中、大学专科、大学本科和大学研究生的学历教育，此外，初中毕业后考入技校的学历教育，也属于收费教育的范畴。

　　③ 上学所缴的各项费用，应严格国家和地方财政部门规定的项目和标准予以收费，学校超出其规定的收费为"乱收费"，是近年来重点查处的问题。

　　④ 2002年12月28日，第九届全国人大常委会第三十一次会议通过《中华人民共和国民办教育促进法》，该法规定："民办教育事业属于公益性事业，是社会主义教育事业的组成部分。（第3条），但同时规定，"民办学校对举办者投入民办学校的资产、国有资产、受赠的财产以及办学积累，享有法人财产权。"（第35条）

　　⑤ 教育单位自身的资源配置是指教育单位运用自身创收所得所进行的学校设施建设。

也确实引发了"上学难"问题。① 引起了社会的普遍不满。对此，如何看待和解决？本著作认为，其实际上涉及到国民经济与社会发展的协调问题。从国民经济发展角度讲，教育事业作为服务行业属于第三产业的范畴，对此，中国20世纪80年代有关产业政策也将其纳入了产业发展的规划之中，到1999年，为解决国内需求不足问题，寻找国民经济新的增长点，国家把包括国家、社会公民个人对于教育的投资也算作了经济增长点，为此，使公民的教育学费有了大幅的增长。与此同时，国家也希望学校通过教学科研改革，使学校（主要指高等院校）有更多的高新技术科研成果能够面向社会，并通过市场化运作转化为生产力，达到"产、学、研"相结合，并对社会起到示范作用。这就是教育产业化、市场化的政策内涵，其并不涉及属于公共产品的义务教育和属于基础性教育，并无法与市场结合的部分。它并没有从根本上否定教育的教书育人的本质属性。政府不能因此减少应有的财政投资，教育单位也不能因此而为了自身利益的最大化而卖教育（文凭），这就需要经济法之宏观调控法予以及时地规范。

（六）文化事业发展调控关系

通常而言，文化是指人类在社会历史发展过程中所创造的物质财富和精神财富的总和，据此，广义上讲，在经济和社会发展中，文化现象无所不在。即任何事物的发展，均存在与之相应的文化问题。但是，狭义上讲的文化，是与精神财富相联系的社会现象，如文学、艺术、教育、科学等。② 若从中国社会事业的实际分工来看，因为已经存在科技事业、教育事业，因此，文化事业应是为了满足社会文化需求，以传播和创作特定文化作品为内容的一种面向大公的社会事业。其中，所谓的传播，是指对于传统的和现代的既有文化的宣传；所谓的创作，是指文化工作者结合社会需求，对新文化作品的推出。其基本载体包括文学作品、戏剧、电影、电视剧等。其所涉及的核心行业主要包括：新

---

① "上学难"问题的发生主要基于四种情况发生：一是，由于现实可供教育资源的有限性，导致公民普遍上学的要求无法全部满足，如中国的高考；二是，在对非义务教育实施收费制度以来，导致一些学生因交不起学费而上不了学，这方面的问题主要体现在贫困的农村地区和城市的低收入家庭子女的上学问题；三是，由于教育资源配置存在结构上的不合理，也会导致学生上学的困难，如在房地产开发中，形成一些新的居民区，但是，在新区没有学校的统一规划，导致学生上学发生困难；四是，基于目前升学机制中的应试考试格局仍然没有改变，因此，重点中学、重点大学少，导致学生上好一点的学校比较困难。

② 中国社会科学院语言研究所词典编辑室编：《现代汉语词典》，商务印书馆1983年第2版，第1204页。

闻业，出版业，广播、电视、电影业，文艺创作与表演业；外围行业涉及网络文化服务、文化休闲娱乐服务和其他文化服务；此外，还存在有关文化用品、设备及相关文化产品的生产和销售。[①]

在中国社会主义建设中，文化事业发展承担着社会主义精神文明建设的重任，它涉及到主流意识形态地位的确立和对面向大众的文化理念的正确引导问题，社会公益性极强。因此，党和国家历来十分重视对文化事业发展的调节和控制。各事业单位一直属于财政供养单位，其各项活动不能以盈利为目的。但是，随着市场经济体制的确立，文化事业单位的发展也逐步与市场接轨，文化产业也因此纳入国家第三产业的范畴，得到国家的有力支持。[②] 成为中国国民经济发展的一个新的增长点。但是，由于文化行业的特殊性，因此，世界各国在市场经济发展中，普遍地对于文化行业的发展实施分层次管理。对于那些可能危及国家安全的文化的传播和创作，国家予以禁止或严格控制；[③] 属于弘扬主流文化和民族文化的领域，国家通过宏观调控予以政策和财力支持；而属于一般娱乐性的文化则交由市场机制来解决，国家只在必要时对之予以适度的干预。[④] 对此，中国的基本做法，也大体相同。由之引发的属于经济法调整对象的文化事业发展关系，主要是指由国家相关部门对于文化的传播和创作活动进行调节、控制中形成的社会关系。其中，这种关系包括对于外来文化被引入（进口）中国时，国家有关部门对其进行调控时引起的社会关系。

---

① 参见 2004 年国家统计局颁发的《文化及相关产业分类》。

② 文化产业与文化事业有着本质的不同，主要表现是文化产业的盈利性。2006 年 9 月中共中央办公厅、国务院办公厅正式颁发《国家"十一五"时期文化发展规划纲要》，将文化产业纳入了文化发展规划之中。在此之前的 2005 年 12 月，中共中央国务院颁发《关于深化文化体制改革的若干意见》，该《意见》提出，中国今后文化体制改革的方向是：以发展为主题，以改革为动力，以体制机制创新为重点，形成科学有效的宏观文化管理体制，完善文化法律法规体系，强化政府文化管理和服务职能，构建覆盖全社会的公共文化服务体系；形成富有效率的文化生产和服务的微观运行机制，增强文化事业单位的活力，提高文化企业的竞争力；形成以公有制为主体、多种所有制共同发展的文化产业格局，充分发挥国有资本在文化领域的主导作用，调动全社会力量积极参与文化建设；形成统一、开放、竞争、有序的现代文化市场体系，更大程度地发挥市场在文化资源配置中的基础性作用；形成完善的文化创新体系，加大知识产权保护力度，积极应用先进科技手段，推进内容创新，使原创性文化产品在市场占有重要地位；形成以民族文化为主体、吸收外来有益文化，推动中华文化走向世界的文化开放格局，进一步提升文化事业和文化产业的国际影响力和竞争力。

③ 这类文化的传播，如诬蔑社会主义制度或对民族团结产生不利影响的文化作品。

④ 这类情况是指对于公众反映强烈的有严重负效应的文化作品的传播，政府可以依法予以干预，实施禁播或限播措施。

（七）卫生事业发展调控关系

根据《现代汉语词典》，"卫生"一词的解释：一是，能防止疾病，有益于健康；二是，指合乎卫生的情况。而所谓事业的首要含义是指"人所从事的具有一定目标、规模和系统而对社会发展有着影响的经常活动。"① 据此，所谓卫生事业，即是指人类所从事的具有一定目标、规模和系统而对社会发展有影响的能防止疾病，又有益于健康的经常性活动。在中国，目前由政府投资的医疗服务单位被定性为事业单位，并以主要从事公共医疗卫生服务为其宗旨，这一部分医疗卫生服务活动是典型的卫生事业活动。但是，若从宏观角度讲，卫生事业是指"一个国家或地区的医疗保障体系、卫生服务体系、卫生监督体系的总称。"② 若从国民经济发展角度分析，卫生事业也属于服务行业的范畴，国家与社会对于卫生事业发展的投资增长，反映了第三产业的增长水平。此外，卫生事业的发展涉及到以生产药品和医疗器械为生产对象的企业发展，这一部分属于市场行为，具有私益属性。企业生产的目的是追求利益最大化，但由于其受卫生产品公共属性的影响，又受到政府的严格许可和监管。改革开放以来，随着人民生活水平的提高，富裕人群对于医疗卫生有了更高的保健型消费要求，为此，国家允许私人投资这一领域，以市场化机制满足此方面的消费需求。此外，为方便大众就近就医，国家也允许私人个体开办个体医疗诊所。这样，中国现有的卫生服务体系实际上是由政府投资的主要为解决公共医疗需求的大、中型医院（或医疗服务机构）；由混合所有制或私人投资机制建立的主要满足私人医疗消费的医院（或医疗服务机构）；主要由私人投资的为方便民众就医为目的的小型医疗诊所（或医疗服务机构）三部分组成。它们都属于卫生事业发展的范畴，必须在国家或地方政府统一规划之下有序地发展。

卫生事业是一项公益面广、公益度深、公益性强③，并兼有经济性和社会

① 中国社会科学院语言研究所词典编辑室编：《现代汉语词典》（第5版），商务印书馆2007年9月版，第1421、1246页。另外，关于事业，该词典的另一解释是：特指没有生产收入，由国家经费开支，不进行经济核算的事业（区别于"企业"）。

② 谭伟良："公共卫生富民强市战略的有效实现途径"，载于《江苏卫生事业管理》，2001年第6期。

③ 称其公益面广，是因为它不仅涉及全社会每个人的切身利益，而且担负着预防疾病发生、医治已患疾病、康复生理功能、提高生命质量、实施全民保健的全面健康管理；急诊急救和突发事件的应急处理；重大疾病的防治；重点人群的保健；各级各类卫生技术人才的培训；有效药物和医疗器械的研发；预防、医疗、保健、康复基础医学和应用医学以及各种新型医学和边缘医学的研究、推广应用；医学领域的国际合作和交流等任务。称其公益度深，是因为涉及到每个人的生、老、病、死。称其强，是因为卫生服务的好坏，卫生事业发展好坏，即可会引起社会的强烈反应，并引发社会问题的爆发。

性的全民事业。卫生事业发展关系与宏观调控法的关系可以从其本身具有的公益和私益属性两个方面予以理解：首先，从公益角度分析，提供公共医疗产品和服务，是现代政府的一项职能，也是社会保障的基本方面，由之发生的社会关系，由经济法之宏观调控法调整；其次，从私益角度分析，公众的私人消费、医疗卫生企业的生产经营状况，直接影响到国家经济总量的平衡，为此，在市场经济条件下，国家对医疗市场的调控通过政府制定政策，运用相关手段调节市场，市场再引导与医疗卫生相关的个人消费与企业生产经营行为，并同时赋予对市场的监督责任。由之产生的关系，也属于宏观调控关系，应纳入宏观调控法的范畴，体现了国家在赋予政府管理医疗市场职权的同时，对于政府干预行为的限制。与此同时，在卫生事业发展中，当私益利益与公益利益发生冲突时，必须坚持公益优先的原则处理相关的社会关系。因为，坚持为人民服务原则，坚持"救死扶伤，实行人道主义"，不仅是中国所一贯提倡的卫生事业发展方针，也为世界各国所倡导。任何为了经济利益而放弃医疗救助的行为，都是违反医疗道德准则，违反医疗卫生基本法律，并被全社会所不能容忍的行为。

（八）体育事业发展调控关系

体育的一般解释，一是指以发展体力、增强体质为主要任务的教育，通过参加各项运动来实现；二是指体育运动。① 据此，体育事业就是指与以发展人的体质、增强人的体质及开展各类规模性的体育运动或活动为主要任务的各项经常性活动的总称。体育事业的发展，关系到一个国家或民族民众的体质素质的保持和提高问题，具有公共属性。"发展体育运动，增强人民体质"是中国一贯坚持的体育工作的方针。从中国体育事业发展的类别看，基本上可以分为两类：一是，以保持大众基本体质素质为目标的大众体育事业②；二是，以提高运动竞技水平为主要目标的竞技体育事业。此外，基于人民生活消费水平提高后对于体育消费的需求，以及体育竞技所包含的娱乐功能，使体育事业发展存在体育市场基础，具有了相应的经济功能，并引发与之相应的体育行业和体育产业问题③，使其成为国民经济的增长点。但是，总体上说，体育事业是公

① 中国社会科学院语言研究所词典编辑室编：《现代汉语词典》（第5版），商务印书馆2007年9月版，第1342页。
② 其中，大众体育事业又分为学校体育和社会体育两类，而学校体育事业的发展由教育部门和体育部门协调安排。
③ 体育行业是专门从事体育健身娱乐、咨询、旅游、经纪等服务的企业的集合，属于第三产业，并构成体育产业之本体产业，除此之外，体育产业还包括相关产业，如专门从事体育运动产品生产的相关行业。

益性的事业，其经济属性不能替代社会属性。此外，体育的政治功能和属性不可忽视，许多体育活动和大型国际体育比赛和事项，或成为国家之间交往的政治手段①，或成为凝聚和振奋全民爱国激情的重要载体。

从宏观调控角度分析，与宏观调控法相联系的社会关系，也主要体现在两个方面。一是，为实施全民健身和通过体育运动的开展达到增强人民体质，振奋国人爱国激情与积极向上的精神，国家通过制定体育事业发展战略和规划，以财政投入为主，引导社会投资为辅，合理配置包括体育设施、人才等体育资源形成的社会关系；二是，对体育市场行为的调节和控制，即通过制定促进政策和措施，促进体育产业的发展，并对政府对体育市场的监管行为予以规范中形成的社会关系。

第五节　经济监督关系

一、关于经济监督

监督一词之含义，一是，指察看并督促；二是，指做监督工作的人。② 据此，监督是指负有监督责任的人对于某项活动或行为所进行的察看并督促的行为或活动的统称。在日常的工作和生活中，监督活动具有普遍意义，其中，经济监督是监督活动的重要表现之一，它是指在经济活动中，按照经济职责的分工，负有经济监督职责的组织及其工作人员，对于经济活动或行为的察看并督促的行为与活动的统称。③ 从经济管理角度分析，经济监督属于经济管理活动

---

① 如20世纪70年代中国成功地运用"乒乓外交"，打开了中美关系解冻的大门。而2008年中国成功地举办了奥运会，使中国在世界上的政治地位得到了较大的提升。

② 中国社会科学院语言研究所词典编辑室编：《现代汉语词典》（第5版），商务印书馆2007年9月版，第662页。

③ 值得注意的是，在现实经济活动中，与经济监督一词相近的还有经济监管、经济监控、经济检查等常用词。经济监管一词，通常含有经济监督和管理的内容，但并不是监督与管理二词内涵的简单叠加，其有着特定的含义。国外有人认为"监管是国家凭借政治权力对经济个体自由决策所实施的强制性限制"。国内学者则表述为"监管就是由监管者为实现监管目标而利用各种监管手段对被监管者所采取的一种有意识的和主动的干预和控制活动。"为此，有著作认为，监管既不涵盖经济监督的全部内容，也不涵盖经济管理的全部内容，监管应是从属于现代管理的一个独立的概念。对此，本著作认为，经济监管与经济监督一词并没有实质上的区别，其只是经济监督一词的外延而已。至于经济监控，也只是表明通过经济监督对某些经济行为进行的控制。与经济监督一词相比，经济监管与经济监控更进一步强调了通过经济监督所要达到的管理和控制之目的，因此，广义上的经济监督实质上涵盖了经济监管与经济监控之含义。而经济检查则是经济监督具体方式的表述。为阐述问题的方便，除法律另有特别表述之外，本著作统一采用经济监督一词。参见：赵锡军著：《论证券监管》，中国人民大学出版社2000年版，第1～2页；顾功耘主编：《经济法教程》，上海人民出版社2002年版，第565页。

的基本范畴之一。它是为实现各项经济管理活动的目标而客观存在的必要的管理要素，是各项经济活动所必不可少的。特别是在现代社会化大生产和市场经济条件下，经济监督工作已经成为各项经济活动的一项重要的工作岗位，是经济管理工作的社会分工的具体体现。因而，对于经济监督行为或活动必须通过必要的法律予以规范，以保证经济监督效力的实现。在各项经济监督活动中，由监督者和被监督者之间形成的社会关系为经济监督关系，这种经济监督关系，反映了经济管理关系的本质属性，并且，其必须依照法律规范和相关的规章制度产生、变更和消灭。调整经济监督关系的法律规范的总称就是经济监督法。然而，在经济运行中，经济监督虽然很有必要，是经济管理的要素之一，但是，从实际经济运行情况看，经济监督关系并不应是一个独立的关系，它总是依附于经济组织关系、市场规制关系、宏观调控关系等其它经济关系，并为实现其它经济关系运行目标服务的关系，并且，这一原理，同样适用于对社会发展的监督。因为，经济监督不能为监督而监督，否则，经济监督的再好，但经济发展上不去，也不符合发展生产力的要求，因此，经济监督必须适度，才符合经济合理原则。① 由此决定了在经济法体系内部，经济监督法也不是一个独立的法群，但对法律归类的基础上，可以将其总结为一个知识体系，以便于学习掌握。②

中国的经济监督法包括了国家制定的有关经济监督方面的法律、行政法规、地方性法规、规章等，其具体表现形式，既包括专门的经济监督法律，如《企业国有资产监督管理法》、《中华人民共和国银行业监督管理法》；也包括散见于相关法律文件中的有关经济监督方面的法律规定，如，《中华人民共和国会计法》第四章有关会计监督方面的法律规定。广义地讲，经济监督方面的法律，还包括根据法律的授权，由经济组织或行业组织内部规章制度规定的有关经济监督方面的规范性规定。从各项经济监督法的规定情况看，作为经济法调整对象的经济监督关系可概括为国家经济监督关系、社会经济监督关系、

① 对此，有论著在谈到金融监管时指出："金融监管的根本宗旨就是通过适度的金融监管实现适度的金融竞争，形成和保持金融业适度竞争的环境和格局；而检验监管效果的根本标准是：能否促进金融业和社会经济的顺利发展。如果金融监管过严或过度，不允许竞争和创新，就必然桎梏金融业的健康发展，削弱一个国家金融业的市场竞争力，由此说明这种监管破坏或阻碍了社会生产力发展，也说明金融监管是不适度的。反之，如果金融监管不到位，致使金融市场出现恶性竞争，引起金融经济秩序混乱，金融风险加剧，那就说明监管和竞争都没能坚持适度原则。因此，金融监管要审时度势，适时调整改革措施，调节金融监督管理力度，既防止监管过滥、过头，又防止监管过松、不到位。"该原理同样适用于其它类型的经济监督。参见梁宝柱主编：《金融监管论》，西南财经大学出版社1999年版，第11~12页。

② 参见王继军，董玉明主编：《经济法》，法律出版社2006年版，第312~313页。

经济法主体内部监督关系三种。

二、中国的经济监督关系

（一）国家监督关系

国家经济监督是指依照相关经济法规定，负有经济监督职责的国家机关或相关国家机构依法对于相关经济活动进行监督活动的总称。这里的国家机关特指按照相关经济法规定负有特定经济监督职能的国家机关，一般是由法律确认国务院某一部门为主管机关，并在省、市、县政府设立相应的监督机关，实行垂直领导体制①；这里的相关国家机构特指由法律确认国务院某直属机构负责某一方面的经济监督事务，如目前的银监会、证监会、保监会作为国务院的直属机构，分别负责对银行业、证券业、商业保险业及其市场的专项经济监督，并形成相关的国家经济监督关系。而从目前的市场经济监督关系的具体类别看，主要包括的监督关系有：（1）根据相关市场规制法的规定，由工商、物价、质检、卫生检疫、消防等部门对市场行为或活动进行监督时形成的监督关系；（2）根据有关财税法规定，由财政部门和税务部门对财政资金使用情况和纳税人税收缴纳情况进行监督时形成的监督关系；（3）由国家统计部门对于各统计单位统计行为进行监督时形成的监督关系；（4）由国家审计部门对国家财政资金使用情况进行审计监督时形成的监督关系；（5）由银监会、证监会、保监会及外汇管理部门对金融市场行为或活动进行监督时形成的监督关系；（6）由国务院国有资产监督管理部门对国有资产的使用情况进行监督时形成的监督关系；（7）由资源、能源及环境监督管理部门对于国家资源、能源利用及环境状况进行监督时形成的监督关系；（8）由国家生产安全监督部门对企业生产安全运行情况进行监督时形成的监督关系。（9）由海关监管部门对进出口行为进行监督时形成的监督关系。值得注意的是，在这些监督关系的形成中，存在监督关系交叉的问题，比如，在市场监督过程中，工商、物价、质检部门都是监督市场行为的国家机关，他们之间存在交叉监督问题，处理的原则：一是，经济法通常规定对某一类市场行为之监督由某一部门为主管部门，其他部门则除从各自职能角度进行监督外，对于主管部门的监督则应予以积极的配合；二是，对于经济行为的监督不能重复监督，为此，各监督部门

①　中国目前的政府经济监督的垂直领导体制主要表现为省以下的垂直领导关系的确立。在此监督体制下，省以下的经济监督管理部门的人力、财力、物力的配置与市、县行政脱钩，由国家或省级监督部门统一配置，这样做的目的是为了克服经济监督中的"地方保护主义"。

应当采取信息互通或联席会议的方式进行协调，以减少监督成本，并防止重复监督给市场主体生产、经营及服务带来不利影响。目前，随着中国市场经济体制和市场法制的日益成熟和完善，政府的管理职责已由建立市场机制职能，逐渐向以经济监督和提供服务职能转变，因此，政府监督只能加强，不能削弱。

（二）社会监督关系

社会经济监督是有关社会中介机构和社会力量依法对经济行为或活动进行经济监督的活动的总称。这里的社会中介机构是依法通过法定业务的开展对市场主体经济行为进行监督的特定机构。这里的社会力量是指依法可以对市场主体行为与活动进行监督的组织和个人。将一些经济监督事务交由社会中介机构监督，既是现代市场经济条件下政府监督职能社会化的方向，也是企业发展的自我选择，是企业法制的重要内容。根据现有经济法的规定，社会监督关系主要表现为：（1）会计师事务所依照法律规定及企业的委托进行社会审计时形成的社会审计监督关系；（2）社会中介资产评估、拍卖及招标机构依法开展相关中介业务时形成的监督关系；（3）根据《消费者权益保护法》规定，由消费者协会根据消费者的投诉对市场经营者行为监督时形成的监督关系；（4）由商标、专利、法律、税务等代理服务机构根据当事人委托开展相关服务活动时依法形成的监督关系；①（5）执政党、参政党、人大、政协等相关社会政治力量行使监督权时形成的监督关系；（6）工会、共青团、妇联等社会团体行使监督权时形成的监督关系；（7）新闻媒体行使监督权时形成的监督关系；（8）公民个人行使监督权时形成的监督关系。总之，经济社会监督具有广泛性特点，但在实施法律监督的具体依据上，除法律的强制性规定外，其他监督均属于可选择性监督。此外，中介机构和服务机构所进行的监督，由于受到这些机构利益最大化动机的影响，在坚持法律原则与追求自身利益的博弈中，为了自身利益，其可能放弃监督，甚至与被监督者共同串通违法，构成对国家或社会利益的侵害。因此，社会监督也必须接受来自于国家监督机关和其他社会监督主体之监督，进而形成了复合型监督关系。

（三）经济法主体内部监督关系

无论是国家机关或是经济组织，依据经济法规定，均有一个内部经济监督问题。据此，所谓的经济法主体内部经济监督，就是指经济法主体通过依法设

---

① 有关社会服务机构在接受委托开展服务业务中，从事服务活动的标准和依据是国家制定的相关法律与准则。为此，依法处理服务事项时，事实上形成相关的法律监督关系。

立内部经济监督机构，完善内部监督机制对经济法内部经济事务所进行的监督活动的总称。经济法主体内部监督的存在是国家监督和社会监督的基础环节。其所涉及的监督关系主要表现为：（1）由经济法主体内部会计职能部门进行会计监督时形成的会计监督关系；（2）由经济法主体内部审计监督职能部门进行审计监督时形成的内部审计监督关系；（3）由经济法主体内部统计部门进行统计监督时形成的统计监督关系；（4）依照公司法规定，由监事机构对公司财务及公司董事、经理等高级管理人员行为进行监督时形成的监督关系；（5）由公司独立董事依据公司章程规定，对公司业务进行监督时形成的监督关系；（6）由经济法主体内部工会组织对涉及职工切身利益事项进行监督时形成的监督关系；（7）由经济法主体内部党委、共青团、妇联等组织对经济法主体内部事务进行监督时形成的监督关系；（8）由经济法主体内部工作人员或职工对内部事务进行监督时形成的监督关系。

第六节　经济协作关系

一、关于经济协作

（一）经济协作关系的必要性分析

首先，经济协作关系是经济主体为达到共同追求的目标而开展的各类合作关系的总称。从人类经济发展史分析，经济协作关系的产生，首先源于不断细化的商品生产的社会分工。在社会分工条件之下，每一个生产者、经营者、服务者所生产、经营或服务的对象和内容均是为了满足他人需要而进行的，这样，他们就必然与商品或服务的需求者开展协作活动，这种协作在经济学上称之为"交换"或"交易"。

其次，在生产者、经营者、服务者内部关系上，主要表现为相互的竞争关系，但是，在互有补充的情况之下，进行联合，开展协作活动将有利于共同发展。从其联合的形态看，存在纵向与横向两种基本形态。从纵向协作情况看，一类产品、技术或服务，存在上、下游产品、技术或服务之分，这样生产上游产品的生产、技术研发、服务提供，必然需要与处于下游的产品、技术和服务取得有效的协作，才能实现自己的价值目标；从横向协作情况看，当一个产品、技术或服务分别由不同的经济主体予以承担时，便产生了涉及某一产品、技术或服务的横向协作问题。

再次，在协作活动中，目的一致性是使协作关系产生的重要基础。而这种协作目的，不仅存在于每一个个别的经济关系之中，也存在于在既定的行业发展或区域发展目标之下，来自于行业内部，跨行业之间，跨区域之间的经济协作，进而产生突破单一的或个别的经济主体联合的较大规模的行业或区域联合。

最后，在经济管理活动中，虽然在管理职能分工基础上，各管理主体所管理的范围是既定的，可以各负其责即可以满足管理活动的基本需求。但是，基于经济关系的复杂性，许多管理活动存在交叉，这就需要管理部门之间的相互协作，才能实现管理目标。

（二）经济协作关系的含义与特征

通过以上分析可以看出，在市场经济活动中经济协作关系的产生、变更及消灭是一种处于常态的经济关系。在经济组织关系既定的情况之下，任何经济管理目标的实现，只有最终通过市场供方与需方的协作（合作）才能实现。它说明了一切生产、经营、服务和消费行为均具有社会属性，每一个个体经济只有在社会层面上通过相互之间的谈判，利益的协调与让渡，才能实现共同期望达到的目的。然而，这种利益协调与让渡存在两种基本的形态，一种是不受个体经济主体自身管理目标以外的其它管理因素制约的协作，在此种协作关系中，个体经济主体之间的利益协调与让渡是自由的，不受外部因素的干扰，对此，可以称之为自由协作关系。按照现代法制的分工，它由民商法予以调整，并以债的关系予以法律上的规范，适用私法自治原则；另一种则是受到国民经济宏观管理因素或社会整体利益制约的协作关系。在这种协作关系中，处于个体经济状态的协作主体，在协调和让渡其利益时，必须首先考虑到国家法律、法规的强制性规定，以及自身协作关系对于社会公共利益的影响。对此，按照中国法律的分工，它应由经济法予以调整，实施社会公益优先原则。据此，经济法意义上的经济协作关系，就是指受国民经济管理或社会整体利益制约的经济协作关系。

本著作认为，经济法意义上的经济协作关系，与一般经济协作关系相比，具有以下三个方面的基本特征：

首先，发生经济协作关系是以国家强制性规定为前提的。在现代社会，平等、自由、等价有偿是经济协作之本意。但是，为什么国家还要对经济协作关系予以强制？其基本理由是国家职责所然。现代国家之职责涉及国防、公共产品提供及公共行政之诸多领域，因此，对于涉及这些领域的经济协作关系，国家及其政府自然有权提出一些符合国家安全、国民经济与社会发展总体要求之强制性规定，例如，对于民间力量投资于公共事业的协作事项，必须以获得政府经营许可为前提。

其次，经济协作关系受社会利益的制约。社会利益即社会的整体利益或公共利益。在现代社会，社会利益不仅是指经济协作期内所涉及的社会利益，而且，还包括社会利益的长期性利益。在经济协作活动中考虑社会利益的理由：一是，由个体经济主体之间发生的经济协作，对社会整体利益可能虽然满足了协作各方的要求和利益，但却对社会产生了外部的负效应，即外部不经济效应，这样，就有必要对于可能涉及社会公共利益的经济协作予以法律上的要求，或禁止，或限制；二是，每一个经济协作关系的产生和发展均是有时效性的，一些经济协作关系可能并不发生对于眼前社会利益的侵害，但从长远看，可能会对国民经济与社会的可持续发展造成危害；三是，即使是社会利益也存在一个层次性问题，一些经济协作关系的发展，对于促进一定区域的经济和社会发展十分有利，也体现了该区域的社会利益要求，但是，却可能构成对其它区域，甚至国家整体社会利益的侵害。因此，在区域社会利益与国家整体利益发生冲突时，中国社会主义原则要求局部利益必须服从整体利益，该要求直接影响着相关经济协作关系的产生、变更和消灭。

最后，经济协作关系受到经济法监督力量和机制的制约。经济法之经济协作关系的运行，首先要依靠经济协作各方之自觉遵守法律和政策来实现维护国家利益和社会利益之目的。为此，经济协作主体在发生经济协作关系时，通常要对自己的协作行为是否存在违反国家法律法规之强制性规定，是否会侵害社会利益，以及其一旦形成事实后所带来的法律上的和经济上的风险进行评估。但如果评估的结果是实际所得利益与违法成本及侵害社会利益所付出的代价相比，后者所得利益较大，甚至巨大时，经济协作者很有可能选择违法或对社会利益的侵害。这样，就需要对于经济协作关系的产生、变更和消灭予以经济法监督，既包括国家经济监督，也包括社会经济监督。

二、中国的经济协作关系

（一）国家管理因素制约下之民事合同关系

合同与契约是市场经济条件之下，市场主体之间发生交易关系时，明确相互权利义务关系的基本法律形态。它是市场经济协作关系的基本形式。有关合同或契约的一般规则，由民法债权法律制度予以规定，并基本以选择性条款规定，实施意思自治原则，由合同或契约当事人自己在法律指引之下签约确定。

但是，对于涉及国家利益与社会公共利益的供用电、水、气、热力合同，银行借款合同，建设工程合同，运输合同，技术合同，以及相关投资协议，仍然需要接受来自于政府有关部门的强制性管理与监督，而且，现行《合同法》将损害国家利益、损害社会公共利益、违反法律、行政法规的强制性规定的合同，规定为无效合同。① 由此，有关涉及国家利益、社会公共利益及法律、行政法规强制性规定之合同或契约关系属于民法与经济法共同调整的社会关系，且应当坚持公益优先的原则予以处理。

值得探讨的是，中国自经济改革之初，即存在经济合同关系，并于1999年颁布新《合同法》之前，曾经颁布《经济合同法》、《涉外经济合同法》、《技术合同法》三部合同法，以便调整经济合同关系。按照三部经济合同法规定及中国当时的现实状况，经济合同是一种典型的受到国家计划与管理因素制约的合同关系，此外，在企业改革中，围绕企业经营方式的转变，还出现了承包、租赁和股份制及股份合作制合同，这些合同也被纳入了经济合同范畴，其与发生于公民之间的普通民事合同有着本质的不同，其存在价值有历史的合理性。到1999年重新考虑制定合同法时，正值中国入世前夕，考虑到与国际接轨，中国废除了原有的三大经济合同法，改由统一的《合同法》替代之，并将原来主要以审理经济合同案件为主的原有的经济审判庭予以撤销，实行大民事格局，基本上以民事合同的原则指导合同协作关系的实践，但同时保留了国家强制性规定和要求合同须符合社会公共利益的要求。这样，就存在一个原有的经济合同概念还是否成立，以及在经济与司法实践中还是否存在经济合同的问题。对此，近10年的合同法实践表明，虽然在立法上，为了避免旧有计划经济的影响，在立法上不再有"经济合同"之提法，但事实上，如上所述的诸多合同实践表明，无论其法定名称上做怎样的改变，从其内容和合同协作关系的具体运行上看，并未改变其经济合同的基本属性，因而，一些受国家管理因素制约的"民事合同关系"，是典型的经济合同协作关系。

（二）行业经济协作关系

由部门管理向行业管理转变是中国改革的一项重要内容。按照市场经济原理，与部门管理最大的不同点在于，行业管理是一种建立在自律基础上的管理，管理的原则是在行业内部企业充分协商的基础上，就一些普遍性的问题制定内部规则，以协调整个行业经济行为，保护自身的利益，但是，这种协作关

---

① 1999年《中华人民共和国合同法》第52条。

系，往往会对国家利益及社会公共利益产生影响，因此，经济法必须对其予以适度的干预。

与此同时，行业经济协作关系可能还体现在相互存在经济联系的不同行业之间的协作。这种不同行业的协作源自其在一项经济活动实现中，处于不同环节上不同行业之间的相互配合和利益的合理分配。比如，就旅游业的发展而言，需要由旅行社、导游、酒店、交通运输及旅游商品经销等行业的密切配合与协作，才能保证旅游事业的协调发展。

（三）产业经济协作关系

如前所述，在产业经济的发展中，有关第一、二、三产业的布局由国家或地方政府予以统一规划和促进。而产业经济协作关系的产生，主要是基于产业的升级换代而进行产业转移时的经济协作问题及其关系的发生，其具体表现是：随着某一地区经济的快速发展，发达地区需要将原有的技术和生产向不发达地区予以转移，以带动不发达地区尽快发展起来。比如，中国改革开放之初，香港地区的加工业即主要向中国的珠江三角地带予以了转移，带动了这一地区经济的快速发展，而今经过 30 年的发展，珠江三角地的经济发展进入高科技阶段，而其传统的加工业则正在向邻近的江西、广西、湖南等地转移。这种产业经济协作关系发生于不同地区之间的企业的合作，但必须严格遵守国家产业政策的指导，对于国家已经明令禁止的产品及生产项目，是不能进行产业转移的；而对于国家限制的产品及生产项目，必须经过国家有关部门，严格审批后，才能进行转移。

（四）区域经济协作关系

区域经济协作关系是指发生于不同行政区域之间的由政府行政主导的一种经济协作关系。按照中国行政区划的级别，中国的行政区域划分为省、市、县、乡或镇四级。此外，还存在香港与澳门两个特别行政区及五个省级民族自治区。据此，区域经济协作关系可以在省级之间、市级之间、县级之间、乡镇级之间发生。但是，从经济实践看，具有重要意义的是省级之间的区域经济协作及其关系的建立。其特点是必须在中央的统一部署之下产生相应的区域经济协作关系，如中国目前之区域经济协作主要是以东部地区、西部地区、中部地区和东北地区之四大行政区域划分为基础，来确立不同省级之间的区域经济协作关系的。其所体现的经济协作关系，既体现在某一地区内部各省之间的经济协作，也体现在东、中、西部和东北地区之间的经济协作关系的建立。并且，鉴于各省经济管理的综合性特征，因此，这种经济协作往往是在各个领域的经济协作。

（五）经济区域协作关系

如前所述，经济区域与区域经济的不同点在于经济区域协作是建立在经济要素的自然联系基础上的一种区域经济。因此，在经济区域自然存在的情况下，处于经济区域的经济主体之间的联合，通常不受行政管理因素的制约，但是，处于经济区域内的各行政主体，可能基于自身的利益，采取行政手段来阻止这种经济区域之间协作关系的发展，为此，经济法应当对其做出禁止或限制性规定。而在另一方面，处于经济区域内的各行政主体，可以基于这种客观存在的经济联系，实现经济区域内相关区域经济主体的区域联合，则原本意义上的经济区域协作关系，将会被区域经济协作关系所替代，并受到更多的来自行政因素的指导和安排。

（六）管理活动中之协作关系

如上所述，现代之经济管理，也是一种日益分工明确的管理，即"各自为政"。但是，基于经济关系的复杂性，涉及交叉领域的管理时，需要各个职能管理部门密切协作。与此同时，"各自为政"虽然符合管理与行政规律与原则，但是，其往往对提高经济效率不利。为此，为了促进生产力发展，提高办事效率，就需要通过经济管理部门协作关系的确立，为企业发展创造良好的投资发展环境。由此，实践中创造了围绕简化办事程序，方便经济主体的管理协作方式，如一站式服务机制的建立、开辟绿色通道等，并由之产生管理活动中的协作关系。

第四章

中国经济法的渊源

第一节　基本含义与意义

一、经济法渊源的基本含义

"渊源"一词的本意是比喻事物的本原，如历史渊源。① 扩展开来，就是指某一事物存在与发展的来源。在法学上，法的渊源通常是指法在实践中的表现形式，同时，其也包括建立在法律实践基础上的思想与理论渊源，而理论的完善又会指导实践的进一步完善。尤其是对于法律而言，作为人类在对现实客观社会发展规律的主观认识的基础上的产物，它通过特定制度资源的设定，对现实的人类生产和生活有着直接的影响，并间接地影响着自然世界的发展。②据此，所谓经济法的渊源就是指建立在特定经济法思想、理念及理论指导基础上的法的特定表现形式。

二、经济法渊源的意义

在一国特定历史条件下，一定法律渊源的确定，既关系到一定法律产生与存在的合理性、正当性问题，也关系到该项法律的具体载体问题，具有重要的历史意义与现实意义。

在中国法律发展史上，"律"、"令"、"格"、"式"曾经是长期被国家所制定的，并被广泛运用的法律形式。而"天人合一"、"德主刑辅"的思想理

---

① 中国社会科学院语言研究所词典编辑室编：《现代汉语词典》（第5版），商务印书馆2007年9月版，第1672页。

② 依据法的基本原理，法所调整的对象是人和人之间的关系，并不能以自然界为直接调整对象。但是，基于法律对人类行为的规范，会对自然界产生间接的影响。例如，自然资源保护法通过对人类开发、利用自然资源行为的规范，间接地保护自然资源及其环境。

念又深深地影响着中国法律与法制的发展。与此同时，民间普遍采用的契约及商事与民事惯例，则被统治者赋予了相应的法律效力①，从而，为社会发展需求提供了丰富的法律资源。进入近代以来，随着西方德、日等大陆法系法律体制与制度的逐步引进，以部门法体制为特征的成文法法律形式，开始被广泛运用于中国的社会法治实践。新中国建立之后，中国的立法形式，又受到苏联立法模式的深刻影响。但总的来说，以特定法律文件形式表现的成文法始终是中国法律形式的主流。此外，在西方国家的英美法系体制之下，除一些基本的成文法以外，主要的法律表现形式为体现法官自由裁量权的判例。这种法律表现形式的确立，不仅反映了大陆法系与英美法系不同体制下，其各自所依据的哲学基础有着明显的差异②，而且，深深影响着国家法治建设的模式与进程。这些基本原理同样适用于我们对于经济法渊源的基本认识。

需要特别强调的是，在经济法的渊源分析中，不能忽视的是，经济法思想的普及与理论研究，在经济法渊源的形成过程中，起着基础性的作用。从现代经济法的立法情况看，经济法的诸多表现形式中无不反映了经济法的思想与理念。据此，经济法思想与经济法理论研究的重要成果，如，经济法调整范畴的界定、经济法价值与法益目标的定位、经济法的基本原则、经济法的体系结构、经济法的调整方法、经济法的制定与实施原理等，也是经济法的重要渊源。

第二节　经济法的思想本源

一、空想社会主义的经济法思想

从目前对经济法思想渊源的考察结果看，经济法的思想本源并非最早出自于中国，而是出自西方空想社会主义者的思想。

---

① 例如，就会计商事惯例而言，中国历史上长期实施的是官廷会计与民间会计的分离制度。其中，由民间长期形成的会计记账及其管理方式，得到国家法律的认可和保护，从而使民间会计惯例成为会计法的重要形式。

② 从大陆法系和英美法系产生的哲学基础角度分析，本著作认为，大陆法系法律体制的形成，带有明显的逻辑推理上的形而上学主义倾向，即一旦一定的法律被确定，即使现实客观情况发生变化，也要按照既定的法律调整社会关系，除非该法律被修改，其所关注的是法律在总体上的或抽象意义上的公平、公正；而英美法系法律体制的哲学基础则是实用主义哲学，在既定法律追求价值目标基础上，其注重的是个案的公平与公正。

（一）摩莱里的经济法思想

目前，经济法的研究成果表明，思想意义上的经济法首推1755年法国空想社会主义者摩莱里（Morelly）① 在《自然法典》一书中对于经济法的认识，在他看来，经济法是未来理想社会中合乎自然意图的法律之一。② 在他所设计的未来社会"合乎自然意图的法制蓝本"中，涉及到分配法或经济法的内容有以下十二条：

第一条，为了使一切事务能够秩序井然地进行，不发生混乱和干扰现象，全民族的人口要按家庭、部族和城市来进行统计和划分，如果民族的人数很多，还要按省进行统计和划分。

第二条，每个部族都由数目相等的家庭构成，每个城市都由数目相等的部族构成，以下类推。

第三条，随着民族的发展，部族和城市的数目也将按比例增加，但人数不达到规定时，不得由此形成新的城市。

第四条，十和十的倍数是物品或人员进行任何民用分配的计算数项。换句话说，一切调查登记、一切按等级分配、一切分配计量等等，都是以十进数目为单位。

第五条，在每十名、百名（以下类推）公民里，都有一定人数的各行业的工人；这个人数按照工作的难易程度和每个城市的居民所需物品的多寡，按比例地加以规定，不要使这些工人过于劳累。

第六条，为了调整自然产品或人工产品的分配，首先应当考虑经久耐用的产品，即那些能够保存或长期能使用的产品，这类产品分为：（1）天天普遍使用的产品；（2）普遍需要，但不经常使用的产品；（3）只是少数几个人经

① 摩莱里（生卒年月不详，有人疑为狄德罗的笔名）是法国18世纪空想社会主义著名的代表人物，也是法国大百科全书派的先驱者之一。摩莱里站在唯心主义的唯理论的立场，根据"自然法"和"自然状态"的学说，论证了原始共产主义是符合"理性"的人类社会的黄金时代，是理应值得人类在未来加以采纳的一种理想的社会制度。在他的著作中，通过法律和理论的形式继承并发展了空想社会主义的一些传统的原理，并使之理论化和系统化。恩格斯曾经对摩莱里的学说给予很高的评价，认为他的理论是18世纪"直接共产主义的理论"。

② 摩莱里将自己设计的自然法典称之为"合乎自然意图的法制蓝本"，该蓝本共包括12个部分，共计117个条文。其中，12个部分的内容是：（1）可以从根本上消除社会的恶习和祸害的基本的和神圣的法律；（2）分配法或经济法；（3）土地法；（4）市政法；（5）治理法；（6）取缔奢侈法；（7）可以防止产生一切暴政的政府组织法；（8）行政管理法；（9）可以防止产生一切荒淫的婚姻法；（10）可以防止父亲溺爱子女的教育法；（11）可以防止人们心智迷误和一切超验幻想的研究法；（12）刑法。

常需要，而大多数人只是偶尔需要的产品；（4）既非经常需要，又非普遍使用的其它产品，如纯粹装饰或娱乐用的产品。而一切经久耐用的产品都存入公共仓库，一部分逐日或定期分给全体公民，以满足日常生活需要，或作为各行业使用的材料；另一部分提供给使用这种物品的人。

第七条，其次，应当注意不耐存放的天然产品或人工产品，这些产品由种植或制作的人运到公共广场进行分配。

第八条，一切产品都要核算，其数量要与每个城市的公民人数相适应，或与使用它们的人数相适应。这些产品当中可保存的物品，均按相同的规则公开分配，如有剩余，则保管起来。

第九条，如果普遍使用的或部分人使用的非生活必需品感到缺乏，以致数量不敷，以及发生可能使某一公民得不到这种物品的情况时，则暂停发放，或减量供应，直到数量充足时为止。但是，应当特别注意，勿使生活必需品的供应发生类似情况。

第十条，每个城市、每个省份的剩余物品运往缺乏这类物品的地区，或者储存起来以备将来需要。

第十一条，按照神圣法律的规定，公民之间不得买卖或交换。因此，需要各种草料、蔬菜或水果的人，可到公共广场去取一日的用量；这种产品由种植者送到公共广场。如果某人需要面包，他可以按照规定的时间到烤面包的人那里去取；而烤面包的人，则从公共仓库领取作面包所需要的一日或数日用的面粉。需要衣服的人，可到裁缝那里去取；裁缝从织布人那里得到衣料；织布人从公共仓库领取所需要的原料；生产这种原料的人，把原料送到公共仓库。其它一切需要分给每个家长以供他们个人使用或子女使用的物品，均采用这种方法分配。

第十二条，以本国产品援助邻近民族或外族，或者接受这些民族或外族的援助，这就是以交换方式进行的唯一商业，此事通过公民来进行，而他们必须公开报告全部经过。同时，应当采取一切办法，勿使这种商业给共和国带来私产。①

（二）德萨米的经济法思想

在摩莱里提出上述经济法思想后，时隔 88 年的 1843 年，法国另一空想社

---

① ［法］摩莱里著：《自然法典》，黄建华、姜亚洲译，商务印书馆 1982 年版，第 107～110 页。

会主义者德萨米（Dezamy）① 在其所著的《公有法典》中，继承了摩莱里的思想，他认为，未来社会的分配方式应当是一种自由的、慷慨的、合理的、平等的分配方式，而这种平等的分配方式只有伴随着公有制而实现。为了达到这个目的，最重要的是把庞大的民族集团或社会集团划分成许多公社，然后进行良好的经济管理。这样，公共财产就可以奇迹般地增加，并且能普遍一律地在所有各公社之间实行社会财富的平均分配。为此，德萨米效仿摩莱里以法典的形式，设计了体现未来共产主义社会制度的一般原则或要点。② 这些要点，与经济管理有关的有：根本法部分、分配法和经济法部分以及工业法和农业法部分三部分内容。以下详细列举如下：③

关于根本法部分，共有如下八条：

第一条，所有的人，不论什么种族、什么肤色，也不论他们现在和过去属于什么地区，都将亲如手足般地生活。

第二条，除了个人目前所使用的东西以外，没有任何属于个人所有的东西。

第三条，在公有制度下，只有一种产业。这种产业由各公社一切有价值之物的总和而组成。

第四条，中央产业管理机关将十分关心地注意使各公社经常能保持同等富庶。

第五条，公社的一切产品、一切财富，都不断地并且永远地由大家支配。每个人都能广泛地、充分自由地在整个产业范围内获得他所需要的东西，亦即必须的、实用的和称心的东西。

第六条，凡以公共利益为目的的一切工作均系社会职务。公社宣布这一切工作同样光荣。

---

① 泰奥多·德萨米（1803~1850），法国19世纪30~40年代著名的革命活动家和空想社会主义的代表性人物。德萨米所处的时代，正是法国资本主义制度的初期阶段，在当时历史条件下，资本主义制度及其私有制的种种弊端暴露无遗，为此，德萨米在对私有制进行无情批判的基础上，认为只有实行财产公有制，才能达到社会平等。公有制中包括着自由、平等、博爱和统一。因此，它是一种最符合人的本性和最符合科学和理性的要求的制度。他的基本观点被系统地反映了在《公有法典》一书之中。马克思对德萨米的评价是"比较有科学根据的法国共产主义者"。
② 德萨米提出的《公有法典》共包括8个部分47条。其中，8个部分是：（1）根本法；（2）分配法和经济法；（3）工业法和农业法；（4）两性结合法；（5）教育法；（6）卫生法；（7）警察法；（8）政治法。
③ ［法］泰·德萨米著：《公有法典》，黄建华、姜亚洲译，商务印书馆1982年版，第251~253页。

第七条，每个强健的人（男子、妇女、儿童）都应邀自由担任某种职务，根据自己的嗜好、需要、个人才能，以自己的活动和知识，亦即用自己的体力和智力来协助公有社会。

第八条，在公有社会中只有平等的人。在它的一切制度、措施、条例和探讨中，特别是在教育方面，他将永远不能忽略的原则是：从所有人的意识中，从所有人的心灵中，把谋求统治权、特权、优越性、优先权、优越地位，总之一句话，把谋求任何特殊权力的极微弱的意图和愿望，都铲除干净。

关于分配法和经济法部分共有以下四条：

第一条，世界划分为许多公社，公社的领土必须是极均等、极规则和尽可能连在一起的。全部公社互相联系，首先形成称作民族共同体的第一种管理中心，然后再形成称为全人类共同体的第二种管理中心。

第二条，如果某一公社位于仍然荒芜的地区，便在那里发展工艺；如根本法所规定的那样，由邻近的公社给它提供食物。这种情况终将变得极少。

第三条，各公社不断互相往来和友善相处，或者借助于运送食品和履行其它公共职责，或者通过举行频繁的、多种多样的节庆活动（各个公社交替地作为这些活动的场所），来达到这一点。

第四条，分散的一家一户为公有的大家庭所代替。

每个公社只有一个食堂。

大家在一起用餐、工作、学习和娱乐。

每个成年人（妇女或男子）都有各自的住所。

儿童都睡在公共的宿舍内。

关于工业法和农业法部分，共有以下五条：

第一条，按照分工方式，工作将在公共的工厂内进行。

第二条，公有精神将不断促使人们改进旧机器和发明新机器，以减轻劳动强度，逐渐使之轻松、卫生和吸引人。

第三条，一切工厂都将布置得很完善；在卫生、舒适、美观和吸引人方面都将保持良好的状态。

第四条，在田间劳动方面，将采取类似的措施。在要实行改进的方面，其中有使用蒸汽机车和设置可移动的不透水的帐篷。

第五条，将在全球各地组织劳动大军，进行耕作、造林、普遍灌溉、开凿运河、修筑铁路、修筑江河大堤等大规模的工程。

由上述可知，空想社会主义的经济法设想，是一种理想的经济法，或理念上的经济法，其所设想的客观经济基础虽然与现代经济相差甚远，但是，有关经济法的分配法属性，对于我们现在理解经济法具有实际意义。因为，在现代市场经济条件之下，现代经济法具有明显的通过依法制定经济发展的战略、政策、规划等，使社会资源得到合理的配置，并进而使社会财富得到公平合理的分配的功能。

二、马克思主义原理的运用

在当代中国，马克思主义原理是一切工作的总的指导思想。马克思主义思想作为一切工作的指导思想，是经过了一个历史的发展过程的。在旧中国封建社会即将结束之时，西方国家的各种主义被引进中国，其中，马克思主义原理及其所主张的社会主义道路，得到中国共产党的认可，并成为其一直至今的思想基础。但是，中国共产党对于马克思主义原理的运用，并非是一种机械的照搬，而是结合了列宁及斯大林在苏联的社会主义实践理论，特别是结合中国革命和建设在不同时期的实践经验和教训后的马克思主义。这样，在当今中国所提倡的马克思主义，已经不是当初的西方式的马克思主义，而是包括马克思主义、列宁主义、毛泽东思想、邓小平理论、"三个代表"的重要思想，以及科学发展观在内的中国化的马克思主义，是发展了的马克思主义。并且，这种马克思主义，经过中国革命和实践，已经证明，其是指导中国社会主义建设的重要的理论武器。什么时候坚持了马克思主义，中国的革命和建设就取得胜利，否则，将会导致工作上的失误甚至错误，进而给国家和人民的利益带来损失。因此，马克思主义是指导中国现代化建设的基本的思想渊源。这里的建设，当然也包括中国的现代化法制及其法治建设。就经济法而言，本著作认为，马克思主义作为中国经济法的思想渊源主要体现在以下几个方面：

（一）马克思主义关于法和经济关系的原理的运用

在法和经济的关系上，按照马克思主义经济基础决定上层建筑的基本原理，一定社会条件之下，经济社会发展必然要求与之相应的经济法律予以保障，但这种保障，一方面必须以经济为基础，体现了经济的基础性作用；另一方面，已经形成的法律将会对现实经济和社会发展起到"反作用"，并且这种"反作用"，或者是促进性的，或者是阻碍性的，关键是看法律是否反映了经济与社会发展的客观要求。为此，无论是现实的经济法制建设，还是经济法的理论研究，都应当把对现实经济和社会的对法律的需求放在第一位予以研究，并应将其作为判断现实法制质量的唯一标准，以便使现实的法律能够正确地反映客观需求，并能引领经济和社会向着正确的方向前进。

（二）马克思主义基本方法在经济法中的运用

在中国革命和建设的实践中，马克思主义从来都不应当成为一种教条，而是指导我们进行革命和建设的一种基本的方法，具有认识论意义。其核心是运用马克思主义的历史唯物主义和辩证法看待一切事物及其发展规律。具体地讲，按照唯物论的基本观点，经济法之所以成为当代中国的一个重要的部门法，虽然与党和国家自改革开放以来，对经济法制建设的积极推进，以及经济法学者的主观努力有较大的关系，但是，其最终的原因，还是来自于经济与社会发展的客观需求，是中国的现代化经济建设选择了经济法，因此，任何阻止中国经济法的存在和发展的企图，都是徒劳无益的；按照历史唯物主义的观点，中国经济法发展的不同阶段都有其特定的历史背景，而且，在今后将会是不断发展着的，因此，我们对于经济法的认识，必须实事求是地尊重历史，并对未来充满希望；按照唯物辩证法的观点，任何事物的存在和发展均是有利有弊的，因此，经济法的存在和发展也有其利弊之处，问题是我们如何尽量克服其弊，发扬其利。这样，就为经济法学界及经济法的实践，确定了一个如何正确地解读经济法是什么？经济法为什么？经济法怎样做的基本途径。

（三）马克思主义关于商品经济基本范畴及其规律的运用

中国改革开放的目标就是要大力发展商品经济，而实行市场经济体制，只是大力发展商品经济的一种机制运行载体。关于如何认识商品的基本属性、商品经济的基本范畴及其运行规律，马克思《资本论》在100余年前针对资本主义商品经济的理论阐述，及其《资本论》中所折射出的思想，无疑是我们正确认识商品经济运行规律的重要的思想武器。特别是马克思关于商品经济运行中"市场失灵"的精辟阐述，是我们加强经济法建设的重要的思想基础。例如，马克思在谈到市场主体追求利润的弊端时，曾尖锐地批判到："资本来到世间，从头到脚，每个毛孔都滴着血和肮脏的东西"，并引用了19世纪中叶英国评论家邓宁的一段话，生动地描述了资本家追求高利润率的形象："资本害怕没有利润或利润太少，就像自然界害怕真空一样。一旦有适当的利润，资本就胆大起来。如果有10%的利润，它就保证到处被使用；有20%的利润，它就活跃起来；有50%的利润，它就铤而走险；为了100%的利润，它就敢践踏一切人间法律；有300%的利润，它就敢犯任何罪行，甚至冒绞首的危险。如果动乱和纷争能带来利润，它就会鼓动动乱和纷争。走私和贩卖奴隶就是证明"① 而对照当今中国市场经济发展中，因市场主体"以利益最大化"为目标而引发的种种令人震惊的危害国家利益、公共利益和他人利益事件的发生，充分证明了马克思当年对资本的批判是何等的深刻和入木三分！是何等地符合中国当前的实际，它充分说明了在当前的市场经济实践中，国家运用经济法干预市场的必要性。从而为中国经济法的产生和发展奠定了重要的理论基础。

（四）马克思再生产理论的运用

马克思关于社会再生产理论，是马克思主义经济学的重要组成部分，也是现代宏观经济学形成的重要的理论基础。按照马克思再生产理论的分析，如同个别企业一样，社会的生产也是一种连续的、循环往复地运行的过程。为此，马克思将社会的生产分为生产生产资料的部门和生产消费资料的部门之两大部类，而两大生产部类之间必须按比例地协调发展，才能使整个社会的生产得以顺利完成，而这种生产又包括简单的再生产和扩大的再生产两种类型。其中，简单的再生产是指在不增加投资的情况之下的再生产；扩大再生产则是在增加新的投资之下的再生产。马克思在再生产理论中所揭示的规律，一是，全社会再生产中两大部类生产的协调性，并说明了社会主义生产的按比例发展的规律；二是，要使整个社会的生产做到按比例地协调发展，依靠市场主体的力量是难以做到的，必须使全社会有计划地发展才能达到目的。从而，为社会主义实行计划经济提供了理论依据。反观西方现代经济学有关宏观经济的基本理论，有关在国家干预之下，实现全社会总需求和总供给的平衡的理论及经济结构调整理论，与马克思的再生产理论并没有实质性的区别。他们对于社会经济运行的分析角度是一致的，只不过所运用的经济学范畴不同而已。两种理论的运用具有异曲同工之效果。因此，马克思主义关于社会再生产理论的计划性和社会主义有计划按比例地发展的基本规律，是中国宏观调控及其法制的基本的和重要的思想渊源。

三、中国经济法思想的形成

反观中国改革开放以来经济法的发展，中国经济法思想的提出与逐渐成熟，无疑地为中国经济法的发展奠定了相应的思想基础。在这方面，可以从官方和学界对经济法的逐步深入认识来予以分析。

从官方的认识过程看，1978 年国家从战略高度决定结束"十年文革"动

---

① 马克思著：《资本论》，（第 1 卷），中共中央马、恩、列、斯著作编译局译，人民出版社 1975 年 6 月版，第 829 页。

乱，实施改革开放，并确立了以经济建设为中心，集中精力进行社会主义现代化建设的重要的思想路线，这样，就有一个与经济建设相适应的经济法制建设的问题，为此，国家提出了加强经济立法和司法建设问题。其重要思想不仅体现在国家高层领导的重要讲话之中，① 也体现在作为统一全国思想的重要文献之中，其中，中国共产党第十二届中央委员会第三次全体会议1984年10月20日通过的《中共中央关于经济体制改革的决定》中，关于"经济体制的改革和国民经济的发展，使越来越多的经济关系和经济活动准则需要用法律形式固定下来。国家立法机关要加快经济立法，法院要加强经济案件的审判工作，检察院要加强对经济犯罪行为的检察工作，司法部门要积极为经济建设提供法律服务"的论述，成为改革开放以来，指导经济立法与经济司法实践的重要理论依据。当然，需要指出的是，这里讲的经济立法，虽然在当时历史条件下主要指的是经济法，但是，严格地讲，并非是现在由学术界按照部门法划分标准所确立的经济法，而是一种泛指意义上的有关经济方面的立法。然而，它却为我们理解中国进行现代化经济建设为什么需要经济法提供了基本的思想基础。

从学术界，特别是法学界对经济法的认识历程看，起初，学界在经济法教学和研究中对经济法的认识，只是对国家立法、司法和相关经济政策的归纳总结与诠释，对经济法的认识也等同于经济立法和经济司法。但是，随着国家法制的逐步完善，以及对国外经济法发展经验与教训的不断总结，如何按照法律部门的规范要求，科学地界定经济法，并塑造经济法的特定理念，就成为法学界重要的思想基础。其中，"经济法只调整一定经济关系的理念"、"经济法的调整对象是与国家管理经济密切相关的纵向经济关系及与纵向经济管理密切相关的经济协作关系的理念"、"在市场经济条件下，经济法的调整对象是国家

---

① 例如，邓小平在1978年12月13日在中央工作会议闭幕会上作了题为《解放思想，实事求是，团结一致向前看》的讲话，在该《讲话》中指出："为了保障人民民主，必须加强法制。必须使民主制度化、法律化，使这种制度和法律不因领导人的改变而改变，不因领导人的看法和注意力的改变而改变。现在的问题是法律很不完备，很多法律还没有制定出来。往往把领导人的话当作'法'，不赞成领导人说的话就叫做'违法'，领导人的话改变了，'法'也就跟着改变。所以，应当集中力量制定刑法、民法、诉讼法和其他各种必要的法律，例如，工厂法、人民公社法、森林法、草原法、环境保护法、劳动法、外国人投资法等等，经过一定的民主程序讨论通过，并且加强检察机关和司法机关，做到有法可依，有法必依，执法必严，违法必究。国家和企业、企业和企业、企业和个人等等之间的关系，也要用法律的形式来确定；它们之间的矛盾，也有不少要通过法律来解决。现在立法的工作量很大，人力很不够，因此，法律条文开始可以粗一些，逐步完善。有的法规地方可以先试搞，然后经过总结提高，制定全国通行的法律。修改补充法律，成熟一条就修改补充一条，不要等待'成套设备'。总之，有比没有好，快搞比慢搞好。此外，我们还要大力加强对国际法的研究。"邓小平的这一讲话，为中国改革开放的法制建设设定了调，指明了前进的方向。虽时过30年，仍然具有重要的现实意义。

干预、参与或协调国民经济发展产生的社会关系的理念”、“经济法所保护的利益及价值追求目标（或法益目标）为社会整体利益的理念”、“与民商法不同，经济法强调的是义务本位的理念”、“经济法是公法私法化和私法公法化的产物，具有社会法属性，属于第三法域的理念”、“在市场经济条件下，经济法是民商法的保障法的理念”、“经济法是保障国民经济增量利益实现的法的理念”，以及“经济法是政策法、调控法和促进法的理念”等思想与观点，经过法学界的不断争论、探讨，已经形成基本共识，不仅贯穿于经济法学的教学之中，进而使经济法学的教学改变了传统的诠释性法学教学方式，而且，经济法的相关研究成果，又影响到现实中的经济法的立法与司法实践，并使经济法的实践渊源更具有合理性和科学性。这样，就从理论层面上回答了经济法是什么，以及经济法如何做的基本问题。

第三节　中国现行经济法的表现形式

中国现行的经济法表现形式，体现了以规范的国家《立法法》确立的立法形式为其主要形式，并以其他非规范形式为补充的基本特征。

一、规范的形式渊源

按照现行国家《立法法》的规定，中国现行的法律表现形式包括：宪法、法律、行政法规、地方性法规和规章五种基本形式。为此，规范的经济法表现形式也相应地体现在这些立法之中。其中，基本形态有两种。一种是集中体现经济法理念的经济法，如，《价格法》、《中小企业促进法》、《反垄断法》等；另一种则是散见于其他法律文件中的相关经济法规定，如在《公司法》、《破产法》、《物权法》、《合同法》等法律文件中与经济法有关的经济法规定。

（一）宪法的基本规定

宪法是现代国家的根本大法，它主要规定了国家政治、经济与社会活动的基本制度与基本原则。按照法学原理，宪法是制定一切法律部门法律的基本法定依据，也是一切法律部门得以成立的前提条件。对此，作为部门法之一的中国经济法也不例外。从中国现行宪法及相关法的规定来看，对于经济法有直接影响的是有关国家基本经济制度的规定，它是中国经济法产生发展的宪法渊源。①

---

① 对此，中国1982年制定的《中华人民共和国宪法》第6条至第18条，规定了国家的基本经济制度，是制定经济法的基本依据。在此后的多次修订中，均涉及到相关经济制度的建设问题，特别是1993年《宪法修正案》第七条“国家实行社会主义市场经济”“国家加强经济立法，完善宏观调控”之规定，是当前市场经济条件下经济法成立的主要依据。

（二）经济法律

作为经济法的重要渊源的经济法律，特指由全国人大及其常务委员会制定的与经济法相联系的，并以国家主席令的形式予以颁布的规范性文件。对此，根据 2008 年 2 月中国政府对世界公布的《中国法治建设白皮书》及其附件，截至 2007 年年底，国家制定并现行有效的法律文件共计 229 件，其中，属于经济法部门的法律文件共 54 件，占整个法律的 24% 。与此同时，在其他法律部门之法律文件中，与经济法部门密切联系的法律文件共 116 件，两项合计共 170 件，占整个有效法律的 74% 。① 这些法律的制定、实施及修订，是中国经济法的重要表现形式。

（三）经济法规

依照《立法法》规定，由国务院制定或者虽由国务院所属部门制定，但经

---

① 根据 2008 年国务院公布的《中国法治建设白皮书》，截止 2007 年年底，明确属于经济法范畴的法律包括：1. 华侨申请使用国有的荒山荒地条例（1955 年）；2. 全国人民代表大会常务委员会关于批准《广东省经济特区条例》的决议（1980 年）附：广东省经济特区条例；3. 中华人民共和国个人所得税法（1980 年，1993 年修正、1999 年修正、2005 年修正、2007 年两次修正）；4. 中华人民共和国海上交通安全法（1983 年）；5. 中华人民共和国统计法（1983 年，1996 年修正）；6. 中华人民共和国森林法（1984 年，1998 年修正）；7. 中华人民共和国会计法（1985 年，1993 年修正、1999 年修订）；8. 中华人民共和国草原法（1985 年，2002 年修订）；9. 中华人民共和国计量法（1985 年）；10. 中华人民共和国渔业法（1986 年，2000 年修正、2004 年修正）；11. 中华人民共和国矿产资源法（1986 年，1996 年修正）；12. 中华人民共和国土地管理法（1986 年，1988 年修正、1998 年修订、2004 年修正）；13. 中华人民共和国邮政法（1986 年）；14. 中华人民共和国水法（1988 年，2002 年修订）；15. 中华人民共和国标准化法（1988 年）；16. 中华人民共和国进出口商品检验法（1989 年，2002 年修正）；17. 中华人民共和国铁路法（1990 年）；18. 中华人民共和国烟草专卖法（1991 年）；19. 中华人民共和国水土保持法（1991 年）；20. 中华人民共和国进出境动植物检疫法（1991 年）；21. 中华人民共和国税收征收管理法（1992 年，1995 年修正、2001 年修订）；22. 中华人民共和国产品质量法（1993 年，2000 年修正）；23. 中华人民共和国农业技术推广法（1993 年）；24. 中华人民共和国农业法（1993 年，2002 年修订）；25. 中华人民共和国注册会计师法（1993 年）；26. 全国人民代表大会常务委员会关于外商投资企业和外国企业适用增值税、消费税、营业税等税收暂行条例的决定（1993 年）；27. 中华人民共和国台湾同胞投资保护法（1994 年）；28. 中华人民共和国预算法（1994 年）；29. 中华人民共和国对外贸易法（1994 年，2004 年修订）；30. 中华人民共和国审计法（1994 年，2006 年修正）；31. 中华人民共和国广告法（1994 年）；32. 中华人民共和国中国人民银行法（1995 年，2003 年修正）；33. 中华人民共和国民用航空法（1995 年）；34. 中华人民共和国电力法（1995 年）；35. 中华人民共和国煤炭法（1996 年）；36. 中华人民共和国乡镇企业法（1996 年）；37. 中华人民共和国公路法（1997 年，1999 年修正、2004 年修正）；38. 中华人民共和国动物防疫法（1997 年，2007 年修订）；39. 中华人民共和国防洪法（1997 年）；40. 中华人民共和国节约能源法（1997 年，2007 年修订）；41. 中华人民共和国价格法（1997 年）；42. 中华人民共和国种子法（2000 年，2004 年修正）；43. 中华人民共和国海域使用管理法（2001 年）；44. 中华人民共和国政府采购法（2002 年）；45. 中华人民共和国中小企业促进法（2002 年）；46. 中华人民共和国港口法（2003 年）；47. 中华人民共和国银行业监督管理法（2003 年，2006 年修正）；48. 中华人民共和国农业机械化促进法（2004 年）；49. 中华人民共和国可再生能源法（2005 年）；50. 中华人民共和国畜牧法（2005 年）；51. 中华人民共和国农产品质量安全法（2006 年）；52. 中华人民共和国反洗钱法（2006 年）；53. 中华人民共和国企业所得税法（2007 年）；54. 中华人民共和国反垄断法（2007 年）。此外，与经济法相关的法律如：中华人民共和国反不正当竞争法（1993 年）、中华人民共和国消费者权益保护法（1993 年）、中华人民共和国公司法（1993 年，1999 年修正、2004 年修正、2005 年修订）等。

过国务院批准发布，并由国家总理令的形式颁布的规范性文件，称之为行政法规，是中央和地方各级政府依法行政的重要法律依据。其中，在经济法学上将与经济法相联系的规范性文件称之为经济法规。改革开放以来，为了适应形势的变化，国务院需要对行政法规进行相应的清理工作。其中，第一次大规模的清理工作是在中国"入世"以后，对于不适应 WTO 规则要求的行政法规进行了集中的清理，废除了一批过时的行政法规；其后，2006 年又进行一次清理，即对截至 2006 年年底现行法规共 655 件进行了全面清理，其清理结果，根据国务院总理温家宝 2008 年 1 月 15 日以中华人民共和国国务院令签署发布的《国务院关于废止部分行政法规的决定》，对主要内容被新的法律或者行政法规所代替的49 件行政法规，决定予以废止；对适用期已过或者调整对象已经消失，实际上已经失效的 43 件行政法规，宣布失效。两项合计共清理废止行政法规 92 件，截至 2006 年底，现行有效的行政法规共计 563 件。其中，作为经济法表现形式的行政法规，主要是指有关规范政府代表国家行使经济管理、调控职能，参与市场经营及向社会提供公共产品服务行为的行政法规。最新的清理是：2010 年根据经济社会发展和改革深化的新情况、新要求，再次对截至 2009 年度现行的行政法规共 691 件进行了全面清理。清理结果：对 7 件行政法规予以废止；对107 件行政法规的部分条款予以修改。

（四）地方性经济法规

依照《立法法》规定，省一级地方人大及其常委会和有权立法的市级人大及其常委会，① 依照法律的授权或地方实际需要，可以制定地方性法规，其中，涉及地方经济管理与调节的地方性法规，属于地方性经济法规的范畴，是中国经济法的重要表现形式。就其基本的功能而言，一方面，在国家已经制定相关法律的情况下，地方人大及其常委会可以根据法律授权制定相关的实施细则，以保证国家法律在本地的实施，它是国家权力在本地的延伸；另一方面，对于属于本地经济发展中的特殊事务，地方人大及其常委会认为有必要通过立

① 中国目前地方人大的立法机关包括省级（含直辖市和自治区）人大及其常委会、省府所在地市级人大及其常委会，以及由国务院批准的较大市的人大及其常委会。其中，有立法权的市级人大及其常委会情况是：省、自治区人民政府所在地市包括：太原、沈阳、长春、南京、杭州、合肥、福州、南昌、济南、郑州、武汉、长沙、广州、南宁、海口、成都、昆明、贵阳、拉萨、西安、兰州、西宁、银川、石家庄、哈尔滨、呼和浩特、乌鲁木齐，共计 27 个市；属于国务院批准的"较大的市"包括：唐山、大同、包头、大连、鞍山、抚顺、吉林、齐齐哈尔、青岛、无锡、淮南、重庆（1997 年改为直辖市）、洛阳、宁波、淄博、邯郸、本溪、苏州、徐州，共计 19 个市；属于经济特区所在地的市包括：深圳、珠海、汕头、厦门 4 个市，全国总计 50 个市。

法予以调整时，可以制定相应的地方性经济法规。与此同时，即使在国家尚无相关立法的情况下，地方人大及其常委会也可以予以先行立法，从而，为未来的国家立法提供相应的经验。

值得强调的是，在中国地方性经济法规立法中，有两种特殊的表现形式。一种是作为国家特别行政区的香港和澳门地区，可以根据全国人大的《特别行政区法》之授权，按照各自的法律体制，自主制定适合特别行政区的经济法规；另一种是作为民族自治区的地方人大，可以依照《民族区域自治法》的规定和授权，结合本地实际情况，制定适合各民族自治区特点的地方性民族区域自治经济法规。这些法规之所以特殊，主要是依据法律的规定，经全国人大及其常委会的批准，可以制定一些与国家规定虽然不一致，但是，却体现地方特色的相关的变通性规定。此外，国家批准的经济特区，也可以根据法律之授权，制定一些体现经济特区特点的经济法，但需要向全国人大备案，并经过审查同意后，才能予以公布，发生相应的法律效力。

（五）经济规章

依照《立法法》规定，规章一级的立法包括两种表现形式。一是特指由国务院各部、委、局及其直属机构根据法律或国务院授权，从自己的管理职能角度出发所制定的在全国具有普遍效力的规范性文件，学界将其称之为全国性规章；另一种是省级人民政府或有权立法的市级地方人民政府制定颁发的经济法规范性文件。[①] 学界将其称之为地方性规章。其中，这些规章中与政府履行经济管理职能有关的规定，属于经济法的范畴，是经济法的重要表现形式，且数量最多。

与此同时，按照《立法法》之规定，在理解上述规范性的经济法形式时，应注意的是：一是，上述各形式之间，存在上下之间的层级要求，即下位法不得与上位法相抵触。二是，一些经济领域的立法专属于中央，如，涉及对外贸易、税收与金融方面的立法。三是，对于地方立法，中国目前采取了一般限制立法与特别授权立法相结合的模式。其中，在一般立法限制方面，主要体现在对于地方性经济法规与经济规章之立法，目前，仅限于省一级立法、省辖市以及国务院批准的较大的市一级的立法；而特别授权立法则表现为特区立法、民族自治地区立法和特别行政区之立法等。

---

① 关于地方人民政府的立法机关情况，与地方人大及其常委会相同。

二、非规范性形式渊源

非规范性形式渊源，是指那些虽然没有纳入《立法法》范畴，但是，在经济实践之中附条件地成为中国经济法律渊源或者是在经济工作中事实上具有法律效力的各种文件。根据中国的实践，这些非规范性的经济法渊源主要有以下几方面：

（一）国际条约与公约

国际条约与公约是现实中重要的法律形式。但是，对于国际条约与公约，只有在中国加入的情况之下，才会对于中国具有相应的法律效力，使国际法转化为国内法，其中，有关涉及经济法相关内容的法律成为中国经济法的重要渊源，并且，其具有优先于其他国内法的法律效力。从其法律效力的级别来看，由哪一级立法机关批准生效的国际条约与公约，即应当属于哪一级的法律形式。如由全国人大及其常委会批准生效的国际条约或公约，即应属于《立法法》规定的法律形式，其应当由国家主席签发主席令后在中国生效。此外，在中国加入相关国际条约或公约时，往往会从中国实际情况出发，对其中的个别条款予以保留，则该项保留条款对中国不发生法律效力。改革开放以来，为加快对世界开放的步伐，并使中国在国际经济事务中拥有话语权，中国加入了众多的国际条约或公约，特别是中国入世以来所签署的一系列世界贸易组织的协议、协定，不仅对中国对外经济发展产生了重大影响，也对中国的市场经济进程产生了积极的推动作用，是经济法的重要渊源。

（二）司法解释

按照其本意，司法解释应当是指那些对于在司法实践中遇到的一些个别案件处理中，由于法律规定上的不明确或存在争议时，经过法定程序，由司法机关就法律适用问题所做出的解释，并且，该司法解释一旦做出，便对司法实践具有普遍的指导意义。故，司法解释实际上是对于法律漏洞的重要补充。目前，在中国司法实践中，司法解释主要是指由最高人民法院和最高人民检察院做出的司法解释。其在经济审判和经济犯罪案件的处理中具有指导意义，是法院与检察院处理经济纠纷与经济犯罪案件的重要依据。由于经济法所调整的经济关系的复杂性，因此，司法解释是经济法的重要渊源。

（三）商事惯例

商事惯例是在国际与国内贸易活动中长期形成的有关商事交易的习惯性做法的统称。在中外法制历史上，商事惯例曾经长期成为商事交易的基本规范，并被国家法律所认可。在现代市场经济条件下，其仍然具有可以加速经济流转、减少交易成本的实践意义。从一般意义上理解，商事惯例是中国商法的重要渊源，但是，当相关的商事惯例涉及对市场经济秩序的维护或国家宏观调控时，便成为经济法的重要渊源。对于商事惯例的效力问题，依据中国法律的规定，只有在经济实践中予以运用才具有法律效力，并且在经济实践中，经济主体具有选择商事惯例，并受经济法保护的权利。

（四）经济协议与合同

按照民商法原理，经济主体之间签订的经济协议与合同，本属于协议与合同主体之间意思自治的结果。但是，这种意思自治必须以不得违反法律、行政法规之强制性规定，并且不得危害社会公共利益为前提，为此，经济管理主体负有对于违法协议与合同监督的义务。据此，经济协议与合同便成为中国经济法的渊源。此外，如前所述，即使是中国现行的《合同法》所规定的诸如建设合同、银行借款合同等有名合同，由于其本身涉及到社会公共利益，不能按照民法原则仅适用意思自治，必须在国家宏观调控与经济监管之下，才能保证其合同签订与履行的正当性和合理性，因此，这类合同关系应当属于民法与经济法共同调整的范畴。

需要说明的是，经济协议与合同之所以成为经济法的渊源，其主要理由在于，经济协议与合同各方当事人签订协议与合同是在法律授权之下，对双方或多方共同事务中权利与义务的约定，这种约定以协议或合同条款形式予以体现，在约定有效的情况下具有法律上的约束力，而当这种约定违反法律、法规的强制性规定时，约定无效，并应当受到有关部门对其责任的追究，进而使相关的协议与合同条款成为经济法的渊源。

（五）企业章程与规章制度

企业章程与规章制度是规范企业内部行为的重要经济规范。在现代市场经济条件下，由于企业与公司本身的特殊性，国家之经济法律不可能穷尽企业与公司所有的法律问题，因此，许多经济法均授权企业与公司在遵守国家经济法律、法规的同时，可以制定适用于本企业和公司的章程与规章制度，从而使其成为经济法的重要渊源。

（六）行业协会制定的行业行为准则

在现代市场经济条件下，行业协会组织具有重要的地位。在中国当前，它是政府职能社会化的重要体现。在此情况之下，有关行业协会组织管理与调节行业内部关系的基本手段是制定适用于行业内部的企业、公司及其他组织共同遵守的行业协会准则，使其成为规范该行业内各经济主体的重要的经济规范。这些规范，不仅涉及到行业与协会自身利益的保护，也往往会涉及到社会公共利益，因此，它是经济法的重要渊源。

（七）政府规范性与非规范性文件

由于在中国目前立法体制之下，基层政府基本没有立法权，因此，在基层政府的经济管理中，除遵守国家与地方制定的各项经济法外，大量的经济事务通过具有可操作性的规范性文件的形式予以规范，这些以政府"红头文件"形式出现的规范性文件，是中国经济法的渊源。此外，中国各级政府还习惯于以"政府纪要"①的非规范形式，解决现实中的诸多复杂的经济问题，故其也是中国经济法的重要渊源。

（八）国家与地方的国民经济与社会发展计划与规划性文件

依照中国现行的政治与经济体制，各级人民代表大会通过制定国民经济与社会发展计划或规划，实现对于国民经济与社会发展的经济调节，是重要的和基本的经济调节手段。就国家而言，则是实现宏观经济调控目标的基本的和首要的形式，其直接影响着一定时期一定范围内经济发展的走向与社会公共资源的配置问题。因此，这些由国家及地方各级人大制定颁发的国民经济与社会发展计划与规划性文件，应当成为中国经济法的重要渊源。②

三、对中国经济法形式渊源的简要评析

总的来说，中国目前的经济法渊源能够基本满足经济实践的需求。但是，随着中国市场经济的深入发展以及法制建设的进一步深入，经济法渊源中存在的以下问题影响了中国经济法效力的发挥。

首先，从规范形式来看，存在的主要问题，一是，法律冲突问题。现实中的经济法律冲突首先表现为下位法对于上位法的冲突，出现立法中的"倒逼

---

① 政府纪要是通过政府首长的协调，以现场办公的方式解决问题的重要形式。其主要是要协调政府内部的关系，来解决一些棘手问题。但在目前，法律对于如何运用这种方式尚无明确规定，是一种习惯性做法。

② 按照国发〔2005〕33号文《关于加强国民经济和社会发展规划编制工作的若干意见》的规定，我国现行的规划管理体系包括三级三类规划，即所谓三级是按照行政层级分为国家级规划、省（区、市）级规划、市县级规划；所谓三类规划是按照对象和功能分为总体规划、专项规划和区域规划。其中，总体规划是国民经济和社会发展的战略性、纲领性、综合性规划，是编制本级和下级专项规划、区域规划以及制定有关政策和年度计划的依据，其他规划要符合总体规划的要求。其阐明了三级规划之间的上位和下位关系。专项规划是以国民经济和社会发展特定领域为对象编制的规划，是总体规划在特定领域的细化，也是政府指导该领域发展以及审批、核准重大项目，安排政府投资和财政支出预算，制定特定领域相关政策的依据。区域规划是以跨行政区的特定区域国民经济和社会发展为对象编制的规划，是总体规划在特定区域的细化和落实。跨省（区、市）的区域规划是编制区域内省（区、市）级总体规划、专项规划的依据。

机制"①。其次是存在处于横向地位的经济立法之间的冲突问题②；二是，存在地方经济立法缺位问题。其次，就非规范形式而言，存在越权立法③、效力不足④，以及监督不力⑤的问题。这些问题的存在，不仅影响了经济法的效力，而且造成了经济法秩序的混乱，进而会影响经济法律机制的健康形成。而造成这些问题的原因，一是，立法体制问题，如立法缺位⑥；二是，立法机制问题，如部门立法体制⑦和专家立法问题⑧；三是，监督问题，如立法权力与立法机制配置的不合理。因此，改进措施也应当从完善经济法立法体制、形成合理机制，以及加强立法监督方面予以完善。

此外，值得注意的是，关于判例是否能够成为中国经济法的渊源，存在着不同的认识，一是，不承认判例的效力；二是，承认判例的效力；三是，不承认判例的效力，但认为由权威部门公布的判例对于司法实践具有指导意义。目前，司法实践中采取了第三种态度，由最高人民法院和最高人民检察院公布的典型案例在经济审判实践中事实上成为重要的参考依据，据此，也可以说，由权威部门公布的典型判例，也是中国经济法的重要渊源。

---

① 所谓"倒逼机制"是指在上位法尚未修订的情况之下，下位法或相关经济政策即突破了上位法的规定，在下位法及相关政策已经实施的情况下，才考虑对上位法的修订。典型的表现是，中国1982年《宪法》颁布后，先后几次对《宪法》的修正情况，即体现了这一特点，其虽然符合改革要求，具有一定的合理性，但这种做法却破坏了宪法秩序。

② 所谓横向经济立法的冲突是指处于同一级别的立法之间的相互冲突。其常见于地方政府为了保护本地利益，通过制定地方性规章或颁布地方规范性文件，以对抗来自于其他地方对自身的经济竞争。

③ 越权立法的突出表现，如在司法解释方面，由最高人民法院制定的一些系统的司法解释，实际上超越了人大对其的授权。

④ 例如，按照中国的政治与经济体制，制定国民经济和社会发展计划或规划是各级人大、政府的职权，但是，中国的法律却没有对其应有的法律效力，做出明确的规定。

⑤ 例如，对于经济合同行为的监督，在1999年新《合同法》颁布之前，该项监督权力明确为工商行政管理部门行使，但是，在新《合同法》颁布之后，却弱化了此方面的监督，致使现实中大量无效合同得不到有效的查处。

⑥ 立法缺位的问题突出地表现为中国目前绝大多数的市级人大、政府，以及所有的县级人大、政府无立法权。但是，市、县级人大和政府作为基层政权机构却处理着大量的具体事务，许多法律、行政法规、地方性法规和规章的规定又比较原则，从而致使这些地方基层政权组织，不得不通过"红头文件"的形式调整一些具体的社会关系。

⑦ 基于经济法规的专业性特点，在经济法的制定中，存在由政府负责起草的普遍现象，这种由政府部门负责起草的现象，往往带有部门利益倾向，被称之为部门立法，其正当性和公正性往往受到学界和社会的质疑。

⑧ 为了改变部门立法的缺陷，近几年来，无论是国家经济立法，还是地方立法，均实施了专家立法模式。但是，在专家立法中，基于专家构成的不合理性，专家的个人学术观点，往往被强化到立法之中，也存在其不合理之处。

第五章

中国经济法的地位

第一节　经济法地位的含义与现状

一、经济法地位的含义

通说认为，法律部门的地位是指一国某类法律部门在整个法律体系中是否为独立法律部门，其重要性如何。据此，所谓经济法的地位就是指经济法在一国法律体系中是否为一个独立的法律部门，其重要性如何。就中国经济法而言，对于经济法法律部门问题的认识，涉及到经济法成为独立部门的依据、经济法与邻近法律部门的关系以及经济法的重要性如何等问题的探讨。对经济法独立地位问题的探讨，在上世纪 80 年代曾经是经济法基础理论研究中的最重要的问题。

二、经济法地位的现状分析

综观目前世界各国法律体系，大陆法系各国基本上均有经济法之说，承认经济法的部门法地位，其中，德国与日本尤为突出，前者为经济法部门的开创者，是经济法的"母国"[①]；后者则为当代直接运用经济法调整国民经济关系，并取得成绩最优者[②]；而在英美法系国家则没有部门法一说，自然也不存在部门法意义上的经济法，但存在相当于经济法之法例，如反垄断法、消费者权益

---

　　① 对此，学界普遍认为，德国于 20 世纪初，围绕德国经济发展战略的需要，制定了一批体现国家干预经济的经济法律，促进了国民经济的快速发展，为此，德国学者对其进行了探讨，并认为，这些经济法律属于不同于以往调整经济关系的民商事法律，作为一个独立的法律部门将其命名为"经济法"。

　　② 纵观日本法制的发展历史，其法律体制的形成多移植于德国，其中，对德国经济法的移植是其重要内容。并且，在日本的经济发展中，无论是二战时期对国民经济的统制，还是战后经济的恢复与迅速发展，经济法均发挥了主要的作用。其实践经验为世界之领先地位。

保护法、财政法、金融法等。其中，美国于 1890 年制定的《谢尔曼反托拉斯法》，是目前学界公认的最早的经济法规。与此同时，也有一些实施部门法体制的国家或地区，不存在部门经济法，但是，存在与经济法类似的财经法规，并存在与财经法相关的教学和研究，如中国的台湾地区。①

改革开放以来，在上世纪 80 年代，有关对中国经济法部门法地位的探讨，曾经是法学界争论最激烈的问题之一。先后出现过经济法学科论②、行政法论③、民商法论④、经济法部门法论⑤等诸多的观点。至 90 年代末，有关经济法的部门法地位问题，得到了法学界多数学者的认可。1999 年，在教育部组织编写的面向 21 世纪课程教材中，经济法被表述为"经济法是改革开放以后发展起来的一个新的法律部门，它是有关国家对于经济实行宏观调控的各种法律规范的总称。"并与宪法法律部门、行政法法律部门、民商法法律部门、劳动法法律部门、科教文卫法法律部门、资源环境保护法法律部门、刑法法律部门、诉讼法法律部门、军事法法律部门，共同构成了中国的法律体系。⑥

就实践部门而言，从 1979 年五届人大二次会议起，国家一直强调加强经济立法，但是，由于在当时，学界及实践部门对于经济立法的含义认识模糊。因此，长期以来，所谓经济立法并非仅仅是指经济法之立法。1986 年《民法通则》颁布以后，使得经济立法与民事立法有了较明确的界定，即民法主要调整发生于公民、法人以及其他组织之间的财产关系及与财产关系有着密切联系的人身关系，简称横向经济关系；而经济法则调整国家在经济管理过程中形成的经济关系，简称纵向经济关系。至此，国家立法机关将经济立法与民事立

---

① 中国台湾地区实施大陆法体制，有"六法"之部门法构造，却不存在经济法之部门法。但是，其财经法的实践和研究较为发达。

② 经济法学科论主张经济法仅仅是一个法律学科，而不能成为一个独立的法律部门。并认为，它是国家管理经济所涉及的相关经济法律的综合。故，该观点也被称之为综合学科论。

③ 行政法论也被称之为行政经济法论，该观点主张，经济法只是中国行政法的一部分内容的综合。并事实上不承认经济法的部门法地位。

④ 民商法论的观点主张，不承认经济法独立的部门法地位，并认为，在市场经济条件下，经济法是民商法的特别法。

⑤ 经济法的部门法观点，鲜明地提出在中国社会主义现代化经济建设中，经济法作为国家管理经济的重要手段与方式，与传统的行政法和民商法有着本质的不同，其有自己独立的调整对象，有自己特有的法益目标，应当是一个独立的法律部门。与此同时，由于经济法调整关系的复杂性，在经济法部门内部存在若干诸如经济组织法、经济管理法、经济协作法，或者计划法、产业法、财政税收法、金融法、自然资源与环境保护法、社会保障法、对外贸易法等法群。

⑥ 张文显主编：《法理学》，高等教育出版社、北京大学出版社 1999 年 10 月版，第 82 页。

法有了初步的区别。① 到 2001 年，全国人大常委会为形成有中国特色的社会主义法律体系作理论准备与实践指导，也为了避免学术界纷争对立法产生影响，统一维护立法秩序，组织专门课题组进行了专题调研，就中国社会主义市场经济条件下的法律部门构成进行了论证，该论证结果认为，中国的法律部门由七大法律部门构成，即宪法及其相关法、行政法、民商法、经济法、社会法、刑法、诉讼与非诉讼程序法。对于该结论，虽然没有通过人大的正式决定予以认可，但多次得到人大国家领导讲话及其人大报告的认可②，自 2001 年起全国人大的立法规划即按照该结论予以了部门法的具体划分。2008 年 2 月，在国务院公布的《中国法治建设白皮书》中，对于具有中国特色的社会主义法律体系的部门法构造进行了概要性的阐述，并初步归纳了七大法律部门之下的具体法律的分类。③ 至此，中国经济法的部门法地位，得到了国家最高权力机关的认可。在理论界则对经济法独立地位问题的探讨暂时告一段落。

第二节　中国经济法成为独立法律部门的依据

一、客观依据分析

（一）经济法有自己独立的调整对象

按照法律部门构造的基本原理，判断一类法律是否构成独立法律部门的基本标准是看其是否有独立的调整对象。对此，如本著作第三章所详述，中国经济法作为独立法律部门，有其自身的调整对象。本著作认为，在市场经济条件之下，经济法的调整对象可以简要地表现为国家（主要通过政府）在干预、参与和协调国民经济关系时形成的经济关系。即市场规制关系和宏观调控关系。

（二）现实经济法制建设中存在大量的经济法规

在此方面，如本著作第四章所述，自改革开放以来，国家及地方颁布了大量的应属于经济法范畴的法律、法规、地方性法规及经济规章。同时，还存在大量的非规范性形式的经济法，是中国目前法律体系中法规数量最多的法律部

---

① 参见王汉斌《关于〈中华人民共和国民法通则（草案）〉的说明——一九八六年四月二日在第六届全国人民代表大会第四次会议上》，《中国法律年鉴（1987）》，法律出版社 1987 年版，第 79 页。
② 参见李鹏："全国人大常委会工作报告"，载于《人民日报》2001 年 3 月 20 日。
③ 参见国务院：《中国法治建设白皮书》，中国政府网站。

门，约占实际立法的80%。这些现实中的经济法规资源为中国经济法的独立存在提供了客观依据，其也是中国经济法学基本的研究对象。

（三）中国社会主义市场经济体制完善的需要

首先，现代市场经济要求国家对于国民经济发展具有干预的职责。中国实行的市场经济具有现代市场经济的基本属性，即其不但强调了市场各主体的独立地位及其基于多元化利益而形成的竞争，而且，为了克服"市场失灵"和"政府失灵"，必须予以国家法律的适度干预，与此同时，由于中国选择的是宏观调控下的市场经济体制，因此，法治保障条件下的国家宏观调控，对于保障市场经济的健康发展具有战略性、方向性的重要意义。

其次，中国社会主义经济的基本属性要求国家负有管理与协调经济的职责。马克思主义经典论述认为，社会主义经济的基本特征是公有制为基础；实施计划经济；坚持按劳分配；消灭人剥削人的制度；走共同富裕的道路。其对于中国实现社会主义市场经济的目标，仍然具有重要的指导意义。它是我们开创社会主义市场经济发展道路的理论武器和方向所在。为此，我们不能光讲市场经济，不讲，甚至忘记社会主义。为此，国家必须担负起相应的责任。此点，不仅具有经济意义，也具有政治意义，它关系到共产党执政地位的存亡，是严肃的政治问题。

最后，社会公共利益的需求需要经济法。众所周知，法律是调节社会利益关系的社会规范。法律的形成也是各种利益关系协调平衡的结果。在中国计划经济条件下，社会公共利益由国家统一协调，国家利益与社会公共利益具有一致性的特点，但是，在市场经济条件之下，企业利益、个人利益呈现出多元化的格局，且存在各经济主体追求利益最大化的问题。在此情况之下，就有一个社会公共利益如何保护的问题。与此同时，由于政府自身存在的追求短期目标政绩及客观上存在寻租的缺陷，因此，政府的行为也会造成对社会公共利益的侵害，为此，国家有必要制定法律对涉及公共利益的经济行为予以专门调整。而单纯依靠传统的民商法和行政法无法满足这种保护社会公共利益的法律需求，这就需要运用经济法调整此类关系，而经济法的价值目标恰恰就是要保护社会公共利益。

二、主观依据分析

（一）对于中国经济法制建设重要性的认识：由"两手抓"到"依法治国"

改革开放以来，从国家经济法制建设角度讲，实现了由"法制"到"法治"的历史性转变。在改革开放之初，当把国家的中心工作转移到经济建设上之后，国家从主观上认识到在实施新的"对内搞活，对外开放"的经济政策的同时，必须通过相应的经济法律制度的建设保持应有的经济秩序，即实施"经济建设和法制建设两手抓"的战略措施。与此同时，法学界在上世纪80年代中期，即根据国外发展的经验，从主观上主动地提出仅有法律制度的构建还不能满足未来社会发展的需求，必须将"法制"提升到"依法治国"的高度，使国家经济与社会的发展建立在"依法办事"的基础之上，以保证社会主义经济建设秩序的稳定性，这一理论探讨从对"法制"与"法治"的区别①，到国家未来法治社会的构建，持续了近十年之久，到1996年党的"十五大"召开之时，国家高层终于接受了法学界的建议，在"十五大"政治报告中，对中国的"依法治国"进行了明确的表述。② 随后，全国各地掀起了"依法治省"、"依法治市"、"依法治县"、"依法治企"、"依法治村"等理论探讨和实践③。至1999年，宪法修正案第十三条明确规定，"中华人民共和国实行依法治国，建设社会主义法治国家"。进入新世纪以来，随着社会主义市场经济的深入发展，党的"十六大"根据中国的政治体制，进一步强调了中

---

① 对此，法学界普遍一致的观点认为，"法制"作为法律制度的构建，存在于人类自从产生法律以来的任何社会形态，即人类社会曾经出现过奴隶制法、封建制法、资本主义法及社会主义法。而作为国家治理总则的"法治"与"人治"则是同一范畴的概念，它虽然起始于古希腊时期有关如何治理国家的争论，但是，人类社会真正实现法治则是资产阶级革命的产物。就"法制"与"法治"的相互关系而言，有"人治"下的法制和"法治"下的法制之分。人类社会文明史证明，唯有实行"法治"，才是国家治理方式的最佳选择，是政治文明的集中体现。为此，中国的社会主义建设，只有法制是不够的，必须使社会主义法制建立在国家法治的框架之内，才能保证社会主义建设事业的稳定发展。

② 1997年9月12日，在江泽民代表党中央作的题为《高举邓小平理论伟大旗帜，把建设有中国特色社会主义事业全面推向二十一世纪》的政治报告中，明确指出"发展民主必须同健全法制紧密结合，实行依法治国。依法治国，就是广大人民群众在党的领导下，依照宪法和法律规定，通过各种途径和形式管理国家事务、管理经济文化事业，管理社会事务，保证国家各项工作都依法进行，逐步实现社会主义民主的制度化、法律化，使这种制度和法律不因领导人的改变而改变，不因领导人的看法和注意力的改变而改变。依法治国，是党领导人民治理国家的基本方略，是发展社会主义市场经济的客观需要，是社会文明进步的重要标志，是国家长治久安的重要保障。党领导人民制定宪法和法律，并在宪法和法律内活动。依法治国把坚持党的领导、发扬人民民主和严格依法办事统一起来，从制度和法律上保证党的基本路线和基本方针的贯彻实施，保证党始终总揽全局、协调各方的领导和作用。

③ 对此，学界存在不同的看法，一种观点认为，"依法治国"仅仅是国家层面的事，强调的是国家治理的方法；而另一种观点则认为，"依法治国"是全方位的。在中国，仅仅强调国家层面是不够的，必须通过"依法治省"、"依法治市"、"依法治县"、"依法治企"、"依法治村"等才能把"依法治国"的方针落到实处。但工作的重点在于强化各级领导人的依法办事。对此，本著作赞同第二种观点。事实上，在中央提出"依法治国"后，各地均专门设立了"依法治省"办公机构，并对如何加快"依法治省"开展了积极的规划和推进工作。在此后的各级领导干部的任命和选用中，增加了对其法律知识的考察。

国共产党作为执政党的依法执政问题，并将其作为完善党的领导方式的重要内容之一提出来①，进而实现了从国家治理角度由"法制"到"法治"在思想认识层面的历史性飞跃。如今，坚持走"依法治国"的社会主义道路已经深入人心。这一主观认识上的飞跃，从国家发展的战略高度和政策层面，为作为国家干预、参与、调节国民经济关系及其相关关系的经济法的科学发展，提供了有力的支持。

（二）对于政府职责地位的科学认识：由"政府干预"到为了社会利益的"干预政府"

政府是代表国家管理经济的重要主体，国外如此，中国亦然。因此，要发展经济，离不开对于政府管理经济职责的科学定位。计划经济条件下，中国的政府为全能政府，企业则是政府的附属物。改革开放以来，实施"政企分离"，国营企业开始具有了独立的商品经济主体资格，其它新型的企业形态相继诞生，市场经济主体呈多元化格局。这就有一个对新形势下政府职责地位的科学界定问题。改革之初，政府肩负着构建社会主义商品经济秩序和积极推进社会主义市场经济体制形成的重任，因此，政府对于经济活动的介入，还带有全能政府的痕迹，即政府对于经济活动的全面干预。但是，随着市场经济的深入发展，政府对于经济活动过度干预的弊端以及"政府失灵"问题日益突出，这就提出一个在市场经济条件下，国家对政府的授权与限权问题，即国家对政府干预经济的干预问题。而国家通过立法及相关政策的制定实现对政府干预的关键在于，其立足点应当是对社会公共利益的保护与经济和社会的可持续发展。核心问题是促使政府按照市场经济原理的要求，由单纯的管理型政府向服务型

① 对此，党的"十六大"政治报告指出，"必须增强法制观念，善于把坚持党的领导、人民当家作主和依法治国统一起来，不断提高依法执政的能力；必须立足全党全国工作大局，坚定不移地贯彻党的路线方针政策，善于结合实际创造性地开展工作，不断提高总揽全局的能力。"而在具体如何依法执政方面，报告认为，"共产党的执政就是领导和支持人民当家作主，最广泛地动员和组织人民群众依法管理国家和社会事务，管理经济和文化事业，维护和实现人民群众的根本利益。宪法和法律是党的主张和人民意志相统一的体现。必须严格依法办事，任何组织和个人都不允许有超越宪法和法律的特权。"参见：《江泽民文选》第三卷，人民出版社2006年8月版，第553页、570页。而在党的"十七大"政治报告在谈到加强党的执政能力建设时，进一步指出："党的执政能力建设关系党的建设和中国特色社会主义事业的全局，必须把提高领导水平和执政能力作为各级领导班子建设的核心内容抓紧抓好。要按照科学执政、民主执政、依法执政的要求，改进领导班子思想工作作风，提高领导干部执政本领，改善领导方式和执政方式，健全领导体制，完善地方党委领导班子的配备改革后的工作机制，把各级领导班子建设成为坚定贯彻党的理论和路线方针政策，善于领导科学发展的坚强领导集体。以加强领导班子执政能力建设影响和带动全党，使党的工作符合时代要求和人民期待。"参见：中共"十七大"政治报告。

政府的转化。至 2005 年，中国政府已向世人宣示了中国政府将加快由管理政府向法治政府、监督政府、服务政府转变步伐的决心。在此情况下，政府将全面退出市场领域，中国市场经济的运行，将彻底地交由市场经济主体，在国家宏观调控和政府的监督之下自主运行，而政府则更多地承担起向社会大众提供公共产品服务的职责。而在此方面，中国经济法学界在上世纪 90 年初开始的有关国家干预政府问题的探讨，不仅为这一历史性转变做出了理论贡献，而且，也进一步明确了经济法自身的法益目标，即为了保护社会公共利益，中国经济法不仅要授予政府监督市场的职权，以克服"市场失灵"，也要通过规范政府行为，以防止"政府失灵"。为此，对于市场经济条件下，如何认识两个失灵问题，并通过法律手段矫正两个失灵对国民经济和社会发展带来的危害，进而构建符合中国国情的市场规制法和宏观调控法便成为经济法学界的共识。

（三）对于国家管理经济的科学认识：由直接管理为主到间接管理为主

在计划经济时期，中国国家对经济的管理体现为通过政府对经济活动的全面直接的管理。这种方式，在改革开放的 80 年代还较普遍地存在。但是，到 90 年代实行市场经济体制以来，国家管理经济的方式，逐步由主要以直接管理为主，转变为主要以间接管理为主。其具体表现是国家不再直接规定市场经济主体生产什么，如何生产，经营目标，以及经营方式，而主要通过制定产业政策和国民经济与社会发展规划、计划来引导市场主体的生产、经营和消费，即宏观调控。这种变化，虽然存在对国外市场经济经验的借鉴问题，但是，来自国家及政府的主观认识是必不可少的。只有在主观上对之有清醒地认识，才能真正放弃既有的权力，让权于民，还权于民。这种国家管理经济方式的变革及其相应制度的构建，直接影响着中国经济法的发展。

（四）对于国家管理经济规律的科学认识：由行政规律到经济规律和社会发展规律的演变

在计划经济体制下，国家管理经济主要运用的是行政手段，遵循的是以自上而下的以命令服从为基本特征的行政规律。改革开放以来，首先提出的问题是在承认商品经济的同时，如何遵循经济规律的问题。这样，国家在管理经济时，与被管理的经济主体之间便已不是单纯的行政关系，进而演变为一种经济关系，必须按照经济规律的要求，协调与经济主体之间的关系，为此，国家提出了经济管理主要以经济手段和法律手段予以管理，只有在必要时才运用行政手段的基本理念。至 21 世纪初，随着单纯追求 GDP 弊端的出现，又提出了以科学发展观为指导，构建和谐社会，遵循社会发展规律的问题，并努力使人类的发展与自然达到和谐。这些思想转变，使经济法的发展由关注国民经济发展，延伸到社会发展领域，给今后经济法的发展指明了前进的方向。

（五）对于企业价值的重新认识：由企业权利到企业责任的认识转变

在市场经济条件下，企业无疑地成为最主要的经济主体。但是，受传统企业价值观的影响，追逐利润成为企业存在的基本目标。从宏观经济角度讲，也只有企业获得利润，不断发展，才能为社会提供源源不断的社会财富。这就是所谓"主观为自己，客观为他人，为社会"的企业存在与发展的合理解释。因此，就法律调整的目标而言，理应首先是在"权利本位"基础上对企业权益的保障。但是，随着市场经济的深入发展，企业的社会责任问题日益明显，它不仅是证明企业存在与发展正当性的客观要求，也是社会发展对企业的基本要求。而事实上，国内外企业发展的历史表明，只有企业履行好社会职责，将社会大众的利益放在第一位，才能更好地赢得消费者和社会的信任，也才能获得长久持续的利益。这样，就需要通过以"社会本位"为基本出发点的经济法，促进企业履行好社会职责，实现由"权利本位"到"社会责任本位"的根本转变。

上述科学认识的逐渐形成，为经济法地位的确立提供了重要的理论基础，并被中国的经济法学界加以弘扬。

第三节　经济法与邻近法律部门的关系

按照中国现行的法律体系设计，经济法与邻近法律部门的关系主要是指经济法与宪法的关系、经济法与行政法的关系、经济法与民商法的关系、经济法与社会法的关系、经济法与刑法的关系，以及经济法与诉讼及非诉讼法的关系。其中，关于经济法与宪法的关系以上已有阐述，以下就经济法与其他法律部门的关系予以分析。

一、经济法与行政法的竞合关系

中国现行的行政法是指调整基于政府行政管理行为而引发的行政管理人和相对人之间的行政关系的法律规范的总称。① 据此，行政法也可简称为政府行

---

① 在中国，"行政"一词，一是指行使国家权力的行政单位或行政机构；二是指机关、企业、事业单位及社会团体等组织的内部管理。有关行政法上指的行政仅指第一含义意义上的行政及第二含义上的机关行政。有关企事业单位及社会团体内部之行政未纳入行政法的调整范畴。事业单位及社会团体之行政，如果其工作人员享受公务员待遇，则参照行政法执行。但对于企业行政而言，则属于企业法的调整范畴。

政管理法。其功能和价值在于通过规范政府的行政行为，提高行政工作的效率，并防止行政管理部门及其工作人员滥用职权、玩忽职守行为的发生。在中国社会主义市场经济条件之下，政府负有经济调节、市场监管、社会管理和公共服务的职责，这样就使对经济事务的管理成为其重要的组成部分，并与经济法产生了竞合关系，即从行政法角度讲，履行经济调节与市场监管及社会管理和公共服务中的相关经济职责就是政府行政的体现，这也是一些学者提出经济行政法或行政经济法的主要理由；而从经济法角度讲，鉴于中国改革开放以来，现实的政府经济管理实践中一直强调在经济管理中主要以经济手段和法律手段管理经济，只有在必要时才运用行政手段管理经济，且特别强调要遵循客观经济规律，强调保障国家和社会公共利益，因此，就其法益目标与价值而言，与经济法具有一致性，所以，在涉及政府经济管理关系时，应由经济法调整，属于经济法的范畴。尽管如此，行政法与经济法的区别还是较为明显的，主要表现是：第一，两者的法律主体不同。其中，行政法的主要主体表现为行政管理主体①与作为被管理主体的行政相对人；而经济法的主体则主要表现为国民经济管理机关、市场主体及社会中介机构。第二，两者的调整对象不同。其中，行政法除经济管理外，还包括十分广泛的属于政府管理的行政领域；而经济法的调整对象则为基于国家对国民经济和社会发展关系的干预、参与及调节形成的经济关系。第三，两者的本位不同②。其中，行政法的本位主要是政府本位，即其行政的基本出发点是以政府任期内的政绩与利益为基本点的；而经济法的本位则主要是社会本位，即社会公共利益的保护。第四，从公法与私法角度分析，③ 行政法属于纯粹的公法范畴，体现了公权力对私权利的限制；而经济法则是公权力和私权利的结合，是公法私法化与私法公法化的结果，被学界称之为第三法域。

此外，还应注意的是，在经济法的实现中，鉴于经济法责任的综合性特点，需要借鉴行政法的行政责任来规范经济法主体的行为，并且其既包括规范管理经济的政府部门之行为，也包括规范各类市场主体的行为，因此，经济法

---

① 按照行政法理论和实践，行政管理主体既包括政府部门，也包括依照法律规定或政府部门之委托，拥有行政管理职权的相关事业单位、企业及其他组织。

② 法律部门的本位即是指特定法律部门存在与发展的基本出发点，是区别不同法律部门的重要分析方法或工具，是法学研究的特定的方法。

③ 有关公法与私法的划分起源于罗马法时期，至今一直是法学界判断不同法律属性或性质的分析工具。其中，公法体现了国家公权力对于市民私权利的干预；而私权利则强调的是市民社会条件下公民所应具有的自然权利。

的学习和研究，要注意对行政法有关行政责任及其处罚相关理论和实践知识的掌握和研究动态。

二、经济法与民商法的分工与交叉关系

民商法是调整商品经济条件下民事、商事关系的法律规范的总称。其中，民法是指调整发生于公民与公民之间、公民与法人之间、法人与法人之间的财产关系及与财产关系相关的人身关系的法律规范的总称。[①] 商法是指调整与公司、企业等商事主体运行中形成的公司、企业关系、金融关系、海商关系等特定关系的法律规范的总称。[②] 民商法存在的客观基础是商品经济的存在，因此，在中国计划经济时期，民商法的调整范围极其有限。[③] 改革开放以来，随着商品经济的大力发展，特别是市场经济体制的确立，使国家需要通过制定民商法确立公民、法人及商事主体独立的经济地位和权益，以便为市场经济的发展奠定相应的基础。换言之，要使市场成为配置社会资源的主要力量，就需要大力发展民商法。这一点是不容置疑的。然而，由于中国确立的市场经济体制是宏观调控之下的市场经济体制，其运行特点是国家调节市场，市场引导企业，而宏观调控法又属于经济法的范畴，这样，就使民商事主体的市场行为，在民商法确认其基本权益的同时，必须按照经济法的调节安排自己的市场行为，从这个意义上讲，经济法是民商法的保障法；与此同时，对于现实中出现的"市场失灵"现象，民商法往往无能为力，因此，需要通过制定经济法解决"市场失灵"问题。这样，经济法与民商法即发生了密切的联系。对于市场经济关系而言，经济法是在民商法调整基础上的二次调节，但是，经济法的这种二次调节，应以不得破坏由民商法建立的基本市场秩序为前提。[④] 关于两者的区别主要表现在：第一，法律主体不同。与经济法不同，民商法的主体主要表现为自然人、法人及其商事主体。第二，调整对象不同，经济法的调整对象，除如上述在市场经济关系领域两者存在重叠外，属于非市场领域经济关系及其与经济关系相联系的社会关系，则由经济法调整。第三，民商法是典型的

[①] 依照民法的传统习惯，民法上的个人应当称之为"自然人"。

[②] 商法上的商事主体主要是指公司、合伙及独资等企业形态。

[③] 新中国建国后，一开始还保留有商法意义上的公司形态，但1956年社会主义改造之后，除外贸公司仍保留公司形态外，商事主体在中国基本不复存在。而在民法领域，仅在婚姻、继承关系的处理上保留了民法调整。因而，计划经济条件之下，民商法的调整范围极其有限。

[④] 关于经济法与民法调整对象的不同，是经济法基础理论的核心问题。在上世纪80年代，学界对于两者关系的认识，仅限于其调整法域的不同，即民法主要调整横向的平等经济关系；而经济法则主要调整纵向的或不平等的经济关系。但进入90年代以来，学界结合对中国社会主义市场经济体制的实践认识，提出了"二次调节论"，本著作认为，"二次调节论"更符合中国市场经济运行的实际。

私法，其本位为个体本位，强调的是对自然人、法人和商事主体个体利益的保护；而经济法的本位为社会本位，强调的是对社会利益的保护。第四，在法律责任的追究上，无论是违约责任还是侵权赔偿责任，民事责任遵循的是"填补"原则，而经济法不仅强调"填补"而且更强调惩罚与警戒。

值得强调的是，关于商法是否应成为一个独立的法律部门的问题，世界上有"民商合一说"和"独立说"两种观点和运行模式。其中，采"民商合一说"观点与实践模式的国家，将商法视为民法的特别法对待。中国目前实践中采取"民商合一"模式，学界多数学者也主张"民商合一说"。商法仅作为一门独立的学科，为目前法律院校十六门核心课之一。主要是对与商事主体商行为有关的公司、企业、票据、商业银行、商业保险、海商等制度的研究，而这种制度的确立，在现代市场经济条件之下，已经突破了传统商法的诸多惯例，蕴含了较多的行政与社会色彩，因此，商法调整的商事关系处于日益复杂的状态，用民法理论指导商事主体的法律实践，已经不能满足社会发展的需求，必须借助于行政法、经济法、社会法、刑法理论指导商事主体的实践，才能使商事主体的法律调整处于完整的状态。为此，商法研究的诸多问题，也是经济法所应研究的问题。

三、经济法与社会法的从属关系

在中外法学界，经济法被认为是广义社会法之下的社会法的一部分内容。其主要理由是：第一，从两者的法益目标来看，两者都是为了保护社会公共利益。第二，经济法调整的国民经济关系具有极强的社会属性，即国民经济发展中的经济关系所涉及的问题，均属于社会问题的范畴，关系到社会公共利益和可持续发展。第三，从国外经济法的实践起源来考察，最早具有经济法意义的国家立法，体现于国家为了维护企业发展秩序，平衡劳资矛盾而制定的"工厂法"及相关的旨在保护工人利益的社会保障法。这与狭义上的社会法具有一致性。对此，中国现行之部门法立法体制采用了狭义的社会法，即社会法所涉及的立法主要是指劳动法和社会保障法。由此看来，理论意义上的广义社会法涵盖经济法，经济法调整经济关系的最终目标不仅仅是经济的增长，而应当体现在为保障劳动者和相关弱势群体权益及社会公众普遍社会保障或社会福利的普遍增长奠定相应的经济基础。据此，经济法调整关系的健康发展又是社会法调整目标得以实现的前提。为此，两者的密切联系不言而喻。总体上说，经济法从属于广义的社会法。但是，细致分析，社会法与经济法的区别主要体现在：第一，社会法的主体主要是劳动和社会保障管理部门与劳动者及企业；第二，在调整关系上，社会法的调整对象主要是劳动关系和社会保障关系；第三，在市场经济条件下保护社会公共利益的实践途径上，经济法通过促进经济发展使经济领域的社会公共利益得到保障，并为社会法法益目标的实现提供物质保障；而在社会法领域，则通过体现倾斜于劳动者的劳动立法及运用公共财力对于社会公众的社会保障权益的维护实现对公共利益的保护。

四、经济法与刑法的衔接关系

众所周知，法律存在的价值之一是通过法律责任的确立，维护一定的法律秩序，并通过对于违法者的制裁，以体现法律的效力。具体立法如此，部门法亦然。但在法律责任的立法确认上，有一般责任和严重责任之分，其中，一般责任通常由行政法、民商法、经济法、社会法所确认；严重责任则由刑法来调整，即只有那些构成严重违法，并触犯刑律的违法行为，才受到刑法的调整，并以犯罪论处。据此，经济法与刑法的关系，突出地表现为在经济违法上的一般违法追究和对犯罪行为追究责任上的衔接关系上。衔接得好，则能够保持经济发展的应有的法律秩序，衔接得不好，则会使一些严重违法行为得不到应有的惩罚，进而，导致经济秩序的混乱。经济法要为国家制定和完善刑法提供依据。然而，由于经济关系的动态性、复杂性，往往使经济法立法者对经济违法的严重程度把握需要对实践的考量，才能做出以刑法制裁的政策，而刑法的实施则实行严格的"罪行法定主义"，这样，就会出现由经济法规定的犯罪制裁，由于得不到刑法的及时支持而处于"落空"的状态。为此，国家在制定经济法与刑法时，应当做好协调工作，不能各自为政。

五、经济法与诉讼和非诉讼程序法的协调和衔接关系

中国现行的诉讼法包括了民事诉讼法、行政诉讼法和刑事诉讼法三大法。而非诉讼程序法则主要是指经济仲裁法和劳动仲裁法。它们与其他部门法的关系，主要表现为实体法与程序法的关系。其中，民事诉讼法对应的实体法主要是民商法；行政诉讼法对应的实体法主要是行政法；刑事诉讼法对应的实体法主要是刑法；经济仲裁法对应的主要是各类经济与商事纠纷；劳动仲裁法对应的是劳动法及其相关法。就经济法而言，中国学界公认其为实体法与程序法相结合的法，并把它作为经济法的重要特征予以论述。但是，经济法意义上的程序法并非是指处于司法或仲裁环节的具有法律救济意义上的程序法。经济法中的程序性规定，主要是指国民经济管理部门调节（调控）或监督市场行为时的必要程序。总体上说，其反映的是通过对国家干预、参与或调节国民经济运行的程序性规定，使其具有正当性和合理性，它是解决经济法内部运行中的必要环节或手段。有关与经济法责任相关的纠纷解决之司法与仲裁程序，应依照法

律责任的不同性质，分别适用于民事诉讼法、行政诉讼法、刑事诉讼法及按照纠纷当事人之自行约定适用经济仲裁法。这种现象符合经济法综合法的基本特征。

然而，由于经济法责任的综合性与复杂性，一个经济案件的处理往往分别由不同的诉讼法予以调整，会增加经济法主体的诉讼成本。加之现行的诉讼制度设计过度地考虑了公平因素，但忽略了经济主体所追求的效率，使法律诉讼产生负效应。为此，经济法学界提出有必要制定经济诉讼法或在现行诉讼制度基础上，针对经济法诉讼的效率性要求特点，制定经济诉讼特别法的观点，并针对经济诉讼的效率要求及经济仲裁的优点，鼓励企业多用经济仲裁手段解决经济纠纷的相应对策。由此表明，经济法与诉讼和非诉讼法的关系，主要表现为涉及经济法主体法律救济问题上的协调和衔接问题。

第四节　经济法与独立法学学科的关系

一、法学学科现状及原理

法学是以法律现象及其规律为研究对象的科学。① 法学之所以称之为科学，是因为在人类长期的法制或法治实践中，形成了一系列与法的理念和制度生成有关的概念、逻辑与体系，并且，这些学界公认的概念、逻辑与体系形成了与之相应的法言法语，进而形成了围绕法、法律、法制、法治等一系列基本理论和基本实践问题的法学或法律专业知识体系。这些知识体系，经过长期历史发展，为人类所接受，并影响着人类社会法治的实践。

在当代世界，从总体上看，法学属于社会科学的范畴，具有社会科学的一般属性，即法学所要调整的是人类在社会实践中相互发生的人与人之间的社会关系。但就其研究所涉及的日益复杂的关系而言，法学又是一门不得不考虑人的自然属性，以及人类为达到自身发展目的而与自然界和谐相处的综合性很强的科学。尤其是进入21世纪以来，随着全球生态环境的日益恶化，法的综合性特征也日益明显。这样，就使得法学的科学属性，不仅应当建立在经济、政治、社会发展规律之上，也必须建立在自然发展规律之上，并使法学的研究领域扩展到了自然科学领域，以解决人类与自然和谐相处的问题。

与法学相对应的法学学科，是指在法学学习中，学习者应当掌握的学习科目的简称。它属于法学教育的范畴。从学校法学教育专业法学科目的设置原理

---

① 作为法学的研究对象，所谓法律现象，不仅包括以立法例、案例形式体现的处于实然状态的法，也包括处于人类共识状态的应然的法，即理想的法。

来看，一组或一类知识是否构成一个法学学科取决于一些基本要素：首先，要看这些知识范畴是否具有相对的独立性，并且能够形成一个完整的知识体系；其次，这种完整的知识体系来自于历史的传统积累或现实的新发展；再次，就法学学科的形成而言，与国家立法体制相协调的法学学科的设置，是法学学科建设的基本要求。最后，学习者对法学学科的研修，有助于学习者能够独立地从事法律教学、科研与法律实务工作。为此，在法学学科的建设上，有必要由国家教育部门就法学专业之法学学科提出基本要求，并允许各学校根据社会需求设立一些可供学习者选修的学科课程。

根据目前国家教育部门的要求，中国的法学学科的设置及建设表现在三个方面。首先，作为与理、工、农、医、文并列的学科，法学被列为一级学科。它是综合类大学或专业学院晋升为大学时的必要要件，这也是为什么现在全国各大学纷纷设立法学专业的一个基本原因。其次，作为一级学科的法学，在二级学科的设置上，根据学科建设、人才培养及社会需求，要满足理论法学、历史法学和应用法学的基本要求，为此，国家教育部从 1999 年起至今确定了十六门法学专业必开的核心课程，以作为考察各院校法学专业质量的基本依据。这十六门核心课程及法学学科包括：法理学、中国法制史、宪法、行政法与行政诉讼法、民法、商法、知识产权法、经济法、劳动与社会保障法、环境保护法、刑法、民事诉讼法、刑事诉讼法、国际法、国际私法、国际经济法。其中，宪法、行政法与行政诉讼法、民法、商法、经济法、劳动与社会保障法、刑法、民事诉讼法和刑事诉讼法与国家立法机构所确认的七大法律部门相衔接，集中反映了与现行法律部门相关的知识体系，是相关法律部门知识的集合。再次，在二级学科基础上，各院校可以根据培养人才的需要，设置三级学科，如民商法之下可以单独开设公司法，经济法之下可以开设金融法、税法等。此外，根据中国社会主义法制建设的需求，一些院校还开设了横跨各个法律部门的综合性学科。其中，影响比较大，并在相当院校予以开设的法学学科如旅游法学、技术法学、民族法学等。而事实上，即使是在国家确定的核心法学课程之中，知识产权法、环境保护法、国际法、国际私法、国际经济法等应用法学也属于综合性的法律学科，并非是某一部门法的"专利"。

根据以上分析，中国经济法属于中国目前法学一级学科之下的二级学科，无论是经济法学博士点、硕士点，还是本科核心课的学科建设，均应当妥善处理好与各类学科的关系，准确地确定好自己的地位，只有这样，才能使经济法学得以良好地发展。

二、经济法与法理学的关系

法理学是有关法学基本理论的科学。法理学所要研究和阐述的是有关法的概念、法的起源、法的价值与功能、法的作用以及法的基本制度的知识构造及其体系。法理学在整个法学教学体系中具有基础的指导意义。为此，经济法学的学科建设，首先应当建立在法理学所确定的法的基本范畴、基本理论和基本制度之内，以体现经济法学的法学属性。

在中国现阶段，首先就是要按照体现中国社会主义特色的法学基本理论，来指导经济法学的研究和经济法制的实践，并将法学基本理论在经济法领域具体化。归纳起来，其集中体现在五个方面：一是，有关经济法部门法定义及其构造原理的解释；二是，有关经济法起源与运行规律的理论论证；三是，有关经济法价值、功能、地位及作用的法理阐述；四是，有关社会主义法制与法治建设机理在经济法运行中的具体体现；五是，有关法的基本制度在经济法领域的具体体现。

其次，作为一门新兴的法律应用学科，在经济法的学科建设中，通过对经济法基础理论的创新型研究，为中国社会主义法理学的进一步完善提供理论和实践依据。在此方面，本著作认为，改革开放以来的经济法基础理论研究，至少在以下五个方面，为中国法理学的完善提供了重要的参考：

一是，在法和经济的关系方面，经济法的理论研究表明，随着经济学界和管理学界以及对于科技生产力、管理生产力及劳动者法律知识素质要求的提升，一些既有理论认为处于上层建筑的要素，被重新视为生产力要素，由此，一些经济法律被视为应然状态的生产力要素予以新的解读。

二是，在部门法的调整对象方面，经济法学界认为，法律部门的调整对象，不是一种单一的社会关系，其往往是一种一组相互联系的关系的组合，而经济法的调整对象恰恰即是一种由纵向经济关系和横向社会关系的组合。

三是，同样是在部门法的调整对象方面，经济法结合自身所调整的国民经济与社会发展关系的动态性特征，提出了经济法的调整对象在许多情况之下，往往处于不确定状态，即表现为"需要国家干预的经济关系"，该理论的提出，改变了以往学界公认的法律仅调整处于静态状态的社会关系的传统观点。

四是，在经济法的公法或私法属性的认定上，经济法抛弃了传统的或非公即私的理念，大多数学者将其定位于"第三法域"，并认为，国内外经济法的发展历史证明，经济法的产生和发展，实际上是公法私法化和私法公法化的结果，从而为学界运用公法与私法原理，分析当代经济法律现象，提供了重要的理论依据。

五是，在经济法范畴问题的探讨上，鉴于经济法本身的边缘性、交叉性特点，经济法学界认为，当代法律是一种开放性的法律知识体系，法律在调整特定社会关系时，不能拒绝来自于相关其他社会科学与自然科学所提供的一些基本的范畴，可以在立法时，将其直接运用到立法之中，而不必重新创造新的法律范畴。为此，经济法学界将经济法视为"七分经济三分法"，并将经济学和经济实践中大量成熟的基本概念，引用到经济法制度的构造之中。

三、经济法与法制史学的关系

众所周知，"历史是一面镜子"。对法学产生与发展的历史的回顾，有利于总结以往经验与教训，并在总结事物发展规律的基础之上，继续前行。为此，目前的中国法制史学教学设置有中国法制史和外国法制史两门重要的核心课程。这些课程知识体系通常仅仅是从一般意义上对人类法制历史的总结与归纳，但是，要满足进一步理论研究的需求，就有必要就当代法律体制之下，特别是大陆法系体制之下，中国和外国经济法的部门发展历史予以专门的阐述，而对于外国经济法的发展历史而言，又可以细分为德国经济法史、日本经济法史、法国经济法史等。其中，中国经济法史，就是指自改革开放 30 年来，中国社会主义经济法的发展历史，而在此方面，目前还研究得不够，急需予以加强研究①。这项工作需要由经济法学者和法制史学者共同合作完成。由此说明，经济法与法制史学的关系可以表现为：经济法是法制史学研究的一个重要的范畴，而反映经济法独立法律部门发展历史的经济法史，又可以是经济法学与法制史学之下的一个重要的子学科。

四、经济法与其他部门法学的关系

如上所述，在目前的法学核心课之中，经济法与民法、商法、行政法与行政诉讼法、劳动与社会保障法及刑法等课程，均属于与现行国家确认的法律部门相对应的部门法学，处于法学二级学科的范畴。因此，经济法与这些部门法课程的一个共同特点是，应当集中反映本部门法所应具有的基本概念、基本理论及基本实践问题。但是，以部门法教科书形式反映的部门法学所涵盖的内容是否仅仅反映了该法律部门的知识？答案是否定的。因为，在法学专业课程体系设计上，要考虑到各门学科之间的协调，此外，鉴于各个法律部门之间存在一些相互交叉的领域，这样一来，各部门法学在集中反映本部门的知识时，必

---

① 在经济法法制史研究方面，目前有影响的著作包括：肖江平著：《中国经济法学史》，人民出版社 2002 年版；魏琼著：《西方经济法发达史》，北京大学出版社 2006 年版；王霄燕著：《规制与调控：五国经济法历史研究》，新华出版社 2007 年版。

然会涉及到与其它部门知识体系的交叉与协调问题，因此，属于经济法学研究对象的一些领域，便被反映到了其它学科领域，如，有关经济合同法律制度知识被体现于民法中有关债的知识领域；又如，民法中的物权法理论与制度，不仅是民法的基本制度，也是经济法财产制度的重要基础。而原来属于经济法范畴的企业法、破产法、金融法、保险法则被反映在了商法之中，并成为商法与经济法的共同研究领域。

五、经济法与相关法律学科的关系

当前，一些在大学开设的法律学科，并非存在与之相对应的法律部门，这些学科所反映和研究的社会关系体现了综合性特征。这种综合性，从法律部门意义角度讲，需要由不同的法律部门共同调整，才能满足实践的需求。例如，就知识产权法而言，涉及著作权保护的法律问题时，更多地需要民商法的支持，而涉及到商标权、专利权等工业产权保护时则涉及到行政法与经济法的保护问题，当涉及到诉权保护时，又涉及到诉讼与非诉讼法部门作用的发挥，并且，鉴于知识产权保护的国际化特点，其又涉及到国内法与国际法的协调问题。由此可见，对于知识产权法而言，无论单独地归属于任何一个法律部门均不能反映实践对于法律的需求，以完整的知识产权法知识体系，构建知识产权法极有必要。类似这样的问题，还涉及到财税法、金融法、旅游法、民族法等法律学科的建设问题。而在这些学科建设中，经济法的理论和实践，将作为这些法律学科的建设中的一个重要的理论支撑和知识内容予以体现。而这些学科建设中对于国内外现实立法和案例的分析，更接近于英美法系的法学教育特点，具有重要的实际意义。

第五节　对现阶段中国经济法重要性的基本认识

通过以上的分析，我们可以看出，中国经济法是改革开放的产物，没有改革开放，就没有中国经济法的产生和发展，因此，探讨中国经济法的重要性，必须以改革开放这一大背景为前提来予以认识。为此，本著作认为，中国经济法的重要性可以体现在以下五个方面。

一、新经济关系需要经济法的确认和维护

改革是一场深刻的革命，这场革命首先是在打破传统的计划经济运行模式及其社会关系的基础上进行的。所谓新的经济关系，是一种在承认企业为商品经济组织基础上的突破传统的和单一的国有和集体经济关系的多元化经济关

系。按照 1982 年宪法的提法，就是以公有制为基础，多种经济形式并存之下的经济及其关系的产生和发展。而原有的经济关系仅有政策调整即可起到稳定经济秩序的目的，但是，在新经济关系产生时，则仅有政策是不够的，必须以法律的形式予以确认和保障，才能使一些经过试验可行的经济关系及其秩序稳定发展。在此方面，经济法无疑地具有重要的意义。例如，中国于 1979 年制定的第一批法律之中，就有《中外合资经营企业法》，该法在内容上虽然显得较为简单，但它至少向世人表明了中国在新的历史条件之下，以经济法的形式保障新经济关系的决心，而此后由国务院制定的相关实施细则，则使该法的实施有了可操作性的法律保障。至于对于个体经济、私营经济以及国有和集体经济的股份制和公司化改制，均通过经济法的立法起到了维护新经济秩序的重要作用。又比如，就中国的农村经济改革而言，自 1978 年改革以来，中央有关农业经济改革与发展的"一号文件"已经成为指导农村体制改革的标志性的政策性文件，从最初的肯定农村土地承包制，到最新的允许农村土地流转及确保农村耕地，无疑地成为中国农村经济改革方向的重要坐标。但是，这些政策只有通过《农业法》、《农村土地承包法》、《农村土地流转法》等法律的确认和保障，才能具有长期的效力。

二、利益关系的调节需要经济法作用的发挥

改革开放以来，随着各类新经济关系的产生和发展，经济和社会发展中的利益关系也发生了重大的变化。从宏观上讲，传统的国家利益与集体利益或中央利益与地方利益的二元结构，被国家（政府）利益、个体利益、社会利益的三元结构所替代；从微观上分析，工人、农民、教师、政府官员（公务员）等社会各个阶层利益发生了重大的变化，而一些诸如私营企业业主、社会中介服务者等新型阶层的迅速产生，也必然有他们的利益诉求。在改革大潮中，传统阶层中一些阶层的利益得到了进一步强化或提升，而一些阶层的利益受到削弱，前者如中央利益、地方利益、教师利益；后者如工人利益、农民利益、集体利益。而对于新型阶层的利益要求必须得到相应的制度回应，或鼓励，或禁止。对此，政策的调整起着总的引导和方向性作用，但是，法律的调整是必不可少的，因为，法律历来被视为调节利益关系的利器。其中，以"社会本位"、"可持续发展"、"保障国家经济安全"等理念为基本出发点的经济法，以其特有的协调功能，对于协调平衡各种利益关系具有重要的作用，体现了经济法的重要性。

三、统筹国民经济和社会发展需要经济法的有力支持

对于一国之国民经济而言，经济发展的落脚点是社会的全面发展。对此，

在计划经济时期，由于经济管理与经营主体的相对统一性，有关社会发展的问题，由国家在国民经济计划中予以统筹安排。但是，在市场经济条件下，两者有着相对的独立性。其中，侧重于经济增长的国民经济的发展，主要依靠市场的力量来实现，国家主要是通过规划及计划调节的方式予以引导，而对于属于公共产品，且侧重于关系公众切身利益和国家长远利益的科、教、文、卫、体事业发展及社会保障与公众福利的不断增进的社会发展问题，国家必须承担起逐步推进的责任。中国是发展中的大国，要摆脱落后的面貌，就要优先发展国民经济，从而为社会发展提供相应的物质基础，在此方面，经济法主要通过各项促进性立法的制定和实施，引导市场主体行为按照国家既定的宏观经济目标方向发展。当这种发展通过财政税收收入方式体现为国家财力的资源形态后，便及时地在经济法的调节下，根据各个阶段的不同需求，有效地配置到社会发展的各个领域。由此决定了统筹国民经济和社会发展需要经济法的有力支持。

四、规范政府经济行为离不开经济法的调整

在市场经济条件下，政府无疑地是代表国家管理和参与经济活动的最重要的主体，国外如此，中国亦然。其中，政府的经济管理行为主要表现为针对市场行为的经济调控和市场监管，在中国的改革之初，还负有培育市场机制，制定市场规则的职责。此外，在政府的社会管理和社会服务活动中，如何以政府的财力支持社会事业的发展，如何引导社会力量将社会财力运用到社会公益事业之中，也属于政府经济管理的范畴。而对于政府代表国家直接参与市场经济活动的行为，则主要表现为：为维护宪法确认的公有制的基础地位，保持国家对重大经济领域的控制力，政府对于诸如土地、矿藏、河流等重要资源物权控制，以及通过国有企业形式对非竞争领域经济活动的垄断和重要竞争领域的控制，这是巩固社会主义制度所必须的。但是，无论是政府的经济管理，还是政府的经济参与，必须有所为，有所不为，必须将其限定在一定的范围之内，判断的标准是不能因为政府经济行为的存在而破坏市场经济条件下主要以市场为主配置社会经济资源的总体格局。为此，国家必须通过经济立法在授权政府经济行为的同时，明令禁止政府对于市场的过度干预。与此同时，对于那些虽属于政府管理的涉及公共事务的领域，在国家或政府产权不变的情况下，可以通过经济法的特许经营立法，引进一些市场机制，在经济法约束之下，交由民间经营，以提高相关资源的经济效率。在此方面，经济法具有重要的地位和作用。

五、经济法对保障国家经济安全具有重要意义

自上世纪90年代以来，随着"冷战"时代的结束，世界经济进入以国家

为主体的经济竞争时期。在这一时期，以西方发达国家为主导的经济全球化浪潮席卷全球。在此形势下，由于对外开放是中国改革的一项重要的和长期的战略任务，因此，中国必须积极参与国际竞争和经济全球化运动，以掌握在国际经济事务中的主动权，其重要的标志就是中国通过加入世界贸易组织，取得了在世界"经济联合国"中的话语权。与此同时，为避免国外势力对中国经济的控制，保持国家主权的独立，如何保护国家经济安全，便成为 21 世纪以来国家发展战略的重要组成部分。根据中国国情，中国的国家经济安全主要涉及到能源安全①、环境生态安全②、粮食安全③、金融安全④等领域。对这些领域的安全保障，除需要国家制定长期的发展政策、战略目标及发展规划外，还

---

① 国家的能源安全主要表现为通过对既有勘探的能源储量的保护性利用，以及新型能源的开发，使本国的经济和社会发展所需要的能源能够基本上依靠本国的资源得以满足，以避免国外基于对本国能源供给的控制，进而控制本国的经济。在此方面，中国的能源安全既包括对煤炭、石油、水利等传统资源能源的保护，也包括对太阳能、核能、沼气能等新能源的开发和合理利用。

② 与能源安全保护具有国家地域性特点不同，环境生态的安全保护问题则具有全球意义。大气污染带来的全球温室效应，正在威胁着全球人类的生存，为此，中国作为一个负责任的发展中大国必须负起环境保护的责任。但就国家经济安全而言，主要表现为通过制定有效的经济和环境法律、法规，防止国外相关经济组织或个人，以经济投资项目或贸易的形式，将环境污染源进口到中国境内，以避免对中国造成环境污染，破坏中国的环境生态。

③ 中国具有世界上 1/5 的人口，解决人民的吃饭问题是头等大事。保持中国粮食的基本自己供给，是国家经济安全的基础。为此，在城镇化建设中，中国必须实施严格的耕地保护政策，以使规划中的耕地足以保证粮食供给的基本自足，以防止国外利用粮食供给控制中国的经济。为此，国家不仅需要制定经济法强制性地实施耕地保护，而且，必须通过宏观调控法的完善，加强国家粮食储备，保障重点产粮基地（区）经济权益的实现。对此，2008 年 10 月 12 日，中共十七届三次会议制定的《中共中央关于推进农村改革发展若干重大问题的决定》提出，中国应"始终把解决好十几亿人口吃饭问题作为治国安邦的头等大事，坚持立足国内实现粮食基本自给的方针。…坚持最严格的耕地保护制度，层层落实责任，坚决守住 18 亿亩耕地红线，划定永久基本农田，建立保护补偿机制，确保基本农田总量不减少，用途不改变，质量有提高。"这一政策性规定，为今后粮食安全的经济法调整指明了方向。

④ 金融的安全问题始于 20 世纪 30 年代资本主义的经济危机，在当时，由于金融系统的崩溃，导致整个资本主义国家实体经济运行的危机。由于实施了罗斯福新政，采用了凯恩斯主义才摆脱了这场经济危机。到 1998 年，亚洲爆发了金融危机，波及到世界经济。而 2008 年最新的表现是美国华尔街金融危机的全面爆发，被视为"金融海啸"，它危及到美国在全球的经济地位，并波及到冰岛政府的破产和整个世界经济的衰退。在 1998 年和 2008 年的这两次金融危机中，由于中国的金融开放程度有限，因此，它对于中国经济影响力有限。但是，两次金融危机给我们的启示是金融经济活动，决不是一般的民事活动，任由民事主体意思自治，金融经济除为实体经济运行提供金融服务外，作为一种虚拟经济，一旦其出现危机，就会导致国家实体经济运行的困难，为此，国家必须掌握金融经济运行的控制权。与此同时，在市场经济条件下，金融调控本身即是国家宏观调控的基本手段，属于经济法的重要范畴。为此，经济法在调整金融市场行为时，必须坚持国家金融安全优先的原则。除保持自身金融秩序的稳定外，对于国外金融经济对本国经济的介入，及对本国经济对国外金融事务的介入，必须以审慎的态度对待。

需要通过发挥经济法国家干预的作用，通过相关经济法的制定和实施，将各项具体的保障措施落实到实处，强制地推行。在此方面，经济法的重要性不言而喻。

需要强调的是，以上五个方面是基于处于经济转型期的中国改革开放的特定历史时期的实际情况，对中国经济法重要性所做出的分析。这一历史时期可能还需要 20 年，甚至 50 年。到那时，中国社会主义经济体制改革的目标已经实现，经济与社会发展由转型期步入稳定期，是否还需要经济法？对此，本著作认为，首先，无论今后中国的经济发展处于什么样的阶段，只要存在经济建设问题，就需要有经济法律对经济关系的调整，这符合马克思主义的科学发展观。其次，中国今后是否需要部门法意义上的经济法，还取决于中国法律体制的历史性变革①，如果部门法的调整模式已经不符合经济与社会发展的需求，并成为阻碍生产力发展的因素时，部门法的调节模式将必然会被新的更有效的法律调整模式所替代。到那时，我们所要抛弃的不仅仅是部门经济法，也包括现行的其他部门法。但是，本著作坚信，经济法的部门法形式可以被抛弃，但是，经济法调节经济社会关系的先进理念、先进方法及基本内容将会作为人类法律科学的重要遗产被继承下去。

---

① 对此，中国现行的法律体制基本承继了传统法学部门法的分类，并考虑到了经济社会发展的新要求。前者如对传统的宪法、行政法、民商法、刑法、诉讼法的继承；后者如对新兴的经济法和社会法的确认。这种部门法调节模式从某种意义上割裂了处于依靠共生规律发展的相关社会关系，使有限的法律资源不能发挥其综合效益。本著作认为，中国未来的法律体制改革，需要突破传统部门法思维的约束，将处于依靠共生规律发展的现有部门法予以集中，即未来的部门法构造可以将以实现民主政治为目标，并以政治规律为基础的现行宪法、行政法、刑法及诉讼法统一归类为政治法；将以经济规律为基础的民商法、经济法归类为经济法；将以社会发展规律为基础的社会法继续保留，并将目前的主要调整劳动法与社会保障法的法域范畴扩大到所有政府应当提供公共产品的社会发展领域。与此同时，还应当考虑按照技术科学发展规律的要求，构造相应的技术法。这样，由政治法、经济法、社会法、技术法的部门法形式调整未来的社会关系，可能更符合未来经济与社会发展的要求。

第六章

中国社会主义经济法的产生与发展

第一节　中国社会主义经济法的产生

一、中国社会主义制度的诞生与历史演变

中国的社会主义思想起源于中国共产党的诞生①。1917 年，前苏联社会主义革命的成功，给旧中国送来了马列主义，使马克思主义有关社会主义的思想在中国得以传播和实践。新中国诞生之前，在中国共产党领导的红色根据地，实施了一系列包括土地改革在内的社会主义制度的试验。鉴于当时的战争环境，虽然是以推翻"三座大山"为主的革命战争，但在经济建设方面也积累了一定的经验。自中华人民共和国诞生，到 1956 年的新民主主义革命时期，中国学习苏联的社会主义经验，结合自己的国情，对旧社会遗留下来的问题逐一解决，进行社会主义改造，实行计划经济体制，完成了过渡时期的各项任务。到 1956 年，中国宣布正式进入大规模的社会主义建设时期，其标志性的内容包括在所有制制度上全面实施公有制、在经济体制上实施计划经济、在劳动分配关系上实施按劳分配及消灭剥削的分配制度。从 1956 年到改革开放的 1978 年期间，虽然经历了"大跃进"、"三年自然灾害"，以及"十年文革"等灾难，但具有中国特色的社会主义政治制度、经济制度已经建立，某些国民

---

① 社会主义思想在中国的传播大致在"五四运动"前后。在当时，随着新文化运动在中国的兴起，西方众多的思想理念被学界引入中国，其中，有关社会主义的思想理念被新成立的中国共产党确立为自己的指导思想。

经济领域发展所取得的成就得到世界公认①，从而，为进一步发展社会主义事业奠定了经济基础。

改革开放以来，党中央针对现实发展中存在的问题，在对中国发展所面临的国际、国内形势予以重新分析的基础上，宣布结束"文革"，放弃"以阶级斗争为纲"的"抓革命，促生产"式的发展模式，将今后工作的中心转移到"经济建设"之上。为此，提出了中国处于社会主义初级阶段的重要理论。按照该理论，在社会主义初级阶段，基于生产力发展水平还较低的现实，必须大力发展商品经济，促进国民经济财富的迅速增长，不断满足人民群众日益增长的物质和文化需要，才能使社会主义由初级阶段逐步发展到高级阶段。并且，这一发展阶段是一个长期的历史过程。为此，为了适应商品经济的发展，必须对传统的和既有的制度及其生产关系和上层建筑进行改革。具体来说，主要体现在：在所有制结构改造上，打破单一"公有制模式"，实施"以公有制为主，多种经济形式并存"的所有制格局，为形成市场经济主体奠定基础；在计划经济体制的改造上，实施计划与市场的结合，并以市场作为配置社会经济资源的主要方式，实施"宏观调控下的市场经济"；在分配领域则在强调以按劳分配为主基础上，允许按资分配；在对外开放方面，采取开放的经济模式，强调利用好"国内、国外两个市场，两种资源"发展经济。这些基本理论与制度构想，经过 30 年的改革开放，全面得到了落实，极大地推动了中国经济的迅速发展，特别是自 1993 年正式实施社会主义市场经济以来，中国的迅速崛起及其中国发展模式，引起世人瞩目，中国在世界经济和社会发展中的话语权，越来越多地受到世界各国的高度重视，"中国制度的吸引力"已成为 21世纪以来，世界舆论界常常使用的关键词。在这一历史变革中，通过"依法治国"及其相关法制制度的配置与实施，保障经济体制改革的成果，促进国民经济和社会的可持续发展，在保证社会稳定的前提之下，逐步实行有序的民主和政治改革，已经成为中国社会主义建设的一条重要经验。

二、对中国社会主义经济法起源的争议与界定

在中国经济法学界，有关中国社会主义经济法的起源问题存在着不同的看

---

① 从新中国成立到1978 年改革开放期间，虽然在经济发展上遭遇过诸多众所周知的挫折，但是，与 1949 年建国初期的"一穷二白"的状况相比，还是取得了举世瞩目的成就，特别是在重工业领域，奠定了国民经济发展的基础，而在国防建设领域，"两弹一星"的试验成功，使中国的军事工业处于世界先进行列。

法。一种看法认为，基于社会主义国家具有组织管理国民经济建设的职能，因此，中国的社会主义经济法在中华人民共和国诞生后，当中国开始社会主义建设时就已经产生了。因为在那时，在中国共产党领导之下，新中国首先废除了旧中国遗留下来的法制，而以新的法律秩序取而代之，其中，就有大量的有关调整新型经济关系的法律、法令和具有法律意义的政策性文件。① 但另一种看法则认为，虽然从经济法的国家干预属性看，经济法的产生与社会主义制度实施之间有着必然的内在联系，但其不等于说新中国从建国时起，就有了现代意义的经济法。事实上，从新中国诞生到改革开放之前的计划经济时期的近 30年期间，中国虽然存在国家对于经济的管理，但是，当时的管理主要依靠的是政治手段和行政手段，并非真正意义上的法律手段，甚至在长时期内，中国放弃了运用法律手段对经济的调节，当然谈不上存在经济法。中国的经济法起源于改革开放，是随着国家工作中心转移到经济建设上来以后的新生事物，对此，本著作赞同第二种观点。但是，与一些观点不同的是，本著作认为，中国社会主义经济法的诞生并非与改革开放之前的中国社会主义制度建设之间没有内在的联系，因为，虽然中国经济法的诞生在相当程度上借鉴了国外的经验，但总体来说，中国社会主义经济法的诞生是中国社会主义制度自我完善的结果。

三、市场经济条件下社会主义经济法存在的基础

在中国改革开放至今的 30 年历程中，下决心走社会主义市场经济发展之路，无疑是一场深刻的革命，因为，它不仅澄清了实施计划经济体制或实施市场经济体制与"姓资"、"姓社"之间没有必然的联系，而且，在原有经济体制改革的基础之上，引发了社会经济利益关系的进一步调整和新型经济关系的产生和发展。而在制度设计与推进上，则更加有利于中国商品经济的大发展。从而为市场经济条件下社会主义经济法的发展奠定了相应的基础。

（一）市场经济条件下经济关系的变革需要经济法的确认

在原有经济体制改革的基础上，国家实施市场经济体制以来，中国的经济关系引起了一系列的重大变化。首先，在 20 世纪 90 年代中期，为了培育市场竞争主体，国家实施了"国退民进"的战略性改组。其中，所谓"国退民进"是指对原有的国有企业，凡属于竞争领域的企业及中小型企业，均通过股份制

---

① 持此观点者如由杨紫烜教授主编的《经济法》教材，其不仅认为自中华人民共和国产生时就产生了中国经济法，而且，其还认为，在中国古代时期，就产生了经济法。

改组或拍卖给私人及其他社会组织的方式，与旧有的计划经济体制和政府彻底分离，使其成为独立的市场主体。改组后的国有企业的控制力则主要体现在：包括中央和省属两级在内的处于经济垄断地位的大型国有企业和经过改组后由新成立的国有资产管理委员会代表政府投资控股的新的公司制企业。其次，为适应市场经济的发展，需要大力发展各类社会中介机构。这样，一方面，需要对于原来挂靠于政府的社会中介机构实施与政府分离的改造；另一方面，需要通过立法促进以合伙、独资或公司形态存在的新型中介机构的诞生。在对中介机构的管理上则采取行业协会自律和政府与社会监督相结合的模式。再次，为保持应有的市场竞争秩序，对中小企业的保护十分必要，因为，在市场经济条件下，中小企业的存在不仅有利于保持市场竞争格局，而且，要解决劳动力就业问题，主要还得依靠中小企业的发展。最后，有关公共事业的改革，按照市场经济原理，一些属于准公共产品的公共事业，考虑通过特许经营等方式引进民营资本，实施市场机制，加上政府财政保底，则更有利于提高公共资源的利用效率。与此同时，对于公共产品，政府则必须承担起应有的社会责任。实现这些改革，从法律角度讲，如前所述，完善宪法规定，大力发展旨在促进市场经济主体发展的民商法十分必要，而作为经济法，则主要通过价格法、反不正当竞争法、反垄断法、产品质量法、消费者权益保护法、中小企业促进法、财税法、金融法、对外贸易法等的制定、完善及实施，为市场经济发展提供秩序保障和相应的有利于市场经济发展的外部法律环境。

（二）市场经济条件下政府职能的重新定位，为经济法的发展指明了方向

在传统的社会主义计划经济体制下，政府的职能表现为一种全能性的政府，国家的国民经济管理全面依托于政府。在此情况之下，国有企业由国家经营。国有企业在人、财、物、产、供、销各个领域没有自主权。企业成为政府的附属物。即使存在集体所有制企业，但是，随着社会的发展，其大多数处于"二国营"的状态。① 从改革开放之初到市场经济体制确立之前，改革的主题之一，就是围绕着政府的"放权让利"展开的，其标志性成果就是取消了企

---

① 所谓"二国营"是指虽然从法律形态上讲企业的属性属于集体所有制，但是，在实际经济发展中，国家对之实行了国营的模式。具体表现：一是，国家通过政府对其实施了相应的投资；二是，政府对这些集体所有制企业实施了对之有利的经济政策，并赋予了其在某一领域的经济职责；三是，在管理体制上，中央和地方政府对之实施了行政管理，而这些企业也具有较浓厚的行政色彩。比较典型的形态如供销社系统的企业，原属于政府二轻行政机构管理的集体所有制企业等。这些企业名为"集体"，实为"国有"，因此，在市场经济改革中，大都实施了公司制和股份制改造，并基本上脱离了与政府的经济关系，成为独立的市场主体。

业的上级主管部门。与此同时，新培育起来的非国有经济企业与政府的关系已经是一种适应商品经济发展的新型关系。1993 年启动市场经济体制后，政府肩负着推进市场体制建设和改变自身职能的双重任务，其中，有关推进市场体制建设的任务，经过近 10 年的工作已经基本到位，政府对于市场的参与，基本限定于以作为中央和地方政府直属机构的国有资产管理委员会为依托，通过资本投入国有企业或国有资本控股企业的形式，介入市场运行。而市场经济条件下政府的职能则被定位于"经济调控、市场监管、社会管理、社会服务"之四项职能范围。换言之，在市场经济条件下，中国的中央和地方政府对于市场和非市场领域的干预和介入需要通过履行这四项职能予以实现。其中，经济调控与市场监管职能的履行，体现了政府对于市场运行发展的引导和干预职能；而关于社会管理和社会服务，除可以引进市场机制运行的公共领域外，对于其他公共领域的经济管理则应实施严格的资源计划配置与管理，这是市场经济体制下实行公共财政的必然选择，也是政府应尽的职责。这一历史性的变革，为市场经济条件下经济法如何发挥好自己的作用，指明了前进的方向。

（三）社会主义市场经济法律体系的形成需要经济法

社会主义市场经济体制在中国的实践，是人类前所未有的。但就市场经济体制确立的基础而言，却与人类迄今为止的市场经济本质要求在运行机制上具有共性。其中，在市场经济体制下，必须通过法律的制定确立市场经济运行的新秩序，以法治的理念指导市场经济，以法制制度确保市场经济主体的独立权利，是任何形态的市场经济所必需的。为此，我们在建立和完善社会主义市场经济体制时，必须建立起与社会主义市场经济体制相适应的法律体系。这一法律体系的构建包括以宪法的高度，从国家基本制度层面对发展市场经济，加强国家宏观调控的明确规定；从民商法角度对市场主体权益的具体保障；从行政法与经济法角度对政府干预经济的授权与限权性规定；从经济法与社会法角度对社会保障制度的确立；从刑法角度，确定对市场经济犯罪的打击力度。在这一法律体系构建之中，显而易见，经济法的建设不可或缺，通过经济法的制定和实施，规范政府干预市场的行为，为市场经济发展创造良好的外部环境，不仅具有理论意义，也具有实际意义。而中国 17 年市场经济发展的实践，充分证明了发展经济法的必要性和可行性。与此同时，还应特别强调的是，在社会主义和市场经济的结合上，作为以公法为主，兼顾私法的经济法，在巩固和完善社会主义制度方面，具有特殊的作用。它在完善国家与地方国民经济与社会发展计划与规划体制、保持公有制为主的所有制体制、坚持按劳分配为主，消灭城乡差别、缩小贫富差别，以及不断满足人民群众日益增长的物质和文化需要方面，具有重要的功能，是其它法律所不可替代的。

第二节　中国社会主义经济法的发展历程

一、中国社会主义经济法的发展阶段

按照中国社会主义经济法起始于改革开放之基本观点，本著作认为，中国社会主义经济法的发展，根据经济体制改革的进程，迄今为止，可划分为四个基本的阶段。其中，第一个阶段为 1978 年至 1986 年的经济法起始阶段。在这一阶段，随着国家提出以经济建设为中心的发展战略目标，围绕对内搞活和对外开放，实施了相应的经济立法。这一时期的经济法，在对内搞活方面，主要围绕着对企业的放权让利展开，并随着"利改税"[①] 政策的实施，制定了一系列的税收法律、法规；而在对外开放方面，则围绕吸引外资制定了相应的法律、法规。但是，总体来说，还带有较强的原有计划经济的色彩，这一时期的经济法可以说涵盖了国家经济管理的所有领域，是中国"大经济法观"存在的客观基础；第二阶段为 1986 年至 1992 年的计划商品经济时期。在这一时期，国家明确了商品经济是中国社会主义初级阶段不可逾越的阶段，提倡大力发展商品经济。为此，1986 年制定颁发了发展商品经济的《民法通则》，其核心是解决商品经济主体的独立平等地位问题。反映在政府与企业的关系上，就是要实现"政企分开"，同时，要大力扶持非公有制经济的迅速发展。为此，涉及平等主体之间的财产关系和经济流转关系，不再由经济法调整，经济法的调整领域被限定在国家管理经济领域，以便与民法有一个科学的分工；第三阶段为 1993 年至 2003 年的市场经济体制创立与国民经济增长阶段。在此阶段，国家确立了发展社会主义市场经济，并加强宏观调控的发展目标。为此，国家

---

①　1979 年，与经济体制改革相适应，开始进行利改税和工商税制改革，至 1984 年，国务院根据全国人大授权，颁发《中华人民共和国产品税条例（草案）》、《中华人民共和国营业税条例（草案）》、《中华人民共和国增值税条例（草案）》，财政部颁发了相应的实施细则，并在 1986 年、1987 年、1988 年作过一系列修改。至 1993 年 12 月，国务院正式制定《中华人民共和国增值税暂行条例》，《中华人民共和国消费税暂行条例》，《中华人民共和国营业税暂行条例》，随后财政部颁发了相应的实施细则。与此同时，同年 12 月 29 日，八届全国人大常委会第五次会议通过了《关于外商投资企业和外国企业适用增值税、消费税、营业税等税收暂行条例的决定》，从而在流转税的征收上实现了"统一内外税制，公平负税"的税收环境，为发展市场经济奠定了基础。至此，中国完成了与国际惯例接轨的流转税体制的改革。

的经济立法主要表现为通过进一步完善民商事立法，为加速建立市场经济体制提供法律支持。而在经济法的发展方面，则表现在通过建立与国际接轨的统计、审计、会计等制度，通过制定价格法、反不正当竞争法、保护消费者权益法、产品质量法等法律，通过制定与完善与宏观调控有关的产业法、预算法、财税法、金融法、对外贸易法等基本法律，为促进市场经济体制的形成、规范宏观调控行为及促进国民经济的快速增长提供相应的法律依据；第四个阶段是自2004年以来的以科学发展观指导经济法实践阶段。在此阶段，随着国家进入第二轮宏观调控阶段，在基本解决经济温饱问题基础上，国家提出了关注民生问题，以科学发展观为指导，全面建设小康社会的新的发展目标，为此，在新形势之下，经济法主要围绕如何实现政府"经济调控、市场监管、社会管理和社会服务"职能的实现，制定和完善了相应的经济法律和法规，经济法的发展有许多新的实践，针对具体经济与社会政策的实施，经济法的发展由过去较多地关注经济问题向关注社会发展问题方向转变，并提供了相应的经济法支持，更具有操作性特点。与此同时，2004年以来，新制定了一批具有鲜明经济法特色的法律，其主要包括：《中华人民共和国可再生能源法》（2005）、《中华人民共和国畜牧法》（2005）、《中华人民共和国农产品质量安全法》（2006）、《中华人民共和国农民专业合作社法》（2006）、《中华人民共和国反洗钱法》（2006）、《中华人民共和国车船税暂行条例》（2006）、《中华人民共和国企业所得税法》（2007）、《中华人民共和国就业促进法》（2007）、《中华人民共和国反垄断法》（2007）、《中华人民共和国城乡规划法》（2007）、《中华人民共和国节约能源法》（2007）、《中华人民共和国循环经济促进法》（2008）、《中华人民共和国企业国有资产法》（2008）、《中华人民共和国食品安全法》（2009）、《中华人民共和国石油天然气管道保护法》（2010）等。同时，对以往制定的经济法进行了适时的修改，如《中华人民共和国统计法》、《中华人民共和国审计法》等。

值得强调的是，与经济法的立法与司法实践相适应，中国经济法学教学、科研的兴起是中国经济法发展的重要组成部分，也是中国经济法制建设的标志性成果之一。中国的经济法学创立于上世纪80年代初期，勃兴于上世纪80年代中期，科学定位于本世纪初。经过了初创、大发展和科学稳定发展三个阶段。它起初产生于高等和中等财经类院校的经济法教学，目的是使财经类各专业学生具备相关的经济法律知识，以适应国家经济法制战略实施对财经类专业人才基本素质的要求。而后，随着"文革"结束后，各大学法学专业的陆续恢复，经济法学成为法学专业的一门必修课，并云集了一大批立志从事经济法教学、科研事业的经济法学人。从改革开放角度分析，经济法学因改革开放而诞生，其本身就是改革开放的产物，经济法学的每一步完善，均反映了国家经济法制建设的重大历程。作为一门新兴的集经济、政治和法律的交叉性、边缘性科学，其既要按照传统的法学范式构造自身的体系，但又不能受传统法学范式的桎梏。为此，在法学界的论争之中，经济法学界依据国外的经验及中国社会主义改革的实践，勇于创新，构建了具有中国特色的经济法理论体系，这一理论体系及相关的基础理论对改革实践中的经济法问题予以了积极的回应，目前得到了国家最高立法机关和法学界及经济学界的广泛认同。而今，经过老、中、青三代经济法学人的不断努力，中国的经济法学已经形成由本科、硕士、博士和博士后组成的完整的教学科研体系，中国法学会经济法学研究会及其相关学会、各地成立的经济法学研究会、由各地法学会共同组织的经济法论坛和相关大学成立的经济法研究机构，是团结经济法学人，研究探讨经济法理论和实践问题，开展对外学术交流的重要科研平台。

二、中国社会主义经济法发展的基本经验

综观改革开放以来中国经济法的发展，本著作认为，其基本经验可以概括为以下几点：

（一）以中国特色的社会主义理论指导经济法的发展

改革开放以来，中国特色的社会主义理论是在马克思主义基本原理指导下，结合中国改革开放的实际需要而提出的，对经济与法制建设具有指导意义的理论。它以社会主义初级阶段的基本理论为核心，由毛泽东思想、邓小平理论、"三个代表重要思想"和科学发展观所组成，凝结了党的历代领导集体的智慧，是指导经济法制建设的法宝。对此，作为与国家改革开放紧密联系的经济法，在自身的发展中，较好地体现了这些理论的要求。

（二）紧密围绕国家经济体制的逐步完善，为改革开放保驾护航

如前所述，中国社会主义经济法因改革开放而产生和发展，因此，其发展的首要经验就是紧密围绕国家经济体制改革的逐步完善，为改革开放保驾护航。具体地说，就是根据不同时期经济体制改革对于法制的需求，制定和实施了相应的经济法，为改革措施的顺利实施，提供了相应的法律支持。在具体运行模式上，基本上是在既有法律框架下首先制定出台了相应的经济政策，而后，在推行经济政策时，通过制定出台经济法，使行之有效的经济政策上升到法律的高度，以使其具有相对的稳定性。在具体实施中，根据形势的变化，再

予以修改。

（三）在充分借鉴国外经验的同时，立足于本国国情

在有关如何构造促进商品经济发展的法律体制、制度方面，由于中国缺乏相应的历史基础，因此，借鉴国外相对成熟的理论和法制实践经验是十分必要的。在此方面，美国反垄断法体系的构建[①]、德国历史学派观点的提出与实践[②]、美国罗斯福"新政"经济学说的实践[③]、凯恩斯国家干预理论的提出[④]、

[①] 在经济法历史上，研究成果表明，美国虽然没有部门法之说，但其是最早进行反垄断立法的国家。在 19 世纪以前，美国受英国的影响，在自由主义经济思想的影响之下，国家通过立法对于经济与社会进行管理的作用极其有限。到 19 世纪后期，随着经济的进一步发展，特别是由于经济竞争所导致的垄断对经济的影响日益严重，加之美国特殊的国体现状，实际上阻碍了美国州际之间的贸易，使美国国会于 1887 年通过了《州际商务法》，以禁止进行联合经营与订立运输协定，并宣布回扣与歧视性运价为非法。到 1890 年通过了名为《保护贸易及商业以免非法限制及垄断法案》的谢尔曼反托拉斯法。1914 年通过的《克莱顿法》对谢尔曼反托拉斯法进行了进一步完善。1930 年又通过《罗宾逊—佩特曼法案》专门规定了制止价格歧视。从而，构成了美国的反垄断法体系，一直沿用至今。

[②] 德国的历史学派始于 19 世纪初叶，其代表人物为弗里德里希·李斯特。其基本论点是否认人类社会经济发展存在普遍规律，只承认各个国家或各个民族的特殊的历史道路。他的经济学说是以促进国内市场的形成和德国的统一，促进德国工商业的发展为中心。他反对以斯密为代表的英国自由放任主义思想，大力宣扬国家对于经济发展的特殊作用，主张运用国家的力量，实行保护关税，促进德国资本主义经济的发展，进行对外经济扩张，争夺殖民地。德国历史学派观点对于德国资本主义的形成，乃至于对于德国两次发动世界大战的动机与意图，德国战后经济的迅速恢复，以及现在社会市场经济体制的形成有着重要的影响。德国历史学派的形成与成功实践，有其深刻的文化背景，并且影响到了日本。

[③] 1929 年~1933 年，资本主义国家发生经济危机，动摇了资本主义的政治与经济基础，并且宣告了传统经济学的破产，急需寻找新的理论来应付经济危机。此时，罗斯福时任美国总统，为了摆脱严重的经济危机，罗斯福总统接受了一些经济学家的有关财政赤字、通货膨胀和大力实施公共工程的建议，推行了国家对于经济的全面干预和调节的施政纲领，其主要内容是：以大量贷款和津贴挽救工商业，刺激私人投资，借通货膨胀提高物价，削减农业生产，销毁剩余的农产品，以克服农产品的过剩，由政府举办公共工程以增加就业机会，对失业者给予最低限度的救济等。罗斯福"新政"的成功，被其他国家效仿，从而，挽救了整个资本主义经济的危机。

[④] 继罗斯福"新政"之后，1936 年英国杰出资产阶级经济学家约翰·梅纳德·凯恩斯发表了其名著：《就业、利息与货币通论》，该《通论》系统地提出了建立以国家干预为中心的医治资本主义经济危机和解决就业问题的较为完整的理论体系，实现了"凯恩斯革命"。凯恩斯认为，由于垄断统治的加强，市场机制运行和资源的充分利用受到影响，从而造成社会上对消费品和生产资料的需求不足，即"有效需求不足"。因此，单纯依靠市场调节或者自由放任，已经不能做到对资源的充分利用和解决失业和危机，为了克服市场自发调节不足，凯恩斯极力主张国家通过制定政策和法律积极干预经济生活，包括增加投资、实施赤字财政、膨胀通货、降低实际工资、减轻资本家税收负担、举办公共工程、鼓励消费乃至主张实行国民经济军事化等措施，以便增加"有效需求"，实现"可调节的资本主义"。凯恩斯的理论反映了资本主义垄断阶段的经济要求，开创了宏观经济的先河，在相当时期，成为西方资本主义经济政策与法律制定的基本理论依据，一直影响至今。

当代西方经济学思想的形成与实践①、社会主义条件下国家职能的定位②等，都是中国经济法发展的重要参考借鉴依据。但是，中国经济法的发展必须坚持走中国特色的社会主义发展道路，坚持在借鉴国外经验的同时，也要吸取国外市场经济发展中的教训③，并立足于中国的实际国情，重点解决中国经济发展中的特殊问题④，并有所创新。

（四）在经济法的立法实践中，形成了经济立法的基本结构

经济立法的基本结构是指各类经济法的制定，应当主要解决哪些基本问题。对此，早在上世纪80年代中期，随着经济立法的日益增多，中国的经济法实践者及理论研究工作者，通过不断的摸索，形成了由经济组织法、经济管理法和经济协作法三类基本法的经济法结构理论。该理论将经济组织法、经济管理法和经济协作法应有的结构进行了归纳总结，形成了各自所涵盖的八大结构，并用于指导具体的经济立法实践，成为经济法立法的一个基本的范式。此后，虽然在市场经济体制实施中，由于经济法调整范围的变化，有关经济协作法的内容有所削弱，但是，其基本结构并未发生重大变化，对此，本著作将在经济法结构论中予以详述。

---

① 进入20世纪70年代以来，对于西方资本主义国家而言，进入后凯恩斯时期，在这一时期，凯恩斯的理论遇到了"经济滞胀"的挑战。在承认国家干预经济必要性的前提下，经济学理论与经济实践有了新的发展。其基本点：一是，形成了以私有制为基础的混合经济的格局，并且，国有化与私有化形成交替进行的局面；二是，有针对性的提出经济学对策，形成若干学派，如"货币学派"、"供给学派"、"制度学派"等；三是，宏观经济理论不断成熟，为政府对于经济的调节奠定了理论基础，如"市场失灵"、"政府失灵"、"经济周期理论"等。

② 1917年苏联社会主义的诞生，标志着社会主义由理想变为现实，按照社会主义经典思想，以公有制为基础的社会主义计划经济条件下，国家本身即具有组织管理国民经济建设的职能，为此，国家承担了合理配置社会经济资源的重任，并且在苏联、中国等社会主义国家得到了卓有成效的实践。为社会主义经济法的产生奠定了理论基础。但是，由于社会主义制度的实践并非革命导师所预见的那样，是在商品经济高度发达基础上产生的，因此，现实中各社会主义国家的经济实践遇到了体制性障碍。因此，从东欧国家开始了有关社会主义经济改革的艰苦探索。中国则提出了社会主义的阶段理论，在承认社会主义初级阶段存在商品经济的条件下，选择了社会主义市场经济的发展道路，并引进了西方国家干预与宏观调控的基本理论，为中国国家管理经济和经济法的发展奠定了理论基础。

③ 在此方面，值得一提的是有关金融调控法制问题对于国外教训的吸取。1998年的亚洲金融危机、2008年的美国"金融海啸"的发生，均说明了国家实施金融法制，对金融活动予以严格监管和适度干预的重要性。为此，中国对于金融改革一直持慎重的态度，从法制建设角度上，国家一直将金融安全作为金融法制建设的重要战略目标予以考虑。

④ 在此方面，中国的改革开放所遇到的问题，具有特殊性。如国有企业改革中职工下岗问题如何处理，是其它国家所未曾有过的。还比如，中国的人口众多，如何通过宏观调控促进劳动力就业，始终是国家长期的经济与社会发展战略。为此，中国经济法的制度建设，需要从本国实际出发，以法律的手段解决这些实际问题。

三、中国社会主义经济法发展之展望

（一）中国经济法发展存在的问题分析

尽管取得以上成绩和经验，但是，在中国经济法的发展中，尚存在一些问题。本著作认为，主要表现为以下四个方面：

1. 经济法的理念与科学价值还不够深入人心

以国家适度干预经济为逻辑起点，以保护和协调社会整体利益为科学价值，是经济法理念与科学价值的具体体现。对此，在学术界已经基本达成共识。然而，这一基本共识，在实践层面还尚未得到普及。经济法学界的研究成果对于经济法制实践的影响力，还不足以指导现实的经济立法和执法实践。造成这种现象的原因，一是，鉴于经济法作为一种新生事物，受到传统法学的打压，因而，迫使经济法学界，在长时间内，不得不把研究的重点放在基础理论研究方面，以便使经济法的存在得到合理的理论解读，一定程度上忽视了对经济立法的直接参与及对经济法立法层面的影响；二是，从执法与司法实践层面分析，政府的依法行政、人大对于经济法立法的缺位、司法机关实施的大民事格局，都使经济法在实践层面的认可度受到相当大的影响。三是，就一般普通民众而言，大众理解的经济法与学界对经济法的科学定义，有较大的差距。在大众看来，一切调整经济关系的法就是经济法，而在法学界和法律实务界，经济法则有着严格的法域范畴。四是，鉴于经济法之立法涉及的经济与相关社会问题具有专业性特点，它要求经济法的立法者必须同时具备经济与法律的相关知识，才能驾驭经济法的立法与司法，而在此方面，目前院校培养的经济法人才往往不能同时具有这方面的能力，而在具体立法与司法实践中，法律界与经济界的协作还不够完备。

2. 缺乏统一经济法典的引领

按照大陆法系的法制理论，一个法律部门的成熟标志是其统一法典的制定。部门法典的制定，不仅可以将体现部门特色的一些基本问题，通过统一的规定，起到对具体的部门立法的引领作用，而且，其可以使该法律部门所反映的基本精神和基本制度得到较好地推行。对此，中国经济法学界在1986年《民法通则》颁布之时，曾经动议过制定《中华人民共和国经济法纲要》，并认为，鉴于经济法的数量庞大，应当有一个统一的类似经济法典的法律出台，以对于现实中大量的经济法立法起到指导作用。此后，在2001年，又根据形势发展的需要，由部分学者发起，对此有过专门的讨论，但是，由于认识上的不统一，有关经济法法典的制定问题，至今没有列入国家的立法议程。随之，经济法学界的努力转而与实践部门联合进行有关宏观调控基本法的制定的研

讨。基于这一现状，经济法的立法虽数量众多，但是，由于没有经济法基本法的引领，重复立法及散见性立法现象的普遍存在，从而，加大了经济法的立法成本，影响了立法的质量。

3. 经济法的立法存在阶位较低，可操作性差等问题

从目前情况看，经济法的立法及相关法数量众多，但是，属于国家层面的基本法律为数不多，大都出自于政府颁发的行政法规、规章及规范性文件。并且，立法的原则性强，可操作性较弱。在相当程度上影响了经济法的效力。长期形成的"成熟一个立一个"和主要由政府部门负责起草的惯例，使经济法的立法缺乏系统性和公正性，进而影响了经济法的执行效力。而经济法的可操作性问题，又使经济实践的具体运行，长期游离于经济法的调整之外，主要依靠政策和政府颁发的红头文件指导经济实践。此外，一些重要的经济领域至今仍然处于无法可依的状态。在此方面最为典型的是，按照中国经济管理的体制，制定《国民经济和社会发展规划》及计划是国家引导全社会国民经济和社会发展的一项重要的制度，但是，与之相关的规范规划及计划行为的计划法，虽自上世纪80年代初提出草案，但是，至今未能出台，由于缺乏法律规范，使国家和地方制定的国民经济和社会发展规划及计划的效力受到相当的影响。

4. 经济法的发展面临一些新的任务

2004年以来，中国的经济发展由单纯追求经济增长，向全面建设小康社会迈进，从而进入了一个新的历史发展时期。为此，国家的发展战略有了一些新的调整，其主要的表现：一是，在第二轮宏观调控中，国家更加关注民生问题，更加关注经济的可持续发展，更加关注改革成果在社会各成员之间的共享问题；二是，2004年以来，随着中国入世过渡期的消失，中国的经济与国际经济全面接轨，中国的经济发展更多地依赖于对外贸易，外贸增长在国民经济发展中的比重日益提高，一方面促进了国民经济的整体发展，但是，另一方面，由于外贸依存度的大幅上升，使中国的经济将更多地受到国际经济形势变化的影响，甚至威胁到国家经济的安全；三是，为实现全面建设小康社会的目标，并解决区域经济发展的不平衡问题，国家实施了新的均衡发展区域经济的政策。这些新的变化，无疑地为经济法提出了新的任务，需要经济法予以积极的回应。

（二）中国经济法发展之展望

针对以上存在问题，本著作认为，中国经济法之发展也应朝着以下四个方面努力：

1. 大力宣传经济法

在当前，经济法学界比较一致的观点认为，经过30年的改革开放，有关

中国经济法是什么和经济法为什么的问题，已经在理论层面得到解决。今后经济法学界的任务是重点解决经济法如何做的问题。而在如何做的问题上，首先是应当将经济法的基本理论不仅贯彻到经济法的教学和科研实践之中，而且，应当通过经济法的立法、守法、执法、司法及法律监督的实践，将经济法的理念贯彻到实践之中。为此，就必须用通俗易懂的语言向广大民众宣传经济法，重点是宣传在中国社会主义市场经济条件之下，作为中国社会主义法律体系的组成部分，中国经济法的科学定位，阐述国家以经济法手段实施市场规制（管理）和宏观调控的必要性，阐述其法律调整的基本范围。要使经济和社会政策的参与者与制定者、政府官员、企事业单位及中介机构的单位领导者及司法公职人员认识到经济法存在的应然状态，并通过经济政策和法律的制定、实施和行政及司法的有效保障，推进中国经济法的实现，使中国经济法应有的价值和功能得以充分地体现。

2. 努力推进经济法典的制定

法典化是今后中国经济法发展的必然趋势，也是一项长期艰巨的任务。就经济法法典化历史进程而言，既包括总的经济法典的制定问题，也包括经济法各个下位法群的法典的制定问题，这是由经济法的体系庞大、所涉及的内容众多所导致的。但在经济法的发展中，要制定统一的经济法的法典，还难度较大，因此，可以先从各法群的基本法制定入手，先考虑制定在经济法体系中具有相对独立性的市场规制法、宏观调控法、经济监督法及国家参与经营法等法典，而后，再在此基础上最终制定总的经济法典。也可能根据今后经济与社会发展的需求，适时地制定总的经济法典。为此，可以由理论与实践部门联合提出民间草案，展开社会各界的讨论，以推动国家立法机关将其纳入立法规划，实现经济法典制定的目标。

3. 提高经济法的立法质量

如同产品质量是企业的生命线一样，经济法立法质量的提高，也是今后经济法存在与发展的"生命线"。为此，中国经济法的发展必须高度重视其立法的质量，只有有高质量的立法，才能为推动经济法的实现奠定基础。在此方面，首先，应解决立法的缺位问题，对此，国家的市场规制和宏观调控的所有领域均应当纳入经济法的调整范畴，有法可依。其次，在立法层次上，无论是中央还是地方的人大均应当依据宪法的规定负起相应的责任。在市场经济体制已经基本形成，政府职能的定位已经明确的情况下，人大应适度地收回以往对政府立法的广泛授权，以提升经济法的立法阶位。一些涉及政府职能定位、管理体制，涉及对市场主体权益的保障，涉及经济监督的经济立法必须由人大通过国家最高层次的立法予以体现，以加强经济法的权威性。再次，在立法技术上，应当高度重视经济法立法的可操作性问题，注重经济法与相关部门法的相互协调，注重经济法的可诉性。

4. 积极回应改革中面临的新问题

如上所述，随着改革的进一步深化，一些新的问题需要经济法的积极回应。其中，有关区域经济协调发展的问题，涉及到有关中观经济法的创新问题。中观经济法存在的客观基础是在市场经济分权经济状态之下中观经济运行的客观存在。按照市场经济原理，所谓中观经济是指介于微观经济和宏观经济之间的经济现象，主要是指区域经济、行业经济、企业集团经济等。① 中观经济运行的主体是区域经济体、行业协会、企业集团等，其经济运行的特点是承上启下。所谓"承上"，就是要将宏观经济的要求落实到本区域、本行业和本企业；所谓"启下"，就是要针对本区域、本行业和本企业内部的实际情况，对微观经济主体的行为和活动，做出统一的经济规划和相应的制度安排。这样，有关中观经济运行的经济法调整，便呈现出"二元结构"的法律调整模式，即一方面，中观经济是国家宏观调控法的一个重要的调整对象，中观经济主体应当贯彻执行宏观调控政策与法律；另一方面，在法律授权的范围内，中观经济主体可以对本区域、本行业和本集团企业内部的特殊问题做出经济法的制度安排。对此，经济法学界虽早在上世纪90年代中期就提出了此方面的问题，学术界也曾专门就区域经济法制问题召开过专门的理论研讨会，但未能达成共识。② 然而，由于此方面的实践问题日益突出，因此，需要经济法在今后予以积极的回应。

---

① 一般认为，将中观经济视为国民经济运行的一个独立层次提出概念并加以系统研究，是20世纪70年代由联邦德国奥斯登堡大学教授汉斯·鲁道夫·彼德斯（Hans Rudolf Peters）首先提出的。他认为，中观经济是有别于宏观经济和微观经济的独立层次；中观经济研究的出发点是部门、地区和集团；中观经济的理论范围包括经济结构理论、集团与协会理论等；中观经济政策范围包括部门结构政策、部门结构计划、部门工艺政策、部门原料供应政策、地区结构政策等。他还认为，结构理论和结构政策，既不来自于个体经济（即微观经济），也不来自总体经济（即宏观经济），其主要出发点在于经济部门、地区和总体经济之间的中间聚合体。参见：张朝尊、陈益寿、黎惠民著：《社会主义中观经济学》，成都出版社1992年7月第1版绪论。

② 进入21世纪以来，特别是自2003年国家实施区域经济发展战略目标的转移以来，有关区域经济法制的研究，成为经济法研究的重点内容之一，为此，全国性研究会曾组织过一些专题研讨。而各地围绕西部大开发、东北老工业基地的建设及中部崛起等区域法制建设问题的研讨已经成为当前中国法学研究领域定期研讨的课题，为此，各区域每年均举行一次相关的研讨活动。进而，推进了区域之间的法制理论交流和法制实践的互动。

第三节　中国社会主义经济法产生发展的规律

一、对经济法产生发展规律的基本认识

按照通说，"规律"一词，被认为是事物之间内在的本质联系。这种联系不断重复出现，在一定条件下经常起作用，并且决定着事物必然向某种趋向发展。规律是客观存在的，是不以人类的意志为转移的，但人类能够通过实践认识它，利用它，也叫法则。① 对于经济法产生与发展规律的探讨是经济法学的一项基本任务，也是其重要的基础理论。但是，对于经济法规律的探讨，必须有一个较长期的发展，才能在总结历史经验与教训的基础上，根据经济法的实践总结出相应的规律，并以此指导今后经济法的实践。对此，本著作认为，如果说在改革开放30年前经济法刚起始时就谈论经济法的规律问题，显然为时过早，然而，在经过近30年的发展之后，有关经济法发展规律的探讨已经具备了基本的条件，对于经济法规律的探讨，有助于今后经济法的健康发展。与此同时，探讨经济法的规律，涉及到对以下基本问题的认识：

首先，是如何认识经济法规律的客观属性问题。按照规律的通常的和哲学上的意义，规律是客观存在的，是不以人类的意志为转移的，这是其客观性的内涵所在。如果按照传统观念分析，包括经济法在内的法的一切现象属于上层建筑的范畴，是人类主观意志对于客观现象的反映，同时，它一旦产生就会对现实客观存在的社会关系产生反作用。在这里，所谓法及其经济法的规律，即是探讨作为主观意志的经济法如何反映客观存在着的经济和社会关系，并实现经济法对之发展的引导性功能，因此，所谓规律应是指主观与客观的统一性，即只有当经济法与现实的客观要求完全一致时，它才具有客观性。然而，事实上，这种统一性在实践中几乎是不存在的，人类的主观认识与客观之间只是一种大致的统一，主观对客观的反映度越高，其客观属性越强。与此同时，还应当看到，经济法作为现代管理科学的重要表现，其本身又具有客观的一面，这种客观性来自于人类经济行为或活动的内在的制度性要求，这种制度，作为生产力的基本要素，已由原来的上层建筑演变为经济基础，具有了客观属性，只不过通过国家管理经济及经济法的形态表现而已。

其次，是如何认识中国法制建设进程对于经济法发展的影响问题。中国改

---

① 中国社会科学院语言研究所词典编辑室编：《现代汉语词典》（第5版），商务印书馆2007年9月版，第514页。

革开放的内容之一是实施经济法制。因此，研究作为改革开放重要成果的经济法，离不开对于中国法制建设对经济法发展影响问题的认识。本著作认为，改革开放以来，中国的法制建设大体经历了三个重要的发展时期，第一个时期为改革开放伊始的初步建设时期。在这一时期，重点是解决"无法可依"的问题，法制建设的宗旨是建立与经济建设相适应的经济法制秩序；第二个时期为1997年以来的"依法治国"时期。在这一时期，国家的法制建设重点是解决各级领导依法办事，以及中国的"依法治国"的定位问题；第三个时期为2003年以来进一步深化法制建设时期。在这一时期，中国将依法办事提升到了依法执政的高度，并重点加强了政府的依法行政，强调了有序民主的推进问题。在继续深化经济体制改革的同时，提出了政治体制改革问题。这即是中国经济法所面临的大的法制环境与背景，体现了国家法制政策的逐渐演变过程。为此，中国经济法的发展也随着法制建设进程的逐步深化而不断完善，并在不同历史时期发挥着自身的作用。从法律体制、机制、体系构造来看，中国的法制建设是一个整体。中国经济法只是其中的一部分，中国经济法的发展，不仅要和国家大的法制政策相协调，也要和整个法律体制、机制和体系相协调。

再次，是如何认识文化现象对于经济法发展的影响问题。从人类法制建设的文明历史观察，文化现象对于一国法制建设的影响不可忽视。同样是西方市场经济体制，为什么存在大陆法系和英美法系？同样是英美法系，英国法和英国法为何不同？为什么经济法作为部门法不首先产生于最早制定单行经济法（反垄断法）的美国，而在德国产生，后又兴盛于日本？其原因皆源于其各国特殊的文化及其法制文化之不同所致。对此，中国经济法的发展也同样如此。在中国经济法的发展中，中国几千年形成的法律文化和新中国建国以来形成的社会主义文化是建立具有中国特色的经济法的重要的文化基础。这也是中国经济法的发展不能完全照搬西方模式的原因所在。

二、经济、社会、法律之互动是经济法发展的基本规律

人类发展的历史充分证明，经济的基础性地位不可动摇，人类只有在解决了基本的"吃、穿、用、住、行"等经济问题以后，才谈得上发展。而所谓社会发展，既包括人类在经济发展中相互结成的社会关系，以表明人类从事消费、生产、经营及服务活动的社会属性；又包括人类在生存问题解决以后，对自身生活条件和社会环境的逐步改善。其中，自19世纪工业革命以来，极大地促进了经济和社会的发展。所谓现代化，不仅体现在由于技术进步所带来的生产、经营与服务的现代化，而更为重要的是这种现代化被体现在了人类消费水平与生活质量的逐步提高和社会发展的进步之中。按照社会主义经济发展的

目标即是为了满足人民群众日益增长的物质和文化需要。而今，欧美日等先进国家依托自身的技术、体制优势和历史上对殖民地国家的侵略和资源掠夺率先实现了现代化，使本国人民过上了富裕的生活。这表明，欧美日的所谓现代化是建立对别国的侵略和资源掠夺基础上的现代化，是一种带有"原罪"性质的现代化，是不文明的，是人类经济与社会发展"血泪史"的一部分，是不值得当今人类所提倡和效仿的。而在中国，中国的社会主义现代化建设，并不建立在对他国的侵略和资源掠夺之上，而是依靠自身的制度优势，在中国共产党的统一领导之下，团结一切爱国力量，在努力开发自身先进技术的同时，借鉴国外的先进技术和管理经验，主要依托自身的物质资源、人力资源和社会文化传统推进社会主义现代化建设，其经济建设的组织力、执行力及其取得成果的效率为世界所瞩目。经过改革开放 30 年的发展，改变了贫困状态，并成为影响世界发展的重要的经济力量。

在以上历史进程中，无论是外国经济法还是中国经济法，在经济和社会发展中均是不可或缺的。一方面，经济和社会的发展需要以法律的形式确立相应的经济秩序，以保障经济和社会的有序发展，这反映了经济与社会对法律的需求，其中，经济和社会是决定性力量，是第一性的；另一方面，经济和社会的发展，也需要通过既有的经济法予以促进，使其在不违背经济和社会发展规律的同时加速发展①，它反映了经济法对于经济和社会发展的能动作用。符合马克思主义关于"经济与法"的基本关系的原理。与此同时，经济、社会和法律的互动性还表现为：法律作为社会利益关系的平衡器，是经济与社会发展中各种利益平衡的结果，它是经济和社会发展中各种利益关系平衡的基本机制与平台，法律的正当性和公平、公正性保证了经济与社会的稳定发展。因此，经济、社会、法律之互动是经济法发展的基本规律问题，也是中国经济法存在与发展的动力所在。

三、组织——管理——协作律是经济法的基本运行规律

上述有关经济法规律解决的仅仅是经济法产生和发展的基本规律问题，且

---

① 加速发展的理论和实践，主要适用于发展中国家或地区。其基本的含义是通过超常规经济和社会发展战略的制定，主要依靠国家力量组织有限的经济和社会资源，集中力量办大事，以尽快缩短本国经济迈向经济和社会现代化的进程，使自身早日进入发达国家或地区的行列。对此，成功的范例是 20 世纪 70 年代亚洲"四小龙"的崛起。而就中国改革开放 30 年来的发展而言，中国的经济和社会发展同样走的是超常规发展的道路，并取得了相应的成绩。但在超常规发展的同时，事实上，由于经济的加速发展，发达国家经济发展历史上曾出现过的一系列社会问题，也暴露了出来。它使经济法的发展面临着双重任务，一方面，要促进国民经济和社会的超常规发展；而另一方面，通过协调社会利益矛盾的冲突，及时解决出现的各种社会问题。

是任何法律均须遵守的规律。经济法作为一种特殊的法律形态,如何合理地配置和运行,应当有其自身的运行规律。否则,经济法虽然在现实中大量存在,但却处于无序状态,其效力也难得发挥。对此,本著作者早在上世纪80年代中期,即根据自己对于现实经济法混乱状态的分析,总结出"组织——管理——协作律"① 应当是中国经济法特有的基本运行规律。

本著作认为,人类社会发展表明,经济关系是人类在社会生产、交换、流通、分配领域中所形成的物质利益关系。在一定社会条件下,经济关系的产生、变更和消灭,总是要首先确定哪些人可以参加经济关系,以及人类在该经济关系中的地位与相互关系怎样;其次,要根据一定社会条件下,体现统治阶级利益的国家宏观管理目标和符合参加该经济关系的各经济主体的微观管理目标,以及与之有关的管理原则、管理制度和管理方式,产生、变更与消灭经济关系;最后,在明确经济主体地位,明确产生、变更与消灭该经济关系所要达到的管理目标的基础上,才能开展具体的经济合作,以实现经济关系产生、变更与消灭的目的。

上述三个过程所要解决的问题依次为:主体问题、管理问题和协作问题,并相应地反映为组织关系、管理关系和协作关系,它们是同一的或同类的经济关系的进一步分解,并且是同一或同类经济关系不可缺少的组成部分。其中,组织关系及其组织要素的明确界定,是保证经济关系顺利产生、变更与消灭的前提,是最基本的环节;管理关系及其管理要素具有导向性作用,因而居于主导地位,它直接或间接地影响着经济关系产生、变更与消灭的发展方向;而协作关系及其协作要素则处于相对辅助性地位,它直接或间接地受组织关系与管理关系的制约。这一经济关系产生发展的规律,可以被称之为"组织——管理——协作律",它是任何经济关系产生、变更与消灭的基本规律。按照马克

---

① 在上世纪80年代中期,中国的经济立法顺应经济体制改革和经济建设的需要,有很大的发展,但也存在一些较为突出的问题。比如,一方面中央和地方依法制定了相当数量的经济法律、法规、地方性法规及规章,使许多经济工作有法可依;但另一方面,与商品经济条件下国民经济发展相适应的计划法、商法、公司法等基本法律却未能出台,从而大大削弱了中国现代经济法的作用,使其不能全面、正常地发挥。又比如,在当时,虽然形成了较为完备的经济合同法体系,但由于保障经济合同法实施的有关组织法和管理法不配套,从而导致了经济合同法律机制至今不能正常运作。上述现象的存在,在一定程度上反映了中国现代经济立法秩序的紊乱。为此,本著作者就中国现代经济法的发展规律问题专门撰写了论文。提出"组织→管理→协作律"应为中国现代经济立法的完善与发展应遵循的基本规律。此后,中国经济法的发展虽因市场经济的发展有所变化,但是,该规律对于经济法的运行仍具有指导意义。参见董玉明:"'组织——管理——协作律'与中国现代经济法的发展",载于董玉明著:《与改革同行——经济法理论与实践问题研究》,知识产权出版社2007年版,第23~29页。

思主义的基本观点，立法只不过是现实经济关系的表述。实践表明，经济立法更是现实经济关系的直接表述。而经济关系本身也需要包括法在内的一切上层建筑要素对其加以肯定，予以保护。因此，当经济关系可以分解为组织关系、管理关系和协作关系时，与之相适应，调整经济关系的法，也必然随之应做出经济组织法、经济管理法和经济协作法的相应规定，并按照"组织→管理→协作律"的要求，不断发展，不断完善。而经济组织法、经济管理法和经济协作法在整个经济立法中的地位，也相应地处于基本法（或主体法）、主导法和辅助法的地位。按照"组织→管理→协作律"的要求，中国现代经济法调整的经济关系，可在理论上划分为经济组织关系、经济管理关系和经济协作关系，但就其实际运作形态而言，则是统一的。因此，按照"组织→管理→协作律"要求，引导中国现代经济法的发展，并形成相应的经济组织法、经济管理法和经济协作法理论与立法体系，不仅不会否定中国现代经济法的部门法地位，而且会促使中国现代经济法体系的进一步完善，并使其有别于中国现代民法和中国现代行政法。

就中国经济法的发展而言，该规律首先表现为系统律，即按照"组织→管理→协作律"之要求，无论是宏观的或中观的经济调节，还是微观的经济管理活动，均必须对经济活动的组织要素、管理要素及协作要素，做出全面系统的规范。反映在中国现代经济法体系的形成与发展上，即是指无论从整体上讲，还是从部门经济法与各经济法群的形成与完善上讲，中国现代经济法都必须对经济组织法、经济管理法和经济协作法作出具有分层次的、全面的、系统的法律规定。其次，是序列性规律，即要求在中国现代经济法的发展过程中，一方面要尽可能地按照经济组织法→经济管理法→经济协作法之顺序有秩序地开展经济立法；另一方面，适应客观需要，在对现行经济法律进行立、改、废时，也应该按照这一规律顺序地进行。在一定条件下，也可以同步地进行。再次，是静、动结合律。按照法的一般原理，法律应是肯定、明确、具体的，因此，经济活动中的组织、管理、协作各要素及其法律调整结构确定后，通常是处于相对稳定的状态，这是其"静"的一面。"静"是"组织→管理→协作律"作用之下经济法发展的主流或主要方面。但是，由于经济活动的千变万化，以及中国正处于经济体制的改革时期，这就决定了各项经济法律、法规、地方性法规及其规章产生后，"动"也是必然的。人类只有按照"组织→管理→协作律"的要求，不断地对现存法律规定加以调整，做到"静、动结合"，才能符合商品经济发展的内在要求。从中国现行的经济立法形式来看，一项经济立法一般先由全国人大及其常委会或国务院以法律或行政法规形式颁布，然后，再加以比其低一级的形式辅之以实施办法或细则，此种情况多数是国务院各部委或地方人民政府制定颁布的全国性或地方性规章。此种经济立法结构，经过实践表明是符合中国目前之国情的。它保证了使各项经济立法既保持相对稳定，发挥其"静"的功能；又能根据经济体制改革的发展，及时对有关法律规定做出相应的调整，发挥其"动"的功能。最后，是有关"超前性立法"规律的运用问题。改革开放以来，中国经济法理论与实践工作者针对经济法制"滞后"于经济体制改革与经济建设之问题，提出了超前立法理论①。据此理论，在中国当前的经济体制改革与经济建设中，特别是在引进和借鉴经别国实验成功并符合中国国情的经验时，可以进行"超前性立法"，以推动现实经济生活中新兴经济关系的产生与发展。因此，所谓"超前"是有限度、有条件和相对的，然而，其对社会经济生活变革的促进性作用却是不可忽视的。改革开放以来，中国涉外经济法的发展，以及其对涉外经济关系产生与发展的促进性作用，充分证明了超前性立法的可行性，其立法模式，完全可以运用到国家对国内经济关系的调整之上。与一般情况不同的是，当超前立法理论与"组织→管理→协作律"结合于具体的法制实践时，不必过多地考虑顺序问题，只要具有可操作性，即可以组织法、管理法、协作法三者统一协调地实施全方位的立法，使法律调整一步到位。

四、主体——行为——奖惩律是经济法生成的基本规律

一项法律的生成，按照其基本的内容结构存在着基本规律，即"主体——行为——责任"律。按照该规律，法律的创制，首先，要明确法律要调整的主体有哪些？其地位如何？这是法律生成的逻辑前提，主体不明确，便无法确定法律的适用或执行主体；其次，是对于法律所调节与规范的行为，做出哪些是允许的，哪些是鼓励的，哪些是限制的，哪些是禁止的等，对法律调整主体行为的明确规定，有利于在既定法律主体存在的情况下，维护法律主体行为所形成的秩序，并给法律主体的行为提供一个明确的指引，符合法律要求者，为合法行为，受法律保护。反之，不符合法律要求者，将受到法律的制裁；最后，是有关法律调整后果的规定，主要是指有关法律责任的规定。明确的法律责任将使法律主体预先知道自己的违法行为可能会受到什么样的法律制

---

① 关于经济法的"超前立法"，早在 20 世纪 80 年代中期就有经济立法实践部门同志提出，并认为"超前型立法"就是指立法机关凭借经济规律、经济现象对未来发展趋势的科学认识，依据经济法制的经验，创制调整未来，将发展成熟的经济关系，规范未来将典型化的经济行为，保障未来的经济秩序。参见俞梅荪、朱晓黄：《经济法新论》，辽宁人民出版社 1990 年版，第 31 页。

裁，而法律制裁的程度，又决定着人类依法办事的程度。当法律制裁程度较轻时，可能对于法律主体之行为仅仅起到警告的作用；而当法律制裁较重，甚至是严厉时，将会使法律主体不敢以身试法，以免自身因违法而处于危机状态，甚至失去生命。由此，法律责任之规定，是法律生成中的必要要件。其既是法律生成与创制的基本规律，也是法律的社会属性对法律的客观需求。

从经济法角度讲，经济法的生成与创制规律，首先应遵循以上法律生成之基本规律。所不同的是，经济法的特征之一是奖惩结合，因而，在经济法的生成规律上，除主体要件、行为要件之外，在后果要件上，除明确惩罚标准外，还应对依法办事者予以明确的奖励性规定。这是经济管理实践中"奖罚分明"在经济法上的具体体现。因此，本著作认为，"主体——行为——奖惩律"应当是经济法的一项基本的规律。

与此同时，作为一种政策性的部门法，在其"促进类"立法中，往往缺乏"奖励与惩罚"之相关规定，在法律文件中，也看不到法律责任一章之规定。这一类法律，由于缺乏后果性之明确规定，因而，许多人认为，其不是真正意义上的法，只是将政策通过法律文件的形式表述而已，对法律调整的主体而言，其也没有什么约束力，只是对其行为选择的引导。那么，这是否意味着此类经济法违背了法律或经济法的生成或创制规律？本著作认为，其并没有违背这一规律。基本理由有两点：首先，就单个法律文件观察，其确实是缺少法律生成之基本要件，但是，如果把其他经济法文件中的相关规定联系起来观察，就会发现，某一经济法文件中有关奖励或惩罚的规定，事实上被体现在了其他相关的经济法文件之中。例如，国家有关产业方面的经济法文件，存在大量的鼓励性规定，但其并非是对企业的强制。企业是否按照国家产业法的引导决定自己的生产与经营行为，并不承担直接的法律责任，或受到相应的奖励。然而，国家在出台相应的产业法的同时，往往包括一些诸如税收或金融等支持性措施，如果按照国家产业的指引选择企业行为，就会得到相关的优惠待遇，并带来相关的经济利益；反之，则得不到相关的利益。这样，按照产业政策进行生产经营，得到利益者，可视为"奖励"，反之，则可以理解为"惩罚"。其次，这种奖励或惩罚并非为明确规定，但它是一种潜在的奖励或惩罚，是相关经济法主体所不可忽视的。

第七章

中国经济法的价值

第一节　经济法价值含义与结构

一、经济法价值的含义

价值一词的常用含义有二：一是指体现在商品里的社会必要劳动。该词义属于政治经济学的范畴；二是指（事物的）用途或积极作用，即事物的有用性。① 该词义的价值含义适用于任何领域，具有普遍意义。据此，任何事物的存在，均有其相应的价值。事物的价值具有客观属性，是不依人们的主观意志为转移的。但是，人类对于事物价值的科学认识，有利于人类合理利用事物的价值为自己的生存和发展服务，甚至可以通过人类的行动，通过改造事物，使其价值扩大化。因为，人类对于事物的价值，不应仅仅停留在认识理念之上，更重要的是要把相应的理念贯彻到人类的实际行动之中。因此，有关事物价值的研究是自然科学和社会科学的核心内容。

根据上述原理，经济法的价值就是指经济法这一事物存在与发展的有用性。它是人类认识经济法现象，塑造经济法理念，并用以指导经济法制建设实践的基本范畴。并且，按照法学原理，在部门法体制下，各法律部门特有的价值是区别不同法律部门的重要界限与标准，它们决定着各个法律部门所具有的不同的法益目标，影响着与相关法律部门相应的法制建设的实践。为此，经济法的价值成为经济法的基本的和基石的范畴。

与此同时，研究成果表明，经济法学虽然从总体上属于法学范畴，但其是与经济学、政治学、管理学、社会学等科学密切联系的科学，体现了现代科学

---

① 中国社会科学院语言研究所词典编辑室编：《现代汉语词典》（第5版），商务印书馆2007年9月版，第658页。

的交叉与边缘性特征。因此，从理论上讲，经济法的价值不仅体现在法学方面，也广泛地体现于经济法价值对经济、政治、管理、社会科学发展的积极影响方面，反映了经济法发展和相近科学之间的互动关系。

二、经济法价值的结构

由上可知，人们对于经济法的价值可以从不同的角度予以理解。因而，形成了经济法价值的结构问题。对此，本著作认为，经济法的价值可以概括为经济法的核心价值、经济法的法学价值、经济法的实践价值和经济法对其他相近科学的积极作用四个方面。其中，经济法的核心价值是集中体现经济法的法益目标，并对经济法实践和理论研究具有普遍指导意义的价值，它在经济法价值结构中处于首要的地位，因而，也是目前学术界重点研究的内容；经济法的法学价值是法学价值理论在经济法领域的具体化，体现了经济法对于法律科学发展的学术贡献；经济法的实践价值反映了经济法的实施，对国民经济和社会发展以及经济法制实践的积极作用；而经济法对于其他相近科学的价值则主要体现在经济法对经济科学、政治科学、管理科学、社会学科学的发展的积极影响，并进而体现了经济法的综合性和先进性特点。以下各节将对之予以详细阐述。

第二节　经济法的核心价值

一、研究经济法核心价值的必要性

按照范畴理论，每一门科学均有其自己的核心价值，并且，在科学价值体系中核心价值是科学范畴体系中的基石范畴。它对于科学的发展具有普遍的基础的和根本的指导意义。因此，一旦从理论研究的高度，确定了相关科学的核心价值，也就决定了该科学发展的方向。若从价值的有用性角度分析，相关科学核心价值确定之后，即决定着该科学实践和研究究竟要解决那些问题，它应在那些方面发挥或主要发挥其应有的作用，并区别于其他的科学。自然科学如此，社会科学亦然。例如，哲学科学的核心价值在于解决人类如何认识世界，如何认识人类自身存在和发展的"世界观"问题，因此，一切哲学科学的研究目的都在于帮助人类解决"认识论"问题，所以，有关哲学研究的成果，是人类研究自然科学和社会科学的思想武器。为此，一切科学的研究，均要首先从哲学层面解决认识论问题，以便在科学的"世界观"指导下，开展科学研究。又如，数学作为科学的核心价值在于运用数学工具科学地解释和描述自然现象和社会现象，由此，决定了数学科学在科学研究体系中的基础性地位。而当代经济学的核心价值在于通过对经济与社会资源的配置方式、体制等问题的研究，以实现经济利益的最大化，并解决人类所面临的生存和发展问题，因而使其在当代的经济时代具有了重要的地位和作用。据此，经济法学要使自己成为一门科学，必须拥有自己的核心价值。

从部门法角度分析，作为法律体系的重要组成部分，任何法律部门成立的依据之一就是它拥有与其它法律部门不同的价值取向和定位，这是区别不同法律部门的重要标志或标准。换句话说，一个法律部门的成立，要具有与其它法律部门不同的有用性，否则，该法律部门就没有必要存在。因此，有关经济法价值问题的研究是经济法范畴研究的必要内容。

与此同时，在各法律部门的价值研究中，其核心价值又决定了该法律部门的法益目标之所在。各法律部门从理论高度对于其核心价值的高度的理论概括，不仅使各法律部门的研究有了明确的方向和研究的重点，也有利于指导各法律部门的立法和司法实践。而对于不同法律部门核心价值的把握，也会使理论研究者对于现实中大量的立法法例的部门法归属有一个大致的判断，它是对现实中的立法进行部门法归类的基本依据。

二、经济法核心价值的理论定位

（一）法律部门核心价值的理论分析工具

按照法学基本理论，如若对各个法律部门的核心价值予以分析，首先要解决的是分析工具问题。即对各个法律部门所保护的不同法律主体的利益的实现，是法律部门核心价值分析的基本工具。对此，可以将其称之为"利益分析法"。之所以将"利益分析法"作为法律部门核心价值的基本分析工具，其基本理由如下：

首先，现实的各种经济和社会关系形成的基础是这种关系背后的各个法律主体利益的实现，人们之间在经济和社会活动中，形成各种社会关系只是一种现象的表现，而其真实的内容在于其利益的实现，而法律就是为保护和协调相关的利益而存在和发展着的，没有了人类对于利益的索求，也就没有了法律存在的基础和必要。正如马克思和恩格斯在论述法的本质时所言，"由他们（统治阶级）的共同利益决定的这种意志的表现，就是法律。"①

其次，现实中的利益是一种分层次的利益体系。在过去计划经济时期，国家的政策强调个人利益服从集体利益，集体利益服从国家利益，局部利益服从整体利益；强调各利益主体要有"大局意识"，即反映了在社会主义条件下利益关系的层次性。而今，在社会主义市场经济条件下，随着经济利益主体多元化格局的形成，虽然强调了对各种利益保护的必要性，但是，当各种利益之间发生冲突时，强调以牺牲个体的和局部的利益，以便保护社会整体利益、保护国家利益，仍然有其现实的意义。因此，其仍然具有层次性特点。

再次，从法律产生的历史来看，有关公法和私法的划分，即是建立在对公权利益和私权利益的基本划分之上的，在经济和社会发展的不同阶段，公权利益和私权利益的冲突，成为法律价值取向研究的重要课题。对此，传统的西方资本主义的法律是建立在以保护私权利益为基础之上的，并且，该价值理念一直贯穿至今，成为资本主义法制的基础。而事实上，在现代资本主义发展中，随着混合经济体制的形成，则呈现出不同发展阶段的公权私法化和私权公法化倾向。由于历史的原因，中国的私权利益一直处于弱势地位，因而，中国要发展商品经济，就要大力制定有利于保护私权利益的私法，以便为市场经济的发展创造相应的法律环境。但是，与此同时，中国的现代化建设，又是一种超常规发展的经济建设，因此，保持公法的适度优势又是十分必要的，当经济和社会发展中，私权利益与公权利益发生冲突时，采取"公权利益优先"原则处理相关冲突，符合大多数人的利益要求，具有合理性和正当性，是必然的选择。但这种优先，不是一种完全无视私权利益的优先，而是在对私权利益损失予以合理补偿基础上的优先。

最后，法律的形成过程就是各种利益关系博弈的结果，为此，在法律部门的构造上，不仅要考虑一些重点保护某一种利益的法律，更要注重各种利益关系的协调。

（二）经济法核心价值的界定

按照目前法学界对各法律部门的核心价值的定位，以各自所保护的利益不同区分，经常研究的是有关民商法、行政法和经济法之间的区别。其中，一般认为，民商法属于典型的私法，其核心价值为保护个体利益；行政法属于典型

---

① 《马克思恩格斯全集》（第3卷），中共中央马、恩、列、斯编译局译，人民出版社1960年版，第378页。

的公法，其核心价值为保护政府及社会公共秩序之利益；而经济法属于以公法为主，兼顾私权利益的法，其核心为保护社会公共利益或社会整体利益。① 本著作认为，之所以将中国经济法的核心价值定位于保护社会公共利益或社会整体利益，其基本理由如下：

1. 从经济法产生的基本原因看，经济法的核心价值为保护社会公共利益

首先，从西方国家经济法产生的原因看，按照西方国家资本主义市场经济自由原则的要求，经济法的产生并非其制度的内在要求。在早期的自由市场经济时期，经济发展遵循的是亚当·斯密提出的国家不干预市场经济运行的理论，即"看不见的手"的理论。在那时，国家及政府与市场主体的关系主要表现的是税收关系，因而，有关国家调整市场经济关系的法，主要体现在旨在保护私法权益的民商法领域，从而，使资本主义在100多年的历史发展中，有了大的发展。但是，这种经济繁荣，在发展到垄断阶段以后被打破。基于传统经济理论指导下的经济运行出现以需求不足为表现的大规模的宏观层面的经济危机后，为解决当时大规模的失业问题，国家才开始被迫运用经济法手段对市场经济运行予以干预，并最终形成了宏观经济理论及其实践。而这种通过国家对经济的调节，解决多数人的劳动力就业问题，其直接保护的利益即是一种社会公共利益。发展至今，国家干预已经成为市场经济发展的应有内涵之一。并且，随着自然资源和环境保护的日益迫切，可持续发展理论的提出和实践，更加体现了经济法的核心价值不仅是为了保护现时的社会利益，更是为了保护长远的社会利益。

其次，从中国社会主义经济法产生的原因分析看，中国经济法核心价值的

---

① 关于法律所保护的社会公共利益，有多种提法。如，社会公益、社会公共利益、社会整体利益、社会整体经济利益等，但这些提法应是有所区别的，比较准确的说法，应当为社会整体经济利益。因为，在现实经济活动中，可能存在由社会上某一部分人要求的公共利益，但从整个国家与社会角度考虑，则未必符合社会整体利益的要求，其只能算作某一类社会成员的利益。此外，经济法的社会公益，应侧重于考虑的是经济利益的实现，以区别于社会整体利益中的其他利益。另外，社会的整体经济利益，与个人利益和社会局部利益之间，也不是绝对的对立，因为，没有了社会个人的和局部利益的需求，也就没有了社会整体经济利益的社会基础，但是，社会整体经济利益又绝不是个人利益和社会局部利益的简单相加，特别是在处理涉及到长远的社会经济利益问题时，社会个人利益和社会局部利益的冲突，就会比较明显的显现出来。参见：刘红臻："经济法的基石范畴论纲"，载于《法制与社会发展》1999年第4期；王保树："论经济法的法益目标"，载于《清华大学学报（哲学社会科学版）》2001年第5期；蒋悟真、李晟："社会整体利益的法律维度——经济法基石范畴解读"，载于《法律科学》2005年第1期等文，以及张守文著：《经济法理论的重构》，人民出版社2004年版，第三编价值论的重构。

确定符合社会主义的本质要求。改革开放以来，经济法的产生并非是一种被迫采取的措施，而是一种无论从社会主义发展的应有内涵，还是从现代市场经济的要求角度讲，都体现了中国经济法保障社会公共利益的核心价值。其中，从社会主义的本质来讲，社会主义的生产目标就是要不断满足人民群众日益增长的物质和文化需要。因此，国家运用经济法管理经济的目的不是为管理而管理，而是为发展而更好地管理，必须使这种管理的效果落实到对广大人民群众利益的保护之上，这就要求中国社会主义经济法必须体现保护社会公共利益的本质要求。若从市场经济制度的内在要求看，中国发展的市场经济是现代市场经济，因而，这种市场经济体制的建立，必须保持国家旨在维护社会公共利益控制力的公权利益的实现基础之上，为此，中国市场经济选择了宏观调控下的市场经济模式。

2. 从国家利益及政府利益的局限性上看，经济法的核心价值为保护社会公共利益

在现代经济实践中，经济法虽然是国家管理经济的法，但是，其价值却是为了保护社会公共利益，这就涉及到一个对国家及政府利益和社会公共利益的关系问题的理解。在中国社会主义条件之下，从理论讲，国家利益、政府利益和社会公共利益本应是一致的。但事实上，它们之间的冲突，也是不可避免的。尤其在市场经济条件下，这方面的问题表现得比较突出。其主要是因为，所谓国家利益是一种抽象意义上的全民利益，而实现这一利益的主要推行者是各级政府。而当各级政府代表国家时，首先遇到的是自身利益的实现问题。而每一届政府都是有任期限制的。政府为了追求自己任期内的业绩，往往就会以损害社会公共利益为代价来维护自身的利益。特别是在涉及长远的公共利益的时候，这方面的问题，表现得尤为突出。例如，政府为了追求"形象工程"，会放弃对民生的关注，大兴土木，搞与改善民生关系不大的建设。又如，政府为了追求经济发展速度，会放弃对环境的保护等。更为实际的问题是，政府不能保证政府的官员人人都能"为人民服务"，政府权力的扩大，意味着其滥用权力的机会也越多，基于"寻租"的腐败机会也越多。因此，主要以政府为载体实现"国家利益"时，其局限性的客观存在，必然在相当的情况之下与社会公共利益发生冲突。甚至，这种冲突会演化成群众性群体事件的爆发。正因为这样，经济法的立法目的不仅在于对政府的授权，更在于对政府权力的限制，这就是经济法"对政府干预的国家干预"基本原理的实践基础，而经济法的这种在授权政府干预经济的同时，又对政府干预予以限制，就是为了保护

社会的公共利益。

3. 从传统法律部门的局限性看，经济法的核心价值在于保护社会公共利益

在经济法诞生之前，有关经济关系的调整主要由民商法和行政法部门承担。其中，民商法作为私法，其存在的核心价值就是要保护商品经济发展中的个体利益，因此，有关私利保护、私权保障、契约自由等均是民商法特有的范畴。然而，当民商法保护的私权利涉及到无意之中对公共利益的侵害，并可能引起对私权利的剥夺时，则已不是民商法所力所能及的①。对此，现代民法提出了民法社会化的问题，但是，如果民法社会化了，也就不存在民法了。因此，解决此类问题，只能借助于旨在保护社会公共利益关系的新的经济法或社会法部门来解决。

若从行政法角度分析，行政法的价值定位，虽然也体现了通过对政府行为的规范，保护社会公共利益的内涵。但是，由于行政法的运行特征主要表现为行政命令与强制，因此，其缺乏对社会经济关系协调的灵活性。所以，单纯用行政法所确定的行政处理原则来调整国民经济关系，不仅因为其"生硬"而容易引发与社会利益的冲突，而且，其行政层级的繁琐性，又会影响经济效率的实现。据此，十分有必要运用一种能够尊重经济规律，且以协调经济利益关系为基本点的经济法来补充行政法的不足。

以上分析表明，正因为传统的民商法和行政法存在以上的问题，而这些问题又是它们的理论和实践无法解决的，才需要通过经济法核心价值的发挥，弥补其不足，以便共同配合起来，实现对现实经济关系的完整意义上的调整。当然，在不同的经济和社会发展阶段，其各自核心价值发挥作用的程度是有所不同的。在当前的经济发展阶段，为贯彻落实科学发展观，实现全民小康的目标，经济法和民商法核心价值的实现，具有同等重要的地位。而对于行政法核心价值的发挥，则应当定位在对政府公权力范围的限制之上。这是由中国对经济的管理采取了主要用经济手段、法律手段管理经济，只有在必要时，才运用行政手段的路径选择所决定的。

三、经济法核心价值的实现

既然我们把保护社会公共利益或整体利益，作为经济法的核心价值予以定

① 对此，综观世界各国之民事立法，在相关的民法中，均规定了民事主体行为必须符合国家法律之强制性规定，但这种规定并不能否定民法属于保护私权利益的法的本质属性，它仅仅是有关民法与公法之间的衔接性规定，并不能以此否定民法的核心价值。

位。因此，在经济法的理论研究和实践方面，就要紧紧把握这一核心来研究经济法，实践经济法。首先，在经济法的理论研究方面，对经济法任何理论和实践问题的探讨，都要紧紧围绕如何保护社会公共利益这一主题展开，凡是与此无关或联系不大的研究课题，均应当排除于经济法的研究之外，这是使经济法的研究趋于规范化、科学化的必然要求。为此，必须坚决纠正实践中普遍存在的泛经济法现象的发生。以改变社会上对"经济法是一个筐，什么问题都能往里装"的错误看法。其次，在经济法的立法和司法实践方面，要以经济法的核心价值为标准，来准确地判断究竟哪些法律属于，或者应当属于经济法，或者在司法实践中，应当按照经济法的原则和方法予以处理。只有这样，才能使经济法的理论研究和实践能够协调一致，使经济法的功能和作用，得到有效地发挥。

第三节　经济法的法学价值

法学基础理论认为，法的一般价值在于实现由一定社会经济条件所决定的公平、正义、自由、安全、秩序、效益等理念的塑造及其实践。[①] 对此，经济法作为法的一个类别，同样具有公平、正义、自由、安全、秩序、效益之价值。经济法的法律价值在于将法的价值通过自身的存在与运行将其具体化，并有别于其它法律的价值。

一、经济法的公平与正义观

法的根本目的在于公平与正义的实现，这是人类社会自法律产生以来人类对于法的价值的基本认识，具有普世价值意义。对于经济法而言，也不例外。然而，对于法的公平与正义价值的理解，除受一定历史条件下不同阶级、阶层对于法的理解影响外，不同法律部门在实现法的公平与正义价值时，也有很大的不同。就经济法而言，作为国家管理与协调国民经济运行关系的法律，经济法所追求的是在一国范围内的国民经济活动中的各部门、各行业、各地区，以及由其所代表的社会各阶级或阶层之间经济关系或经济利益的宏观上的或总体上的公平与正义，而民商法等法律主要强调的是单个经

[①]　张文显主编：《法理学》，高等教育出版社、北京大学出版社 1999 年版，第 208 ~ 210 页。

济主体在微观经济领域的公平与正义。据此，国家及其政府在实现经济法公平正义价值过程中，应负有主要的责任。就形式公平正义和实质公平正义而言，与民商法主要追求形式公平与正义不同的是，经济法更注重实质意义上的公平与正义。正如有经济法学者指出："经济法追求全社会范围内实质性的正义和公平，强调以形式不平等达到实质结果的平等；对关系全局的特殊领域，特别行为和经济弱势的具体人格予以倾斜性的保护，既反对平均主义，又调节收入分配，妥善处理个人、阶层、地区与社会发展的不平衡、不协调问题，推进全社会的协作和共同富裕。"① 因而，经济法的这种对于实质公平与正义的追求，是对传统法学理念中"形式公平与正义的扬弃"，是一种更高层次的公平与正义价值的体现。

与此同时，还应注意的是，由于经济法所依赖的经济发展与经济关系的运行总是处于一种不平衡的状态以及政治等因素的影响，经济法意义上的公平与正义总是相对的，而不是绝对的。

二、经济法的自由观

如同人权保障一样，自由历来是各类经济法律所追求的重要的法益目标之一。为此，民商法强调经济主体在经济运行中的自愿原则与意思自治原则，契约自由被称为现代法的精神之一，在国际贸易法中也一贯强调"贸易自由"。然而，从经济法的发展历史不难看出，起源于资本主义垄断阶段的现代经济法，无不体现出经济法对于资本主义自由经济的有效限制，这是经济法价值的重要体现。其根本原因在于，除了法律意义上的所谓"自由"从来都是相对的外，如前所述的商品经济条件下的"市场失灵"是其主要的原因。但是，经济法对于经济自由的限制不是绝对的，而是相对的。其主要体现在经济法对于经济主体经济行为的限制，要根据不同时期经济发展的实际情况，做出相应的限制性规定。当经济主体之自由经济行为有利于全局经济发展时，经济法对于经济主体经济行为的限制即要相对宽松一些；反之，则应严一些。而对于危害国家安全以及构成经济犯罪的诸如贩毒、走私、贩卖人口等经济交易行为则处于禁止的范畴，这即是经济法"国家适度干预原则"的具体体现。

作为实行社会主义市场经济体制的国家，中国实行的是宏观调控下的市场

---

① 程宝山著：《经济法基本理论研究》，郑州大学出版社 2003 年版，第 102～103 页。

经济，这一经济体制决定了，中国的经济法首先应当通过宏观调控法的完善，促使市场经济运行中的各个经济主体能够围绕国家的宏观调控目标确立自身的经济目标，履行各项宏观调控法所确立的义务与责任；其次，在经济交易过程中，要遵守国家法律、行政法规的强制性规定，维护经济竞争秩序，保护劳动者与消费者的合法权益。与此同时，中国经济法对于经济主体自由经济行为限制的相对性则集中体现在三个方面：一是，随着市场经济的深入发展以及中国入世后国际贸易规则的实施，经济法对于市场准入资格与条件的逐步放宽；二是，在分权经济体制下，国家通过经济法对于地区（或区域经济）主体独立经济利益的确认与尊重；三是，经济法对于作为微观经济主体的企业与消费者独立经济主体资格与利益的保护。这说明了，与行政法对自由限制的绝对性和静态状态相比较，经济法对于经济自由的限制是在尊重经济主体自主权基础上的限制，并且是一种处于动态状态下的限制。

三、经济法的秩序与安全观

维护一定社会条件下的应有秩序，是法律存在的重要价值，对此，经济法担负着维护国民经济运行秩序的重要使命。经济法在维护经济秩序的过程中，不仅体现为通过对于参与国民经济活动各类经济主体行为的规范，以达到对于经济秩序的维护，实现国家干预经济的目的，而且，更为重要的是，通过经济法的制定与不断完善，对于主要代表国家对经济活动负有管理与调控职责的政府行为的规范，以便使得国家的经济管理与调控行为有秩序地进行，这就是经济法原理上讲的对于"政府干预行为的国家干预"。此外，从经济管理原理角度分析，如前所述，经济管理可以分为秩序性管理和过程性管理两类，其中，就秩序性管理而言，则必须借助于经济法等法律手段予以实现，从而，为经济法的秩序价值提供重要的理论依据。

进入21世纪以来，随着经济全球化的不断演进，如何通过经济法保证各国经济运行的安全成为经济法学研究的重要课题。从经济法的制定与实施情况看，经济法安全价值的实现，主要表现在符合WTO国际贸易规则中有关例外条款原则规定的前提下，在涉及中国国家安全的金融、资源保护等关系国计民生的重要领域，通过对于外国投资与对外贸易行为的限制和对于中国民族经济的特殊保护，以实现国家安全权的有效实现。其中，对外国投资的限制主要是要防止基于外国资本对于本国经济的过度介入而控制本国的政治，使本国因在重大国事决策上受制于他国，而丧失国家主权；所谓对对外贸易行为的限制，主要是要控制本国经济对国外市场的依存度①，以防止基于外国市场的动荡对本国经济的冲击，这一点对中国这样的发展中国家尤其重要。

四、经济法的效益观

"效益"一词原本属于经济学上广泛运用的基本范畴，其本意是指经济投入所产生的收益或效果。按照市场经济学的理论假设，以最小的投入获取最大的收益是任何经济主体经济行为合理追求的目标。从宏观经济角度看，经济效益的最大化，将意味着国家对于社会有限资源的有效配置。并且，以权利、权力、义务、责任、法律信息、法律程序为内容的法律，作为一种社会公共资源，也有一个合理配置与效益最大化的问题。因此，在现代法治社会条件下，法的效益问题是法学研究的重要范畴。经济法作为与经济关系最为密切联系的法律部门之一，其效益观的塑造首先体现为从全社会角度保障和促进有限社会经济资源的合理配置，实现全社会经济效益的最大化；其次，作为一个以社会利益为本位的法律部门，经济法的效益观要求人类对于经济法资源的运用，不能仅以单纯追求经济利益最大化为其法益目标，因此，经济法特别强调经济效益、环境效益以及社会效益的有机结合，并且被经济法理论界视为经济法的一个重要的理念。为此，在经济法法制建设中，要开展有关经济法立法与执法的效益评估与评价工作，使经济法资源的运用能确实发挥其应有的经济效益、环境效益和社会效益。

第四节　经济法的实践价值

经济法的实践价值是经济法的实施对国民经济和社会发展及其法制建设的实际贡献，与经济法的理论价值相比，其更具有直接的实践意义。经济法的实践价值的实现，以理论价值为指导，但又不囿于理论价值。因为，实践价值是对理论价值的检验，通过实践，既有的理论才能得以进一步完善。根据国内外经济法实践，特别是中国经济法的实践，本著作认为，中国经济法的实践价值主要表现在以下四个方面。

---

① 对国外市场的依存度，也称之为国民经济对外贸易的依存度。它是指一国国民经济的增长对对外贸易的依赖程度。当一国国民经济的增长主要要靠基于国外市场的对外贸易时，其经济发展很容易受到国外市场变化对本国经济的冲击，甚至威胁到国家经济安全，为此，除专属贸易区外，一国或一地区经济的增长必须将外贸依存度控制在适度的比例范围之内。

一、保证经济管理目标的实现

任何经济管理均是在一定管理目标的指导下进行的。国民经济和社会发展的目标确定，首先是国家经济和社会长远战略目标的确定，其次是为实现长远战略目标所确立的中期的和年度的落实性目标的制定和实施。在中国，这些经济和社会发展目标往往通过执政党的政策性文件或国家的长期、中期及年度国民经济和社会发展规划与计划的制定和实施予以体现。为此，经济法作为国家管理经济的手段，其直接的实践价值，就是要从法律角度保障国家战略和政策目标的实现。否则，经济法的制定和实施，就偏离了正确的发展方向。

若从市场经济角度分析，在市场经济条件之下，按照经济管理层次的不同，有宏观经济管理、中观经济管理和微观经济管理之分，因而，其各个不同层次的管理目标也不尽相同，但是，作为一国最高层次的宏观经济管理在经济增长、充分就业、物价稳定与国际收支平衡方面所确定与实施的目标，对于其他层次经济管理目标的确定，具有重要的引导性功能。为此，就有必要在各个管理层次之间以及各管理层内部，建立起旨在使管理目标能建立在科学的民主决策基础之上，并有效的予以实施。为此，就有必要建立起应有的经济法律秩序，就经济管理中的主体地位、权利与义务、经济运行程序、相关法律责任等做出明确的规定。因此，就经济法的实践价值而言，首要的即是通过经济法的制定和有效实施，保证经济管理目标的实现。正因为这样，经济法也通常被视为经济管理科学的重要组成部分，经济法理论与实践基本素质的培养被作为经济管理专业人才培养的重要的和必备的内容。

二、完善经济立法体制

由于经济关系本身的复杂性，因此，调整经济关系的法律不可能被一个法律部门所穷尽，即使在英美法律体制下，对于不同类型与性质的经济关系而言，也采取了分别调整的模式。进一步予以分析，经济法是突破传统的公法与私法划分，以公法为主，兼有公法与私法属性的一种适用于对复杂的和交叉性经济关系予以调整的法。所以，从经济立法体制的完善角度分析，经济法对于完善一国的经济立法体制，具有重要的实践价值。该实践价值，一方面体现为在经济立法体制的构建上，经济法之立法，既要体现出经济法在调整经济关系时与其它法律部门之间的明确分工与协调，又要在自身的法域范围之内，通过完善经济法体系，满足经济实践对于经济法的需求。另一方面，鉴于经济法立法面对的是处于动态状态的经济现象，因而其较之其他法律而言，处于相对灵活易变的状态。这就要求经济立法体制应将经济法的不断的立、改、废，作为自身立法体制的常规性工作来抓。相关的立法机关，应当培养一支具有经济法的理念，懂得经济法运行规律的经济法专业队伍，对经济法的实践情况进行分析评价，及时地对经济法予以清理，为经济法的适时修订与废除提供理论和实践依据，对于实践中急需制定的经济法要及时地提出立法建议。使经济法的立法体制，能够适应经济和社会发展的法律需求。

当然，经济法的制定与实施，并不意味着其他调整经济关系的法律的功能被忽视，事实上，在中国社会主义市场经济条件下，民商法在调整经济关系方面的基础性作用是显而易见的；行政法与刑法的功能发挥也是必不可少的；而宪法的调整则更带有根本性的意义。

三、规范经济执法行为

经济执法是经济法实现的基本途径之一。在中国目前，经济执法主要由政府的经济管理与监督部门予以实施。因此，如何通过完善经济法，使经济执法规范地进行，是经济法实现的重大课题。具体地说，经济法在授权政府相关经济管理与监督部门经济执法职能的同时，必须对于其管理权力的正确行使，予以相应的限制。前者体现的是经济法的"政府干预经济"功能，即明确授权政府的经济调控和市场监督（监管）部门，对于经济发展中的"市场失灵"问题应当及时地予以校正，以使市场的发展符合国民经济和社会发展的目标；而对于那些不适宜进入市场领域的公共产品与资源的合理配置，政府的社会管理部门享有直接的管理权利，同时要做好相关的社会服务工作。而后者则体现了经济法"对政府干预经济的国家干预"的本质属性，其实践价值在于对于政府经济执法权限边界的确定，以及对于经济管理职权行使交叉领域主次权力的合理配置。要避免权利的重复行使，以减少政府对于经济主体行为的过度干预，并防止其权利的滥用。至于这种"干预"的"度"如何把握才算"适度"，要根据经济与社会发展的客观要求，予以分别确定。据此，经济法对于规范经济执法行为具有重要的实践价值。

四、体现经济法救济权利的公平与公正价值

经济法救济制度的确立和完善，是对经济法主体权利保障不可缺少的部分，也是经济法制建设的基本内容。为此，经济法的实践，必须通过合理地配置保障经济法实现的救济制度，来体现经济法救济权利实施的公平与公正价值的实现。

首先，由于经济法的主要实现途径是政府的经济行政执法，因此，经济法通过配置经济行政相对人的以行政申诉、复议和诉讼为基础的救济权利，使其与政府的经济行政执法产生一种权利制衡关系，促使政府的经济行政执法，既不得滥用权力，也不得不作为，从而体现了经济法的实践价值。

其次，司法的公平与公正历来被视为衡量司法水平的重要标准，也是司法价值的重要体现。但是，对于不同经济关系而言，由于不同性质的经济关系所追求的公平与公正的内涵有所不同，因而，司法对于不同经济法律所蕴涵的公平与公正的价值，应当有不同的体现。对于经济法而言，如上所述，经济法所追求的公平与公正，体现了强烈的政策性和社会性的属性，是国家意志与社会利益的紧密结合，其相对于一般民事、行政、刑事案件而言，其公平与公正价值应是一种体现全局利益的，更高层次的公平与公正。这样，就有必要在经济司法实践中，建立起与经济法相应的包括专门经济司法机构、专门经济司法人员与司法经济诉讼程序在内的经济司法机制，只有这样，才能在司法保障环节，实现经济法的价值。据此，经济法在体现司法公平与公正价值方面，也应具有重要的实践价值。

最后，在经济领域，为了提高解决经济纠纷的效率，降低经济纠纷解决的成本，运用仲裁和调解方式解决经济纠纷，是国际经济投资和贸易领域通行的惯例，为此，中国经济法的建设，提供了此方面的制度，并予以大力的推行，满足了经济实践的需求，体现了经济法的实践价值。

值得强调的是，经济法的救济权利，不仅体现在以上三个方面，更为重要的是还体现在当市场运行陷入困境时，政府依法通过财政援助的方式，对市场主体经营的救济。但这种政府救济，仅限于客观上市场运行机制的恢复，一旦通过政府的救济，使市场运行机制复苏，政府即应当退出市场领域。对此，2008年以来，世界各国为应对"金融海啸"引发的经济危机而采取的大规模救市行动，即说明了政府救市的经济法意义。

第五节　经济法对相关学科发展的价值

一、经济法的经济学价值

经济学是以经济活动、经济问题及其运行规律为研究对象的科学。在当代社会，经济学就是以市场经济为基础，"研究资源配置的全过程及决定和影响资源配置的全部因素的科学"，① 经济学所要解决的核心问题是生产什么，怎样生产，为谁生产。② 在经济学发展的 200 多年历史中，③ 形成了众多的经济学范畴，其中的一个基本范畴就是市场经济运行的制度化、法治化。因此，市场经济是法治经济的基本观点，是经济学所公认的一个基本原理。但是，经济学所讲的法治经济，不仅是指一种理念，更是一种在既定法律体制下，整个法律体系应当服从与服务于市场经济的制度安排。据此，在中国现行部门法体制下，所有法律部门均应当体现对市场经济的有用性。然而，经济法作为直接或间接干预经济关系的部门法，其价值更加突出。对此，本著作认为，经济法的经济学价值主要体现在以下三点：

（一）经济法的经济保障价值

按照经济学原理，市场经济是一种由多元主体构成的经济。在市场经济的运行过程中，各个经济主体都存在相对独立的经济利益，为此，国家必须通过经济立法依法确认各个经济主体的法律地位，并在此基础上保障其合法权益的充分实现，因此，经济法的经济学价值首先即表现为对于各个经济主体地位的确认和利益的保障。然而，经济法在对于市场经济主体地位确认与保障方面，与作为市场经济基础法的民商法相比，应有所分工。其中，民商法的保障，是一种基本的和普遍的保障。而经济法的保障价值则主要体现在两个方面：一是，通过经济法立法对于民商事主体利益的再保障，其主要表现为通过规范政府经济行为，为民商事主体地位与利益的保障提供良好的经济发展环境，据此，经济法理论认为，在市场经济条件下，经济法实质上是民商法的保障法。二是，对于关系国民经济运行安全和社会公共利益的特别主体地位与利益的保障，比如，就公司法律地位的确认与利益保障而言，民商法的价值在于对于公司所应具有的一般的和普遍的地位与利益的保障，而经济法的价值在于对于具

---

① 魏杰主编：《经济学》（上）高等教育出版社 1995 年版，第 5 页。

② 所谓生产什么的含义是指：人类的需要不仅是无限的，而且是多样的。由于资源有限，用于生产这种产品的资源多一些，生产另一种产品的资源就会少一些。所以，人类必须考虑：用多少资源生产这种产品，用多少资源生产另外的产品；怎样生产是指：人类所能支配的资源是有限的，但资源的种类却是多样的，并且在一定程度上是可以相互替代的。这就要求人们决定：各种资源如何进行有效的组合，即怎样的组合才能生产更多更好的产品；为谁生产是指：人类所生产出来的产品，如何在人类之间分配，根据什么分配，分配多少等。参见：同上，及［美］保罗·A·萨缪尔森、威廉·D·诺德豪斯著：《经济学》，杜月生等译《经济学》（第 12 版），中国发展出版社 1992 年版，第 38 页。

③ 虽然人类对于经济问题的研究自古代就有，但是，作为一门独立的学科，是以 1776 年亚当·斯密的《国富论》的出版作为经济学形成的标志，发展至今已有 230 余年的历史。

有公众属性的国有公司、上市公司以及集团公司地位与利益的规范与保障方面具有特别的意义与价值。从法学对经济学的理论支持角度分析，经济法的这一价值是对市场经济条件下宏观经济运行原理及宏观经济学的积极回应。

（二）经济法的经济效率价值

与经济效益重点强调经济活动的效果不同，经济效率的价值在于强调经济运行在时间上的速度。与此同时，因为，只有高效率的经济运行才能带来经济发展的高效益，所以，在经济实践中，经济效率价值的实现将有助于经济效益的实现。经济学理论认为，由于任何经济活动所追求的目标都在于经济利益的最大化。为此，无论是国家、企业还是个人的经济活动都要求经济活动能够高效率地进行，它是促进生产力发展的基本途径。据此，经济法理论认为，经济法在法律制度的设计上必须充分考虑到经济主体对于经济活动在经济效率上的需求。为此，经济法的制定与实施，在实体法方面，应当尽可能地为促进经济主体的经济活动，减少交易成本创造应有的条件；而在程序法方面，则应当尽量简化经济法主体在市场准入、市场退出以及经济仲裁和诉讼中的办事手续与程序。从而，为经济主体高效率的经济活动创造良好的法律环境。

值得注意的是，经济法在实现经济效率价值时，是以牺牲经济法的公平价值为代价的，两者往往不可能同时兼顾。对此，经济法应根据各国经济发展不同阶段所面临的经济问题做出相关法律制度的合理选择。在中国当前及今后相当时期，由于中国还是发展中国家，经济发展水平与发达国家和地区相比，还有着较大的差距，因此，在经济法的制定与实施过程中，贯彻"效率优先，兼顾公平"原则，应当是中国现阶段经济法经济价值实现的目标所在。①

（三）经济法的经济政策效应价值

在国民经济运行过程中，国家经济政策的制定和实施，对于特定历史时期一国的经济发展具有重要的指导意义。在经济学领域，特别是应用经济学领域，政策的制定和分析是其重要的内容和分析工具。在市场经济条件下，国家的经济政策对于经济主体活动具有直接影响的包括产业政策、财政政策、货币政策、人口增长与就业政策、能源与环境保护政策、对外贸易政策、社会保障政策等。这些经济政策是经济主体确立自身经济发展战略与行动的指南，在经

---

① 对此，也有学者认为，经过30年的改革开放，在当前公平问题日益突出的情况下，"效率优先兼顾公平"与建立和谐社会不相容，因此，应当淡化"效率优先，兼顾公平"之提法，相应地，应提倡"效率与公平同兼顾"。参见刘国光："初次分配混乱是社会不公的主要因素"，载于《中华工商时报》2005年10月14日。

济运行活动中起着牵头的作用。对此，为了保障国家经济政策效应的实现，从各国及中国的实践情况看，经济法的价值主要体现在三个方面：一是，通过经济法的制定与实施，保障国家经济政策的出台，能够在充分发扬民主的基础上产生，以避免经济政策制定出现失误；二是，以特定的法律形式赋予经济政策以特定的法律效力，以便从经济法律的高度保障经济政策效应的实现；三是，通过产业指导、财税、金融、人口计划与就业促进、社会保障、资源与环境保护、对外贸易等具体经济法的制定与实施，促进经济政策的有效实施。从中国经济法的实践情况看，全面体现了经济政策实践对于经济法的上述三个方面的要求。体现了经济法作为政策性法的实践价值。

二、经济法的政治学价值

政治的一般含义是有关政党、政府、社会团体和个人在内政及国际关系方面的活动的总称。[①] 政治的核心是有关如何通过对国家权力和社会权力的行使予以定位、制约，[②] 以保障国家主权、人民权利的实现和社会公共事务的有效实施。为此，政治学就是以研究政治活动及其运行规律的科学。由于政治是经济利益的集中表现，因此，作为调整经济关系的经济法的存在和发展，必然对政治学理论的完善产生影响，特别是经济法有关"干预政府"的理论，对于政府在一定历史条件下，在经济领域的定位和作用的发挥，具有重要的意义。从中国经济法的政治学价值来看，本著作认为，主要体现在以下几点：

（一）实现执政党的政治纲领与目标

马克思主义的基本观点告诉我们，法律作为上层建筑的重要组成部分，其不仅为现实的经济基础所决定，而且，在上层建筑领域具有服从并服务于统治阶级政治利益的价值。与其它法律部门一样，经济法作为国家管理经济的法，是在经济上占据优势的利益集团所支持的掌握国家政权的统治集团利益意志要

---

① 参见中国社会科学院语言研究所词典编辑室编：《现代汉语词典》（第5版），商务印书馆2007年9月版，第1742页。原文所指政治为"政府、政党、社会团体和个人在内政及国际关系方面的活动。政治是经济的集中表现，它产生于一定的经济基础，并为经济基础服务，同时极大地影响经济的发展。"但本著作认为，在实际的政治活动之中，政党制度的设计及其作用的发挥，占有首要的地位，除宪法确认的既有政治制度外，一切政治行为皆决定于政党，特别是执政党政策的选择。因此，本著作在对政治一词含义表述时，将政党置于首位。

② 对此，政治学界认为，"政治"以社会权力在约束条件下的行使为基本特征。因此，有关政治的研究（不管是从学术还是实践的角度而言），就是这些约束条件的本质、来源以及在既定的约束条件下行使社会权力的技巧。参见：［美］罗伯特·古丁、汉斯—迪特尔·克林格曼主编：《政治科学新手册》（上册），钟开斌、王洛忠、任丙强等译，生活·读书·新知三联书店2006年版，第8页。

求的表现。这种表现，按照政治学原理，在现代政治体制下，所谓法的制定实质上就是通过现代政党机制下的执政党所代表的经济利益集团利益与意志在法律上的表现。在中国现阶段，法的制定，就是中国共产党领导下的人民利益与意志的具体体现。为此，经济法的政治价值首先即是围绕执政党的旨在维护其政治地位的政治与经济纲领予以制定与实施。改革开放以来，党中央及时地将以经济建设中心确立为党领导人民建设社会主义国家的政治目标，而今，又把全面建设和谐的小康社会确定为今后中国发展的目标。在此情况下，作为与国家经济发展有密切联系的经济法的制定、实施与完善，显然具有其积极的政治意义。

（二）坚持社会主义的前进方向

中国当前所确立的市场经济体制是社会主义市场经济，因此，其与西方社会所倡导的市场经济有着本质的不同，而这种不同，并非仅仅是意识形态的不同，其是有着具体的且深刻的实际内容的。坚持对全社会资源进行有计划、有规划的合理配置；坚持以公有制为主，并强调国有经济对于国民经济的总体上的控制力；坚持按劳分配为主；走共同富裕之路都是中国社会主义市场经济发展的应有之意。事实上，这些体现社会主义内涵的全社会经济发展的客观要求，也符合现代市场经济体制下宏观经济运行发展的客观要求。在此方面，中国要坚持走社会主义市场经济的发展道路，显然不能寄希望于以体现私权保障为核心价值的民商法来担当重任。而以体现国家干预经济为基本职能的，以公法为主的包括市场规制法和宏观调控法在内的经济法则恰恰能在保证中国社会主义市场经济发展方向方面做出其应有的贡献，从而，体现了经济法的政治价值。

（三）保障人民政治权利的实现

使人民当家作主是中国社会主义政治的重要特点之一。具体到经济法领域就是要通过一系列经济法的制度建设，保证广大人民群众能够通过一定的方式，依法参与国家与地方经济事务的决策以及有机会对于经济活动中的违法和犯罪行为进行有效的监督。事实上，只有在经济领域使人民的政治权利有可靠的制度保障，才能实现政治文明建设的目标。为此，中国经济法不仅应充分发挥人大代表、政协委员在人民代表大会和政治协商会议政治制度下的积极作用，还应积极完善旨在保障基层群众政治与经济权利的职工代表大会制度、工会制度、村民委员会自治制度、居民委员会自治制度等的建设；同时，还要完善与人民行使民主监督权利有关的监督制度的建立，以保障人民政治权利的有效实现，体现经济法的政治价值。

值得强调的是，为实现人民经济权利，通过经济法的制定和实施，以及上述各项政治制度的逐步推进，对直接或间接管理经济的政府行为的制约，以防止政府怠于行使职权，或滥用职权具有重要的政治意义。为此，在政府对经济领域的介入方面，经济法不仅应当明确地将"为人民服务"确定为政府行为的根本宗旨，而且，应当对政府介入经济的合理边界及行使权力的必要程序予以明确的规定，促使其依法行政，以保障人民经济权利的实现。

三、经济法的管理学价值

"管理"一词之含义，一是指负责某项工作使之顺利进行；二是，保管和料理；三是，照管并约束（人或动物）。① 管理的基本要素包括计划、组织、指挥、监督和协调。据此，有关涉及人类的计划、组织、指挥、监督和协调行为的活动，均属于管理活动的范畴。而管理学就是研究人类管理活动及其规律的科学。人类的一切活动均存在一个管理问题，管理是否科学，直接影响着活动的效果。有关管理思想、管理制度、管理方法的系统化和知识化，形成管理科学。它是现代科学发展的重要成果之一。管理理论的核心思想之一是管理活动的有序化进行，为此，必须借助法治原则和具体的法律手段实施管理，从而使法律成为现代国家管理经济、管理社会事务的必要的和基础的环节。因此，经济法的产生和发展具有重要的管理学价值。

（一）经济法是有关国家管理经济的法

从经济法的产生和发展历史可看出，国家对经济和社会事务在宏观和微观领域的介入产生了经济法，这是由市场自身的缺陷所造成的。然而，国家要介入经济和社会事务，就存在一个运用经济法实施管理的问题，即国家必须按照管理科学的要求，对整个国家经济实施计划、组织、指挥、监督和协调，以实现国家整体经济的良好运行。从中国社会主义国家的本质属性来看，在社会主义条件下，国家具有组织管理国民经济建设的职能。这种职能的存在使中国社会主义经济法产生和发展成为必然，也使得中国的市场经济，必须由国家主动推进。为此，经济法必须按照管理学原理及其所揭示的管理规律，来设计相应的管理制度，以实现经济管理的目标。而经济法有关管理制度的不断完善，反过来又会不断地丰富经济管理科学的内容。据此，经济法从国家管理经济角度

---

① 中国社会科学院语言研究所词典编辑室编：《现代汉语词典》（第5版），商务印书馆2007年9月版，第504页。

体现了管理学的价值。

（二）经济法的授权模式使经济管理的价值得以实现

有论著指出：在市场经济中，人类的行为以及整个社会的生产和消费通过"看不见的手"来引导和协调。当市场机制失灵时，人类提出让政府伸出"看得见的手"进行干预。而事实上，在现实经济社会活动中，除了这两只分别在"背后"和在"空中"的手之外，还需要一只实实在在的、"摸得着的手"来具体操作。而经济管理就是这只"摸得着的手"，它更注重经济社会活动的现实性和问题的特殊性，它更关心每个经济社会活动主体在每一天里的活动，这只手在各个层次、各个方面不停地具体运作着。从某种意义上讲，"摸得着的手"可以减少"看不见的手"和"看得见的手"失灵所造成的问题，或在一定程度上弥补这两只手的不足。[①]

从中国经济法的实际运作情况分析看，在制定基本法律的基础上，通过授权立法的形式，赋予政府和经济组织实施经济管理的职权，是它的一个重要特征，许多具体的经济管理制度，需要各经济组织根据本单位的实际情况予以细化，这些细化体现于大量的处于非正式立法状态的国民经济和社会发展规划和企业章程及技术规范之中，体现了管理学的价值；与此同时，对于国家经济政策的实施，国务院所属部门及其地方各级政府，依照法律之授权，通过制定相应的经济措施，保障国家经济政策的实施，具有经济管理的功能，体现了管理学的价值。

（三）经济法对技术规范的认可具有重要的管理学意义

在现实的经济管理实践中，存在大量的技术性规范，特别是在企业管理中尤其突出。这些技术性规范因企业行业不同而异，并成为技术经济管理科学的重要的研究范畴。对于这些关系到企业生产和服务质量的规范，除国家统一制定的技术标准外，采取了以"认可"的方式，确认其法律效力的做法，并使其成为经济法的重要渊源之一。这一类技术规范，或由行业制定，或由企业自己制定，只要不违反国家法律与行政法规之强制性规定，均受到经济法的保护。并且，在经济法的立法实践中，不仅从宏观调控法角度大力推行新技术的研发及其规范的制定、修订，而且，从微观经济角度，对于适用先进技术于生产与服务的行为予以奖励，并通过财政、金融等政策的实施，予以激励，从而使这部分技术规范的适用，具有了经济法的实践意义。与此同时，也为技术经

[①]　席酉民主编：《经济管理基础》，高等教育出版社 1998 年版，第 148 页。

济管理学研究、推广相应的技术规范，提供了法律依据。

四、经济法的社会学价值

社会学是有关研究社会问题的科学。按照社会学原理，只要某一问题涉及到社会群体利益的保护，这一问题即构成了社会学的研究对象。经济法是以社会为本位的法律科学，经济法的核心价值即是保护社会公共的和整体的利益，这使经济法具有了社会学价值。

（一）经济法的社会利益价值

人类社会发展的历史表明，实现经济的发展和繁荣并非其终极目标，其最终目标是实现社会的进步和发展，而这种社会进步与发展的具体目标就是社会利益的实现。这种社会利益应是一种全社会成员共同享有的利益，而非个别人或团体利益的实现。因此，一个社会的经济发展虽然为社会利益的实现提供了经济基础，但是，其不等于说经济的发展和繁荣就必然会满足社会利益的要求。反之，如果由于对已有的以经济收益为基础的国民收入不能予以在全社会公平分配，便会极容易形成基于社会分配不公而引发的发生于不同经济主体之间、不同行业之间以及不同地区之间的贫富差别，并进而使整体社会利益遭受损害。因此，在经济发展的情况之下，必须运用以"社会本位"为本位，具有调节收入分配特殊价值的经济法手段，进行分配环节的资源合理配置。这表明，经济法在实现社会利益方面，具有明显的价值。

（二）经济法的社会协调价值

如同国民经济发展中宏观经济不等于微观经济的相加一样，全社会利益的实现也不等于个别利益的简单相加。为此，社会发展也有一个旨在协调与平衡社会利益关系的宏观调控问题。中国自改革开放以来，一直将国民经济计划与社会发展计划予以分别编制，并分别地予以相应的计划（规划）调节与宏观调控。其中，社会发展的调控涉及到社会发展诸多问题解决的协调与制度安排问题。在当前，随着科学发展观的全面落实和全面建设小康社会目标的提出，就是要把解决"民生问题"放在第一位，为此，有必要在建立公共财政体制之下，把社会发展调控问题，纳入国家的宏观调控的范畴，积极地解决好百姓的上学难、就医难、住房难等民生问题，解决好"三农"问题，解决好环境保护问题，解决好行业之间、区域之间的差距问题等。从法律调整角度分析，则属于经济法中的宏观调控法的范畴。据此，经济法应具有社会协调的价值。

（三）经济法的法治价值

一国法制建设的目标是实现法治，使国家的一切活动都能纳入到法制轨道，实施"依法治国"。然而，要实现"法治"目标，必须以现实的民主推进为前提。这一目标的实现，不是一个简单的法律问题，从深层次角度分析，一个国家民主化进程的逐步推进，本身即是一个严肃的和涉及到社会变革的社会发展问题，且必须与一国的国情紧密结合，才会有所成效，所以，它不是一蹴而就的。从经济法的社会价值来看，通过经济法的制定与实施，使处于社会经济基础环节的国民经济运行中的民主法制意识得以逐步提升，使依法处理各项经济与社会发展事务成为经济管理者与各经济活动主体的自觉行动，必将为全社会实现法治目标，奠定良好的社会基础。因此，经济法对于实现社会法治的即定目标而言，具有重要的社会学价值。

第八章

中国经济法的功能与作用

第一节　经济法功能与作用的含义

一、经济法功能与作用含义之解析

所谓功能是指一定的事物或方法所发挥的有利的作用或效能。[①] 在现实的社会活动中，任何自然的或社会的事物均有其特定的功能，经济法作为一种社会现象或事物也不例外。而作用的含义在于（某一事物）对于（周围其它事物）产生的影响，或对事物产生某种影响的活动，或对事物产生的影响；效果；效用。[②] 按照辩证唯物主义的观点，作用应有积极作用与消极作用之分。作用含义的价值在于，当人类以某一事物为中心观察事物的发展规律时，该事物的存在与发展总是会对周边的其它事物发生着影响力，并存在事物之间的互动与协调关系。为此，要使某一事物的发展处于良好的状态，就必须努力发挥其积极作用，尽量避免其消极作用的产生。据此，判断与理解某一事物的功能实际上涵盖了其积极作用的相关内容。由此，本著作认为，所谓经济法的功能就是指经济法作为一种社会现象的有利作用和效能；而经济法的作用在于经济法对于经济与社会发展，以及经济法制建设的影响，其应当包括积极作用与消极作用两个方面。就经济法理论而言，对于经济法功能与作用的认识，有助于对于经济法本质属性的进一步理解。因此，经济法功能与作用是经济法的一个重要的范畴。

---

① 中国社会科学院语言研究所词典编辑室编：《现代汉语词典》（第 5 版），商务印书馆 2007 年 9 月版，第 475 页。

② 中国社会科学院语言研究所词典编辑室编：《现代汉语词典》（第 5 版），商务印书馆 2007 年 9 月版，第 1827 页。

二、经济法功能、作用与价值之间的联系

值得注意的是，经济法的功能和作用与经济法的价值之间有着内在的联系。因为，如前所述，经济法的价值即是指经济法的有用性，因此，经济法的价值实质上与经济法的功能及经济法的积极作用之间是一脉相承的。但是，经济法的价值定位，决定了经济法功能和积极作用的方向，即经济法的价值决定了经济法功能和积极作用的发挥应围绕着保护社会公共利益发挥其应有的效力。由此可见，在经济法的价值、功能和作用研究领域，经济法的价值是第一位的。而经济法功能和作用则应围绕经济法的价值所确定的目标予以发挥。

第二节　经济法的功能分析

一、对法的功能的基本理解

从法的发展历史看，自从产生国家以来，法律现象即是一种调节社会关系，规范人类行为的重要行为规则，其由国家制定、认可，并由国家强制力保证实施。就法的功能而言，人类的认识也有一个逐渐的认识过程，并随着时代的发展不断地深化。从一般意义上讲，法的功能是与法的价值的实现密切相关的，即通过法的制定与实施，实现公平、公正，是人类对于法的功能的朴素的、基本的和理想的认识。而事实上，法、法律及法制，也只有在解决公平与公正问题时，才能显示出其应有的价值与功能。然而，所谓公平与公正总是相对的，从不同的阶级立场、团体或个人利益角度出发，对于公平与公正有着不同的看法，自然其对于法所体现的公平与公正也会有不同的感受。一些人看来是公平和公正的事，而在一些人看来可能就是一种不公平和不公正的事。正因为这样，传统的马克思主义，在批判资产阶级自然法学派有关法的抽象的公平与公正的法律功能观所具有的虚伪性的基础上，以阶级分析的方法，在对于社会利益集团进行统治阶级与被统治阶级的基本划分的基础上，做出了法体现统治阶级意志以及法的功能主要在于维护统治阶级利益与统治地位的结论。在当代，中国法学理论界在坚持马克思主义基本观点的基础上，结合当代世界及中国政治、经济与社会发展的新情况，普遍地认为，当代的法、法律及法制，除了在维护统治阶级利益和统治地位方面仍然具有专政与镇压的功能之外，还具有协调各种社会关系，促进经济与社会发展之功能。据此，本著作将法在现实政治、经济与社会活动中的功能概括为镇压（或专政）、协调和促进三大功

能。其中，法的镇压（或专政）功能是法律产生时最原始的功能，即人类进入阶级社会后，当法律随着国家的产生而产生时，法律的功能就是维护统治者的统治。为此，古代时期的法律，通常以严刑峻法为主，体现了鲜明的专政功能。发展至今，这种体现法的威慑力的专政功能仍然是法的首要功能；法的协调功能是指法通过对于现存社会关系的确认或调整，协调社会利益关系，使各社会阶层的利益关系处于大致平衡的状态，以维护社会的稳定发展；法的促进功能是指通过立法促进新兴社会关系的产生或某一经济和社会发展目标的实现。

就中国社会主义法制建设而言，改革开放以来，随着国家发展战略和政策的调整，大规模阶级斗争的放弃，使法的专政功能在总体上有所弱化。① 当代中国的法律主要体现为对社会利益关系的协调功能，以保持经济与社会的稳定、和谐发展。与此同时，由于选择了超常规发展的战略，许多新型的社会关系需要通过立法予以促进，国家各项经济与社会发展战略的实施，也需要通过法律予以促进，从而使促进类的立法及其实践，成为法学研究的新课题。

二、经济法的功能

（一）经济法通常不具有镇压或专政的功能

经济法是国家干预、参与和调节国民经济运行的法。从经济法所面对的各种经济与社会矛盾的性质看，其属于人民内部矛盾。因而，在实现经济法的法益目标时，通常情况之下，不需要运用法的镇压或专政功能予以实现，否则，会造成人民内部矛盾的激化。即使是依据经济法的规定，对于构成犯罪的行为予以追究刑事责任，也一般地属于人民内部矛盾，应以"教育为主，惩罚为辅"的原则予以处理。当经济法实施中的违法行为已经构成严重的犯罪行为时，则应由司法部门，依据国家的刑事政策和《刑法》规定，履行法的镇压或专政功能。比如，依据经济形势发展的需要，当国家以"严打"的政策，依法对于严重的经济犯罪行为，运用刑法予以严厉打击时，即是刑法专政功能的发挥，而该种法的功能已经超出了经济法的法域范畴。

---

① 当然，这种大规模的阶级斗争的结束，并不意味着在个别问题上或某一时期法律专政功能的放弃。事实上，鉴于国外反华势力的存在和国内以推翻中国共产党的领导和颠覆国家政权为目的的危害国家安全行为或活动的存在，在某些事件或某一时期，法律的专政功能仍然有发挥的必要。为此，现行《刑法》将保卫国家安全，保卫人民民主专政的政权和社会主义制度，作为刑法的首要任务，并专设了危害国家安全罪，将其列为各类罪之首。这是实现法律专政功能的基本法律依据。

（二）经济法具有保障和协调经济主体合理利益的功能

在市场经济的多元经济格局条件下，各个经济主体均有其独立的利益要求，并且必然在相互竞争过程中存在着这样和那样的矛盾，并且，有些矛盾冲突还可能比较尖锐，因此，就需要国家运用法律手段，在承认各经济主体经济利益合理性的基础上，妥善地协调与解决好各种矛盾，以保证国民经济的健康发展。在此方面，经济法具有较明显的功能与作用。值得注意的是，在发挥经济法保障与协调功能问题上，中国经济法面对经济体制改革中出现的诸多新经济关系，并非急于进行法律调整，而是在改革方案实施的基础上，先通过试点，并在试点基础上，通过总结其经验教训，再上升到法律的高度，从而有力地保障和巩固了经济体制改革的成果。

（三）促进经济与社会的发展

与经济法保障与协调国民经济的功能不同的是，在对于那些改革中阻力较大，但是，根据社会主义市场经济发展的内在要求，以及国外的先进经验证明对于促进市场经济发展行之有效的经济关系与利益的确定与保障，中国经济法必须采取先行立法的措施，以促进新的社会关系的产生与发展。为此，中国颁布和实施了大量体现经济法促进功能的经济法律与法规。如旨在促进深化银行体制改革的《商业银行法》、旨在保护竞争秩序，促进中小企业发展方面的《中小企业促进法》等；此外，在对外开放方面，由于外商对于中国经济开放的法制需求的迫切性，因此，在对外开放领域，涉外经济法的制定与实施，体现了明显的促进功能与作用的发挥。

值得强调的是，从社会关系的历史演变角度分析，经济法保障与协调功能和促进功能对社会关系产生与发展的影响是不同的。保障与协调功能作用的对象是现实中已经存在着的社会关系，在这时，经济法的功能在于使已有的经济与社会关系按照经济法的导向有序地发展，这种功能的发挥与其它法律的功能相同，只不过是功能作用的对象不同而已。而经济法促进功能的发挥，则针对的是现实中并未存在着的经济与社会关系，因此，在经济法促进功能发挥时，是对新兴经济与社会关系的创设，它是经济法所独有的。从中国经济法的立法情况看，与促进功能相应的立法被称之为促进类立法，并区别于经济法立法中的管理类立法。

第三节　经济法的作用分析

一、经济法的积极作用

中国经济法的作用是指中国经济法对于中国经济建设与经济法制建设的影响。其有积极作用与消极作用之分。通过以上分析，经济法的积极作用是与经济法价值与功能的实现密切相关的。具体地说，中国经济法学界认为，经济法在中国市场经济发展与经济法制建设中有以下明显的作用：

（一）保障市场经济主体利益

法的基本作用之一就是要对于社会经济关系中的各个利益主体予以法律地位上的明确规定，并对其合法权益予以相应的保障，对此，经济法也不例外。自中国改革开放以来，中国经济法在确认经济法主体法律地位的同时，为了形成以公有制经济为主体，多种经济成分并存的多元化经济格局，特别注意对于市场经济主体利益的保障。为此，早在上世纪80年代，为了促进社会主义商品经济的形成与发展，国家先后制定和实施了具有经济法属性的《全民所有制工业企业法》、《全民所有制企业转换经营机制条例》、《城镇集体企业条例》、《乡村集体企业条例》、《私营企业暂行条例》、《中外合资经营企业法》、《中外合作经营企业法》《外资企业法》等基本法律和法规；进入90年代以后，随着社会主义市场经济体制的确立与发展，又适时地制定和实施了《公司法》、《个人独资企业法》、《个人合伙企业法》等旨在促进市场主体形成的基本法律。从法律部门归属看，这些法律虽然从总体上说，属于商事法的范畴，但是，各类企业法和公司法在肯定其独立的法人地位和商事主体地位的同时，强调了其应当遵守国家有关经济方面的强制性的法律与行政法规之规定，履行社会责任，并且，其中的国有性质的企业与公司以及具有公众性质的上市公司，必须接受国家职能部门的相应的管理与监管，从而，使其具有了经济法的意义。与此同时，国家通过制定与实施相关的财税法、金融法、价格法、对外贸易法等经济法，使市场主体的合法利益有了一个明确的界限，而企业与公司相关会计、统计和审计经济法制度的建立与完善，则为市场经济主体利益的保障，奠定了相应的核算基础。

（二）维护社会主义市场经济竞争秩序

市场经济是一种竞争性的经济，没有了不同经济主体之间的市场竞争，市场经济就没有了活力。市场经济与计划经济最大的不同，即是主要依靠市场竞争机制来实现社会资源的有效配置。但是，这种市场竞争机制的形成，在现代市场经济发展中，并非是自发形成的，而是在国家通过相应政策与法律，对于市场主体市场准入的条件与范围做出明确界定基础下的市场竞争；与此同时，国家还负有维护市场经济竞争秩序的责任。为此，中国经济法为了维护市场经济竞争秩序，首先是通过制定相关的《企业法》与《公司法》以及行业方面的管理法，对于市场主体成立的法定条件和行业准入范围做出明确规定，以便明确市场经济竞争的范围；其次，经济法通过制定《反垄断法》、《反不正当竞争法》、《消费者权益保护法》、《产品质量法》等法律，为维护市场竞争秩序提供了基本的法律依据；再次，为了进一步保持市场活力，经济法还可以从宏观调控角度，通过制定产业指导法、中小企业发展促进法、各类税法、各类金融法等法，实施有利于市场机制形成，并旨在促进市场竞争形成的各项经济政策与法律，从而，起到了经济法对于市场竞争机制健康运行的应有的作用。在此方面，随着中国市场经济的深入发展，有关维护市场竞争的相应的各项法律逐步得到了制定与实施，发挥了其应有的作用。

（三）促进国民经济的健康发展

对于国民经济的健康发展的理解，一是，一定时期内国民经济发展内部运行的基本协调，这种协调，按照市场经济发展的要求，即是要达到总需求与总供给的平衡；二是，国民经济的发展必须与社会发展相协调，其要求随着国民经济发展及经济增长力的提高，全社会的社会保障与社会福利水平也应当得到相应的提高；三是，国民经济的发展，不仅要考虑到当期的经济发展，还要考虑到今后国民经济的可持续性发展问题。为此，经济法主要通过宏观调控法中的计划法、投资法、产业指导法、财税法、金融法、资源与环境保护调控法，以及各类社会发展调控法的制定与实施，发挥其促进国民经济发展的独特作用，促进国民经济的健康发展。

（四）促进对外经济技术交流

自改革开放以来，促进对外经济技术的交流，一直是中国经济发展的一项基本国策。特别是随着中国加入世界贸易组织，更加大了中国对外经济技术交流的发展步伐，经济贸易领域已经全方位的实现对外开放。由于在对外经济活动中法制需求具有迫切性要求，因而，经济法的促进性作用十分明显。自改革开放以来，中国先后颁布了《中外合资经营企业法》、《中外合作经营企业法》、《外资企业法》、《涉外经济合同法》、《外商投资企业与外国企业所得税法》、《对外贸易法》等一批旨在促进对外经济技术交流的基本经济法律；为了实现对外经济贸易交流，在会计、统计、审计制度方面，实现了与国际惯例的基本接轨①；在中国加入世界贸易组织后，更是大幅度地对于不符合世界贸易组织规则要求的国家与地方性经济立法进行了清理，从而，有力地促进了中国对外经济技术的交流。与此同时，中国经济法在促进对外经济技术交流时，十分重视对中国国家主权与经济安全的保障，进而，使保障国家经济安全成为中国经济法的一项重要的原则与基本的价值范畴，其也是经济法特殊作用的具体体现。

二、经济法的消极作用

按照唯物辩证法的观点，任何事物的存在和发展均有其有利的一面和不利的一面。所谓经济法的消极作用，即是指经济法存在与发展可能对于相关事物发展的不利影响。在目前的理论研究中，多数研究仅对其积极作用予以阐述，鲜见对其消极作用的分析，对此，本著作分析如下：

（一）经济法的局限性问题

任何科学均有其特定的范畴界定，并具有自身的局限性。经济法的局限性来自于法律调节社会经济关系的局限性。按照法学原理，法律作为调节社会关系的规则之一，通常情况下，由于一项法律的制定不能"朝令夕改"，因此，它只能调整那些相对稳定的社会关系。与此同时，法律以权力（权利）和义务规范人类的行为时，表明了法律调整社会关系的实体特征，即只有那些可以以权力（权利）与义务形式予以规范的社会关系，才能属于法律规范的范畴。而法律实施的程序性特征又使法律在维护公平秩序的同时，往往失去社会发展的效率。由此，当面对快速变化着的社会关系的历史演变时，往往显得无能为力。换言之，法律对于处于变动状态的社会与经济现象的影响力极其有限，超过这一界限，将会对社会发展产生消极的影响。而对于那些无法用权力（权利）、义务予以规范的行为，只能用其他规则予以调整，这些规则包括政策、道德及其他公众认可并长期形成的习惯性规则。另外，法律的正义属性，要求现实中的法律应当是以社会经济活动中，大多数人的合理的利益索求为基础的，否则，所制定的法律将会失去其正当性，并被视为"恶法"，其在实践中

---

① 在国际经济交往中，国际惯例被称之为国际经济贸易交流的"商业语言"。中国于1993年起正式实施社会主义市场经济之初，即开始在会计领域推行国际通行的"借贷记账方法"及其相关的制度；而在统计领域则开始实施与国际标准基本一致的新的国民经济核算体系。从而，为市场经济的发展，奠定了相应的基础。

也难以推行。而国家对"恶法"的强制推行，将会对社会造成危害，成为诸多改革或"革命"的理由，并会引发国家政权的更替。这表明，即使是作为统治阶级的法也不能随心所欲。

中国经济法诞生于改革开放，所面临的是变革中的社会关系，社会经济发展的转型特征，要求经济法的调整必须采取慎重的态度，一方面，对于那些处于不稳定的发展中的经济与社会关系，不宜急于运用经济法予以调整；另一方面，在经济与社会变革中，各种利益关系的变革，虽然均有法律的索求，但是，作为社会主义国家的法律，切实地保护广大工人、农民和知识分子的利益，应是中国经济法始终坚持的原则，经济法绝不能成为利益集团谋取私利的工具，否则，经济法的消极作用将直接危害到中国社会主义制度的巩固和发展。这是如上所述的中国经济法的政治属性所决定的。而现实中经济法消极作用的出现，皆是由这两个方面出现问题所导致的。

（二）经济法的过度性问题

在市场经济条件下，经济法是国家干预经济的产物。就西方资本主义国家经济法的产生而言，产生于垄断阶段，是其迫不得已的举措，而今已经成为现代市场经济的应有内涵。但是，就中国社会主义经济法的产生而言，则是国家领导经济职能的体现。改革开放需要在国家统一领导下推进，市场经济体制及其运行机制的完善，也离不开经济法的规范与引导。因此，在中国社会主义现代化建设中，国家及其政府对于经济社会生活的干预将始终处于强势地位。但是，在市场经济条件下，由于主要应当依靠市场的自由力量来实现对社会资源的有效配置，这样，就要求国家及政府应当赋予经济主体以自主独立经营的权利，国家及其政府应当根据经济社会发展的客观实际需要，阶段性地、适时地对市场经济主体的经济行为实施间接引导与干预，为此，国家及政府对经济的干预行为，必须限定在适度的范围之内，如果出现过度性干预，将会对经济产生消极的影响。因此，经济法的制定和实施，必须控制好主要来自于政府对经济的干预行为，否则，经济法的消极作用，不可避免。

（三）经济法的协调性问题

经济法的协调性问题，首先来自于经济法与现实经济与社会需求的协调。在此方面，经济现象是客观存在的，而经济法则是主观世界对客观世界的反映，然而，由于现实经济的复杂性和多变性，进而导致经济法对客观经济需求的反映，不可能做到完全符合。当既有的经济法不能较好地反映经济的客观需求时，则必然会对经济和社会发展产生消极的影响。其次，从现实的情况来看，基于既有法律体制的僵化，致使经济法往往会滞后于发展中的经济，使经济法应当根据经济发展的需求，做出相应的及时调整，或修订，或废除，或制定新的法律，如果不能达此目的，经济法的消极作用便会发生；再次，由于经济是基础，因此，几乎所有的部门法律均调整着现实的经济关系。所以，经济法必须协调好与其他相关法律部门的关系，如果协调不好部门法之间的关系，经济法与其他部门法之间的冲突，必然导致经济法积极作用不能得到有效地发挥，并可能会对经济与社会发展产生消极的影响。

总之，研究与实践经济法，不仅要发挥好经济法的积极作用，更应当从逆向思维角度，研究经济法的消极作用，并努力避免经济法的消极作用。只有这样，才能使经济法能够良好地发展。

第九章

中国经济法的调整原则与方法

第一节　经济法的调整原则

一、经济法调整原则的含义

经济法的调整原则，或经济法的基本原则，是指由经济法所确立和规定的，在国家或地方运用经济法调整特定经济关系时所应当遵循的基本准则。按照法的基本原理，经济法的调整原则集中体现了立法者的意志，并指导着经济法的实施和经济法的研究。从部门法角度分析，在部门法立法体制下，由于各个部门法均应有其自身的调整原则，因此，经济法的调整原则是经济法基础理论中最重要的范畴之一，其直接影响着经济法价值、功能与作用的定位，也是经济法宗旨和本质的具体体现，是经济法区别于其它法律部门的重要表现。

理解经济法的调整原则，要注意作为经济法基本范畴的调整原则，或基本原则，是指经济法部门建设中应当遵守的总的原则，它不同于经济法体系下市场规制法和宏观调控法及其具体的经济法（如反垄断法、财税法）所确立的基本原则。就其相互关系而言，正如法的基本原则对于经济法具有普遍指导意义一样，经济法的调整原则对于经济法体系下的各个子部门法（或法群）也具有普遍的指导意义。此外，从经济法制建设角度讲，经济法的调整原则虽然为经济法所确立与规定，但是，其也不能等同于经济法的立法原则，因为，所谓经济法的立法原则是指经济法立法过程中应当遵循的基本准则，如经济立法的经济民主原则就具有经济立法的技术性特点。至于经济法的守法原则、经济执法原则、经济司法原则等，也具有其自身应当遵循的基本准则。但是，经济法所确立和规定的调整原则，对于经济法制环节各个基本原则的确立的影响则是不容置疑的。

从法律适用角度来分析，中国经济法立法的特点之一，是在总则中通常要规定相关的基本原则条款，这些体现经济法基本原则的法律条款，并非仅仅是一种宣示性的条款，而是其它条款所共同遵守的基本规范，当具体的经济法律规范不能解决有关问题时，经济法的法定原则即是可以被适用的条款。而现实中的经济违法与犯罪行为之所以违法，首先即是因为违反了特定经济法律所确定的基本原则所导致的。因此，经济法的基本原则的确立，既具有理论意义，也具有实践意义。

二、研究现状与问题

由于经济法学属于新型的法学学科，加之中国经济法的实践时日还较短，中国经济法学界对于经济法调整原则的研究还处于探索阶段，对于经济法调整原则的表述也不尽相同。如刘文华、史际春教授认为，经济法的基本原则包括平衡协调原则、维护公平竞争原则、责权利效相统一原则；[1] 李昌麒教授认为，经济法的基本原则包括资源优化配置原则、国家适度干预原则、社会本位原则、经济民主原则、经济公平原则、经济效益原则；[2] 顾功耘教授和刘哲昕把经济法的基本原则概括为经济民主原则、效率优先兼顾公平原则、可持续发展原则、公正原则；[3] 朱崇实教授把经济法的基本原则概括为国家意志高于个人意志的原则、社会效益优于经济效益的原则、注重公平兼顾效率的原则；[4] 张忠军教授认为，经济法的基本原则为平衡协调原则、维护公平竞争原则；[5] 程宝山教授认为，经济法的基本原则包括社会本位原则、效率优先兼顾公平原则；[6] 漆多俊教授认为，经济法的基本原则只有一个，即维护社会经济总体效益原则。[7]

中国经济法学界对于经济法调整原则的上述不同的表述，反映了经济法学界对于经济法的不同认识，但也说明了经济法调整原则的确定，还缺乏统一的标准。有的将法的基本原则视为了经济法的基本原则，如经济公平、公正原则；有的则将经济发展中的过渡性原则视为经济法的基本原则，如效率优先兼顾公平的原则；有的将经济法发挥作用的方式确定为经济法的基本原则，如国

① 潘静成、刘文华主编：《经济法》，中国人民大学出版社1999年版，第73~77页。
② 李昌麒主编：《经济法学》，中国政法大学出版社1999年1月修订版，第53~59页。
③ 顾功耘主编：《经济法教程》，上海人民出版社2002年3月版，第56~64页。
④ 朱崇实主编：《经济法》，厦门大学出版社2002年11月第2版，第20~27页。
⑤ 张忠军主编：《经济法》，中国财政经济出版社2002年6月版，第40~43页。
⑥ 程宝山著：《经济法基本理论》，郑州大学出版社2003年版，第121~128页。
⑦ 漆多俊主编：《经济法学》，武汉大学出版社1998年版，第74~78页。

家适度干预经济的原则；有的则将作为经济法体系内部市场规制法或宏观调控法的基本原则视为了经济法的基本原则，如维护公平竞争原则、平衡协调原则等。这些原则是否可以作为经济法的基本原则，均值得商榷。

三、经济法调整原则的标准

目前，中国经济法学界对于经济法基本原则的把握与表述上存在着较大的差异，主要原因是，学界在如何判断经济法的基本原则问题上没有统一的标准。对此，本著作认为，以下是确立经济法基本原则时，应当考虑的标准和依据：

（一）符合和体现经济法的法益目标

任何法律部门均有其不同于其它法律部门的特定的法益目标。从经济法的发展历史不难看出，经济法不同于其它法律部门的法益目标是由"社会本位"所决定的，对于社会整体利益的保护。正是由于经济法社会整体利益保护原则成为经济法的调整原则，才使得经济法对于社会经济关系的调整，既区别于以"个体本位"为基础，以个体利益保护为法益目标的民商法；也区别于以"政府本位"为基础，以国家利益或政府利益保护为法益目标的行政法，并从经济法角度保持了与社会法的一致性。

（二）体现经济规律及其相关规律的客观要求

遵循客观的经济规律能否可以作为经济法的调整原则，是经济法学界争议的一个基本问题。然而，经济法的表现即是"七分经济三分法"。作为经济发展的一种需求，经济法部门及其经济法制度的建设过程，就是经济问题法律化的过程。正因为这样，经济发展中的客观规律应当作为经济法的基本原则。将经济发展中应当遵循的基本规律，通过经济立法，上升为经济法的调整原则，将有利于经济法保持其与经济规律及其相关规律的一致性，使经济法发挥好其应有的保障和促进经济发展的特有作用。与此同时，将经济法遵循经济规律确定为经济法调整的基本原则，也体现了与经济法相应的经济法学的交叉性与边缘性特点。

（三）在经济法实践与理论研究中具有普遍适用性

如上所述，经济法的调整原则，不同于经济法体系内部各个子部门法（或法群）的基本原则，为此，经济法调整原则的确定与规定，必须是一种高度抽象的，对于经济法各子部门法具有普遍指导意义的基本原则，其应当反映出经济法有别于其它法律部门的本质特征。从经济发展的需求来看，经济法调整原则的确定与规定，不应仅仅是适用于特定历史时期对于经济法的需求，而应当是对于任何经济发展时期的经济法需求，均能普遍适用的基本原则。而一旦这种基本原则得以确定，不仅对于经济法的实践具有普遍的意义，而且，也应当对于经济法的理论研究具有普遍的指导意义。

（四）应当有别于法的基本原则

法的基本原则，是任何法律部门均应当遵循的基本准则，它反映了法律现象与其他社会现象在本质上的不同，体现了法的基本价值。为此，有关民主原则、公平与正义原则、维护一定秩序的原则等本来是任何法律部门都应当共同体现的基本原则。就经济法而言，在经济法制定与实施中，坚持民主、公平、公正、维护相应秩序原则，就是法的基本原则与价值在经济法领域的具体化，其表现了法的基本原则的普遍适应性。因此，将经济法的民主原则、公平与正义原则、以及维护竞争秩序原则确定为经济法的调整原则，本来就是经济法作为法的一个类别之应有的内涵，并不能反映经济法有别于其它法律部门的本质属性。

（五）体现中国经济法所特有的价值、功能与作用

中国经济法所调整的社会经济关系，是中国所特有的。而中国特有的社会经济关系又是由中国的政治体制与经济体制所决定的。在当前，中国特有的经济体制，就是社会主义市场经济体制，反映在经济关系领域以及经济发展中所面临的问题上，该体制之下的社会经济关系的形成与发展，不仅内涵着市场经济的因素，而且，这种市场经济关系的形成与发展，受到了社会主义因素的制约，并不能脱离社会主义前进的方向。对此，虽然，从法的基本原则方面讲，坚持社会主义发展方向，应当是中国所有法律部门应当普遍遵循的一项基本原则，然而，由于各个部门法本质属性的不同，民商法等私法法律部门难以满足这一原则的要求，因此，以公法为主，兼顾对于私法保障的经济法，应当是能从完整意义上，实现对于中国社会主义市场经济关系调整的经济法律。为此，体现经济法所特有的价值、功能与作用的基本要求的法律调整原则，理应成为经济法的一项重要的调整原则。而事实上，世界各国的经济法都是从本国实际情况出发，针对本国经济体制下的社会经济关系的特有的要求，确立本国经济法的基本原则的。这一点，对于发展中国家的经济法尤其具有特别重要的意义。

四、经济法的调整原则

依据上述标准，本著作认为，经济法的调整原则应当包括以下几个方面：

（一）遵循客观经济规律及其相关规律的原则

经济规律是经济发展中客观存在的规律的总称。经济规律是经济发展中客观存在的，经过实践检验，被人类所认识，并具有客观性。

首先，在中国社会主义市场经济条件下，经济法按照客观经济发展的需求，对国民经济关系进行调整时，应当遵循生产力发展的规律。对此，马克思主义原理告诉我们，生产力决定生产关系，进而又决定着作为上层建筑的法律。这一规律虽然适用于所有的法律部门，但是，对于直接调整国民经济关系的经济法而言，更具有特殊的意义。该规律要求，当生产力发展水平仍处于求生存阶段的时候，经济发展对于经济法的需求，主要是对经济秩序的维护；而当一国或一地区之经济发展阶段已经进入求发展阶段时，所谓经济法的公平与正义价值才具有实际的意义。与此同时，法律对于经济所具有的反作用，使得经济法的促进功能与作用，能够在社会经济变革中发挥其应有的贡献。但是，当经济法的制定未能反映客观经济规律的要求，甚至违反客观经济规律时，将会阻碍经济的发展。为此，建立经济法的评价机制、修改机制与废除机制十分必要。

其次，中国经济法应当遵循市场经济发展所具有的供需规律①、竞争规律②、价值规律③、国民经济发展的周期性循环规律④等。

再次，中国社会主义市场经济发展还应当遵循社会主义经济有关有计划按比例发展国民经济的规律⑤、满足人民群众日益增长的物质与文化需求的规

---

① 按照市场经济原理，生产商品的供方和需方之间的平衡是其基本规律。其中，由需求决定供给是规律的基本内容。按照此规律，通常情况下，作为生产的供方必须根据消费者的需求来组织生产，并达到大致的平衡，为此，消费需求的增长与控制，对于实现供需平衡具有决定性意义。

② 竞争规律是市场经济运行的基本规律，该规律要求市场主体应处于多元化并由众多的生产或经营同一商品的生产企业或商家存在，这些企业或商家的相互竞争有利于降低生产与经营成本，减少资源消耗，并保持市场运行的公平秩序。

③ 价值规律是指在市场经济运行中，商品的价格总是围绕着商品价值上下波动，而商品的价值又是由生产该商品的社会平均劳动时间所决定的。为此，商品价格的确定应以商品的价值为基础。

④ 国民经济发展的周期性循环规律是指就整个国民经济而言，国民经济的发展总是存在一个"发展期—繁荣期—萧条期—危机期"的不断循环的周期。这一规律不依人类的意志为转移，但宏观经济可以采取相关手段，努力缩短萧条期，并避免经济危机的发生。

⑤ 有计划按比例发展国民经济，是社会主义经济发展的基本规律。其基本内涵是国家在组织国民经济建设时，应妥善处理好农业、重工业、轻工业、服务业等关系，使其按比例地发展。在社会主义市场经济条件下，社会资源的配置虽然主要由市场配置，但是，国家对于各个产业和行业的计划指导仍然具有重要的意义。

律①、坚持对于公共社会经济资源的计划配置原则②等。

（二）保障社会整体经济利益原则

经济法作为一个独立的法律部门，其重要的特征就是其所具有的"社会本位"之本质属性。该属性要求经济法对于社会经济关系进行调整时必须以社会整体利益的保障为其基本出发点和归属点，这是经济法原则与其它法律部门调整原则相比的最大的不同点。该原则要求经济法对社会经济关系调整时，首先要从社会整体角度出发制定与实施经济法，为此，就要时刻"以人为本"，关注社会整体利益的要求，站在社会整体角度考虑问题；其次，经济法所要保障的经济利益是一国或一地区的社会整体的经济利益。它既不同于代表个人或单个集团的经济利益，也不同于一定时期国家特定的经济利益。就个别利益而言，社会整体利益既不是个别经济主体或集团经济利益的简单相加，也不是这些经济利益的简单平衡的结果，而是在对特定历史时期社会整体经济利益要求综合判断基础上的最佳选择的结果。就国家经济利益而言，其通常情况下与社会整体经济利益是一致的，但是，基于国家本身的特定属性，特定时期国家经济利益的索求，也会和社会整体利益发生冲突。尤其是在当代社会，当国家经济利益主要体现为政府的经济利益形式时，这种冲突日益明显，特别是在当前社会经济利益与长远社会经济利益发生冲突时，基于主要代表国家行使经济管理职权的政府任期业绩要求的局限性，政府往往会以当前的社会整体经济利益为借口，而损害长远的社会整体经济利益，这一点在资源与环境的保护方面尤其明显。因此，经济法的社会整体经济利益的保障原则，应当涵盖经济发展的可持续发展原则，只有这样，才能切实地保障社会整体经济利益。此外，经济法强调的社会整体利益，与社会法所强调的社会利益保障原则，具有内在联系，因为，社会经济整体利益的保障，为社会利益的保障提供了物质基础。正因为这样，从广义角度讲，经济法本身也是社会法的重要组成部分，具有社会法的属性。

（三）责任与义务本位原则

权利（权力）与义务问题是法律问题的基本内涵，因而，任何法律部门

---

① 满足人民群众日益增长的物质和文化需要是社会主义发展的目标，该目标的定位，与市场经济条件下的以消费需求来决定和组织生产的规律之间，存在着耦合关系。

② 社会公共资源的配置不属于市场范畴，因而，对于社会公共资源的配置，按照市场经济原理，应当由政府担负起责任，实施人民民主基础上的计划配置，并按照公共财政原理，予以公平合理的分配。

均体现了一定社会主体在特定社会关系中的权利（或权力）与义务。并且，事实上，没有不存在对应权利的义务，也没有不存在对应义务的权利。权利（或权力）与义务总是相互对应的。但是，由于不同法律部门法益目标及其价值的不同，各个部门法对于权利（或权力）与义务的要求与法律调整的侧重点是有所不同的。就经济法而言，与民商法强调"权利本位"不同的是，经济法的法律调整更加强调的是经济法主体的"义务本位"，并且，经济法通常将经济法主体的义务界定为责任，并与"职权"一词相对应，进而形成了经济法制定与实施自身的特点。该原则首先要求，对国民经济关系进行法律调整，合理配置社会公共资源，保障社会整体利益，是当代社会国家及其政府的一项重要责任，它直接影响着现代社会国家职能的界定；其次，该原则要求处于中观层次的地方权力机关与政府机关，一国的行业经济或企业集团经济与部门经济管理部门同样负有经济管理的责任。而且，国家与地方及行业部门和企业集团的这种责任，直接决定了其应当具有的集权利与义务于一体的经济职权的范围。再次，对于企业、公司及其他处于被管理地位的经济法主体而言，强调"义务本位"，有利于其自觉地遵守经济法，从而，保证经济法实施的有效性。从现实经济法的制定与实施情况看，经济法责任与义务本位原则的实现，集中地表现为，为保证国家与地方或行业经济及企业集团管理目标的实现，在经济法律关系中，经济管理者与被管理者之间的单务性质的法律关系的产生、变更与消灭。

（四）经济发展与自然和社会发展相协调原则

在现实的经济发展中，一国或一地区经济发展受到自然条件和社会条件的诸多限制，因此，经济发展在遵循经济规律的同时，必须遵循相关的自然规律与社会发展规律。按照科学发展观的要求，一国或一地区的经济发展必须妥善处理好与自然的和谐相处的关系，与此同时，要和社会发展相协调一致。为此，作为调整经济关系的经济法，不仅应当遵循客观的经济规律，而且，还需要遵循客观的自然规律和社会发展规律。为此，经济法在调整经济关系时，必须将自然资源与环境的保护和社会发展与进步纳入自己的调整范畴，并予以通盘的法律调整，从而体现经济法的社会本位的本质属性，据此，经济发展与自然和社会发展相协调，也应是经济法调整的一项重要的基本原则。在此方面，中国经济法首先是通过计划与规划调控法的制定与实施，将国民经济计划与社会发展计划或规划同时纳入计划与规划的范畴，根据经济发展的实际状况，确立旨在不断增进社会发展与进步的经济与社会发展目标与政策，并通过其它经济法予以具体地落实。其次，中国经济法还十分重视将经济发展与资源和环境的保护予以结合，但是，由于中国是发展中国家，经济的高速发展给有限的资源和环境保护造成了极大的压力，为此，在经济发展中，如何处理好经济发展与有限资源的有效利用和环境保护的关系，将始终是中国经济法及其经济法制建设所面临的重大课题。

第二节　经济法的调整方法

一、经济法调整方法的含义与意义

法的调整方法是指法在调整社会关系时所采取的基本方式和手段。从法的实践来看，法的实现的基本方式和手段，是实现法的价值、功能和作用的具体途径，法的调整方法的确立与具体运用，关系到法的效力的发挥。它是法作为调整社会经济关系的行为规范与其他相近的道德规范、政策规范的重要区别。与此同时，在部门法体制下，不同的法律部门也都有其特定的调整方法，是法学界区别不同法律部门的重要标志之一。

作为部门法意义上的经济法，经济法的调整方法是指那些区别于其他法律部门的，经济法在调整国民经济关系和社会发展关系时所采取的特定的基本方式和方法。从法的一般属性来看，部门法意义上的经济法，作为法的一个类别，同样以法律规范的制定与实施为其基本的方式与手段，具有法律规范所应具有的一般属性，并按照法律规范确立的通常模式，分别就具体调整的经济关系及相关社会关系所涉及的法律主体的地位、权利（权力）与义务、法律后果（或责任）等基本问题，予以明确的法律规定，以实现经济法的价值、功能与作用。但是，与此同时，经济法的调整方法也应具有区别于其它法律部门特定的方法，其最终是由经济法所调整的特定经济关系的本质属性所决定的。因此，学习和认识经济法的调整方法，不仅可以进一步地了解经济法与其它法律部门的区别，还可以更进一步地深刻理解经济法与其所调整的国民经济与社会发展关系之间的互动关系，并进而深刻理解经济法产生发展的规律。

二、经济法调整方法的基本特征

（一）强制性规范与任意性规范相结合

现代经济法是以公法为主，公法与私法相互兼容的法。从公法角度分析，经济法应当具有公法调整社会关系时多数实施强制性规范的特点，这一点在涉及有关经济发展法律秩序的确立方面尤其突出。在市场经济条件下，为了维护市场经济发展的应有秩序，作为国家与地方管理经济的法，经济法必须就参与市场经济活动的各个经济主体准入市场的基本条件与程序、开展各项经济活动所应遵守的规则及其相关的权利与义务、以及违反经济法规定后所应承担的惩罚性后果，做出强制性规定，以便使经济活动中的被管理者在经济法律的框架以内有序竞争地开展各项经济活动。这既是市场经济必须有序发展以及法治经济的内在要求，符合市场经济发展的规律，也是经济法的一项基本的任务。当然，这种强制性规范对于经济行为的约束力应当主要限定在对于一般经济违法行为的范围之内，一旦市场经济活动主体的经济违法行为已经达到严重的程度，且触犯了刑法之规定，当以刑罚之强制性规范予以调整与规范。

与此同时，从私法角度分析，既然在市场经济条件下，确立了市场经济活动中各个经济主体独立的经济主体地位，因而，在涉及到企业、公司甚至消费者的生产经营及消费决策问题时，经济法不宜对之进行强制性规范，经济法只能采取具有任意性规范属性的法律调整方法，引导市场主体根据经济法的任意性规范，结合自己的实际情况，有选择性地就自己的生产经营与消费的决策做出相应的选择，并自己承担相应的后果。这种法律调整方法被中国经济法学视为提倡性规范①，是经济法调整方法中所独有的。在具体运用上，主要通过计划与规划、产业指导、价格指导、投资政策、财政税收政策、货币与金融政策、资源与环境控制、对外贸易政策、社会发展政策及其相关经济法的制定与实施，通过对于市场规模与发展方向的直接调节，达到引导个别市场经济主体生产、经营与消费行为的目的。

（二）否定性后果与肯定性后果相结合

作为法律调整方法的法律规范，明确规定法律主体违反法律规定后的后果，是法律调整方法中的必备要素。并且，其通常是以否定性后果，即以不利于违法者的法律责任的形式来体现法律后果的，这是所有法律部门在调整方法上的共性。对此，经济法继承了传统法律调整方法的这一要求，在经济法中规定了诸多具有惩罚性特点的经济法律责任。但是，与此同时，对于依照经济法规定，依法处理各项经济事务的经济法主体而言，经济法律规范还设立了以奖励为表现形式的肯定性的法律后果，从而，使经济法的调整方法有了自己的特色。之所以在经济法中需要设立奖励制度，是因为经济法所调整的经济关系是

---

① 漆多俊："论经济法的调整方法"，载于《法律科学》1991 年第 5 期、《经济与法》第 10 期。

一种不断运行着的社会关系，并且，对于身处经济关系之中的经济主体而言，是一种十分繁琐的经济工作，因此，仅用惩罚性的法律规范促使经济法主体规范自己的经济行为，并不能满足经济发展的实际需求，必须有具有激励机制与作用的相应的奖励措施与惩罚措施相互配合，才能做到"赏罚分明"，以有利于经济活动的健康开展。从经济活动的实践来看，作为经济管理的一项普遍通用的制度设计，即使法律规范没有规定，在实际的经济管理中也是常用的一种基本手段。因此，经济法调整方法将否定性后果与肯定性后果相结合，实质上是经济管理实践中"赏罚分明"在经济法中的具体体现，其最终是由经济法所调整的经济关系的本质与特征所决定的。

值得注意的是，由于行政法所调整的行政管理关系，也符合上述有关管理学原理中的要求，也需要做到"赏罚分明"，因而，行政法调整方法的特点之一，也是否定性后果与肯定性后果的相互结合。对此，经济法与行政法的主要区别在于这种方法运用的领域与所体现的法益目标的不同而已。

（三）体现经济关系的专业性与灵活性要求

经济法所调整的经济关系具有经济专业性特点，是经济法的一个基本的特点。它要求经济法在调整特定经济关系时，必须充分考虑经济关系所内涵的经济业务的特殊性，并将其具体地体现到经济主体权利与义务的法律界定之中，为此，各项经济法律规范实质上是具有专业特点的经济业务关系在法律上的表述。这使得经济法规范与经济活动中的民事法律规范、行政法律规范、社会法律规范有了实质性的区别，并为经济刑事法律规范的形成提供了可以参考的基本依据。

与此同时，鉴于现实中的具体经济关系总是与特定的经济发展阶段相适应，处于一种动态发展的状态，因此，它要求经济法的调整方法必须保持一定的灵活性，该灵活性，一方面体现为，随着经济政策的变化，经济法律规范的内容也必须随之予以调整；另一方面，就法律后果而言，在合法与非法经济关系的认定上，在一定历史时期认为是违法的经济行为，而在另一历史时期，该经济行为就可能会被确认为合法，对此，经济法调整判断的依据，除了考虑经济行为的合理性以外，是否能够促进生产力的发展，是否能够满足并保障社会整体利益的实现，是在不同经济发展阶段确认经济行为合法与违法的基本依据。该基本原理要求经济法在调整国民经济关系时，必须审时度势，把握好经济法调整经济关系的"尺度"，从而，为保障和促进国民经济和社会的健康发展做出自己应有的贡献。与之相反的是，作为调整市场经济关系基本法的民商法，在法律调整方法上，则具有相对的稳定性。

三、经济法的调整方法

根据国内外经济法的实践，以及经济法的理论研究，经济法的调整方法体现在以下几个方面：

（一）强制性方法

强制性方法，亦称为指令性方法，它是国家运用经济法手段对于经济活动主体的经济行为，以强制性法律规范的形式明确规定经济法主体的地位、权利义务、法律责任，并要求经济法主体必须遵守的经济法调整方法。其主要运用于与经济秩序确立有关的经济领域。在市场经济条件下，主要体现为围绕市场经济秩序形成的市场规制法的调整方法。这种强制性方法的运用，既涉及到关系经济主体切身经济利益的实体法，也包括涉及市场机制建立的程序法；既涉及到对于经济活动中处于被管理主体的经济业务行为的强制性规定，也涉及到对作为管理主体的政府及相关组织的经济管理行为的法律规制。该方法是传统法律调整方法在经济法领域的具体运用，体现了强烈的国家对于经济的"刚性的或直接的干预"。根据中国现行的各项经济法律、法规与规章的规定，其表现形式主要体现为：设权、命令、禁止、许可、批准、撤销、审核、免除、确认以及监督与监管等。就地方权力机关和行政机关而言，根据本地区经济发展的需要，也可以根据法律与行政法规的授权，在制定与实施本地的经济法规与规章时，以强制性法律规范形式调整相应的经济关系。

（二）指导性方法

经济法的指导性方法，也称为诱导或引导性方法，它是指国家根据经济形势发展的需求，通过依法制定各项与经济政策配套的经济法，引导经济活动主体开展相关的经济活动的经济法调整方法。它体现了国家对经济的"柔性的或间接的干预"，因而，其主要体现为经济法的宏观调控法的调整方法，具有经济法的特殊意义。在中国，这种指导性方法的运用，除集中体现为国民经济与社会发展规划及计划的制定与实施外，产业政策、财政政策、金融货币政策、劳动就业政策、物价政策、资源与环境保护政策、对外贸易政策及其相关经济法的制定与实施，均体现了经济法指导性方法的具体运用。由于指导性方法对于经济主体而言，没有法律上的强制力，因而，被许多人认为其不具有法律上的效力，进而，有人认为，它构不成法律意义上的调整方法，更构不成经济法的调整方法。但是，事实上，一旦这种体现国家宏观调控政策的经济法得以制定与实施，将直接影响到单个经济主体经济决策及其相应的民事与经济权利的处置，其贯彻与不贯彻经济法指导意见的法律后果将由经济法主体自己承担，并且，如果按照经济法指导性规范设计自己的经济行为，便会从中受益，反之则会遭受经济损失，由此来看，指导性方法仍然具有法律效力，应当成为经济法的调整方法。还应当指出的是，经济法的指导方法，主要涉及到有关经济主体实体经济权利的处置，但是，为了保证国家宏观调控目标的实现，宏观调控法仍然会设计一些程序性的规范与制度，如税收调节中的程序性制度。该程序制度就其调整方法的属性而言，仍然是强制性的，是一种法律上的义务性要求，经济法主体必须予以履行。就地方权力机关与行政机关依法制定和实施的，属于中观经济调节范围的具有指导意义的经济法而言，也是经济法指导性方法的具体体现，其同样具有相应的法律效力。

（三）直接或间接介入经济的方法

经济法的直接介入经济的方法，是指国家使用非权力的、私法的手段，通过经济法直接或间接地介入经济的一种调整方法。它是经济法特有的方法。其具体作用表现在两个方面：一是，当市场机制自动调节经济不充分时，国家可以采取直接或间接介入的方式，以促使市场经济机制的正常运行；二是，为了实现国民经济宏观调控目标，达到总需求与总供给的平衡，对于经济的直接的和间接的介入。其具体介入的方式包括发行国债、实施政府采购、由国有资产管理机构代表国家直接投资、实行财政性贷款、实施政策性银行贷款、进行政府补贴等。国家以这些手段调整经济时是非权力性的，任何经济主体参加与国家直接或间接介入行为相关的这些经济活动时，均是自愿的，因而其并不具有强制性。除国家对于经济的补贴行为与财政投资属于国家的单方行为外，其他介入方法的运用，均会在国家与参加者之间产生相应的债权与债务关系，就其性质而言，属于私法调整的范畴，是经济法公法与私法结合的典型表现。

（四）综合惩罚的方法

对于违反经济法的经济主体实施相应的惩罚措施，是经济法调整方法的必要手段。它表现为违反经济法的责任者所应承担的法律责任，即经济法责任。对此，经济法理论研究表明，其可以包括以下基本方式：

1. 财产和其他经济利益方面的经济法责任，简称财产责任或经济责任

经济法中的财产责任或经济责任，是指经济法义务人因其违反经济法的行为给国家、社会或特定的社会组织与公民造成财产和其他经济利益损害，而应当以属于自己的财产和其他经济利益给被损害者予以补偿的承担责任的方式。这是民事赔偿责任在经济法领域的具体体现，具有民事责任的"填补性"特

点。其不同点在于，一是，经济法之经济责任与民事责任所依据的法律不同，前者依据的是经济法，而后者依据的是民商法；二是，两种责任可能实现的程度不同。与民事财产责任的充分性相比，经济法义务人违反经济法之后，给国家、相关社会组织甚至公民所造成的经济损失往往是数额巨大的，仅以其自身财产补偿损失是难以达到填补目的的，具有不充分性的特点，因而，必须以其它责任形式予以弥补，才能达到经济法的法益目标。这使得经济法的财产责任具有了惩罚的意义。

2. 经济行为方面的责任，简称经济行为责任

经济法中的经济行为责任是指经济法义务人违反经济法的禁止性的或限制性的规定，而应当承担的具有惩罚意义的责任。任何经济社会条件下，经济法有关对于经济活动主体经济行为的禁止的或限制性的规定，直接表明了国家对于不同历史时期经济行为合法与非法界限的意志，因而，其是经济法主体必须遵守的，否则，即要受到相应的惩罚。它是经济法责任中普遍适用的一种责任形式，其适用的对象是国家或地方经济管理中的被管理者，其形式主要包括罚款、罚交滞纳金、罚息、收缴应上交收入、没收非法所得等货币性制裁；征用、征购、没收财产等财产性制裁，以及吊销营业执照、责令停业整顿、吊销有关资格等行政性制裁。

3. 经济信誉责任

经济信誉责任是指经济法义务违反人以其经济信誉受到损失为代价承担经济法责任的方式。所谓经济信誉，是指经济法主体在经济活动中所享有的信用和声誉。良好的信用和声誉会给从事经济交易活动企业等经营主体带来相应的经济利益，因此，商誉被视为企业的无形资产；而对于经济管理机构的信誉而言，则直接关系着经济管理的效率。在市场经济条件下，民法所确立的诚实信用原则是一切参与经济活动的经济主体的基础，作为经济法调整方法之一的经济信誉责任是对于民法诚实信用原则的进一步强调，并且其适用的范围更为广泛，与此同时，以经济信誉受到损失为代价承担责任，对违法行为人能起到相应的惩戒作用，防止危害行为的继续发生；同时，它也能对于其他人起到教育和警示作用，因此，对于保证经济法的效力有着积极的意义。从中国经济法的实践情况看，经济信誉责任的形式主要包括对于违法者的通报批评、撤销荣誉称号等。

4. 经济管理行为责任

经济管理行为责任，简称经济管理责任。它是指经济管理义务人违反经济法规定所应承担的责任。由于经济管理行为在国民经济运行中处于主导性的地位，通过经济法的调整，规范经济管理者的行为，并明确其责任，对于保证经济法的效力意义重大，它是经济法实现"对政府干预的国家干预"的具体体现。根据中国经济法的规定，经济管理义务人是指政府的相关经济管理机关、法律授权的有关社会机构，以及经济管理部门委托履行经济行政执法义务的相关社会组织。经济管理的义务也是其权利所在，因此，在经济法规定中，其往往被表述为"职权"或"职责"，其目的在于表明，由具体的经济管理人员进行的经济管理行为系经济管理之职务行为，其所引起的法律后果，首先应由经济管理组织予以承担，而后，再由该经济管理组织对于具体实施违法行为的责任者追究相应的责任。从经济管理行为的责任形式来看，其主要的责任形式为经济行政责任，其中，就外部责任而言，对于经济管理部门违法的经济行政执法行为，经济管理的相对人可以通过行政复议或行政诉讼的方式，请求上级经济管理机关或人民法院撤销经济管理机构违法的行政决定，如果造成经济损失的，还可以依法要求其赔偿相应的经济损失；而就经济管理机构与系统内部而言，对于经济管理机构具体违法实施者的处罚，则表现为各类行政处分，对于违法行为严重者则应追究其刑事责任。

5. 经济刑事责任

经济刑事责任，是指经济法义务人严重违反经济法并构成犯罪时，所承担的经济法责任。经济刑事责任从其本质属性来看，应是刑法的范畴，是刑法特有的调整方法。但是，由于经济法调整的经济关系的复杂性和动态性特点，因此，在经济法实践中，为了弥补刑法的不足，并实现经济法的法益目标，往往在经济法中规定，对于那些严重违反经济法，并给国家、社会和企业造成重大损失的经济违法行为，应当追究其刑事责任，从而体现了经济法与刑法之间的相互衔接关系。因而，对于经济法规定中的刑事责任条款而言，在经济法看来，是实现经济法价值、功能与作用的必要途径；在刑法看来，则是刑法体系中的重要的附属刑法的重要组成部分。

从以上分析可以看出，经济法有关惩罚性调整方法不像民法、行政法、刑法等法律部门均有其明确而独立的法律责任，而是采取了综合调整的模式，即违反经济法以后，不仅要承担经济责任，还可能要承担民事责任、行政责任甚至刑事责任。这种综合责任模式的确立，最终是由经济法调整的经济关系对于经济法调整方法上的客观要求，也是经济法本身的交叉性、边缘性特点所决定的。就经济法责任与民法责任的关系而言，两者的交叉关系决定了经济法经济责任的实现，必须以民法责任为基础，首先满足民法责任的"填补性"要求，同时附之以相应的经济惩罚；就经济法责任与行政法责任的相互关系而言，两者在经济管理领域的交叉关系，决定了经济法责任与行政法责任的竞合关系；就经济法责任与刑事责任的关系而言，则反映了经济法责任与刑事责任相互衔接的必要性。经济法的这种综合性惩罚调整方法的运用，可以避免由于单一责任追究形式运用所造成的法律责任上的漏洞，是经济法先进性的重要表现。

（五）奖励的方法

经济法的奖励方法，是指经济法义务人遵守经济法规定后所获得的相应的激励。从其形式来看，既包括减免或返还应上缴的税收、费用或利润；予以信贷优惠、价格优惠、物资供应优惠、颁发奖金、给予相应的物质待遇等物质奖励，也包括通令嘉奖、授予荣誉称号等精神奖励。由于奖励方法的运用，一方面，可以促使经济活动主体按照国家经济管理的目标，决策自己的行为；另一方面，可以调动经济法主体生产、经营与消费的积极性，对于管理者而言，可以激励其更好地依法有效的进行经济管理，并有效的实施好经济法，因此，奖励的方法，是经济法调整经济关系的重要方法。如上所述，经济法的奖励方法的运用，必须与惩罚的方法结合运用，才能更为有效，才能做到"赏罚分明"；与此同时，经济法之奖励方法的运用，不应具有普遍的适用性，否则，经济法奖励方法的运用，便失去了其应有的激励意义。从法律调整方法角度看，运用奖励的调整方法，并非经济法所独有，行政法的调整方法也包括奖励的方法，也提倡奖惩结合。两者的不同在于适用的领域不同和所实现的法益目标不同。

第十章

中国经济法的制定与实施

第一节 中国经济法的制定

一、经济法制定的概念

经济法的制定，是指有权立法的国家与地方机关及其相应经济法授权的组织依法创制经济法活动的总称。经济法的制定是经济法产生与发展以及实现经济法制的逻辑起点。从经济法产生与发展的历史看，经济法作为国家与地方管理经济的法，始终与国家与地方管理经济的行为紧密联系。在现代法治社会条件下，经济法是国家与地方管理经济的必不可少的手段。

值得注意的是，按照法学原理，广义的经济法制定涵盖在经济法制定过程中对于经济实践中各种惯例、经济技术规范等非规范文件的认可；而狭义的经济法制定，则是一种严格意义上的有权立法的机关的一项专门的行使经济立法职权的活动。

二、经济法制定的特征

与其他法律部门相比，经济法的制定具有以下基本特征：

（一）层级全面性特征

依照中国现行《立法法》规定及立法实践，与民事与刑事立法不同，中国经济法的立法包括了《立法法》所规定的所有立法层级，即全国人民代表大会及其常务委员会；国务院；国务院所属部、委、局及其直属机构；省级地方人民代表大会及其常务委员会；省级地方人民政府；省府所在地人民代表大会及其常务委员会和人民政府；国务院批准的较大的市的人民代表大会及其常务委员会和人民政府均是有权进行经济法立法的职权机关。根据《香港特别行政区基本法》和《澳门特别行政区基本法》之规定，特别行政区有权就特别行政区内的经济事务进行经济立法。根据《民族区域自治法》的规定，民族区域自治地区可以根据本区域需要制定适用于本区域经济事务的经济立法。此外，根据这些立法机关所制定的经济法律、经济法规、地方性经济法规以及经济规章的授权，相关的行业社会组织与企业和公司可以制定适用于本行业与本企业和公司的行为准则与规章，它们也是经济法制定的重要形式。

（二）经济专业性特征

经济法之制定涉及到对具体的经济业务行为的规范化问题，因而，经济法之立法具有经济专业之明显的特征。经济法制定的专业性特征首先要求在经济法的制定过程中必须要有主管特定行业的经济管理部门的参与，甚至应当以具体的经济管理部门为主进行相应经济法的制定；其次，鉴于在实际的经济管理活动中，可能涉及到经济管理上的职能交叉问题，因此，有关经济管理部门之间的协调，成为经济法立法的必要环节；最后，在相关经济法的制定过程中，作为被管理者的相关行业、企业与立法涉及利益者的积极参与，具有特别重要的意义。因为，只有被管理者意见得到充分表达，才能真正体现经济法的民主与法治原则。

（三）政策性特征

一项经济法的制定过程实质上即是经济政策的法律化过程。由于国家制定的各项经济政策，随着经济发展阶段的不同处于相对变动的状态，因而政策性特征决定了经济法的制定，要随着国家相关经济政策的调整而进行相应的立、改、废。这使得国家制定的经济政策成为经济法制定的重要依据与渊源。在此方面，属于经济法法域范畴的宏观调控法的政策性特征尤为明显。在国家进行的宏观调控过程中，有关经济增长政策、物价总水平政策、产业政策、劳动就业政策、投资政策、财政政策、货币政策、能源与资源及环境保护政策，以及对外经济贸易政策，是制定相关经济法的基本依据，而这些经济政策的变化，也将直接导致相应经济立法的调整。

三、经济法制定的基本原则

（一）经济法制统一原则

法制统一原则是各国立法的一项基本原则，而经济法制统一原则则是该原则在经济领域的具体体现。由于经济法立法具有层级全面的特点，加之其数量庞大是其它法律部门所不能比拟的，因而，强调经济法制的统一原则具有特别重要的意义。事实上，在现实的经济法制定过程中，基于各种利益关系的冲突，经济法之立法，极容易被立法者变成实现自身利益最大化的工具，并进而引发不同经济法之间的冲突，其具体表现：一是，来自于基于下位法抵触上位法之纵向冲突，如地方经济立法与中央经济立法之间的冲突；二是，来自于平行职权立法之间的横向冲突，如不同地区经济立法之间的冲突。这种冲突的存在会严重地影响经济法的效力，因而，建立分层经济立法及相关的备案与审查制度十分必要。为此，根据现行的《立法法》规定，除特别授权之外，有关涉及金融、财税、对外贸易的基本法律的制定应由中央经济立法机关进行，地方经济立法机关无权进行相关的经济立法。而地方经济立法的范围，除根据国家法律与行政经济法规的授权，进行实施细则的经济立法外，其经济立法仅限于对本地特色经济事务经济立法权的行使。

与此同时，为了坚持经济法制的统一原则，加强对经济立法的清理工作十分必要。对此，在经济立法的清理工作中，首先要适用法的清理的一般原理。关于法的清理的一般含义，我国著名的立法学专家周旺生教授认为，"法的清理指有权的国家机关，在其职责范围内，以一定的方式，对一国一定范围所存在的规范性法文件进行审查，确定它们是否继续适用或是否需要加以变动（修改、补充或废止）的专门活动。"[①] 据此，关于法的清理的要点，一是，法的清理是有权国家机关的一种职权活动，这里的有权机关即是指有权立法的机关，而所谓职责则表明，对法的清理，是立法机关的一项基本的义务；二是，法的清理对象是既有的规范性法文件，按照我国现行《立法法》规定，就是指宪法、基本法律、行政法规、地方性法规和规章五种规范性法文件；三是，清理的目的是为了使现实中适用的法律能够符合社会经济发展的需求；四是，清理的结果是对既有的法规或保留、或废除，或修改，或补充完善，因此，它不是新的法律的创制，是立法活动的一种后续性的工作；五是，法的清理需要通过特定的工作方式来完成，或集中清理，或个别清理，也涉及到清理的标准、工作程序、清理结果的公布等基本问题。其次，就中国经济立法的清理工作而言，有一些特殊性问题值得关注：一是，由于政府是直接从事经济管理的主要主体，因而，在经济立法的清理工作中，政府经济立法是否到位至关重要；二是，政府经济立法的清理对象，既包括行政法规、规章，也包括由各级政府颁发的大量的规范性文件；三是，基于中国国民经济和社会管理以五年国民经济和社会发展规划的制定和实施为一个周期的现实基础，因此，只有建立起以五年为一个周期进行集中清理，同时，辅之以常规性的清理机制，才能

---

① 参见周旺生著：《立法学》，法律出版社 2009 年 8 月第二版，第 507 页。

保证经济法制的统一。①

（二）反映客观规律原则

与其它部门法律的制定一样，经济法的制定是立法者通过对于客观经济与社会发展法律需求基础上的产物，因此，制定经济法必须遵循事物发展的客观规律，尽量做到主观与客观的统一。该规律首先要求经济法的制定要遵循客观的经济规律，在中国当前，就是要遵循社会主义市场经济发展的诸如以社会主义公有制经济为主的规律、市场竞争规律、供需平衡规律、宏观经济运行的周期性规律、区域经济协调发展规律等各项经济规律；其次，在技术转化生产力过程中，还应遵循技术发展规律；再次，由于经济的发展本身即具有社会问题的属性，而且，一国经济的发展必然会影响整个社会福利事业及其它社会事业的发展，因而，经济法的制定必须与社会发展对于经济法律的需求相适应，遵循社会发展的规律；最后，考虑到经济与社会发展的可持续性发展问题，经济法的制定必须高度重视环境保护问题，处理好人与自然的和谐相处问题，因而，经济法的制定，必须遵循自然与环境发展的规律。总之，经济法反映客观规律原则要求，经济法的制定不仅仅包括经济规律，也包括其他相关的规律。

（三）民主与集中并重原则

根据立法原理，法律的制定就是各种利益要求与集中的法治过程，因此，经济法的制定，首先应当充分地使经济法制定过程中所涉及到的相关经济利益主体的意志有一个充分表达的机会，尤其在中国当前市场经济的分权经济条件下，各个经济主体都具有相对独立的经济利益要求，从而使经济利益处于多元化的格局，在此情况下，各个经济与社会主体必然要在经济立法中通过其利益

---

① 目前，中国对经济立法的清理工作主要体现在集中清理方面。其主要是针对国家经济政策的大调整所进行的清理，如2000年中国入世后曾对经济立法进行过大规模的集中清理，而在2010年，为形成社会主义法律体系，按照全国人大和国务院的统一要求，对地方性法规和规章进行集中清理。但是，这种集中清理不能替代常规性清理工作。从几次法规集中清理所暴露出的问题来看，上位法已经出台或进行了修改，但是，与之发生冲突的政府法规则还在适用；现实中的经济与社会形势已经发生较大的变化，国家政策也已经进行调整，但与之不相适应的政府法规却还在适用，并成为了经济与社会发展的制度性障碍；一些政府法规具有明显的时效性，而在时效已过的情况下却没有及时地废除；而更为严重的是：一些政府法规，特别是大量的规范性文件，存在"文件之间相互打架"、越权发文，以及对公民和企业事务过度干预等问题。这些问题的存在，极大地损害了政府的形象和权威，扰乱了"依法治国"的应有秩序，使法律的权威性、严肃性受到了挑战。而在集中清理工作结束以后，由于清理工作被暂时搁置，因此，导致原有的问题，又会再度重复地发生，只有建立起常规性的清理工作机制，才能使及时清理工作得到制度性保障。对此，国家正在考虑通过完善政府的清理机制，使既有的问题能够得到有效的解决。

代表反映其要求，这是经济法制定的民主基础，必须得到尊重。事实上，也只有充分尊重各个经济利益主体的经济民主要求，才能使立法机关及其相关机构所制定的经济法得到有效的执行。然而，在经济法立法过程中，这种基于各个经济主体的利益要求，必须通过经济法的制定，围绕经济与社会发展中的主要问题，并按照经济与社会发展的总要求及社会利益保护的合理性原则，得到适当的集中，这即是经济法民主原则在经济法制定环节的具体体现。

（四）积极借鉴国外经验与教训的原则

从经济法的发展历史看，部门法意义上的现代经济法最先起源于作为西方发达国家的德国。在英美法系国家，美国的反垄断法则是英美法系国家具有国家干预经济特征的经济法之先河，而直到当今仍然直接以经济法名义实施经济管理的国家当属日本。与此同时，在前苏联及东欧各国均有社会主义条件下经济改革过程中的经济法实践。它们在经济法制定中的经验与教训①，均是中国经济法实践中可以借鉴的。为此，针对国外有关市场经济的立法实践，结合中国社会主义市场经济发展必然经历的路程，中国经济法学者提出了中国经济法的制定可以实施"超前经济立法"的观点。对此，这里的"超前经济立法"并非是超越客观现实之超前，而是建立在国外已有经验与教训基础之上的超前经济立法，它体现了经济法的促进性特征。在中国当前的经济过渡时期，发挥经济法的促进功能，通过经济法的制定，有力地推动社会主义市场经济体系的建立和完善，具有重要的意义。当然，在借鉴国外经验与教训时，必须充分考虑到中国的国情，与中国的经济体制改革与社会发展需求相适应。事实上，在中国的经济法制定过程中，与外来法律资源的借鉴相比，中国经济法制定的主要依据还是以中国的本土资源为主的。

四、经济法制定的基本程序

（一）经济法立法计划的提出与制定

一国经济立法体系的形成，是一项庞大的系统工程，因而，除基于突发事件发生急需外，经济法的制定必须有计划、有规划地进行，为此，就涉及经济法立法计划的提出与制定问题。在中国，建立在有关经济法立法建议与意见基

---

① 值得强调的是，在借鉴国外经验与教训时，不仅要借鉴其经验，更为重要的是要注意吸取其教训，以便中国经济和社会发展中重蹈其覆辙。例如，在2008年爆发的美国"金融海啸"，即是其在金融法制领域，过分地强调"意思自治"，并缺乏对金融的有效监管所致。对此，中国必须吸取其教训，加强金融宏观调控，决不能放松对金融市场行为的有效监管。

础上的经济法立法计划的提出，具有广泛性的特征，即任何国家机关、社会团体、企业与事业单位以及公民个人都可以提出将有关经济立法纳入经济法立法计划的建议与意见。其中，作为执政党的中国共产党的中央、省、市级组织所提出的意见与建议，各民主党派中央、省、市级组织，以及相应的国家与地方人民代表大会代表和政协委员所提出的经济立法建议与意见，具有特别重要的意义，它是中国社会主义政治文明建设的重要组成部分，是人民意志的集中表现。与此同时，与经济法立法计划的提出不同，经济法立法计划的制定，则是有权立法的机关与组织的专门的职权行为。此外，在经济立法实践中，一项经济法的制定，一旦被纳入经济立法范围，即表明了该项经济法制定获得了立项。

（二）经济法草案的起草

经济法草案的起草工作，包括起草班子的建立与起草工作的开展。就起草班子的建立而言，鉴于经济法制定具有专业性特点，因而，其起草工作通常由政府的法制部门负责组织政府的相应的经济管理部门及有关的经济与法律专家进行；涉及基本经济法或全局性的经济法，并拟以法律与地方性法规的形式颁发的经济法的起草工作，则应由相应的人大职能部门负责组织政府有关职能部门和经济与法律专家进行。此外，经济法草案的起草，也可以采取招标基础上的委托起草。无论是哪一种方式情况下的经济法草案之起草，均应在调查研究的基础上，按照经济立法的规范要求，起草出相应的法案，为此，经济法的起草工作必须根据经济法草案制定的需求，予以相应的经济投入。

（三）经济法草案的协调与修订

由于经济法草案的提出，必然涉及到相关经济主体的经济利益问题，因而，经济法草案提出后，应当进行相应的征求意见性质的协调与听证工作，必要时还应当将经济立法草案予以适当的公布，以便在更大范围内征求意见，这是经济法制定民主原则的具体体现。之后，在征求意见的基础之上，起草班子通过对经济法草案的进一步修订，最终形成提交职权机关进行审议的经济法议案。

（四）经济法议案的审议

经济法议案的审议是一种行使职权的立法活动，并非任何人都可以参加。在国外立法体制下，多数情况是立法委员或众议员和参议员行使权利的专项活动；在中国现行立法体制下，经济法的立法审议工作，则根据经济立法形式的不同，分别由相应的人大常委会委员及人大代表或政府相应的领导通过行使经济立法审议权予以实现。无论是哪一种审议权的行使，均应通过相应的人大代表大会、人大常委会及政府常委会的形式进行。经过审议的经济法议案，再进一步修改后，通过会议表决的形式，以多数票方式予以通过或原则通过。

（五）经济法的公布

经济法的公布是经济法制定的重要程序。正式通过的经济法法案，根据其经济立法形式的不同，分别由一国宪法与法律规定的形式予以公布。在中国，规范的经济法则分别以国家主席令、人大常委会令以及政府首长令的形式，在法律规定的报刊上予以公布；原则上通过的经济法，则在专门立法机关对经济法议案进行技术性修订的基础上，予以公布。在经济法公布后的生效问题上，则有公布后立即生效与公布后在法定时间内生效之分。鉴于经济法制定后须有一个经济制度变迁的衔接问题，通常情况下，经济法制定从公布到生效应有一个过渡时期。

（六）经济法公布后的修订与废除

在经济法公布后的实施过程中，除明确规定有自动失效的时限与条件以外，随着经济与社会发展形势的变化，以及相应经济政策的调整，必然有一个修订与废除的问题。其中，当正在实施的经济法的个别内容，已经不适应经济形势发展与经济政策的需要时，必然会涉及到对于现行经济法的修订问题；而当正在实施的经济法已经完全不适应经济形势发展与经济政策的要求时则对之必须予以废除。就地方经济立法而言，随着中央经济立法的制定、修订与废除，相应的地方经济立法也必须进行经济法的修订与废除工作。例如，如前所述，在中国正式签署加入世界贸易组织后，按照中国加入的世界贸易组织协定的要求，中国即进行了中央经济立法与地方经济立法的大规模的修订与废除工作。由于经济与社会发展处于不断变化的状态，随着经济政策的不断调整，经济法的修订与废除工作，已成为经济立法机关与组织的一项常规性工作。因而，经济法公布后的修订与废除工作，也是经济法制定的一个重要的程序。

第二节　中国经济法的实施

一、经济法实施的概念

按照法学原理，经济法的实施，亦称为经济法的贯彻执行，它是指经济法主体为实现经济法律规范，使其产生相应的法律效力的活动的总称。

从以上经济法实施的概念定义可以看出，经济法的实施首先是经济法主体的一项重要的活动，对于经济法的实施，不仅是经济法主体的一项权利，更重要的应当是经济法主体的一项义务与责任；其次，经济法实施的目的是为了实现在现实经济实践中已经制定或存在的经济法，其并非是对停留在人类思想理念范畴内的经济法的思想理念的实现，因而，在一项经济法制定后，按照法制运行机制的基本原理，凡是涉及到有关对于已经制定公布的经济法的宣传、遵守、执法、司法以及法律监督均是经济法实施的具体体现；再次，经济法实施的后果是要使已经制定的经济法能够发挥其预期的法律效力。因为，只有能够使经济法的预期效力得到发挥，才会使既有的经济法具有法律意义上的约束力。

二、经济法实施的意义

经济法的实施具有十分重要的意义。首先，在经济法制定基础上，只有经济法能够得到切实的实施，才能实现经济法的价值与功能及作用，否则，经济法制定得再好也毫无意义。而经济法的得以有效实施正是经济法的生命力所在。其次，经济法的实施过程也是检验经济法质量如何，是否应当进一步修订以及是否应予以废除的基本环节，因为，只有经过经济法的具体实施，才能发现经济法存在哪些问题，从而，为经济法的进一步完善提供实践的依据。再次，还应当认识的是，鉴于经济法所调整的经济关系，在整个社会与经济发展中处于经济基础的重要地位，因此，按照马克思主义经济基础决定上层建筑的基本原理，一定社会经济条件下经济法的有效实施，在一国法治建设中也同样具有基础性的地位与作用。换言之，从某种意义上讲，依法治国战略的实施，从根本上讲，不是取决于上层建筑领域的变革，而是来自于经济基础环节的民主与法治精神及原则的自觉倡导与贯彻。而经济法的实施恰恰能够从根本上促进依法治国战略的实现，是实现物质文明、精神文明与政治文明建设的重要的和基础的环节。

三、中国经济法实施的基本途径

（一）经济法的宣传与专业培训是经济法实施的前提

一项经济法制定公布后，运用新闻媒体与报刊杂志进行广泛的宣传，是经济法得以贯彻实施的前提，这种宣传，不仅是经济法文件的公布，而且还包括负责起草经济法的相关专业人员与部门对于经济法文件中具体规范的立法背景与立法含义及其相关知识的准确、系统与全面的解读。这样做的目的在于使经济法的实施者能够准确有效地适用经济法，其也是相关经济立法机关和参与立法者的应尽责任。与此同时，由于经济法具有专业性的特点，因此，在经济法制定公布后，为了保证经济法实施的应有质量，对于具体运用经济法进行经济管理与处理经济事务的经济法实施者进行定期与不定期的专业培训，也是保证经济法实施质量的必要的和基础的环节。

（二）经济法主体自觉守法是经济法实施的基础

从法的作用角度分析，如同其它法的功能一样，总的来说，经济法对于经济法主体而言，促使其遵守经济法的动力并非来自于道德的自律，而是主要来自于它律的约束。然而，如果通过经济法实施主体法律意识的提高，使遵守经济法成为经济法实施主体的自觉行动，便会为经济法的有效实施奠定良好的基础。为此，有必要对于经济法的实施主体进行经济法相关专业知识的学习与培训，并应将这种学习与培训作为考核经济专业人员知识素质与上岗和晋升职务的重要内容，以促使经济法实施主体树立起牢固的经济法意识。与此同时，外部社会环境对于法律实施效力的影响，对于经济法主体的自觉守法意识与行为的培养，也具有重要的作用。在中国，由于真正意义上的法治建设的历史较短，法治环境的形成尚需相当的历史时期，才能达到理想的程度，因而，相应地，经济法主体自觉守法意识的培养与行为的促成也需要一个历史发展过程，这是造成现实经济实践中，一些经济法实施主体由于自觉守法意识淡薄，进而导致其经济违法与犯罪行为发生的重要原因。

（三）经济执法是经济法实施的主要途径

严格意义上的经济执法是指政府机关及其所属机构依据经济法的授权在从事相应的经济管理过程中，对于经济法的适用。[①] 由于在经济立法实践中，每一项经济法都会涉及到对于专门负责该项经济法实施的政府机关与社会机构法律地位、管理体制以及相应的职权范围的规定，并主要通过其维护经济法的贯彻执行，因此，经济执法便成为各国经济法实施的主要途径。据此，在经济法的实施过程中，有权实施经济法的政府机关与社会机构能否准确而严格地予以执法，并带头遵守经济法，对于经济法的有效实施关系重大。在中国的经济改革实践中，随着政府职能的转变，政府对于经济的管理，将由直接的经济管理为主，转变为以宏观与中观的间接经济调节为主，并辅之以经济法规制下的经

---

① 依据中国现行的经济法规定，经济法的经济执法主体包括相关的政府职能机关和政府所属的负有经济管理职责的事业单位，即政府的直属机构。广义上讲，还包括根据法律规定或政府及政府直属机构依法授权，负有经济执法职权的相关的企业和事业单位。

济执法，因而，经济执法职责的履行将成为政府的一项主要职能。此外，在政府人力不足或为了节约执法成本的情况下，政府的经济执法可以委托相关的社会组织与机构代为执行，但是，这种代理性质的经济执法行为，应当予以严格的限制，并且，由之引起的法律后果，由委托的经济执法机关予以负责。

（四）经济司法与经济仲裁是经济法实施的必要环节

1. 关于经济司法

经济司法的经济法实施是指司法机关在处理经济纠纷与经济犯罪案件过程中适用相关经济法的活动的总称。广义的经济司法包括公安行政经济执法和司法机关的经济执法，而狭义的经济司法则仅指严格意义上的司法机关的经济法实施活动的总称。由于中国的国体为人民代表大会领导之下的"一府两院制"，因此，在中国现行国家体制构成中，严格意义上的经济司法仅仅是指人民法院与人民检察院的经济审判与经济检察之经济执法活动，而公安部门的经济执法活动，则属于政府经济执法的范畴。

首先是人民法院的经济审判。人民法院的经济审判是中国人民法院依法行使审判权的一项重要活动，相关的经济审判职权由相应的经济审判机构行使。根据改革开放与经济建设的需要，中国于1979年起在各级人民法院陆续设立了经济审判庭，由其专门负责审理有关经济方面的经济纠纷案件（主要指经济合同纠纷案件）。此外，在海事法院与铁路运输法院等专门法院设立了相应的经济审判机构。与此同时，人民法院的刑事审判机构则负责审理与经济法有关的经济犯罪案件。这些机构建立后，通过处理大量的经济纠纷和经济犯罪案件，有力地保障了经济体制改革的顺利进行，维护了国家、社会与相关当事人的合法权益，促进了中国的经济与社会发展。自1993年中国选择实行市场经济体制以来，顺应发展社会主义市场经济发展的需要，人民法院进行了相应的审判机构的调整，撤消了经济审判机构。在实行"大民事"审判格局的情况下①，原来的经济合同纠纷案件的处理主要由调整后的民三庭负责，而有关基于政府经济执法中所引发的经济行政纠纷案件则由新成立的行政审判机构负责处理，与经济法有关的经济犯罪案件则仍然由刑事审判庭审理。此外，根据国外市场经济司法发展的经验，随着中国社会主义市场经济的深入发展，根据经

---

① 大民事的审判格局不仅是将原来的经济审判庭更名为"民事审判庭"，而且在审判活动中强调了按照民事原则来处理相关的经济案件，在具体处理案件中，强调了对私权的保障。该项改革至今未得到国家宪法和人民法院组织法的认可。而在实践中出现了过分强调私权益的保护，并损害公权益现象的不断发生。为此，中国经济法学界对此一直持有疑义。

济与社会发展的需求，还有必要设立专门的旨在反垄断与反不正当竞争、保护消费者权益、处理税务纠纷等专门的经济审判机构，并有必要在现有的民事诉讼法、行政诉讼法与刑事诉讼法的基础上，制定体现经济法特色的经济诉讼法及其相关制度。

其次，是人民检察院的经济检察。中国的各级人民检察院的经济检察机构，是专门行使经济检察的机构。人民检察院经济检察机构经济检察职权的行使，对于打击经济违法犯罪，维护经济法确立的经济秩序，促进经济与社会发展，具有重要的地位与作用。根据《人民检察院组织法》及其现有检察机关内部分工，履行经济检察职能的机构主要包括专门查处职务犯罪的机构、专门查处贪污贿赂犯罪的机构和专门对于民事与行政诉讼和执法进行法律监督并行使抗诉权的机构。其中，职务犯罪检察机构与反贪污贿赂检察机构是专门打击经济犯罪的职能机构，其通过打击各类经济犯罪，有力地维护社会主义市场经济的应有秩序，可以促进经济法的有效实施；民行检察机构则主要通过对于法院民事与行政诉讼案件审理中，涉及经济法实施的经济与行政案件的监督，维护经济法实施中的应有秩序。此外，根据市场经济发展的需求，为了维护社会公共利益，保护国有资产，有关以人民检察院为主的公益诉讼活动正在试点之中，已经取得了明显的效果；而人民检察院新开展的犯罪预防工作的有效进行，通过对于重点企业公司及重点行业经济活动的主动的法律监督，也从积极的角度防止了经济违法与经济犯罪行为的发生，维护了经济法的秩序。

2. 关于经济仲裁

经济仲裁是经济仲裁机构根据经济纠纷当事人的自愿申请，依法对于当事人之间的经济纠纷进行调解与裁决活动的总称。由于在目前，中国经济纠纷的解决方式采取了"或裁或审制"，因此，经济仲裁也是中国经济法实施的重要途径。根据《中华人民共和国仲裁法》的规定，中国按照国际惯例，对于经济纠纷实行经济仲裁制度，并在市一级区域设立民间性质的经济仲裁机构，负责有关经济仲裁的工作，保证经济法的有效实施。与经济诉讼相比，经济仲裁有其明显的优点，一是，当事人的自愿性。即在当事人之间产生经济关系之初即可就将来如果发生纠纷优先选择运用仲裁形式予以解决做出事先之约定。与此同时，即使事先没有选择，也可以在发生经济纠纷后，就处理纠纷的方式问题选择是否采取仲裁，而一旦选择了仲裁方式，便不能再到法院申请诉讼。此外，当事人还可以就仲裁机构、仲裁人员及有关的仲裁形式与内容进行选择。二是，效率性。由于中国现行的仲裁制度实行一裁终局制度，因而，它不像诉讼制度需要二审，甚至再审。这样就减少了当事人解决经济纠纷的环节，既节约了解决纠纷的成本费用，又节省了解决经济纠纷的时间，进而提高了解决经济纠纷的效率，符合经济效率原则的要求。三是，经济调解性。虽然在经济诉讼中也强调了经济调解原则，并为经济诉讼之必经程序，但是，经济仲裁制度中的经济调解工作仍然有其特色，因为，在经济仲裁中，仲裁员基本是由当事人所选择的有关专家，这样，就为在经济仲裁中实现调解奠定了良好的基础。从实践情况看，事实上，大多数经济纠纷均能在经济仲裁中实现调解，其调解比例大大高于经济诉讼的调解比例。正因为这样，随着中国市场经济的深入发展，以经济仲裁方式解决经济纠纷，将会成为经济纠纷当事人寻求解决经济纠纷的首选方式。至于有关涉外经济投资与贸易方面经济纠纷的解决方式，按照国际惯例通常是通过经济仲裁方式予以解决的。为此，中国自上世纪 50 年代即成立了中国国际贸易仲裁委员会和海事纠纷仲裁委员会，建立了符合国际惯例的涉外经济与贸易仲裁制度，并根据涉外经济纠纷当事人的选择，受理相关的经济纠纷案件。随着中国的入世，在中国经济法的实施中，涉外经济仲裁制度将会发挥越来越多的作用。

值得强调的是，无论是经济司法，还是经济仲裁，作为经济法实施的途径，与经济行政执法相比，其对于经济法的实施均是救济性质的，它们是通过对经济纠纷和经济犯罪案件的处理来维护经济法秩序的。从法律经济学角度分析，其总体上是负效益的①，因此，在中国经济法实施中，确认政府及其相关机构的经济执法具有基础性地位与作用，加强其依法行政的执法力度，必将减轻作为社会公共资源的经济司法与经济仲裁的压力，减少经济法实施的成本。当然，强调政府及相关机构在经济法执法中的基础地位与作用，并非否定经济司法与经济仲裁在经济法实施中的重要地位。尤其是对于经济司法而言，其历

① 经济司法的负效益是指按照经济学的成本及投入产出原理，就民事诉讼而言，无论是原告提起诉讼，还是被告被迫参与诉讼，除非在符合法律援助条件，并获得国家财政资金援助外，当事人均需要预先付出相关的经济投入费用，这些费用包括向法院提交的诉讼费、给代理律师支付的代理费用、参加诉讼期间需要支出的交通、餐饮和其它可预测或不可预测等费用，而对于诉讼结束后的收益而言，对于胜诉者是否能够收回收益，还有赖于败诉方能否自觉履行判决或调解协议，以及在当事人不执行判决或调解协议时，法院能否强制执行，具有不可预测性。从目前的情况看，即使能够得到执行，经济纠纷民事诉讼的成本投入，通常要大于其收益。而在经济犯罪方面，经济犯罪行为通常会给国家和企业事业单位造成重大损失，对此，国家司法机关在追究其刑事责任时也会有较大的经济投入，但是，通过刑事程序，能够追回犯罪人侵占的财产及相关经济利益的总量，往往无法弥补国家和企事业单位的损失及国家司法机关为追究经济犯罪者的责任而付出的代价，因而，从总体上说，是负效益的。

来被称为保证法律公正的最后屏障，因此，在经济司法实践中，能否严格依法司法，对于经济法的实施具有特别重要的意义。

（五）经济法律监督是经济法实施的重要保障

在经济法的实施中，为了保证经济法的有效实施，对于经济法主体的各项经济行为实施经济法律之监督本来是经济执法的应有之意。但是，由于经济法所涉及的经济关系的复杂性，因此，有必要通过建立专门的经济监督机构实施经济法律监督。据此，作为一种专门的经济法律监督，其是指经济法授权的相关经济法律监督机构，为保证经济法的有效实施，对于相关经济法主体经济行为所实施的专项经济监督的总称。有关专门的经济监督法是经济法体系的重要组成部分。在此方面，一方面是通过建立专门的经济监督机构对于特定经济行为的监督，如专门针对产品质量问题实施的经济技术监督；专门针对特定金融经济行为实施的银行监督、证券监督、保险监督；专门针对企业生产安全实施的生产安全监督等；另一方面是在经济执法部门内部实施的经济法律监督制度，如人民法院内部实施的审判监督制度。这些由专门机构进行的经济法律监督对于经济法的有效实施是经济法实施的重要保障，也是经济法实施的重要途径。

第三节　经济法制定与实施中的部门法配合

一、经济法制定与实施中部门法配合的必要性

中国的现行法律体制为大陆法系，因此，经济法的制定与实施就有一个科学配合的问题，否则，便会影响经济法效力的发挥，其必要性表现为以下几点：

（一）经济关系的统一性要求问题

如前所述，经济法是调整经济关系的法，但是，调整经济关系的法律并非仅仅只有经济法一个法律部门。宪法、民商法、行政法、刑法等法律部门同样从不同的角度调整着经济关系。这样，除宪法对于经济关系的调整具有统领的作用外，经济关系的调整被不同的法律部门予以分割，并各自依照其不同的价值追求及其法律调整模式，影响着现实的经济关系及其相应的社会关系的发展。然而，现实的经济关系实际上是一个有机联系的纵横交错的整体，任何抽象意义上的单一的经济关系都是不存在的。因此，经济关系的这种统一性，客观上要求各个调整经济关系的法律部门在其制定与实施中，不仅应当注意本身

价值与法益目标的实现问题，还要十分注意各个法律部门之间的相互协调问题，只有这样，才能满足现实经济关系发展对于法律的需求。

（二）弥补大陆法系立法缺陷之必要

与英美法系的立法体制相比，大陆法系之立法具有封闭性的明显缺陷。就调整经济关系的各个法律部门的立法情况而言，采取分别立法的模式，虽然能够把握住不同性质经济关系对法律的特定需求，但是，却极容易使法律对于经济关系的调整出现空白，进而出现法律漏洞。其具体表现：一是，一些新型的经济关系，由于无法按照传统的部门法归类于某一部门，进而形成法律调整的空白；二是，属于交叉领域的复杂经济关系，相关法律部门出现法律调整上的冲突或者均未予以调整。与此同时，法律漏洞还可能出现于不同法律部门调整上的不衔接上，例如，刑法对于经济法中关于追究刑事责任规定上的不衔接。这些立法上的缺陷，直接影响着各项经济法律实施的效果。因此，在对于经济关系的法律调整上，只有加强各个不同法律部门的紧密配合，才能最大限度地减少法律漏洞，使现实中的经济关系全面地纳入法律调整的范畴，以实现法律对于经济关系的科学调整。

（三）经济法综合性特征的要求

中国经济法的理论研究与实践表明，综合性是经济法的一个不同于其它法律部门的重要特点。在经济法制定中，由于经济法调整的国民经济关系实际上涵盖了现实经济关系的几乎全部内容，因此，经济法的制定，除把握自身特有的经济关系的法律调整外，还必须考虑与其它法律部门的配合与衔接问题。而在经济法的实施中，由于违反了经济法的责任涉及到民事责任、经济责任、行政责任及刑事责任的分别追究问题。因此，在经济法的制定中，必须考虑到追究相应责任时的理论依据与实现的可能性问题，否则，就会出现经济法责任追究的落空，进而影响到经济法的效力。据此，经济法制定与实施中与其他相关法律部门的配合问题，本身即是实现经济法价值与法益目标的内在要求。

（四）发挥经济法整体效益的要求

目前，从中国法律部门调整经济关系的分工情况看，经济法的法域范围，主要是市场规制法与宏观调控法。但是，在市场规制法与宏观调控法之下还存在着众多的子部门，并且，数量之庞大，涉及利益主体之众多，是其它法律部门无法比拟的。因此，就部门法的配合与衔接而言，其不仅涉及到与其它不同性质的法律部门的配合问题，也涉及到其内部各子法律部门的配合与衔接问题，而现实中基于不同经济管理部门制定的诸多经济法规之间的重复与冲突问题，直接影响了经济法整体效益的发挥，造成了经济法实施秩序的混乱，也增加了经济法制定与实施的成本。为此，为了发挥经济法的整体效益，必须高度重视经济法内部法律部门之间的配合与协调，并尽量避免经济法立法的重复。

二、加强经济法制定与实施中部门法配合的措施

（一）经济法制定与实施的准确定位

目前，尽管中国法学理论界对于法律部门的划分，仍然存在着不同的认识，但是，全国人大常委会关于七大法律部门的界定，已经成为立法实践部门采取的立法模式。① 其中，经济法主要定位于市场规制法与宏观调控法两大法域。据此，经济法作为国家与地方管理经济的法，在其制定时，也应当主要以调整市场规制与宏观调控中的经济关系为主，在具体制定经济法时应当以经济法的理论为指导，体现经济法的社会本位及其立法原则，以便使经济法明显地区别于其他调整经济关系的法律部门，做到立法上的不越位。而在经济法的实施上，也应当明确相应的实施主体与执法和司法机构，以保证经济法能够切实地得到实现。

（二）注意处理好交叉经济关系的法律调整

经济法是公私兼顾，以公法为主的法律。因此，经济法对于经济关系调整时，必然出现对于同属于体现私法保护原则的公私兼顾的交叉经济关系的调整问题；在行政法领域，由于代表国家与地方管理经济的主体主要是由政府的行政经济主体予以行使的，因此，同一经济关系，既受经济法调整，也受行政法调整，存在一个交叉行政经济关系的调整问题；同时，在打击经济犯罪问题方面，经济法在经济违法与犯罪问题上，必然会涉及到与刑法的衔接问题。因此，处理好交叉经济关系的法律调整问题，对于经济法与其它法律部门的有效配合与衔接意义重大。

（三）加强人大立法，减少政府立法的不合理索求

在市场经济条件下，政府也是利益主体。理论研究与实践表明，由政府主导经济法之立法，极容易出现基于政府部门利益过度追求所带来的经济法的不合理性。因此，提高经济法的立法阶位，加强人大对于经济法制定与实施的领导与监督，对于减少部门法律冲突具有重要的意义。这也是经济法实施"国家对政府干预经济的干预"的最为有效的途径。为此，就需要加强中国各级

① 目前，全国人大及其常委会的立法，按照宪法及相关法、民商法、行政法、经济法、社会法、刑法、诉讼与非诉讼程序法七大法律部门之分类予以立法，并定期地制定各部门法的立法规划。

人大及其常委会经济法立法制度的建设，实施人大主导性的经济法立法模式，并加强人大及其常委会对政府制定的经济法的审查制度的建设。

（四）统一整合经济法资源，制定经济法典

在大陆法系体制下，以法典形式调整一定的社会关系，不仅表明了与之相应的法律部门的成熟与科学体系的建立，而且，从立法上可以避免相应立法的重复，节约立法成本；而从法律实施角度分析，也便于实施部门准确方便地理解与把握法律部门的价值追求与法益目标。因此，在部门法立法体制下，制定统一的法典，既是部门法学研究的重要范畴，也是一定条件下，法律实施的必然要求。对此，中国经济法理论界早在上世纪 80 年代中期，在国家制定《民法通则》的同时，即提出了制定《中国经济法纲要》的要求。随着中国社会主义市场经济的进一步深入发展，通过统一整合经济法资源，制定相应的中国经济法典，不仅是经济法理论研究的重大课题，也是解决经济法制定与实施中存在的外部与内部法律部门冲突与重复立法问题的必由之路，具有重大的实践意义。

第十一章

中国经济法法律关系

第一节　经济法律关系的概念与特征

一、经济法律关系的概念

　　法律关系的基本理论是法学研究中的一个重要范畴。其也是在法学理论中最具有实践意义的范畴，因为，一切法律的实施均需要以法律关系的产生、变更与消亡来实现。法律关系的基本含义通常被界定为：特定的法律在调整一定的社会关系时所形成的权利义务关系。若从守法与执法者角度分析，法律关系就是法律既定主体依法处理各项事务时形成的权利与义务关系。该基本含义反映了法律、社会关系以及权利义务之间的相互关系，其中，法律的存在是法律关系产生、变更和消亡的前提，没有现实法律的存在，就不会产生法律关系；法律作用的对象是现实的社会关系，这种社会关系的存在具有客观属性，是法律赖以存在的基础，其中，以经济内容为基础的社会关系，体现了社会关系的物质属性；而权利与义务关系的形成，既表明了法律关系与一般社会关系的区别在于：它是由权利义务形态存在，并连接人类相互关系的一种社会关系；又表明了法律关系的核心问题就是权利义务的构造问题。对此，本著作认为，法律、社会关系及权利义务关系之间的这种关系可以用以下图示表现：

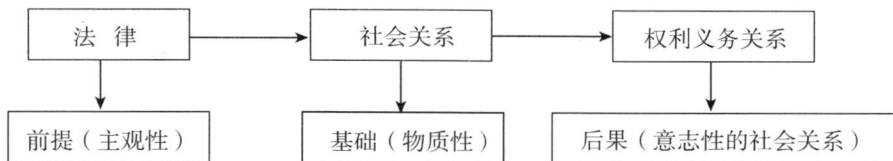

图一：法律关系运行图

由此可得出"法律不能调整法律关系"之结论，法律关系是法律对物质社会关系调整的结果。从本质上讲，法律关系是一种思想意志关系，是人类主观认识与客观法律需求的有机结合的结果。

结合以上法律关系之基本原理，经济法律关系可以被定义为：经济法律关系是指经济法主体依照经济法处理各项经济事务时所形成的权利与义务关系，或是指经济法调整一定经济关系时所形成的经济权利与义务关系。其中，各项经济事务及其经济关系的存在，是经济法律关系形成的客观基础（物质基础）；以经济关系为基础的经济法的制定是经济法律关系产生发展的前提；而在此基础上，经济法律关系产生发展的后果是经济权利义务关系的产生、变更和消亡。而所谓经济法主体，则是指特定的经济法律、法规所明确授权适用经济法的主体和被规范的主体。

此外，还应注意的是：经济法上的经济法律关系所指的是狭义上的经济法律关系，即经济法关系。而广义的经济法律关系还包括民事商事关系、经济行政法律关系等。

二、经济法律关系的基本特征

（一）主体特征

参与特定法律关系主体的不同，是不同法律部门法律关系的重要区别之一。如，民事法律关系的主体为自然人和法人；行政法律关系的主体是行政管理人和相对人。而经济法律关系主体则主要是国民经济管理机关、各市场主体及社会中介机构。这使经济法律关系与其他法律关系有了明显的区别。这种区别不仅仅是法律关系特定主体在称谓上的区别，而且反映了不同法律部门对于法律主体人格确认的价值取向。其中，民事法律以自然人与法人的抽象人格规范民事主体，以体现民法的平等原则；行政法以相对人的抽象人格确定对抗行政的主体，以体现行政法主要规范行政主体之价值目标的实现。而经济法的主体资格确认，则保持了与现实经济活动中具体经济主体资格和范畴的一致性，从而，反映了经济法与经济活动的密切联系性。换句话说，经济法不能，也不可能在法律上创造一些抽象的经济法主体来规范经济活动，它只能是在已有经济主体范畴基础上，对其经济行为的进一步规范，否则，即会造成经济秩序的混乱。①

（二）发生领域特征

不同法律部门的调整对象不同，因而其法律关系发生的领域也自然是不同的。对此，民事关系发生于民法所调整的领域，行政法律关系发生于行政法调整的领域，而经济法律关系也只能发生在属于经济法调整的特定的经济关系领域，即主要是市场规制领域、宏观调控领域和与之相关的经济监督领域。与此同时，由于不同法律部门存在着交叉关系，因此，同一社会或经济关系，可能会被不同的法律部门所调整，并形成不同的法律关系，这有利于从不同法律角度研究其法律关系生成和发展的规律，而就实践者而言，究竟采用哪一种法律对其调整，并形成相应的法律关系，主要取决于不同经济和社会发展阶段对法律需求的不同。

（三）内容特征

不同法律关系反映不同的内容，反映不同的价值追求。经济法律关系的内容即反映了市场规制法、宏观调控法及与之相关的经济监督法所追求的价值目标。这使得经济法律关系之经济权力（权利）与义务关系的"经济内容"有了其特定的含义。其中，经济法律关系所体现的经济内容，应当是以体现对社会公共利益保护为基本出发点的那些经济内容。即使在具体经济法律关系的确认上，主要体现了对某一类经济主体权益的保护，但是，在客观效果上，也必须有利于对社会公共利益的近期的或长远的保护。例如，消费者权益保护法所保护的主要是个别消费者的权益，但事实上，对个别消费者权益的保护，会起到对类似消费行为保护的客观效果，因而，使其体现了经济法的价值，这是经济法律关系内容上与其他法律关系的明显不同。

（四）保护法律关系的方法特征

经济法法律关系的保护方法不同于民事、刑事等法律关系。它不仅要通过惩罚的方法实现经济法的法益目标，还需要运用奖励制度促使经济法律关系健康地发展。即采用了奖惩结合的方法。经济法主体的行为及其关系需要经常获得奖励，因为，此种关系大量存在，且非常繁琐，因此，更多地需要通过激励机制，以调动消费者、生产者、经营者与管理者的积极性。这是由经济法主体

---

① 在此方面，中国经济法发展中的教训之一就是有关"经济法人"概念的提出，该观点的主要意图是企图创造一种具有层级意义的多级法人的概念，但由于其违背了法人的平等属性，不符合市场经济原则，并最终被放弃。

参与某项活动时存在的效率递减的规律所决定的。① 此点，经济法与行政法有相同之处。

第二节　经济法律关系的构成要素

与任何法律关系一样，经济法律关系的构成要素也是由主体、客体和内容三要素所构成的。但是，经济法律关系有其自身的特点。

一、经济法律关系的主体

经济法律关系主体简称为经济法主体，它是指参与经济法律关系的当事人。在市场规制关系领域，经济法主体可以分为：市场管理主体和处于被管理地位的市场经济运作过程中的各市场主体，包括了消费者、生产者、经营者、服务者等；而在宏观经济调控领域，则包括调控主体和与被调控主体。此外，在市场经济运行中，社会中介组织必不可少，也是经济法的重要主体。

（一）市场规制关系之法律主体

1. 国民经济管理机关

在市场经济条件下，国民经济管理机关是指那些对于市场规制负有职责的国家和地方经济管理机关的统称。其不仅仅指政府机关，还有国家权力机关、司法机关等。其中，国家与地方的权力机关主要通过制定价格法、反垄断法、反不正当竞争法、消费者权益保护法、产品质量法等基本法律，为市场经济发展提供法律保障，并通过对市场运行的监督来履行市场规制的职责；政府部门的经济管理机关可以分为：综合管理机关，如发展和改革委员会、财政部、中国人民银行等；专业性管理机关，如专门履行某一类经济管理职责的部、委、局等；监督管理机关，是指对市场运行负有专项监督职责的国家和地方机关，如工商行政管理局、物价局、技术监督局等，此外，一些中央和地方政府的直属机构，依照政府的委托，对于某一类市场行为负有经济监督的专门职责，如，国有资产监督管理委员会、银行业监督管理委员会、证券业监督管理委员

---

① 经济主体参与经济活动的效率递减规律是指：由于经济主体参与的经济活动是一种不断重复着的工作，因此，随着这种工作的不断重复，经济主体对工作的熟练程度虽然会不断提高，但是，经济主体对工作的热情度却呈现递减趋势，为此，为了调动经济主体工作的积极性，有必要采取相应的激励机制，以保持其工作的激情和热心，这样，可以使经济主体心情舒畅地做好本职工作。而与之相反的是，如果大量采用惩罚措施，则会使经济主体产生抵触情绪，从而会影响其工作积极性。为此，为了克服经济主体参与经济活动的效率递减，经济法应当主要采取激励的办法管理经济。

会（局）、保险业监督管理委员会（局）。而司法机关作为国民经济管理机关，其对于市场行为的规制，主要是通过依法处理经济纠纷，打击经济犯罪，从维护社会主义市场秩序的角度，发挥其管理职能。

2. 消费者

在市场经济条件下，按照需求决定生产的基本原理，市场经济运行的逻辑起点是私人生活消费、生产消费和公共服务消费的需求。[①] 为此，如何保护消费者的利益，促进各类消费，应当成为经济法的首要任务。这样，在市场规制法中，消费者成为重要的经济法主体。但是，迄今为止的经济法，对于消费者利益的保护，主要体现在对私人生活消费的特殊保护，而对于生产消费的保护和对公共事业消费的规制则相对不足，理论界对此研究得还不够，需要加强。

3. 企业

企业是市场规制法中被规制的主要主体，其形态表现为以营利为目的的各类生产者、经营者和服务者。在市场经济条件下，企业的一般法律问题由民商法调整，企业是民商法的主要主体。从经济法角度讲，企业作为经济法律关系的主体，主要是指那些具有公益性质的企业，如国有企业[②]、集体企业[③]、公

[①] 私人的消费是指公民个人及家庭的生活资料消费；生产消费主要是指企业及相关的经济实体（如个体户）为满足其生产需要所进行的生产资料的消费；公共服务消费则是指为满足社会全体成员的共同消费，主要由政府组织的消费，典型的形态如政府采购消费。

[②] 国有企业，即全民所有制企业。国有企业是中国社会主义的经济基础。改革开放以来，国家对于国有企业实施了从组织结构到经营方式上的改革。在组织结构上实施了两个方面的改革：一是，通过"国退民进"，对于经营性行业的国有企业实施了私营化改革；二是，优化结构后的国有企业实施了中央和地方两级管理体制，实施了中央级国有企业和省属地方级国有企业分别管理的体制。改革后的国有企业虽然在数量上大量减少，但是，在经济规模和经济质量上仍保持其对国民经济的控制力。在经营方式的改革上，由过去的政府直接生产经营改变为现有的资本经营，即国家通过作为政府直属机构的国有资产管理委员会对国有企业实施资本投入的监督管理，同时，保留了对国有企业负责人的任命或招聘权，具体的生产经营权则由企业按照现代企业运行模式依法自行决策运行，但是，涉及重大事项时，仍然应当履行向国有资产管理委员会报告的职责，接受其监督。涉及一些重大事项变更事宜须经过国有资产管理部门审批同意后，才能得以实施。如，涉及产权变更、重要设备的转让、可能涉及企业消亡的重大经营决策等。与此同时，国家对国有企业保留了职工代表大会制度，以保护职工的合法权益。

[③] 集体企业是指企业产权属于劳动者集体所有的企业形态。在中国，集体企业是社会主义公有制的表现之一。但是，中国各类集体企业的形成均有其特殊的政策性背景。改革开放以来，集体企业的改革方向是实施股份制改造或实施公司化。其中，股份制改造使所有劳动者持有企业股份，使劳动者具有了劳动者和股东的双重身份，保留了集体企业的本质特征。而实施公司化改造的企业则大都变更为私人企业。

众性公司①、企业集团公司②等，经济法主要通过反垄断法和反不正当竞争法来规范其经营行为，通过消费者权益保护法和产品质量法来促使这些企业自觉地履行社会职责，从而使其成为经济法律关系的主体。

4. 其他特殊的市场主体

在中国现行的市场规制法中，其他特殊市场主体主要表现为：

一是，公民个人。公民个人要成为经济法的市场主体，必须具有特殊的个体工商户之身份。对此，自改革开放以来，鼓励公民以个体工商户的名义从事生产、经营与服务，一直是国家的一项重要的经济政策。起始于上世纪80年代的这项政策，在当时，仅仅是解决劳动力就业压力的临时之举。发展至今，它不仅有利于解决劳动者的就业问题，还可以鼓励劳动者的自主创新，因而，已经成为宪法确认的国家的一项基本经济制度。与此同时，公民个人在取得个体经营资格后，即可以以自然人身份，成为商事关系的重要主体，并在生产、经营与服务中与其他民事主体形成民事关系。就经济法而言，主要是从政策鼓励方面，对其市场行为予以保护和支持。从而使其成为经济法律关系的主体。

二是，中央和地方政府。通常情况下，政府在市场经济运行中处于管理者的经济法主体地位。但是，政府为了实现经济管理与调节的目标，也会参与市场经营活动。其主要表现：第一，为实现财政目标，政府介入金融市场，发行国债，并与购买国债者形成债权债务之市场交易关系；第二，中央和地方政府，为发挥国有资产的作用，使其保值增值，以举办国有企业、公司或投入资本的方式，介入企业、公司的市场经营行为；第三，在公共财政和公共事业领域，政府为满足国家机关运行需要、带动经济需求增长或提高公共资源经营的效率，可以以采购者的身份，向市场主体公开招标，购买市场主体的生产、经营与服务，从而，使政府成为市场主体。按照市场经济的要求，政府的这些行

---

① 公司是市场经济条件下的主要企业形态。中国自上世纪90年代起开始实施公司化改造，并普遍实施了公司企业形态。中国现有的公司形态包括两类：一类是作为民商事主体的企业公司形态，其主要指一般意义上的私人公司、混合所有制公司等；另一类是指具有公益属性的公司，这类公司包括：国有性质的公司、国有控股性公司、经营范围涉及公众利益的公司、上市公司等，这类公司已不是一般的民商事主体，它们的生产经营与服务活动，受到国家行政与经济法制的诸多限制，其也是国家重点监督的对象。

② 企业集团公司是由诸多企业组成的集团性公司。中国现有的这类公司并非具有独立的法人资格。企业集团公司通常由核心企业、紧密性合作企业、松散性合作企业及契约式联合企业组成。由于企业集团的关联经营可能涉及对市场的垄断性经营，并且，在经济法理论上，其属于中观经济法主体，因而其应属于经济法的重要主体。

为，应当坚持私法原则，并与相关市场主体形成民商事关系，但是，由于这些关系的产生和发展，与宏观调控和国家信用相联系，与社会公共利益的实现相联系。从而，使这种关系具有了经济法属性，是经济法律关系的特殊表现形态。

三是，经济组织的内部机构及个人。经济组织的内部机构及个人并非独立的民事或经济主体，因此，其一般情况之下不能成为经济法的主体。但是，在中国农村经营体制和企业改革中，自上世纪80年代，为了调动农民的生产积极性，搞活企业，在农村实行土地承包制基础上，国有企业内部先后实施了承包制、租赁制、股份制等改革，从而使农村经济组织和企业内部的经济组织或农民和职工个人发生了与本单位的承包、租赁及股份制关系。这种关系的产生，并非是为了民商事目的，而是为了完成特定的生产经营任务，属于经济责任制的范畴，因此，相关的农村土地经营承包法、企业法对之做出了专门的调整，从而使经济组织的内部机构及其个人成为经济法律关系的主体。这种现象，作为目前中国农村土地经营的普遍方式和企业或公司经营方式的选择，已经被广泛地运用于农村土地经营和各类公司和企业的经营之中，对此，经济法学界普遍认为，由此发生的法律关系应当属于经济法律关系的范畴。在此情况之下的经济组织的内部机构及承包、租赁经营者个人属于经济法律关系的特殊主体。与此同时，经济法学界同时认为，如果这些关系发生于农村和企业或公司经济组织与其外部其他主体之间时，应当属于民事关系的范畴。基于外部主体与农村和企业或公司经济组织之间发生的承包或租赁关系属于平等主体之间的经济关系，因此，应适用民事原则予以处理。

（二）宏观调控关系之法律主体

1. 宏观调控之决策主体

宏观调控的逻辑起点是有关国家总体经济与社会发展战略和政策的制定。因而，宏观调控法的首要任务是规定哪些经济与社会主体应当成为宏观调控决策的责任承担者和参与者。而此方面的规定，又和国家的政治与经济体制相关，一些基本的法律制度，由国家宪法和相关组织法予以规定。因此，中国现阶段宏观调控的决策主体，由中国现行宪法所规定的国家主体所承担。其具体表现为：

一是，中共中央。按照中国现行政治体制，中国共产党是执政党，是全国人民和各项工作的领导核心。因此，中国共产党中央委员会代表全国人民所做出的有关经济发展的，以决定、决议或意见等形式表现的宏观经济决策，对于宏观调控具有根本性的指导意义。从而使中共中央成为宏观经济法律关系首要的调控决策主体。

二是，全国人大及其常委会。全国人大及其常委会是国家的最高权力机关，因此，要使中共中央的决策具有法律效力，必须通过全国人大及其常委会对中共中央的具体建议，在进行审议的基础上予以批准实施，其主要表现为全国人大对于党中央有关国民经济和社会发展的中长期发展规划建议的审议和批准。此外，全国人大及其常委会的宏观调控立法的决策，对于推动宏观调控法制建设具有积极的意义。

三是，国务院。国务院是中国的中央人民政府，也是具体宏观调控目标实现的组织者，因而，在宏观调控决策阶段，国务院除在决策形成阶段提出自己的建议外，在中共中央和全国人大及其常委会做出决议或决定基础上，有关具体的实施措施，则由国务院直接决策并组织实施。

四是，国家发展和改革委员会。国家发展和改革委员会是负责起草和组织实施国家国民经济和社会发展规划与计划的综合性宏观调控机关。在国家总的宏观调控政策制定的基础上，国家发展改革委负责具体发展规划与计划的编制和组织实施。

五是，财政部。财政政策是宏观调控的特有政策，在特定的时期，宏观调控应当实施怎样的财政政策，主要由财政部门提出，报国务院审批后实施或自行决定后组织实施。

六是，中国人民银行及其货币政策委员会。与财政政策一样，金融政策（货币政策）也是宏观调控的特有政策，该政策由中国人民银行及其货币政策委员会提出，报国务院审批或自行决定予以实施。

七是，其他中央国家机关及机构。除国家发展改革委、财政部、中国人民银行等综合性部门外，其他相关国务院所属部门或机构，对于某一类经济和社会发展享有专业性的决策权，其决策或报国务院批准后实施，或自行决定后组织实施。

从宏观调控决策的参与主体来看，在中国现阶段，具有广泛性的特点。按照宪法和相关法律之规定，各民主党派、人大代表、政协机构及委员、各社会团体、相关的学术研究机构及专家学者、企业事业单位及公民均有权参与对宏观调控的决策活动，提出相关的建议。但是，参与主体只有建议权，没有决策之决定权。

2. 宏观调控之调控主体

宏观调控的调控主体是具体组织实施宏观调控决策的机构或组织。在中国目前，宏观调控的具体调控由国务院及其部、委、局及相关直属机构来负责组织实施。因此，在宏观调控法律关系中，国务院及其部、委、局及相关直属机构既可能是决策者，也是具体的调控者。

3. 宏观调控之执行主体

首先，在中共中央和全国人大宏观调控决策情况下，国务院及其部、委、局及相关直属机构是首要的执行主体；其次，地方政府对于国家宏观调控的执行具有重要的意义。因此，省、市、县地方各级政府是宏观调控法律关系中的基础的执行主体；再次，负有执行特定宏观调控政策和决定的相关企业或机构是宏观调控的直接执行主体，如，各商业性的或政策性的金融机构即是货币政策的直接执行者。

4. 宏观调控之被调控主体

宏观调控的被调控者是各市场主体，包括消费者、生产者、经营者和服务者。但是，鉴于宏观调控的间接引导性特征，宏观调控对于被调控者而言，并非是强制性的，作为宏观调控法律关系中的被调控者，被调控者是否按照宏观调控的引导选择自己的市场行为，由自己独立判断，并承担相应的后果。

（三）社会中介机构

社会中介机构是市场经济发展以来的新型经济法主体。社会中介机构主要指各种为政府和企业提供中介服务的会计师事务所、资产评估事务所、律师事务所等机构。从中国的改革实践来看，社会中介机构是政府职能的社会化的结果，即通过改革使原来隶属于政府职能部门的这些机构与政府分离，使其成为介于政府和企业之间的中间力量。社会中介机构的存在，一方面，依法为政府和企业提供专业性的社会服务；另一方面，中介机构以独立人的身份，独立、公正地开展相关业务，事实上对于政府和企业的行为，起到监督的作用。因此，对于政府和企业的中介工作的开展，具有服务和监督的双重职能。但是，中介机构也是一个利益主体，中介机构可能基于自身的利益，放弃法律公正原则，因此，国家必须通过经济法对其实施干预，从而使这些中介机构成为经济法律关系的重要主体。对此，由于中介组织机构的出现，改变了中国改革开放之初，经济法主体结构中的"国家（政府）——企业"之"二元结构"，进而形成了"国家（政府）——中介机构——企业"之"三元结构"，为此，经济法学界对之进行了深入的探讨。① 而从实际运行情况看，中介组织机构所存在一些问题，也说明了对其加强经济法调整的必要性。②

二、经济法律关系的客体

根据法学原理，经济法律关系的客体是指经济法主体权利义务所共同指向的对象。根据中国经济法之实践，经济法律关系的客体有如下表现形式：

（一）行为

作为法律关系客体的行为，是指法律关系主体为实现某种目的而进行的有意识的活动。就经济法律关系的客体而言，这种行为表现为特定的经济管理行为和完成一定经济任务的行为。其中，特定的经济管理行为，是指根据法律规定或授权，由特定的国民经济管理机关在履行其经济与社会管理职责时，发生的经济行为。在此情况下，无论是管理主体，还是被管理主体，其权力（权利）义务所共同指向的对象，就是如何保障国家经济管理机关管理行为的有效实现。而完成一定任务的行为，是指为了实现特定时期的经济与社会发展目标，经济法主体完成各项经济任务的活动。在此情况之下，经济法主体权利义务所共同指向的对象，是围绕特定时期各项经济任务的完成而进行的各项活动。如按照要求上报相关的会计和审计报表的行为，为实现具体的以特定的经济指标为目标的各项经济活动的开展等。对此，经济法学界认为，经济行为是

---

① 参见王全兴著：《经济法基础理论专题研究》，中国检察出版社2002年版，第274～282页。

② 2009年2月2日，中国青年报记者滕兴才以《社科院报告：一些中介组织正沦为腐败中介》为题，就中国中介组织机构的现存问题，进行了专题报道。报道称，近年来，随着中介组织的迅速发展和大量行政寻租与商业贿赂等腐败借助中介之手来实施，我国社会中介组织腐败现象正日益严重。这是从中国社会科学院独家获得的报告《社会中介组织的腐败状况与治理对策研究》中的重要结论。报告认为，在各种贪污腐败案件当中，利用会计师、评估师、行业协会等中介组织出具审计报告、财务资料、评估报告等文书的合法性，掩饰其贪污腐败等非法行为，以图蒙混过关、实现非法利益，是一些官员寻租腐败的惯常做法。报告将现阶段我国中介组织腐败的行为主要归纳为三大类：一是，行贿及帮助行贿；二是，洗钱和参与侵吞国有资产；三是，损害股东和消费者权益。报告分析中介组织腐败的原因时首先强调，政社不分、行政干预为一些中介组织违规腐败提供了条件。另外，报告还特别指出，加上中国反腐败历来重受贿而轻行贿，这在很大程度上放纵了中介腐败。如中国证监会对帮助上市企业搞欺诈的会计师事务所的处罚，仅限于警告、没收非法所得、罚款和撤销直接责任人的执业资格，最严厉的也不过是吊销许可证。与上市公司"圈钱"的暴利和股民的损失相比，这样的处罚显然偏轻，不足以起到震慑腐败的作用。同时，中介组织法律规范不健全也是中介组织腐败愈演愈烈的重要原因。多年来，除了《社团登记管理条例》和《民办非企业单位登记管理暂行条例》，《审计法》、《注册会计师法》、《经纪人管理办法》，以及《证券法》、《仲裁法》、《招标投标法》、《拍卖法》等与社会中介组织活动相关的法律法规外，涉及中介组织活动的大部分领域还缺乏完整的立法规定，还没有统一的《民间组织法》、《社会中介组织法》、《中介组织促进法》等专门、完备的社会中介组织调节大法。参见http：//www.sina.com.cn2009年02月。

经济法律关系最重要的客体。

（二）物

法律上的物是指现实存在的，能为人类所控制和支配的，并具有经济价值和实物形态的物品，以及可以充当一般等价物的货币和有价证券。由于拥有物的使用权，并使其获得收益，是开展经济活动的基础，因此，物作为广义上的经济法律关系的客体具有普遍的和基础的地位。它是民商事法律关系的主要客体。但在经济法律关系中，物主要涉及与国家利益和社会公共利益密切相关的国有资产和公共资产的所有、占有、收益和处分权的行使。

（三）智力成果

智力成果又称无形资产，是指人类脑力劳动所创造的无形财富。有关无形资产形成的权利被法律规定为知识产权。相关经济法律关系的客体涉及知识产权的所有、占有、收益和处分。智力成果的种类很多，主要有：发明①、实用新型与外观设计②、商标权③、商业秘密④、非专利技术⑤、商誉⑥等。这些智力成果，作为工业产权，除需要获得民事法律的认可外，国家经济法律的支持是不可缺少的。此外，有关著作权⑦的保护问题，现在已经成为国际保护的范畴，为了履行中国入世的承诺，中国加大了对著作权的保护力度，而著作权的

---

① 发明是专利技术的一种，实践中将其称之为"大发明"，按照国务院《专利法实施细则》之规定，发明，是指发明人对产品、方法或者其改进所提出的新的技术方案。

② 实用新型与外观设计，在实践中被称之为"小发明"，按照国务院《专利法实施细则》之规定，实用新型，是指发明人对产品的形状、构造或者其结合所提出的适于实用的新的技术方案；而外观设计，是指设计人对产品的形状、图案或者其结合以及色彩与形状、图案的结合所做出的富有美感并适于工业应用的新设计。

③ 商标权是指一个或一组商品的商标，经申请人之申请，获得注册后，商标持有人享有的一项专有的权利。因此，只有注册商标才拥有商标权。

④ 根据我国《反不正当竞争法》第10条规定：商业秘密是指不为公众所知悉，能够为经营者带来经济利益、具有实用性，并经权利人采取保密措施的技术信息和经营信息。

⑤ 作为一种知识产权，一项技术发明，除国家专利法强制必须申请专利外，凡是未申请专利，但仍处于技术发明人或持有人保密状态的技术，即是非专利技术。

⑥ 商誉是指一定企业由于其地理位置的优越，或由于其信誉好，获得了客户的信任，或由于其组织得当，生产经营效率较高，或由于其技术先进，掌握了生产的诀窍，或由于其它种种原因，营业特别兴旺而形成的无形资产。具体表现为一定企业的获利能力，超过了一般的获利水平。也就是说，一家企业是否具有商誉，要看它与资本和经营业务都相仿的企业相比，是否有能力获得超额收益而定。参见：董玉明、秦河森主编：《会计法概论》，中国经济出版社1994年版，第210页。

⑦ 关于著作权的保护问题，在过去，主要将其视为民事权益，由民法调整，以区别于专利权、商标权等工业产权。但是，20世纪90年代以来，著作权的权利保护，越来越多地突破了传统私法的范畴，著作权作为文化产业的重要载体，越来越具有公众属性。

产业化趋势，使著作权的保护纳入了经济法的范畴，进而使著作权也成为经济法律关系的客体。

三、经济法律关系的内容

经济法律关系的内容是指经济法律关系的主体所享有的经济权利和应履行的经济义务。按照法学基本原理，经济权利是经济法主体依法享有的可以为或不为的资格。它通常表明了经济法主体行使权利的可能性，因此，对于经济法主体而言，具有可选择性。而经济义务则是经济法主体必须为或不为之责任，它通常表明了经济法主体行为的必要性，通常由经济法明文规定，也可以由经济法主体之间依法通过契约予以约定。

（一）经济法主体的权利

1. 财产所有权

财产所有权是财产所有人对自己所拥有的财产所享有的占有、使用、收益和处分的权利的统称。在一定社会条件下，采取什么样的财产所有权体制，不仅是一项基本的经济权利，也是一项重要的政治权利。在中国计划经济时期，财产所有权的基本表现形态是国家所有和集体所有，公民个人拥有的财产所有权仅限于其对生活资料的所有权，且极其有限。改革开放以来，在宪法规定的以公有制为基础，多种经济成分并存的所有制体制下，通过物权法及相关经济法的规定，使国家财产的所有权更加明晰化，① 并通过"国退民进"的企业改制，使私人对于生产资料财产的所有权有所扩大；城市集体经济组织的改制，也使更多的资产明确在职工个人名下；农村的改革，在保持集体经济的前提下，使农民拥有了更多的生产资料②；而随着个体经济、私营经济、中外合资与合作经济以及外商独资经济的发展，也使私人财产所有权有了合法存在与发展的基础。与此同时，随着公民收入水平的提高，公民所拥有的生活资料日益

---

① 根据2007年3月16日十届全国人大五次会议通过的《物权法》第46条至55条之规定，属于国家行使所有权的财产包括：（1）矿藏、水流、海域；（2）城市的土地，以及法律规定属于国家所有的农村和城市郊区的土地；（3）森林、山岭、草原、荒地、滩涂等自然资源，但法律规定属于集体所有的除外；（4）法律规定属于国家所有的野生动植物资源；（5）无线电频谱资源；（6）法律规定属于国家所有的文物；（7）国防资产；（8）铁路、公路、电力设施、电信设施和油气管道等基础设施，依照法律规定为国家所有的，属于国家所有；（9）国家机关直接支配的不动产和动产；（10）国家举办的事业单位直接支配的不动产和动产；（11）国家出资的企业，由国务院、地方人民政府依照法律、行政法规规定分别代表国家履行出资人职责，享有出资人权益。

② 农村的改革主要围绕着土地承包家庭联产经营制的推行进行，在该改革中，原有的一些生产资料根据需要分给农民个人使用，以利于生产。

由基本生活需求型向享受型的生活资料占有方向发展，拥有自己的房产、汽车等消费资料已成为小康家庭的标志，除此之外，公民还可以拿出剩余的部分，或直接投资于企业，或投资于股票、债券、甚至期货等资本市场，或投资于房地产市场，以获取更多的资本收益。在此情况下，经济法律关系中的财产所有权，不仅体现为对国有和集体财产所有权的保护，也体现为对私有财产权的确认与保护。这是保持社会主义市场经济秩序的必要条件。

2. 财产支配权

在经济法律关系的产生、变更和消亡之中，在财产所有权既定的情况下，财产支配权的合理合法行使更具有实际意义。

在公有制体制下，鉴于财产所有权处于抽象的状态，因此，就有一个由谁来代表（或代理）国家或集体行使对国家或集体财产的占有、使用、收益和处分权的问题。这种财产权利的行使，必须由法律明确规定，并应受到法律的和来自社会的严格监督，其核心是对收益权的分配和对处分权的限制。在具体表现形态上，一是，在公共财政体制下，中央和地方政府对于公共财政资源及其公共物品的合理分配权；二是，在"所有权和经营权两权分离"的体制下，国有企业所享有的企业经营权；三是，对于集体财产，在坚持集体民主决策的基础上，由集体经济组织享有的经营权。此外，在涉及到企业国有或集体所有财产的经营权时，还可以以保值增值为目标引进承包、租赁等机制，使该经营权"民营化"。在事业单位对国有或集体财产的管理上，为提高对国有或集体财产的利用效率，也可以实施承包机制，使财产支配权的行使更加合理、有效。

在私有制体制下，财产支配权的行使，既可以由所有人行使，也可以由非所有人行使。在所有人行使情况下，私人财产所有人对于自己所有的财产拥有完全的占有、使用、收益和处分权。在市场经济条件下，法律的功能在于：一方面，通过立法确认属于私人所有的财产的神圣不可侵犯，而对于其财产支配权行使权利的限制，仅限于其财产支配权的行使不得对他人利益及国家和社会公益构成侵害；另一方面，国家通过宏观调控政策的制定和实施，来引导私人财产权的合理支配，以使其符合国家产业政策，符合社会公德的要求。与此同时，私人财产支配权，也可以通过契约或私人授权的方式，交由非所有人行使。在非所有人行使的情况下，财产支配中涉及的收益权和处分权，受契约和授权之约束，并受到民事和经济法律的保护。

3. 经济职权

在经济法律关系中，经济职权是指与经济法主体职务、职位相联系的权利。这种权利来自于法律的直接规定、授权及经济组织内部规章之规定，是经济管理权在经济法领域的体现。与一般权利义务不同，经济职权是权利义务的统一体。享有经济职权者，也是经济职责的履行者，因此，经济职权不具有选择性，是一种不可抛弃的权利。因此，在经济法文件的表述上，"职权"与"职责"之表述，在内涵上具有一致性。此外，一旦经济法主体的职权予以确定，即体现为一种单方的权力行使路径，对于被管理者而言，只有配合该职权实现之义务，而且，这种职权或职责，并非国家机关及其工作人员所独有，企业事业单位之负责人和相关责任人员，依据经济法规定和企业与公司章程的规定，也是经济法律关系中的经济职权的行使者和相应经济职责的履行者。从经济法角度讲，经济职权之设定，被经济法学界认为是最体现经济法特色的一项经济权利，并且认为，经济职权的合理配置，对于实现经济法的法益目标具有重要意义。

4. 救济性权利

救济性权利是所有法律主体在法律关系中应享有的一项基本权利。由于有法律谚语说"无救济即无权利"，因此，对法律主体救济性权利的制度配置，有利于遏制相关法律权力（利）的滥用，体现了法律的公平原则。据此，应使救济权利的制度设计成为所有法律应有的一项基本制度。就经济法律关系而言，首先，按照法学基本原理，在组织和管理类经济法律关系中，当被管理者受到处罚时，有依法选择进行申请进行听证、申请复议、提起行政诉讼及其依法进行上访申诉等权利。而在经济协作类法律关系中，当经济法主体之权利受到侵害时，有权请求相关国家机关及仲裁机构予以保护的权利。其次，救济性权利，对于经济法主体而言，还具有特殊的意义，这就是，在经济法主体之经济活动或经济状况陷入僵局或处于破产困境时，有寻求国家政策或财政援助性支持的权利。特别是在基于经济全局形势之逆转，在相当多的企业处于经营困境时，国家经济政策和实际财政的支持，对于稳定经济形势和社会安定，具有重要的现实意义。①

---

① 在市场经济条件下，当大量的企业处于运行停顿或破产时，即构成整个社会处于经济危机状态。在此情况之下，依靠民商法机制已经无法启动市场经济运行，为此，必须运用经济法，由国家启动财政援助机制，对濒临破产或处于停顿的企业进行援助，该种援助被称之为"政府救市"。例如，2008 年美国遭遇"金融海啸"后，美国政府即启动了 7000 亿美金的财政救市计划。在我国，针对股市动荡，政府的救市行为，也屡见不鲜。此种救济属于经济法领域的特殊救济措施。

5. 经济监督权

经济监督权是指负有经济监督职权（职责）的专门机构依照经济法规定对经济活动进行监督的权利。依照经济法规定，经济监督可以分为国家监督、社会监督和经济组织内部的监督，其中，国家监督主要是指国家专门的监督机关依法对经济活动的监督，如，技术监督管理机关对市场产品质量的监督、煤矿安全监督机关对煤炭生产安全的监督、审计机关对财政资金使用的监督、金融监督机关对银行、证券市场、保险市场等金融活动的监督、国有资产监督机关对国有资产运行的监督、食品卫生机关对食品卫生安全的监督等；社会监督主要是指社会中介机构根据企业或国家机关的委托，依法对相关经济活动进行的监督，如，社会审计机构对国家机关或企业委托的经济事项所开展的审计、资产评估机构根据财政部门的委托对财政资金使用绩效进行的评价、技术鉴定部门根据委托，依法对产品性能、质量等技术问题进行的鉴证等；经济组织内部的监督则特指经济组织内部的专门机构对本单位经济业务或财务活动进行的监督。相应地，经济监督权也包括国家经济监督权、社会监督权和经济组织的内部监督权。而从经济活动的内在要求来看，对经济行为进行监督，本身即是经济活动的内在含义，如作为经济活动中的会计核算工作，本身即具有经济监督的职能。从市场经济发展的实践来看，随着市场经济发展的日益深入，不仅市场经济活动中各类不轨行为需要通过经济监督权的行使得到纠正，而且，金融、食品、矿业等行业的经济活动本身涉及到社会公共安全和公共利益，需要建立专门的经济监督机制，以保证经济运行的安全和社会公共利益的保护。

（二）经济法主体的义务

1. 遵守国家经济政策与法律的义务

无论是怎样的经济管理体制，国家经济政策的制定和实施，是一国国民经济和社会发展的总的前提，与此同时，国家的经济政策不仅包括原则性的指引，也包括针对特定问题的具体措施，表明了国家支持什么经济行为、限制那些经济行为、禁止那些经济行为，从而，体现了国家对经济和社会发展的干预。为此，经济法的制定应体现国家的经济政策，并将之具体化。依照宪法和相关组织法规定，现阶段中国国家的经济政策的制定，由特定的机关依法制定，具有法律意义。因此，贯彻执行国家的经济政策是经济法主体的基本义务。其中，对于国民经济管理和调控机关或机构而言，该义务之履行表现为必要性，即必须履行；而对于相关市场主体而言，虽然在众多情况下该义务的履行并非是强制的，但是，事实上，与国家政策相背离的经济行为的选择，会给市场主体的利益带来损失，从而，使市场主体对于国家经济政策的执行，具有了"变相强制"的效应。而在法律规制方面，各级立法机关依法制定的法律、行政法规、规章是经济法处理经济事务的法律依据，也是维护经济秩序的法律保障。因此，遵循相关法律的规定，特别是履行强制性规定，是经济法主体的基本义务。

2. 保护公有与私有财产的义务

无论是公有的或私有的财产，都是保持经济和社会发展的物质基础，也是经济法主体自身得以存在和发展的必要条件，为此，保护公有的或私有财产是经济法主体的一项基本义务。在此方面，在中国的计划体制下，对财产的保护主要体现为对于国有的和集体财产的保护。改革开放以来，顺应商品经济和市场经济的发展要求，私有财产的存在成为市场经济发展的重要基础，为此，中国宪法自 2004 年起，确认了私有财产不可侵犯的原则，使对私有财产的保护成为经济法主体的基本义务。在该义务的履行上，在明确相关财产权利的归属基础上，保证其占有、使用、收益与处分权的合理行使，保证财产权不受侵害，是一项普遍的义务；而对于经营性财产而言，则主要体现为对资本性财产的保值增值的经济法要求。因此，该义务的内涵还包括了经济法主体对公有或私有财产的依法的和合理的流转。

3. 与交纳税费相关的义务

改革开放之前，国家财政收入的来源主要是国有企业向国家上缴的利润，还有其他少量的税费收入；改革开放以来，随着经济主体的多元化，国家和经济主体的利益关系，主要由传统的上缴利润，演变为上缴税收和费用，其中，在目前，国家财政收入的绝大部分来源于税收收入。与此同时，在宏观调控实践中，税收及相关费用的增减，不仅在于满足国家财政的需要，还具有调节经济的功能。在此情况下，依法向政府及时地缴纳各项税收和费用，成为经济法的市场主体的一项基本义务；而对于国民经济管理机关来讲，从各自的工作职能出发，积极完成相关的税收与费用的征收任务，并使其及时交入国库，也是其作为经济法主体的基本义务。

4. 与履行管理职责的相关义务

在经济法律关系中，经济管理职权、职责的定位及其实施具有普遍的意义。一切经济法律关系的产生、变更和消亡，均是围绕着为完成国民经济和社会发展目标，并通过经济管理职权的行使和职责的履行来实现的，组织与管理关系如此，经济协作关系亦然。为此，依法履行管理职责是经济法主体的一项基本义务。该义务履行的基本要求是：首先，对于负有经济管理职责的机关、机构、社会组织及其工作人员而言，对于其应当行使的经济职权不得怠于行使（不作为），或乱行使（乱作为），要十分强调行使职权的程序公正，以保护被管理者的合法权益。对于属于交叉性管理的领域，有关管理部门不能是对己有利者即积极管理，对己不利者则消极管理，甚至放弃管理，为此，相关管理部门应当积极建立联席协调制度，以防止经济管理真空的出现；其次，作为被管理者而言，应当积极履行接受管理的义务。被管理者不能以管理实践中的行为不当而拒绝履行接受管理之义务。因为，这种法律关系具有明显的权利（权力）与义务之间的单项属性。① 其管理关系如下图所示：

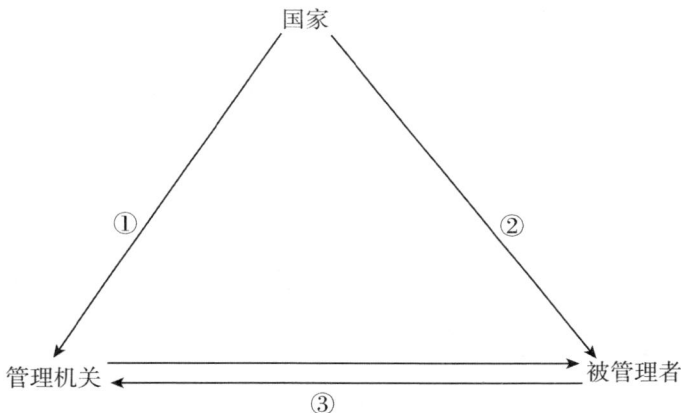

图二：经济管理单项关系运行图

以上图示反映了在经济管理关系中存在三种基本的法律关系，其中，第一种国家和管理机关之间的授权或管理关系为单务关系；第二种基于法律和政策性规定，国家与被管理者之间的法律关系，亦为单务关系；只有第三种管理机关与被管理者之间的关系，才有形成双务性质法律关系之可能。

---

① 例如，在税收法律关系中，形成国家与纳税人之间和国家与征税机关之间的明显的单务关系。其中，在国家与纳税人的关系中，国家单方面享有征税的权力，而纳税人只有依法纳税的义务。纳税人对国家税收制度和相关政策如有意见，可以提出，但不影响其必须履行依法纳税的义务；同样，在国家与征税机关的关系上，国家要求征税机关依法征税，也是一种单方面的权力，而征税机关则只有依法征税的义务，它不能以工作待遇好坏来决定是否履行征税义务，更不能放弃行使依法征税的职权。

5. 维护经济秩序与公共利益和安全的义务

在任何经济体制状态下，经济的发展必须通过法律的规制，以保持良好的经济秩序，才能健康地发展。与此同时，在市场经济条件下，公共利益和安全需要予以法律的特别保护，以防止经济发展中基于私权利的逐利行为及其膨胀给公共利益和经济安全带来的危害，为此，国家需要通过制定经济法来解决由此带来的"市场失灵"问题，在此情况下，维护经济秩序与公共利益和安全就成为经济法律关系中各经济法主体一项共同的基本义务。它要求所有经济法主体，在从事自己的经济组织、管理或协作活动时，应当优先考虑对经济秩序的维护，对社会公共利益以及对国家与社会公共安全的保护。只有这样，自己利益的实现，才具有正当性，也才能受到经济法的保护。

第三节　经济法律事实与经济法律关系的保护

一、经济法律事实

（一）法律事实的含义

按照法学原理，法律事实是法律关系的一个重要的范畴。它是指能够引起法律关系产生、变更、消亡的情况。该情况作为一种事实总是处于一种客观状态，但实际生活与工作中的情况千变万化，并非均构成能够引起法律关系产生、变更和消亡的法律事实，只有那些被法律所确认的情况，才能构成法律事实，并引起与之相应的法律关系的产生、变更和消亡。因此，理解法律事实的理论要点在于：客观情况的存在是构成法律事实的基础；法律对于客观情况的确认是构成法律事实的前提，通过法律对于客观情况的确认使其实现了客观与主观的统一，并起着对现实情况的引导性作用，使人类能够预测到那些情况的发生会引起法律关系的产生、变更和消亡，而那些情况又不会引发法律关系；而法律事实存在的直接后果，即是引起法律关系的产生、变更和消亡。对此，法律、法律事实、法律关系产生、变更及消亡之间的逻辑关系，可以用下图予以表示：

法　律 ———→ 法律事实 ———→ 法律关系的产生、变更和消亡
（前提）　　　　（基础）　　　　　　（法律后果）

图三：法律事实运行图

（二）法律事实的类别及其意义

按照法律关系的一般理论，法律事实可以分为行为和事件两大类。其中，所谓行为，是指基于法律主体的主观愿望，由法律主体的行为所构成的法律事实。其又包括合法行为和违法行为两种。法律主体之合法行为，所引发的是法律所希望发生的法律事实，由之引起的法律关系的产生、变更和消亡受到法律的保护；而非法行为所导致的法律事实，则是法律所禁止或限制的行为，由之引起的法律关系的产生、变更和消亡不受法律保护，并引发法律对于违法者行为的制裁与惩罚。

而所谓事件，是指那些不依人类主观意志为转移的，能够引起法律关系产生、变更和消亡的客观情况。其又分为自然现象和社会现象两种，自然现象如地震、雪灾等，在法律上将之确定为"不可抗力"，即人类不可预见、不可避免，并无法克服的客观情况的发生。社会现象，如国家全局性的政策调整、国内动乱及战争的发生等。

法律事实的以上分类，对于判断在不同情况下，相关的法律主体是否承担法律责任，具有重要的实际意义。在行为事件情况下，基于人类主观上的故意或过失违法，通常要承担相应的法律责任；而在合法状态之下，则应受到相应的奖励。但是，在事件发生时，法律主体通常不承担相应的法律责任。

（三）对经济法律事实的分析

经济法律事实是法律事实的一种，属于经济法律关系的范畴。其特殊性表现为以下几点：

首先，就经济法律事实产生的逻辑前提而言是经济法的规定，而经济法的规定，又是以客观存在的国民经济和社会发展活动为基础的，其引发的后果，也反映了经济法律关系产生、变更和消亡对国民经济和社会发展的相应的影响，以区别于民事法律关系、行政法律关系、刑事法律关系。

其次，从构成经济法律事实的行为类别来看，其不仅包括合法行为，也包括非法行为，合法行为引起奖励后果；违法行为则引起法律制裁与惩罚后果。并且，由于经济法对于合法与非法行为的判断，来自于处于动态的经济关系的变动，这使经济法律事实之行为，呈现出比较复杂的状态。一些经济行为或活动在行为或活动之初虽然处于合法状态，但基于国家经济政策或法律的调整，可能在其进行中因国家的命令限制或禁止而处于非法状态，进而不得不予以调整或终止。而与之区别的是，合法的民事法律关系，不会引发奖励之后果；而刑事法律关系的产生、变更和消亡，对于刑事责任者而言，则体现为刑事惩罚。

再次，就经济法律事实之事件构成来看，也呈现出比较复杂的状态。因为，经济领域事件的发生，多数和人类的行为有着密切的联系。比如，引起沙尘暴的原因来自于人类对于环境的破坏；而引发洪水暴发的原因，往往是由于人类毁林开荒行为所导致的。在此情况下，虽然对于微观经济主体而言，构成事件，但是，从国家宏观层面来看，必须从人类的不当行为来检讨事件发生的根本原因，并积极采取措施，避免自然灾害的再度发生。例如，1998 年中国发生长江流域的洪灾之后，便及时制定实施了专门针对长江上游的"退耕还林"的政策，以避免此类灾害的再度发生。此外，国家宏观经济政策的调整，对于微观经济主体构成事件，也是经济法律事实的一个特殊的问题。

二、经济法律关系的保护

经济法律关系的保护主要涉及经济法律关系的保护机构与特殊的保护方法两个方面的基本问题。

（一）经济法律关系之保护机构

就经济法律关系保护的机构而言，首先来自于国民经济管理机关及市场主体的内部保护，是经济法律关系保护的基础环节，其中，包括依法处理相关的经济管理事务和经济事务，也包括其内部自律机制的建立，为此，经济法主体内部有必要建立专门的法制机构，以保证经济法在其内部的有效执行。其次，每一项经济法的制定，均授权政府的相关部门为适用某一类经济法的专门执法机构，该执法机构能否准确地适用经济法，对于经济法律关系的保护具有重要的意义。从中国经济法的实践来看，大部分经济法律关系的保护，需要通过政府经济管理和调控机关对经济法的有效实施，得以依法产生、变更和消亡。最后，对于经济法律关系的保护，有必要通过建立专门的司法与仲裁机制，通过司法与仲裁机构的有效工作，满足经济法主体救济权利的实现，是经济法律关系保护的必要途径。

（二）经济法律关系之保护方法

就经济法律关系的保护方法而言，其特殊的保护方法，即是奖励与惩罚的结合。对此，以上章节已有专门的论述，在此不再赘述。值得强调的是，一是，在经济法律关系的保护上，本著作认为，应当主要采用以奖励为主的激励方式，来保护经济法律关系的产生、变更和消亡，因为，经济法的功能主要为协调和促进国民经济和社会发展，而惩罚功能的运用主要是一种教育性的或警示性的，因此，强调经济法律保护中的奖励优先，也符合当前及今后贯彻科学发展观，构建和谐社会的基本要求；二是，有关经济法的惩罚问题，是否存在经济法独立的责任形态，是经济法当前及今后重点研究的课题；三是，在经济法律关系的保护上，是否有必要专门建立与经济法相对应的经济诉讼制度，也是一个待研究的问题。因为，现行的诉讼制度，更多地关注的是法律的公平问题，但忽略了经济诉讼中，经济法主体基于经济原则所要求的效率问题。

第二论

经济法结构论

第十二章

中国经济法结构概述

第一节　结构与结构主义

一、结构的一般词义

"结构"一词在现实生产和生活中运用广泛，如，生产组织结构、语句和语法结构、经济结构等。根据《辞海》解释，[①] 结构一词之含义包括：一是，指构造房屋；二是，指房屋构造之式样；三是，指某一事物各个部分的配合和组织；四是，文艺作品的组织方式和内部构造。现代汉语词典的解释：一是，各个组成部分的搭配和排列；二是，建筑物上承担重力或外力部分的构造；三是，组织安排（文字、情节等）。[②] 由此可看出，结构一词之一般词义，首先是建筑领域的一个特有范畴，在建筑设计和实践领域具有重要的实际意义；其次，是在语言文字与写作领域，十分强调结构问题，如，文字与语言结构的形

[①]　辞海编辑委员会编：《辞海》（缩印本），上海辞书出版社1980年版，第1168页。

[②]　参见中国社会科学院语言研究所词典编辑室编：《现代汉语词典》（第5版），商务印书馆2007第9月版，第697页。

成，方便了人类对于特定语言的掌握与运用，撰写文章强调文章的结构问题等；再次，有关将结构一词定位于某一事物各个部分的配合和组织，或各个组成部分的搭配和排列，则具有普遍的意义。它表明，任何事物的存在都有一个结构问题，在既有事物存在的情况之下，在分析事物结构的基础上，通过改变事物的结构，即可以引发不同的效果，对此，自然科学如化学分子结构的不同组合可产生不同的物质；而在社会科学领域，通过调整经济结构，可以达到经济发展的预期目标。由此，结构分析的方法成为人类在自然和社会领域，认识和改造客观事物的普遍运用的科学方法。它对于提高事物的质量，具有现实的意义。

二、关于结构主义

结构的分析方法是现代西方哲学界所主张的分析问题的方法，并进而形成了结构主义（structuralism）。此方法最早产生于法国，其开创者是法国语言学家索绪尔。他首先在语言研究中使用了结构分析的方法。他认为语言活动可分为语言和言语。其中，语言是一种符号体系，而人们的日常言语只是这一种语言体系的表现。他又提出语言研究中相对立的"同时性"方法与"历时性"方法。他认为，同时性方法是撇开语言的历史研究，只着重于找出语言的"结构"与"模式"。因此，结构主义的分析方法最早应用于语言学的研究领域。其主要功能是通过发现语言的共识性问题，来推动语言的广泛运用。20世纪60年代以后，法国哲学家莱维·施特劳斯又将其运用于社会学（包括原始人的社会结构与思想结构），他认为，结构主义社会学就是要找出和语言学相类似的社会生活中的诸成分之间的形式上的关系或结构。如夫妻关系、亲属关系、家庭关系、神话体系以及社会风俗习惯结构等等，这种结构是人心的无意识结构对外界的一种投射。他认为，这些结构可以在不同的时间中重新出现。因此，只要找出这些结构就可以使社会科学达到像数学那样的科学化和规模化水平。之后，结构主义的分析方法被广泛应用于所有的自然科学和社会科学领域，发生了科学研究领域的"结构主义革命"，因此，结构主义的分析方法是当代科学研究最重要的分析方法之一。[①] 若从思维科学角度看，结构主义的分析方法就是要解决在科学研究中，对整体问题的把握。

中国自改革开放以来，有关经济结构调整问题，一直是中国经济改革的重

---

① 参见辞海编辑委员会编：《辞海》（缩印本），上海辞书出版社1980年版，第1169页。

要问题。它包括：经济组织结构的调整问题、产业结构的调整问题、消费结构的调整问题、产品结构的调整问题等，从其实际效果看，经济结构的调整，是在经济总量既定的条件下，提高经济运行的质量，使既有经济能更好地发挥经济效益，因此，其主要解决的是经济的质量问题。若从世界经济角度分析，在市场经济条件下，由于经济周期规律的存在，因此，在经济周期的不断运行中，为适应经济周期不同阶段的经济需求，不断地调整经济结构，以适应经济发展形势的要求，是解决现实经济问题的基本方法，宏观经济与中观经济如此，微观经济亦然。这使有关经济结构的调整成为经济学的一个重要范畴，成为经济实践的一个常规性任务，并需要法律的有力支持。

三、结构主义分析方法的特征

关于结构及结构主义的共同特点，瑞士学者皮亚杰在其出版的名著《结构主义》中对其进行了专项研究，他认为，结构就是由具有整体性的若干转换规律组成的一个自身调整性质的图式体系。结构也叫做一个整体、一个体系、一个集合。因此，结构主义的共同特点可以归纳为两点：一是，在一个研究领域里找出不向外界寻找说明规律，建立起能够自己说明自己的结构（仅限于事物内部的结构分析）；二是，实际找出来的规律能够形式化、公式化，能做演绎性的应用。这使结构分析方法，具有了有别于其他方法的基本特征。

此外，按照结构主义理论，通过分析，某个事物内部被抽象出来的结构应当具有"三要素"：一是，整体性要素；二是，转换性要素；三是，调整性要素。所谓整体性要素，是指"一个结构是由若干个成分所组成的，但是，这些成分是服从于能说明体系之成为体系特点的一些规律的。这些所谓的组成规律，并不能还原为一些简单相加的联合关系，这些规律把不同于各种成分所有的种种性质的整体性质赋予作为全体的全体。"；所谓转换性要素，是指一个整体内部的结构之间存在着相互转换规律或法则，这使人们在科学研究中，可以通过对事物内部结构的转换来达到科学研究的目的；所谓调整性要素，是指一旦事物内部结构形成，就具有了守恒性和某种封闭性，即自身的调整性特征。任何新成分的加入，均要以结构的自身调整为前提。①

该"三要素"的存在说明，人类在运用结构主义分析方法分析客观事物时，不仅是被动地通过分析事物结构，以达到深刻地认识事物的目的，而且，

---

① ［瑞士］皮亚杰著：《结构主义》，倪连生、王琳译，商务印书馆1984年版，译者前言及第3~11页。

在认识事物结构的基础上，可以发挥人的主观能动性，通过改造事物的内部结构，提升其质量，以使其能够朝着有利于实现人类既定目标方向发展。

此外，根据莱维·斯特劳斯的研究，在科学研究中运用结构主义方法主要应遵循的原则：一是，对整体性的要求；二是，整体优于部分；三是，内在性原则，即结构具有封闭性，对结构的解释与历史的东西无关；四是，用共时态反对历时态，即强调共时态的优越性；五是，结构通过差异而达到可理解性；六是，结构分析的基本规则包括：（1）结构分析应是现实的；（2）结构分析应是简化的；（3）结构分析应是解释性的。①

第二节　经济法的结构分析

一、经济法结构分析的基本立足点

经济法的结构分析，是结构主义分析方法在经济法领域的具体运用，是经济法科学属性的重要标志。换言之，对经济法结构的分析，有利于我们对经济法科学性的进一步认识。因此，经济法的结构理论应当成为经济法重要的基础理论，是经济法的一个重要的范畴。但是，对于经济法结构的分析，需要具备一定的理论基础和社会实践条件，这些理论基础和社会实践条件，是对经济法结构研究和分析的基本立足点。对此，本著作认为，主要有以下三点：

（一）源于法的结构问题

法的结构是现实中法律内容高度抽象化的结果。为此，本著作认为，法学的结构分析，就是以现实中的法律为研究对象，将一些共性问题予以高度的抽象化、公式化，以使被抽象出来的法的结构，能够在立法和执法实践中举一反三地应用，它体现了法学对于法律实践的指导功能。它涉及到对法律问题的整体思维问题。法的结构，不仅涉及到法律整体制度的设计问题，例如，由"宪法部门——实体法部门——程序法部门"所组成的部门法结构；也涉及到对具体法律条款结构的设计问题，例如，由"假定——处理——制裁（或后果）"构成的法律条款结构。

与此同时，就法学而言，其本身也有一个结构的合理设计问题。科学的法学结构的设计，是法律科学的重要表现。对此，作为部门法意义上的经济法学

---

① 参见：百度网站百科名片之结构主义词条解释。

也不例外，因此，经济法的结构是经济法科学内涵的应有之意。但是，在目前，经济法学界对经济法的结构问题，均研究得不够。

（二）源于经济法贯彻实践的需求

自改革开放以来，中国的经济法制建设，已经改变了起初的"无法可依"状态。经过 30 年的经济法制建设，特别是自 1993 年以来的市场经济法制建设，与社会主义市场经济发展相适应的经济法律、法规大量出台。在当前，我们所面对的法律、法规成千上万，其中，属于经济法，或与经济法相关的经济立法约占到整个立法的 80%，这些经济法之立法及相关立法实践，通过 30 年的发展，已经形成自己特有的立法结构，或某一类立法所通常要解决的一些基本问题，是经济和社会发展客观需求在法律认识论上的主观反映或判断，对这些既有的经济法立法进行结构分析，将有利于我们认识中国的经济法究竟需要解决的是哪些基本问题，以便进一步认识经济法的产生、发展规律，其也便于实践中人类对于经济法的学习和适用，有利于经济法更好地执行。

（三）源于经济法立法质量的提高

尽管中国目前已经出台了大量的经济法，但是，普遍质量不高，面对复杂多变的经济和社会发展形势的要求，对于已立之法，需要不断地清理，废除旧有的立法、不断修订过时的条款，已经是经济法立法的一项常规性工作；与此同时，仍然有许多经济立法之空白需要通过制定新的法律予以填充。在此情况下，有关经济法结构分析的成果，可以用来指导现实经济法立法的"立、改、废"工作，以提高经济法的质量，并为其更好地执行，发挥其应有的效应，奠定良好的法律基础。

二、中国经济法结构的基本分析

中国经济法基本结构的确立，是要将经济法内部各个组成部分在分类基础上进行排序，并反映各个组成部分之间的逻辑关系。作为一种基本结构的分析，它只是一种总的结构的分析，在总的结构分析的基础之上，还需要对每一个内部成分中所涵盖的结构进行分析。根据中国经济法 30 年来的实践及理论研究，本著作认为，中国经济法的基本结构分析主要涉及到以下三个方面：

（一）经济法立法结构的分析

经济法的立法是经济法得以产生和发展的基础，经济法的立法以每一个独立的法律文件为载体。由于经济法立法数量的庞大，因此，经济法立法基本结构的分析，应当是对经济法立法文件所应当涉及的基本问题的一种大致的归类。在此方面，具有实际意义的首先是有关经济法渊源类别及其结构的分析，如按照《立法法》之规定，可以将现实中的经济法，进行宪法基本规定、经济法律、经济法规、地方性经济法规及经济规章五个方面的归类，并且，它们之间的排序及其所涉及到的基本问题，反映了其不同的层次性和不同的法律效力。其次，是根据经济法立法所反映的内容，或要解决的基本问题的不同，从大的类别上，将经济法归类为经济组织法、经济管理法和经济协作法三个组成部分，然后，再对各部分的内部结构进行更进一步的分析，以便揭示出类别不同的经济法需要解决哪些基本问题，它们之间的逻辑关系如何，这是本著作以下三章重点阐述的问题，其中，对经济管理法结构的分析，涵盖了对市场规制法和宏观调控法结构的分析。

（二）经济法学结构的分析

经济法学的结构分析，主要涉及经济法学的构造问题。关于中国经济法学应当包括哪些内容，在中国经济法学的初创时期，中国经济法学者就将中国经济法学的结构定位于总论、分论和附论三个组成部分，以指导经济法学的教学和研究，一直延续至今。其中，在总论部分主要阐述经济法的基本的和基础的理论。在分论部分，则按照现实经济体制的要求，在对经济法律制度予以进一步分类、排序基础上，予以分别阐述。而在中国经济法学分论的内部构造方面，在市场经济体制确立之前，以经济组织法、经济管理法、经济协作法的基本分类及其相关经济法律制度的阐述，来体现当时历史条件下，经济法律制度的基本内容；而在市场经济体制确立以来，中国经济法学的分论的基本归类为市场规制法和宏观调控法两大类，有的教科书也将国有资产管理法（或经营法）作为单独的一类予以阐述。所谓附论部分主要是有关经济法救济程序方面的阐述，主要包括经济诉讼和经济仲裁两部分内容，该部分内容之所以称之为附论，是因为从法律部门的分工来讲，现行诉讼制度与仲裁制度目前同属于法律体系中的诉讼与非诉讼之法律部门，但其是与经济法的实现有密切相关的部分。这部分内容，在目前的经济法教学中，虽然不再体现，但作为一项研究内容，仍然是经济法学重要的研究课题。

（三）经济法运行结构的分析

经济法制的动态性特点，使经济法的结构分析，应当关注经济法的运行结构问题，以便揭示经济法产生与发展的规律，对此，如本著作前述，从中国经济法制的实践来看，既定法律体制下，国家经济和社会发展战略和相关经济政策的制定，是经济法产生与发展的逻辑起点，因而，经济和社会发展战略和经济政策是经济法运行结构的首要的组成部分，这种发展战略和经济政策，既包括对中国改革开放实践具有长期指导意义的战略与政策，也包括专门针对特定历史时期，或特定问题所制定的各项政策；既包括针对现实国民经济和社会发展所制定的政策，也包括对于经济法制建设予以指导的政策。这是由经济法的政策性属性所决定的。其次，是基本经济法律、法规部分。基本经济法律是指由国家最高立法机关，即全国人民代表大会及其常务委员会制定的基本经济法律；基本的经济法规是指国家最高行政机关，即国务院制定的基本的经济行政法规。这部分经济法的制定，是对具有长期指导意义的经济政策的肯定，体现了经济法的稳定性，其一旦制定，又会成为今后制定经济政策的法律依据，这部分经济法在经济法制运行机制形成中，主要起稳定经济与社会发展秩序的功能与作用。最后，是各项经济法律措施部分。这部分经济法或为保障国家经济政策贯彻执行之具体经济法律措施，或为国家基本经济法律、法规之实施细则。其数量庞大，且具有变异性特点。对此，有论著指出："在经济法中非常具有典型性的宏观调控法，其运行不仅受到法律因素的影响，而且还受到经济因素、政策因素等非法律因素的影响。在这些因素的影响之下，宏观调控法的稳定性会受到一定的影响，从而使宏观调控法的运行呈现出变易性；同时，由于相关因素的变动具有一定的周期性，从而使宏观调控法的运行呈现出周期变易性。"①

　　值得强调的是，在中国经济法的运行结构中，地方性经济立法是一个相对独立的类别。首先，有关贯彻国家经济政策和法律、法规的地方性经济立法，是上述经济法运行结构中的重要组成部分。其次，有关体现地方特色，专门解决地方经济与社会发展中特殊问题之经济立法，是中国经济法的独立部分。在不违背国家政策和基本法律、法规规定的前提之下，地方经济立法的运行结构也包括地方经济和社会发展战略、地方经济政策的制定、地方基本经济法的制定和地方经济法律措施实施之四部分及其排序问题，对此，特别行政区和民族自治区之地方经济立法如此，一般行政区域之地方经济立法亦然。

---

　　① 张守文著：《经济法理论的重构》，人民出版社 2004 年 4 月版，第 478 页。

第十三章

中国经济组织法结构

第一节 经济组织法概述

一、经济组织的含义、特征及意义

（一）经济组织的含义

在中国现行法律体制下，法律主体中的实体性组织有国家机关、企业单位、事业单位及其他组织之分。其中，除国家机关外，其他统称为社会组织。而经济组织则包括企业和其他组织中的经济组织。前者如：各类公司和企业，后者如：个体经济实体。因此，经济组织是社会组织的一种，它是指以营利/盈利为目的，从事生产、经营与服务活动的组织的总称。

（二）经济组织的基本特征

经济组织的基本特征及存在价值，首先在于它是一种社会组织，具有社会组织的基本属性，主要由社会成员依法投资设立，独立经营，独立承担相应的经济与社会责任，并享有相关的权利，以区别于专门从事国家与地方管理活动的国家机关。

其次，从经济组织所从事的活动内容来看，生产活动涉及劳动者的采掘、制造与加工特定产品的活动，而经营活动的含义则较为复杂，一是指生产企业对于自己生产产品的自销活动；二是，指专门从事商业活动的商事主体的货物买卖活动；三是，以便捷人类的生产、生活为目的的各类服务贸易活动。对此，在当前的世界贸易中，由于服务贸易的单列，因此，服务活动应当与生产、经营活动并行单列为一种独立的活动。而经济组织的定义，也应当修订为"指以营利/盈利为目的，从事生产、经营和服务活动的组织的总称。经济组织的这一属性，使经济组织区别于社会组织中的事业单位。例如，事业单位中的学校是通过教学与科研活动，培养各类专门人才的社会组织。

最后，经济组织的存在价值在于营利性/盈利性，该营利性特征的含义是：经济组织应当以追求经济利益为其价值目标，在满足自身生产、经营或服务成本的基础上，向国家交纳相应的税收和费用，并有相应的剩余，以便用于经济组织的进一步扩大再生产。这一特征使经济组织同时区别于国家机关和事业单位。

（三）经济组织存在的意义

从经济组织存在的社会意义来看，国家的财政主要来源于经济组织；解决劳动力就业主要依靠经济组织的发展，特别是像中国这样一个人口众多的大国，要想解决劳动力就业问题，就要大力发展经济组织；国家财富的增长、居民收入水平和社会福利的提高，主要依赖于经济组织的发展。因此，保护经济组织利益，促使其健康发展，是中国经济发展与经济法制建设的首要目标，意义重大。

若从市场经济体制的确立和运行机制来看，经济组织是市场主体中的供方载体，同时，其也是生产资料的需求主体。经济组织的存在，是市场机制运行的逻辑前提，为此，要发展市场经济，就要大力培育各类经济组织的发展，不仅要支持大型经济组织的发展，更要支持中、小型经济组织的发展。为此，就需要通过有关经济组织的立法，建立起规范各类经济组织产生和发展的基本秩序，为市场机制的形成，奠定良好的法律基础。

二、经济组织法及其地位

经济组织法是调整经济组织关系的法律规范的总称。经济组织法在实践中的表现形态主要为各类企业法和公司法。在中国现阶段，经济组织法的表现形态主要包括两组类型：一是，与宪法规定的所有制结构相联系的国有企业法、集体所有制企业法、私营企业法以及在此基础上的混合所有制企业法；二是，以资本组合形态之不同，可以分为公司制企业法、合伙企业法和独资企业法。经济组织法的调整对象为经济组织关系。对此，本著作在阐述经济法的调整对象时，已有详述。

在市场经济条件下，经济组织是市场的中心，经济组织具有独立的法律主体资格，并与国家、社会及经济组织职工之间形成了相应的，以其为中心的特定的社会关系即经济组织关系。如同如下图四所示，经济组织关系形如车轮。其中，经济组织在此关系中处于轴心地位。从纵向上看，经济组织对上存在与国家（政府）之间的缴纳税费及接受管理之关系；对下，存在与企业职能部门及职工的管理关系。若从横向上分析，经济组织存在与其他经济组织及社会组织和消费者的社会关系。因此，作为经济主体法中的经济组织法在经济法体系中处于基本法或基础法的地位。经济组织法主要通过规范经济组织的设立、变更、终止、基本权利与义务等问题，合理布局经济组织结构，保障其合法权益，禁止其违法行为，促进其健康发展。

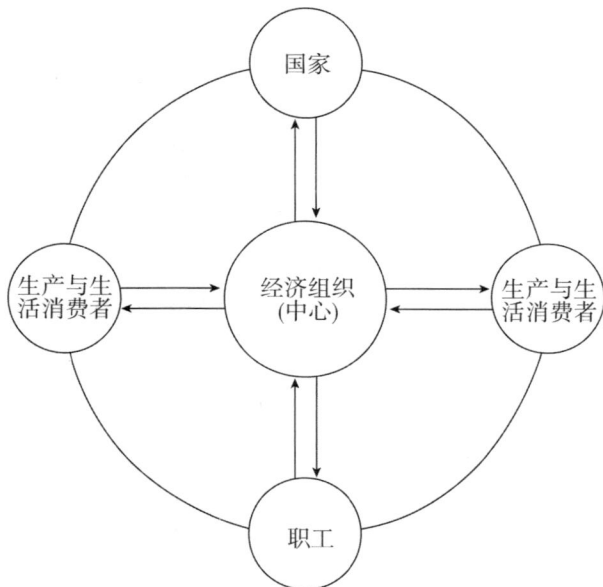

图四：经济组织关系运行图

第二节　中国经济组织法结构分析

一、经济组织的设立

经济组织的设立是指经济组织设立人为设立经济组织而依法进行的相关活动的总称。与经济组织的"成立"含义不同，"设立"是一个"动态"的概念，它反映了经济组织的设立过程，即从设立人产生、设立资本到位、按照法定程序申请审批，直至登记成立之全部过程。而经济组织的成立则是一个"点"的概念，它是经济组织设立的结果。从中国经济组织法的立法情况看，经济组织设立的基本问题如下：

（一）经济组织的设立条件

在市场经济条件下，经济组织的设立条件也称为市场准入条件。它表明国家对经济组织设立的宽严程度。此条件的基本结构有三个方面构成：即法律对于人、资本和经营场所的基本要求。其中，所谓人，主要是指投资人①，也包括管理人②。就法律规定之具体情况而言，有的立法体现为最低人数之规定③，有的立法则采取对最高人数之限制④，有的还考虑是否具有专有资质的企业与行业专有人员⑤。所谓资本要求，是指经济组织开展活动所应具备的基本物质条件，该物质条件也是经济组织对外承担责任的经济保障。与此同时，资本额度的大小意味着经济组织生产经营规模和经济风险的大小，为此，法律对不同类型的经济组织的投资方式、额度及其是否一步到位有明确的规定。⑥所谓经营场所之要求，是指经济组织登记注册的主要经营场所，具有重要的法律意义⑦。做到了该三个方面的要求，经济组织的设立就避免了所谓"三无"企业现象的存在。"三无企业"就是指"无投资人、无投入资金、无固定的经营场所"之"皮包"企业或公司，这种企业在中国改革开放初期盛行，对经济秩序的形成极为不利，是国家重点禁止的对象。

---

① 这里的投资人，不仅是指自然人个人，也包括以政府和其他社会组织名义进行投资的单位。

② 这里的管理人，是指设立相关经济组织时，法律对于作为内部管理人的董事长、经理（厂长）、技术人员、财务管理人员等资格的要求。

③ 如1999年《公司法》第75条第一款规定：设立股份有限公司，应当有5人以上为发起人，其中须有过半数的发起人在中国境内有住所。

④ 如1999年《公司法》第20条第一款规定：有限责任公司由2个以上50个以下股东共同出资设立。

⑤ 如，2002年《安全生产法》第19条规定：矿山、建筑施工单位和危险物品的生产、经营、储存单位，应当设置安全生产管理机构或者配备专职安全生产管理人员。其他生产经营单位，从业人员超过300人的，应当设置安全生产管理机构或者配备专职安全生产管理人员；从业人员在300人以下的，应当配备专职或者兼职的安全生产管理人员，或者委托具有国家规定的相关专业技术资格的工程技术人员提供安全生产管理服务，其保证安全生产的责任由委托单位负责。

⑥ 例如，根据2001年国家最新修订后的《中外合资经营企业法》及其《实施细则》规定，合营企业各方可以现金、实物、工业产权等进行投资。其中，中国合营者的投资可包括场地使用权。在合营企业的注册资本中，外国合营者的投资比例一般不低于25%。合营各方应当按照合同规定的期限缴清各自的出资额。逾期未缴或者未缴清的，应当按合同规定支付迟延利息或者赔偿损失。对于投资的额度要求，由于中外合资经营企业采取了有限责任公司的法律形态，因此，其投资额度应按照公司法的要求，至少满足公司法的最低法定要求。对此，按照1999年《公司法》第23条对有限责任公司注册资本之最低要求，以生产经营为主的公司至少为人民币50万元；以商品批发为主的公司至少为人民币50万元；以商业零售为主的公司至少为人民币30万元；科技开发、咨询、服务性公司至少为人民币10万元。

⑦ 该法律意义，在司法方面表现为在诉讼活动中涉及到原告与被告所在地及其司法管辖问题；而在经济管理活动中，则涉及到被管理者的所在地及其履行相关法律义务的具体途径及方式，如，按照税法规定，在存在总公司与分公司的关联企业情况之下，该公司的税收通常应当由总公司统一向总公司登记注册地缴纳税收。

此外，还有经济组织名称和章程的基本要求。其中，经济组织的名称是经济组织的字号，为避免在同一经营领域的相同或相近似，需要按照要求进行名称的预先登记。而经济组织的章程则是经济组织按照法定要求，向经济组织登记机关提交的旨在规范经济组织内部关系的法律文件，它将作为日后市场监督部门对经济组织行为予以监督的主要依据。还有许多经济组织的设立，除具备一般性条件外，还需要具备一些前置性条件，如对拟从事饮食业的经济组织，除具备一般条件外，还需要首先在符合法定条件的情况下，获得卫生许可、消防许可、用水许可、用电许可等，才能获得工商登记机关的登记。

（二）经济组织的设立程序

经济组织的设立程序，是指一个经济组织的成立，需要经过哪些环节，办理哪些手续，才能得以成立，并可以开始生产和经营。依据中国经济法之规定，其主要表现为以下两种基本程序：

一是，经济组织设立之普通程序。该程序也被称之为申请制或登记制。按此程序要求，只要经济组织的设立符合法定的基本条件，即可以直接向工商行政管理部门予以申请。在工商行政管理部门进行审核后予以登记、公告，颁发企业营业执照，经济组织即可以开始生产经营活动。

二是，经济组织设立之特别程序。该程序是在一般程序启动之前，有一个前置性的审批程序。依中国经济法规定，前置性的审批主要适用于那些拟开展的生产经营活动，关系公共安全和利益的特种行业，或依法必须予以前置审批的经济组织时，必须事先达到审批条件，并经过申请批准后，才能进入工商登记之普通程序。前者如申请开办金融企业，后者如申请成立上市公司。

（三）经济组织的法律地位

依经济法原理，一旦经济组织依法成立，即取得了相应的法律地位。这种法律地位具体体现在：一是，经济组织取得了生产经营资格。二是，经济组织获得了相应的独立生产与经营资格。这种独立的资格，首先表现为经济组织与国家（政府）的独立，以实现"政企分离"；其次是与其他经济组织关系的独立，以避免过去计划经济体制下，优势盈利企业为劣势企业弥补亏损现象的发生；再次，与职工独立。主要是指职工通过自己的劳动获得应得的利益，并与经济组织的利益相分离，无论经济组织经营好坏，都不能让职工为经济组织承担相关的经济责任；三是，经济组织取得了相应的管理地位。首先成为被管理者，必须接受来自于政府职能部门的管理和监督。其次也成为了管理者，经济组织成立后，即具有了招聘职工，并对经济组织内部事务进行管理的职权。

值得强调的是，经济组织的成立是否具有企业法人身份，并非是经济法经济组织地位的体现，因为，经济组织依法取得法人资格之法律意义，一方面，体现为其将以独立的和有限的财产承担经济责任；另一方面，主要强调的是，具有法人资格的经济组织与其它经济组织之间的平等的民事关系，因此，经济组织法人地位是其民事主体地位的体现。在经济法看来，经济组织是否具有法人资格并不重要，关键是在经济组织取得生产经营资格后，能否促进经济的发展。

二、经济组织的变更

经济组织的变更是指经济组织在登记事项和主体上的变化。经济组织的变更可能基于主观原因，如，新投资人的加入，也可能是客观原因，如市场之变化致使原来预期的市场经营项目不得不放弃等。按照事物发展的规律，经济组织的变更具有必然性，因而，经济组织的变更属于经济组织法的一个常规性的结构性问题。为此，经济组织法有必要对之予以专门规定。根据现行中国经济法之规定，其主要包括登记事项之变更和主体变更两种情形。无论是哪一种情形之变更，均必须经过上述之设立程序后，才具有法律效力。

（一）经济组织登记事项之变更

按照中国工商企业登记制要求，经济组织之登记事项主要包括：经济组织的名称、性质、生产经营范围、经济组织负责人（或法定代表人）、投资人及投资额度、经济组织注册资本、经济组织生产经营之住所、经济组织之联系方式、经济组织的分支机构等。因此，经济组织登记事项之变更，即是在这些登记内容发生变化的情况下，经济组织应当按照设立时工商登记的要求，申请工商行政管理部门予以变更登记，所变更登记之事项，从登记之日起生效。该变更登记不涉及经济组织主体的变更，因而，也不存在变更登记时，进行债权债务清理之要求。

（二）经济组织主体资格之变更

与经济组织登记事项之变更相比，经济组织主体的变更，不仅涉及到旧有主体的消灭和新主体的设立，也涉及到旧有主体与新主体之间债权、债务的衔接问题，因此，比较复杂，综合起来，其变更之情形包括经济组织的合并和分立两大类。

1. 经济组织的合并

依现行中国经济组织法之规定，经济组织的合并情形包括：一是，新设合并，即原有的经济组织予以撤销，并组成新的经济组织。在此情况下，在清理债权债务的情况下，原有的经济组织需要在工商行政管理部门办理注销，而新成立的经济组织需要进行设立登记；二是，吸收合并，即某一经济组织被另一经济组织所吸收，这种吸收在经济学上称之为兼并，而这种兼并可能是无偿的，也可能是有偿的，即"并购"或"收购"。在吸收合并中，在清理债权债务基础上，被吸收的经济组织需要在工商行政管路部门办理注销登记，而吸收其他经济组织的经济组织则因为登记事项的变更而需要进行变更登记。

值得强调的是，在中国现有经济体制下，国有企业之间的合并，通常是一种根据政府指令的无偿合并，而在不同所有制经济组织之间发生的合并，通常则需要在协议基础上有偿实现。

2. 经济组织的分立

依现行中国经济组织法的规定，经济组织的分立情形包括：一是，剥离式分立，即在原有经济组织资格保留的情况下，将其一部分组织剥离出去，设立一新的经济组织。实践中，许多企业，为实现上市目的，将企业内部优势资产剥离重新包装成立新企业上市，即属于剥离式分立。在此情况下，原有的经济组织需要进行登记事项的变更登记，而新设经济组织需要进行设立登记；二是，新设式分立，即将原有的经济组织予以撤销，而后将其各个部分分立后，分别设立若干个新的经济组织，并进行新的设立登记。

按照经济组织法的规定，在上述经济组织因合并、分立虽然会引发经济组织的注销登记，但这只是经济组织在法律形式意义上的消灭，其原有的债权债务并不会因之消灭，而是在主体变更后，根据政府文件规定或经济组织之间的协议，由变更后的经济组织继受承担。

3. 经济组织合并和分立的程序

按照经济组织法规定，经济组织的合并与分立程序，需按照原来设立的程序进行。凡是不需要前置审批程序设立者，仅在经济组织协议或决议基础上进行工商登记即可；凡是原来设立时需要经过有关政府主管部门批准成立者，其在合并与分立时，必须经过政府的重新审批后，其合并与分立才能具有法律效力。如，涉及国有企业的合并与分立事宜时，需经过国有资产管理部门的审批；涉及上市公司的合并与分立事宜时，需经过证券监督管理委员会的审批。此外，与民商法重点保护债权人利益不同，经济法重点保护的是国家利益和企业职工的利益，以防止在企业合并与分立中，造成国有资产的流失和对职工利益的侵害。而从实践情况看，现实中容易出现该两类问题，进而引发经济犯罪和职工群体性事件的爆发，为此，有必要通过制定经济组织合并与分立方面的专门的经济法，防止此类事件的发生。

三、经济组织的消灭

经济组织的消灭，是指基于主观或客观原因使经济组织依法终止，并退出市场领域。其中，主观原因如：经济组织经营期限到期，而投资者放弃继续投资经营的情形；客观原因如：基于市场发生变化导致经济组织解散的情形。在市场经济条件下，经济组织的消灭属于市场运行中的退出机制的范畴，如果经济组织在法律上已经消灭，但事实上还在经营，将会给市场秩序带来危害。因此，正常的市场机制，不仅应有良好的市场准入机制，还应有良好的市场退出机制。

根据现行中国经济组织法规定，中国经济组织的消灭情形主要包括：经济组织自行解散、政府决定解散、因违法被政府撤销和破产四种情形。

（一）经济组织的自行解散

经济组织的自行解散，是指经济组织在不受外部力量干涉的情况下，由经济组织的生产者、经营者、服务者自主决定，或经济组织合作各方协商决定退出市场之消灭情形。这里的外部干涉主要是指来自于政府的干涉。在正常情况下，经济组织的经营期限到期，经济组织的投资人自愿放弃对原有经济组织的生产与经营即可自行解散。但在非正常情况下，在经济组织经营期限尚未到期的情况之下，基于经济组织内部发生纠纷，特别是股东之间发生的纠纷，致使经济组织无法正常生产经营时，只有考虑自行解散；或者，在基于市场情况发生较大变化，经济组织本身又无法予以转产的情况下，也应当考虑自行解散。但在中国现有企业体制之下，对于国有企业或国有控股的企业而言，则不得自行解散。因此，以自行解散的方式，退出市场领域的情形只适用于非国有的经济组织。

（二）政府决定解散

与上述情形相反，对于国有企业及国有控股的经济组织，可以由中央或地方政府决定予以解散。在正常情况下，经济组织设立的预期目标已经达到，且经济组织的经营期限已经届满的情况下，中央或地方政府可以决定对国有或国有控股的企业予以解散。在经济与社会形势已经发生较大变化的情况之下，根据相关政策的要求，中央和地方政府可以决定对国有或国有控股企业予以解散。对此，改革开放以来，中国曾对国有企业有过两次大规模的解散：一是，在上世纪80年代中期，针对国内外形势的变化，国家决定对上世纪60年代起，为适应备战备荒需要而设立的"三线企业"予以大规模的迁移和解散；①二是，在上世纪 90 年代中期，为深化国有企业体制改革，实行"国退民进"战略，国家对于大量的中小型国有企业实行民营化改组，通过内部改组和向社会公开拍卖，解散了经营领域的大量中小型国有企业。

此外，关于政府是否可以解散集体企业，是一个比较复杂的问题。理由是中国的集体企业形成背景比较复杂。关键是看在集体企业形成过程中，政府是否投资。对于那些虽然名为集体企业，实为政府投资设立的企业，则应当认定为国有企业，对之，政府有权依据有关政策予以解散。对于那些在企业成立之初虽然系政府或国有企业事业单位投资设立，但在其经营期间，根据有关政策实施了企业产权改组的，政府则无权予以解散。②

（三）因经济组织违法被政府撤销

经济组织一旦成立，即应履行法律规定的义务，当经济组织不能履行相应的义务时，即会被工商行政管理部门撤销其资格，从而使经济组织失去市场主体之人格。如，现实中大量出现的情形是：经济组织因不能依法到工商行政管理部门进行年检注册，而被工商行政管理部门公告撤销其资格。另一方面，在经济组织的生产、经营与服务活动中，因发生重大违法行为，给国家或社会造成重大损失时，经济组织将在被政府相关部门或司法机关查处的同时，被撤销经济组织之生产经营资格，如在上世纪 90 年代末，发生了厦门远华集团走私案，对此，中央纪律检查部门和司法部门在查处其走私行为的同时，撤销了该集团的经营资格。

（四）经济组织之破产

经济组织之破产，是指经济组织因经营管理不善、资不抵债，并无法偿还债务的情况下，③ 基于债权人或破产企业（债务人）的申请，由人民法院依法

---

① 在上世纪 60 年代，为适应防修反修的战备需要，国家将国防建设划分为一线、二线和三线，其中，三线地区为战备后防区。为此，国家将相关的国防企业及关系国民经济重要领域的企业搬迁至三线地区，以适应战争的需要。但在"十年文革"结束后，随着国家国防战略的转移，对置于三线地区的企业实施了大规模的关、停、并、转、迁措施。为此，许多三线企业被解散。

② 此方面典型的例子是：在上世纪 80 年代中期，为解决职工子女就业，根据当时的政策，各国有企事业单位纷纷成立了劳动服务公司，这类公司运行到 90 年代后，大多数均按照国家政策将企事业单位或政府的投资实施了股权变债权的改革，改革后的企业实施了主要由职工持股的股份合作制或公司制改革。对于此类企业，政府无权予以解散。

③ 经济组织资不抵债的依据是：按照经济组织会计核算的标准，经济组织的资产＝负债＋所有者权益，因此，当经济组织的负债超过其所有者权益时，即意味着经济组织的资不抵债。这时，该经济组织在经济上已经处于破产的状态。

组织破产的经济组织消灭情形。这一含义表明，经济组织的破产，需具备的基本条件是：一是，经济组织存在经营管理不善之情形；二是，经济组织的经济运行已经出现其负债超过资产权益之情形，即资不抵债；三是，在出现资不抵债的情况下，无法通过政府财政和其他途径解决债务偿还问题；四是，需由债权人或债务人提出破产申请；五是，破产是在人民法院主持下的经济组织的消灭行为，具有司法效力。此外，根据国外及中国破产法之法例规定，在由债权人提起破产申请情形下，可能由于出现一些法定情形而致使经济组织可以不予破产，这些情形是：第一，在债权人提起破产申请后，政府或其他经济组织对于行将破产的经济组织予以施救，其中，政府的施救主要是指政府对于处于破产状态的关系国计民生的重要经济组织的财政援助；而其他经济组织的施救主要是指优势企业对破产企业的援助或收购；第二，即使进入破产程序，在债权人与债务人达成和解协议的基础上，可以暂时中止破产程序，如果在和解期破产经济组织能够"起死回生"，即可导致破产程序的终结。

值得强调的是，在中国由计划经济向市场经济体制过渡的时期，有关国有企业的破产属于特殊的政策性破产范畴，该破产范畴之下的经济组织破产的主要原因来自于国家政策的变化。由此引起的经济责任也主要由中央和地方政府分别承担。因此，政府的决策是经济组织实施破产的主要依据。但是，这种破产仍需要经过司法程序进行。按照中央的统一部署，中国大规模的政策性破产至 2008 年基本结束。

（五）经济组织消灭中涉及的基本问题

首先，无论怎样的消灭情形，均应当由经济组织消灭的决定者、组织者成立专门的清算组，对经济组织的债权债务予以清理，这是经济组织消灭决定者或组织者应尽的责任。其次，在清理债权债务的基础上，要首先妥善处理好涉及职工利益保护的问题，包括经济组织拖欠职工工资的补发、各项社会保险金的落实，以及职工的妥善安置。这是因为，对职工利益的保护，不仅是一个经济问题，也是一个严肃的政治问题，这是由中国的社会主义性质所决定的；最后，经济组织消灭的内部事务办理完毕后，应当依法进行经济组织的注销登记。如果在注销登记完毕后尚有债权未予以收回，可以保留清算组代为履行收回债权之职责，但该清算组不得从事经济组织原有生产经营范围内的活动。

四、经济组织的基本权利义务

（一）经济组织的基本权利

经济组织的基本权利是法律赋予经济组织的权能，它是经济组织权利能力所及之范围和资格。经济组织的基本权利由经济组织法做出基本规定，并具体体现在经济组织工商登记营业执照的限定范围之内。依照现行中国经济组织法的规定，中国经济组织的基本权利可作以下阐述：

1. 所有经济组织的基本权利

所有经济组织的基本权利包括人权、财权与物权三个方面。其中，人权是指经济组织设立后，经济组织所拥有的用人权，即经济组织在成立及存续期间，可以依法自主招聘自己所需要的职工，并享有相应的劳动管理权利；财权是指经济组织成立及存续期间，对于经济组织自己占有的财务资金享有自由的支配权利；物权是指经济组织成立及存续期间享有对自己占有的生产资料的自由支配权利。只有该三项权利得到切实的保障，才能保证经济组织有充分的经营自主权。值得强调的是：在中国市场经济体制之下，国有经济组织所享有的这三大权利，除受到法律的制约外，还受到国家管理国有经济组织政策的影响，在通常情况下，中央和地方政府对于中央和地方国有经济组织的领导层拥有任命或招聘的权利，对于国有经济组织的财权和物权的行使拥有最终的处分权，这使国有经济的该三大权利的行使受到一定的限制，这是由国有企业的性质所决定的。

2. 经济组织业务方面的基本权利

从事不同类型业务的经济组织所享有的基本权利应有所不同，例如，对于从事工业的经济组织而言，其基本权利表现为"产、供、销"之基本权利。其中，"产"即经济组织在生产方面的基本权利，其具体体现为经济组织生产什么，怎样生产，完全由经济组织自行决定；"供"即指在生产资料的供应方面，选择什么样的生产资料，由经济组织自行决定；"销"即指作为生产单位的经济组织对于其所生产的产品，是采取自行销售，还是委托专门的商业部门销售，由经济组织自行决定。又如，对于商业性经济组织而言，其业务性权利则表现为"购、销、调、存"之基本业务权利，其中，"购"即指商业经济组织有自行决定购进货物之权利；"销"即指商业经济组织有自行决定如何销售购进货物之权利；"调"即指商业经济组织为实现其营销目的，有权利在经济组织内部调拨相应的商品的权利，或指专门从事商业调拨的批发性商业经济组织有权利将自己占有的商品根据市场需求，自主地调拨销售于零售性商业经济组织。"存"即指商业性经济组织有根据自己经营的需要，依法储存商品的权利。

（二）经济组织之基本义务

根据中国经济组织法规定，中国经济组织的基本义务包括经济组织对国家的义务、对社会的义务和对职工的义务三个方面，其中，经济组织对于国家的义务与经济法主体的基本义务相近似，故不再赘述。以下，主要阐述经济组织对社会的义务和对职工的义务。

1. 经济组织对社会的义务

第一，经济组织要使自己获得消费者和社会各界的信任，就必须履行诚信义务。这里的"诚信"，首先是对自己生产的产品、经营的商品或提供的社会服务的一种社会宣示，使消费者愿意购买经济组织生产经营的商品，愿意接受经济组织提供的服务。并且，这种宣示，需要一种行业性的集体承诺，如在实践中，由商业经营部门推行的"百城万店无假货"行动，就是一种通过集体承诺，来履行集体诚信义务的行为；其次，应当把这种承诺落实到具体的生产、经营和社会服务之中。

第二，依法向消费者提供所需商品和服务的义务。履行该义务，首先要使自己的生产、销售和服务行为符合国家政策和法律的规定①；其次，鉴于消费者对商品和服务的需求，存在一个层次问题，因此，经济组织向消费者提供的商品和服务，不一定达到优良才算尽到了义务，所要禁止的行为是生产、经营或提供假冒伪劣的商品和服务，对此，除国家加强市场监管外，经济组织的自律是基础。

第三，所有经济组织在生产、经营与服务活动中，均应当履行保护社会环境的义务。在这里，特别是生产性的经济组织责任重大，因为，在现代科学技术条件下，任何的生产活动，均会给社会带来环境污染，这是经济组织外部负效应的具体体现。但是，经济组织可以利用最先进的环保性生产技术进行生产，使自己生产所造成的环境污染程度，降到尽可能低的水平。做好这项工作，需要政府和社会的监督，更需要经济组织的自律。

---

① 对此，国家政策为扩大消费需求，可以制定有关政策引导市场消费，并对符合国家政策的消费行为给予相应的财政补贴、税收优惠和金融支持等政策性支持。例如，2009 年国家为刺激农村市场的消费，制定了"家电下乡"政策。而在法律调整方面，我国《消费者权益保护法》在规定消费者的九大权利的同时，着重规定了生产者和销售者的基本义务。

2. 经济组织对职工的义务

职工是经济组织的劳动者，也是经济组织的利益相关者。对职工权益的保障，是保证经济组织可持续发展的根本。由于在市场经济条件下，经济组织的职工往往处于相对弱势的地位，为此，各国经济组织法和相关的劳动法，均规定了经济组织对其职工应尽的基本义务。对此，中国的经济法也作了相关规定，特别是从 2008 年 1 月 1 日起实施的《劳动合同法》，为保护中国职工的合法权益，奠定了法制基础。因此，经济组织对于职工的首要义务是认真地履行劳动合同，要按照经济组织与劳动者签订的劳动合同，自觉地维护职工的权益，在面临与职工的劳动纠纷时，要积极依靠工会组织协调处理，或依法运用劳动仲裁手段处理纠纷。其次，经济组织在招聘职工后，必须依法履行对职工的岗位教育和培训义务，使职工明确自己工作的职责，拥有从事相关工作的技能。最后，经济组织应当履行生产、经营和服务工作的安全保障义务，这里的安全保障，不仅是为职工的工作岗位创造相应技术条件下的安全物质条件和环境，也包括对职工精神安全环境的保障，以避免安全事故的发生。

五、经济组织的管理体制

经济组织的管理体制是有关经济组织以什么样的管理机制运行经济组织的问题。它是需要通过经济组织法予以规范的一个基本问题，在经济组织法结构中占有重要的地位。从新中国诞生到改革开放之初，中国经济组织的管理体制，先后实行过"三人团"体制①、"一长制"体制②、"党委领导下的厂长负责制和党委领导下的职工代表大会制"③，在"文革期间"则实行的是"书记一元制"④，其核心问题是，在当时，不仅把经济组织当成生产经营单位，更主要的是把经济组织看成一个政治组织，进而，否定其商品经济组织的独立地

---

① "三人团"管理体制适用于新中国建国初期的国营企业管理，即在当时，国营企业由书记、厂长和工会主席负责企业的相关事务。

② "一长制"是在上世纪 50 年代初，中国借鉴苏联的企业管理经验，实施的管理体制。按照该管理体制，企业的一切重大事宜，以厂长决策为主。该体制经在中国实验后证明，其容易产生家长制，因而不符合中国国情。

③ "党委领导下的厂长负责制和职工代表大会制"是中共"八大"所确定的领导体制，实践证明，比较符合当时历史条件下的国营企业管理，但该项管理体制，在"文革"中被否定。

④ 在"文革期间"，中国的经济组织实施"党的一元化"领导体制，企业也成立了"革命委员会"，但实际上是书记说了算。因此，这一时期的经济组织管理体制，被学界称之为"书记一元制"。"文革"结束后，在改革开放初期，中央首先恢复了"文革"前实施的管理体制。至 1988 年《全民所有制工业企业法》颁布，开始实施新的"厂长（经理）负责制"管理体制。

位。改革开放以来，国家首先通过政策确认了经济组织（企业）的商品经济组织地位，并通过制定《全民所有制工业企业法》，确认企业的厂长（经理）为法定代表人，企业为从事生产经营活动的独立的商品经济组织。确认了党的领导，在经济组织内部主要是把握政治方向，同时，进一步强调了工会在企业中与企业行政的独立地位。至上世纪 90 年代后期，经过多年的改革，目前，已经形成了与社会主义市场经济相适应的经济组织的领导体制。按照经济组织法的规定，并根据我国经济组织的实际情况，现行的经济组织领导体制可概括为：以企业内部生产经营行政系统为主的单一制的企业管理体制和复合制的公司管理体制两种基本形态。其中，单一制的经济组织管理体制主要适用于非公司的企业。其各自的管理体制及架构如下图五、图六所示。

图五、图六的图示表明，单一制管理体制突出了经理或厂长在经济组织中的中心地位，其管理机制比较简单，相应地其管理成本也比较低，而相对来讲，复合型的公司领导体制则比较复杂，涉及到多层利益关系的协调。因此，

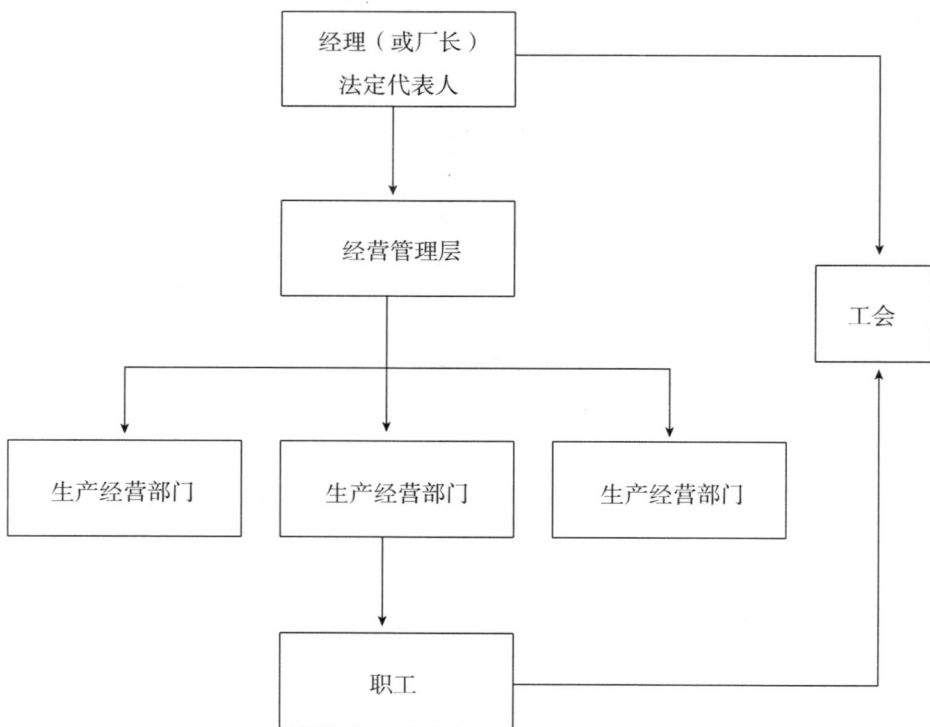

图五：单一制管理体制结构图

本著作认为，由于单一制管理体制具有管理层次简单，灵活性强的特点，因此，其比较符合哪些规模处于中小型，且市场占有情况不是很稳定的经济组织；而公司制式的复合型管理体制则比较适合大型的，并在市场经营中具有比较稳定的市场份额的经济组织。①

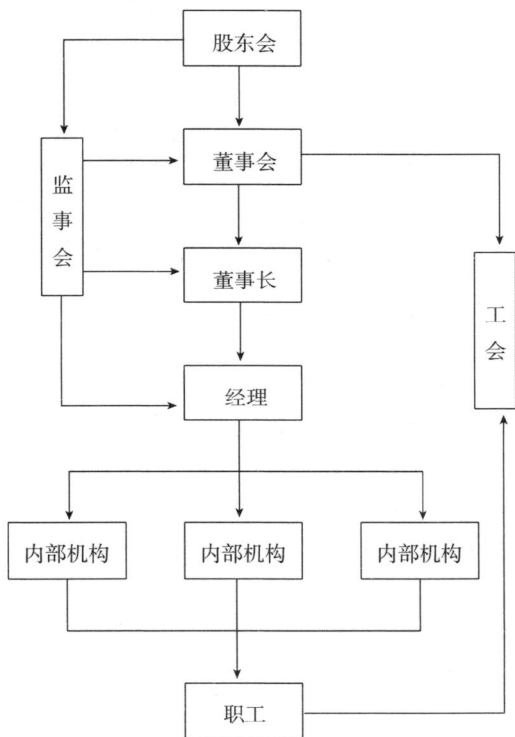

图六：复合型管理体制结构图②

---

① 对此，中国自实施市场经济以来，为推进市场经济体制，通过《公司法》大力推进了企业的公司化改造。在《公司法》的立法中，也设计了适用于小规模经济组织的小型公司、一人公司及国有公司等特殊的公司法律形态。但是，本著作认为，鉴于公司之管理体制需要较高的民主管理水平，且比一般的单一制管理体制相比，涉及到经济组织的管理效率问题，因此，在中国现阶段，大力推行公司制，是否符合中国之国情，值得商榷。

② 在复合型管理体制下，经济组织的管理机构包括：作为代表股东利益的公司权力机构的股东会；作为公司日常决策机构的董事会，其中，董事长通常为公司的法定代表人；受董事会委托专门负责公司经营事宜的经理机构；负责对公司财务及管理层的行为进行监督，并直接对股东会负责的监事会；代表职工利益的工会，并在国有性质的公司中，保留了职工代表大会制度。该管理体制适应了中国企业组织形态与国际接轨的要求，但需要较高的经济组织之民主管理和协调水平，且公司之管理成本较高。从目前的实际运作情况看，大多数公司的实际管理运行者为董事长或经理机构，其他机构则多数流于形式。

六、经济组织的内部管理

经济组织之内部管理，本属于经济组织的内部事务，国家不宜通过立法予以干预。但是，基于经济组织的一些内部事务，涉及到国家和社会利益，涉及到一旦出现纠纷后司法力量的介入，因此，需要国家制定经济组织法，对于经济组织行为予以统一的约束。根据现行企业与公司法之规定，其主要涉及以下基本法律问题：

（一）有关经济组织经营方式的选择和司法介入问题

一旦经济组织成立，就有一个如何经营的选择问题。对此，现代企业实施"两权分离"制度。在此情况下，经济组织通过招聘企业或公司经理，由职业经理人经营企业，是普遍的做法，这样，在经济组织和被招聘的经理之间，就产生了权利与义务关系，该权利义务关系由招聘的协议确定，受法律保护。此外，由于经理属于经济组织的高层管理人员，因此，经济组织法对经理予以了相应的禁止性规定。[①] 与此同时，与经理经营附带的是经济组织经营的承包制和租赁制的实施，按照经济组织法的相关规定，在承包或租赁经营的经济责任制之下，有关承包人或租赁人的合法权益受法律的保护，一旦发生纠纷，可以诉诸司法寻求救济保护。

值得强调的是，近几年来，为保障生产安全、维护国家利益和社会公共利益，国家对诸如煤炭开采等高危行业领域，积极推行由国有企业托管的方式经营。在此情况下，被托管的企业性质不变，只是将其经营权通过签订协议托管于大型的和国有企业予以经营，这种托管类似于承包经营，但是，这种托管则更多地体现了国家对于企业经营的干预，具有明显的经济法属性。

（二）有关劳动管理之规范

经济组织与劳动者之间的劳动关系，是经济组织的基本经济关系。若单纯从经济组织作为雇佣者与作为劳动者的被雇佣者的关系而言，可以理解为平等主体之间的民事关系。然而，劳动者在被雇佣后，又与经济组织之间产生了劳动管理关系。为此，两者形成了管理与被管理的关系，且在经济组织的劳动关系中，劳动者往往处于相对弱势的地位。因此，单纯依靠经济组织之内部规范，不足以保护劳动者的合法权益，为此，就需要通过制定经济组织法和劳动法，确认代表职工利益的工会组织及其职工代表大会（或职工大会）的法律

[①] 这些规定，如，经济组织的经理在任职期间不得从事与经济组织相同的经营活动；在公司任职期间，不得将自己所拥有的公司股份转让他人等。

地位，在经济组织中强制性地推行劳动合同制度，督促经济组织为职工缴纳各项劳动保险费等。在此方面，鉴于非国有企业中有关职工权益保护方面的问题较多的现实，相关的经济组织法对经济组织应当建立工会，并保护职工的合法权益，做了强制性规定。

（三）财务管理

财务管理是经济组织管理的基础内容之一，尤其是在现代企业运作中，要进行公司资本运作即离不开对经济组织的财务管理。因此，从财务管理的必要性而言，首先并非是法律的需求，而是经济管理的应有内涵，通过财务管理，不仅可以核算经济组织的财务运行情况，更重要的是，可以起到对经济组织运行进行监督的作用。若从国家的统一管理角度分析，之所以需要经济组织法对经济组织之财务管理，做出统一的要求，其理由，首先在于市场经济条件下财务所管理的对象是经济组织之会计，而经济组织之会计被当作经济组织交流的商业语言，为规范经济组织之财务行为，经济组织法要求经济组织必须按照国家统一的财务制度要求，设计自身的会计科目、会计账簿，并按照国家统一规定的会计准则进行核算。这样，也便于国家的管理；其次，经济组织的会计核算资料是国家宏观政策的依据，为此，国家要求经济组织必须按照国家规定，如实地向国家有关机关上报会计报表，以作为国家宏观调控的基本依据；再次，经济组织的会计资料也是国家税务部门向经济组织征收相关税收的基本依据。最后，为保护企业投资人的利益，经济组织法要求经济组织之会计部门应当履行针对股东的财务置备义务、通知义务和接受审查义务。而对于国有企业或公司而言，还需要接受来自国家审计机关的审计。

（四）安全管理

自实行市场经济体制以来，经济主体的多元化格局，满足了市场经济的要求，但是，由于中国目前的市场机制尚不健全，市场主体追求自身利益，胜过对生产经营安全的管理现象十分地普遍，矿难事故频繁发生、食品和卫生安全事件不断发生，2002 年爆发非典型性肺炎（SARS）事件①、2008 年又发生了

---

① SARS 事件是指严重急性呼吸系统综合症（SARS），于 2002 年在中国广东顺德因企业违法经营野生动物而首发，并随后迅速扩散至东南亚乃至全球，直至 2003 年中期疫情才被逐渐消灭的一次全球性传染病疫潮。在此期间发生了一系列事件：引起社会恐慌，包括医务人员在内的多名患者死亡，中国政府对疫情从隐瞒到着手处理直至最后控制，世界各国对该病的处理，疾病的命名，病原微生物的发现及命名，联合国、世界卫生组织及媒体的关注等等。

震惊中外的"三鹿毒奶"① 事件及山西襄汾的尾矿库特大溃坝事件②，这些安全事件的爆发说明，在市场经济条件下，仅凭经济组织内部加强安全管理是不够的，必须以国家和社会的力量介入对经济组织的安全管理和监督，才能最大限度地避免经济组织安全事故的发生，为此，对经济组织实施安全管理，应成为经济组织法的一项重要的基本内容。

七、经济组织的外部管理

经济组织的外部关系主要涉及到如何为经济组织的发展创造良好的外部环境，以及从经济组织来讲，如何通过自身与社会的互动，得到社会对经济组织发展的理解和支持。因此，其涉及到经济组织与政府、其他经济组织及社会的关系问题。对此，中国的经济组织法应对之有所回应。并成为经济组织法所应研究的基本内容。但这部分内容的研究，涉及到经济组织法和经济管理法及经济协作法的相互衔接。

（一）经济组织和政府的关系

在原有的中国计划经济体制下，经济组织是政府的附属物，经济组织无自主权。改革开放以来，为了搞活企业，国家首先扩大了企业的自主权，并进行了取消企业行政级别待遇，取消企业上级主管部门等一系列改革，其目的就是要使企业和经济组织成为独立的商品生产者和经营者，按照市场规律存在和发展。这项改革，在实施市场经济体制后，得到了预期的目的。在目前，就政府与经济组织的关系而言，政府的主要职责是依法征收税费，提供市场服务、对经济组织市场进行监督。政府对经济组织的"管事"主要体现在对于国有经

---

① 2008 年 3 ~ 8 月期间，全国各地婴儿因食用作为国家免检产品的河北三鹿集团公司生产的奶粉，出现肾结石现象，甚至个别婴儿死亡，受害人数高达 29 万余人，受到国家和社会的广泛关注。在 9 月份国家质检部门的检测中，发现其生产的婴儿奶制品含有对人体有害的三聚氰胺，随后，对其他企业生产的婴儿奶制品也进行了抽查，抽查结果令人震惊！包括"伊利"、"蒙牛"等知名企业的奶制品，也不同程度地存在此类问题，进而引起了全社会对国内产奶制品安全的不信任。进而，导致了全国奶制品市场陷入困境。随之，国务院下令对奶制品市场予以整顿，并严厉处罚了政府和企业中的相关责任人员。取消了国家对食品类产品的免检制度。至 2009 年 2 月，三鹿集团因为面临巨额赔偿和消费市场中断而宣布破产。

② 2008 年 9 月 8 日，山西襄汾县新塔矿业公司尾矿库发生特大溃坝安全责任事故，事故的泄容量有 26.8 万立方米，事故的过泥面积达 30.2 公顷。事故波及下游 500 米左右的矿区办公楼、集贸市场和部分民宅，造成建筑毁坏，人员伤亡 270 人，系此类事故中建国以来之最。该事故的发生暴露了中国在尾矿库管理中，存在着重大的安全隐患。该事故发生后，不仅相关责任人受到法律的严厉制裁，而且，导致山西省省长孟学农的引咎辞职和分管副省长张建民的被免职。

济组织人事管理和重大事项的报告与决策之上①。经济组织的发展，也实现了主要由找"市长"，向找"市场"转变的变革。与此同时，政府对于经济组织市场行为的影响，主要依靠制定政策和实施宏观调控来实现。

（二）经济组织之间的相互关系

在市场经济条件下，经济组织之间的关系是竞争和协作并存的关系。首先，作为市场主体，经济组织之间存在着必然的竞争关系，但是，这种竞争关系，是在法律规定的市场规则之下的竞争，国家禁止不正当竞争行为的发生，并且通过制定《反垄断法》制止不符合法律要求的垄断行为，以维护市场经济秩序。与此同时，不应当忽略的是，经济组织之间又应当是一种相互协作的关系，经济法中的这种协作关系，是在国家和地方经济政策的指导下，通过经济组织之间的经济合同或协议来予以实现。

（三）经济组织与社会的互动关系

经济组织与社会的关系应当是一种互动的关系。从经济组织来看，首先，应当以满足社会需求为目标提供相应的商品、经营与服务，履行自己应尽的基本义务；其次，认真履行社会责任是保障经济组织可持续发展的基本路径。为此，经济组织不能仅仅关注自己的经营事业，要将"实业救国、富国、强国"作为自己的崇高理想和目标。要舍得拿出一些收益去帮助那些处于贫困状态的人群，在国家遭受危难之时，经济组织及企业家应当挺身而出，贡献出自己的一些财力，履行社会责任。在实践中，中国民营企业共同发起的"光彩事业"；2008年四川汶川大地震后，许多经济组织和企业家慷慨解囊之义举，均是经济组织主动履行社会责任的表现，而经济组织积极履行社会责任，反过来获得社会的信任，也会为日后经济组织的生产经营带来相应的社会回报性利益。若从社会对经济组织的关系来看，积极倡导保护自己的民族企业，监督经济组织的行为，则是社会与经济组织互动的重要体现。

八、经济组织的法律责任

法律责任是一项法律必备之要件。对此，经济组织法的结构必须有法律责任的明确规定。从中国现行的企业法和公司法规定看，经济组织法的法律责任

---

① 依据2008年10月28日第十一届全国人大常委会第五次会议通过的《企业国有资产法》之规定，所谓重大事项，是指关系国有资产出资人权益的重大事项，其具体是指：国家出资企业合并、分立、改制、上市，增加或者减少注册资本，发行债券，进行重大投资，为他人提供大额担保，转让重大财产，进行大额捐赠，分配利润，以及解散、申请破产等。

表现为一种综合性的法律责任，其具体体现在：

一是，在责任主体上，承担责任的主体是综合的。首先是经济组织本身，即经济组织法规定，当经济组织违法时，即应以经济组织主体之身份承担相应的法律责任；其次，在经济组织违法时，作为其法定代表人或负责人，以及直接负责的领导人应当承担领导责任；再次，违法事件之具体经办人，作为直接责任人应当承担具体的违法肇事责任。此外，在经济法之经济组织法规定中，存在经济组织的职务代理行为，在职务代理情况下，如果发生职务代理权限以内的经济组织违法行为时，职务代理者要直接承担职务代理（管理）之责任，通常情况下，这种责任应当基于经济组织的授权，但其不一定每一项事务都需要授权，才承担法律责任。

二是，从责任的承担来看，也是综合的。首先是民事责任。该责任从经济组织设立时起，直至经济组织消灭，均存在民事责任问题；其次是行政责任。主要指经济组织作为被管理者违反经济组织管理法的规定时，受到的行政处罚，对此，经济组织可以提起行政复议和行政诉讼之救济；再次是经济责任。如内部管理中出现的经济责任制责任；最后是刑事责任。其中，经济组织法中的刑事责任，既包括个人刑事责任，也包括经济组织的单位刑事责任。

第十四章

中国经济管理法结构

第一节　经济管理法概述

一、关于经济管理

"管理"一词，属于管理学的基本范畴。它是指具有计划、组织、指挥、调节（或调控）以及监督要素的行为或活动的统称。在社会实践中，管理遍及生产、经营与生活的各个领域。作为一项管理活动，必须有明确的管理目标、管理与被管理主体、实现管理目标的管理体制与运行机制及其监督机制等基本要素。

广义上讲，凡是与经济因素有联系的管理都可以称为经济管理。但在中国经济法学中所指的管理，主要是指与制定和执行《国民经济和社会发展规划》及计划，实现国家和地方经济调控目标相联系的管理。由此，其主体就有了特殊性。该特定的法定主体，首先涉及作为管理者的机构设置、管理体制等基本问题。其次，就"被管理者"而言，也是特定的。任何自然人和法人或相关社会组织依法开办了经济组织，就有了接受管理的义务与能力，此处的管理者与被管理者都是法定的，不可能是约定的。管理者与被管理者是不平等的关系。

此外，在经济管理实践中，还存在"业务管理"和"变相管理"问题。其中，所谓的"业务管理"是指发生于行政主体地位虽然平等，但是，基于其各自管理职能的分工而在它们彼此之间发生的管理，如，财政部与中国人民银行虽然都是国务院的组成部门，在行政地位上同处于部级单位，但是，基于其管理职能的分工，涉及财政问题时，中国人民银行也要服从财政部的管理，反之亦然。所谓"变相管理"是指表面上看似平等，但实际上存在不平等的管理关系。例如，关于经济组织内部的承包与租赁合同关系，表面上这种关系是以体现平等关系的合同形态予以表现，但是，在实际运行上，这种合同的履行往往受到作为发包方和出租方的经济管理目标及管理体制的制约。因而，在理论上，行政法学界将其视为"行政合同"，而在经济法学界则将其视为经济合同的范畴。与此同时，当代科学研究表明，"科学管理出效益"是其科学属性的基本表现，① 对此，已经被学界所普遍认可，并通过实践获得证明，其中，经济法作为国家管理经济的重要手段，是国家进行经济管理所不可缺少的。

二、国民经济管理的层次划分及其意义

按照市场经济的原理，国民经济管理可以分为微观经济管理、宏观经济管理和中观经济管理三个层次，它们之间既相互联系，又具有相对的独立性。

（一） 微观经济与微观经济管理

在市场经济条件下，微观经济也被称之为个体经济，它是国民经济管理的基础环节。从微观经济的运行机制来看，与计划经济不同，微观经济的逻辑起点是个体的或个别的经济主体的生活与生产消费，即经济主体的消费需求。而后，市场的生产者、经营者与服务者，作为供给一方，需根据消费需求组织相应的生产、经营和服务，并达到微观经济的供需平衡，实现社会经济资源在市场经济主体之间的合理分配。② 与此同时，具有创新意义的新产品的开发、新的经营方式的运用、新的服务项目的开发和实施，又会起到对于消费的引导作用。据此，所谓的微观经济管理，涉及到在微观经济运行中个体经济主体对于消费、生产、经营和服务活动的管理。其中，微观经济管理的核心价值在于实现微观个体主体自身的利益最大化。在市场经济条件之下，只有大力发展微观经济，才能调动劳动者的积极性，并使得国民财富不断地增长。对于确立市场运行体制，具有决定性的意义。为此，中国经济体制改革的主要内容之一，就是要大力培育微观经济主体，保障微观经济主体的独立性和在消费、生产、经

---

① 管理出效益的试验最早见于企业管理方式的变革，简单的如通过节约生产成本的管理可以降低产品的价格，使生产的产品在市场上具有竞争力；复杂的如美国曾实施过的"泰勒制"，其把工人生产操作的动作标准化，进而极大地提高了生产效率。若从宏观角度分析，我国由计划经济向市场经济体制的过渡，也是一种国家管理方式的变革，目的是充分调动劳动者的积极性，提高生产效率。据此，形成了管理科学。而在各项经济和社会管理模式的设计中，经济法律制度的配置是必不可少的，而经济管理秩序的形成，也离不开经济法的保障。由此，经济法被称之为"国家管理经济的法"。

② 在计划经济条件下，经济运行的逻辑起点是生产，并由生产所能提供的产品来决定居民的消费。进而使消费购买力受到严格的限制。

营和服务领域的自主权及相关的财产权益。就微观经济主体及其相应的管理而言，其表现形态之一是经济组织管理，因此，学界往往把微观经济管理等同于经济组织管理，但事实上，随着人民生活水平的提高，国民财富拥有程度的增长，居民及其家庭消费的管理日益重要，居民消费的偏好①与消费文化②普及所带来的消费结构的改变，以及微观经济主体地位确立后，微观经济主体行为的规范问题，对于市场经济的发展具有重要的意义。因而，在经济组织法对微观经济主体的市场准入做出规定的情况下，还需要通过国家的宏观调控对微观经济主体的行为予以引导，需要政府对微观经济主体的行为予以市场监督。其中，宏观调控之管理属于国家对经济的间接管理；市场监督则属于国家对经济的直接管理。

（二）宏观经济与宏观经济管理

按照早期市场经济的原理，西方市场经济发展奉行的是亚当·斯密的理论。按照亚当·斯密的理论，市场经济的发展应当奉行自由主义，即由作为市场主体的"经济人"，以理性的行为在市场上进行自由竞争，并由市场这只"看不见的手"实现社会经济资源的有效的和合理的配置，而对于政府而言，则仅仅是"守夜人"的角色，即要求政府不得干预市场。但是，这种理论在上世纪30年代，经历了资本主义经济大危机后，随着美国罗斯福新政的成功被打破，代之而起的是"凯恩斯主义"。按照凯恩斯主义的主张，在市场经济条件下，面对市场需求不足时，国家应当利用"看得见的手"，从宏观经济高度，通过对市场行为的干预，解决市场发展的问题，实现总供给与总需求的平衡，进而，诞生了宏观经济学。按照宏观经济学的原理，所谓的宏观经济就是通过发挥政府的职能，从国家发展战略与总体经济角度，通过国家经济发展战略与规划、计划的实施，合理配置社会与经济资源，在解决"市场失灵"的同时，实现国家发展的战略目标。据此，所谓的宏观经济管理，即是有关国家管理机关从国家的高度对于国民经济和社会发展的总体上的管理，其具体内容包括国家对于市场行为的监管和对于国家经济的调节和控制。宏观经济管理发

---

① 来自于居民的消费偏好，对于市场生产经营或服务的商品结构有着重大的影响，而消费者偏好往往又受到地域与消费者年龄结构的影响。

② 与消费者的偏好一样，消费的文化除受到传统消费习惯的影响外，与时代发展相适应的"时尚文化"，对于市场经济有着重大的影响。前者如，中华文化乃至东方文化中居民的消费观念往往是节俭型的，而西方文化中的消费理念则表现为铺张型消费。后者如代表新型消费理念的对新型产品（商品）使用的追求，及对新型服务的积极接纳，在这方面，随着居民生活水平的提高，休闲旅游业的发展即是很好的例证。

展至今，形成了一系列管理理论和有效的管理制度，是现代市场经济的有机组成部分。

在中国社会主义市场经济发展中，在以什么样的体制来发展市场经济的问题上，一开始就明确了中国要实施的市场经济是一种宏观调控下的市场经济体制。这表明，中国的市场经济是在宏观调控下的市场经济，市场经济发展的规模、速度、结构等基本问题，要在宏观调控的规划及计划之下，有序地进行，而从事宏观调控管理的机关则由中央国家机关所专有。目前，国家发展改革委、财政部、中国人民银行及其货币政策委员会是主要的宏观调控部门。它们主要运用计划（规划）、产业指导、财政政策及其措施、金融政策及其措施来进行宏观调控，以实现国家宏观经济的发展目标，促进国民经济和社会的可持续发展。

（三）中观经济与中观经济管理

中观经济是指介于微观与宏观经济之间的一种经济现象。经济学研究表明，中观经济主要表现为区域经济、行业经济和企业集团经济。中观经济的特点是"承上启下"，所谓承上，即承上于宏观经济；所谓启下，则启下于微观经济。在中观经济既定的情况下，国家的宏观经济政策与措施，需要通过中观经济层次予以落实；而中观经济与宏观经济之间，又存在相对的独立性。中观经济联结着众多的微观经济，并具有相对独立的管理权。这样就会产生一个中观经济管理问题。该管理原理与宏观经济管理基本相同，所不同的是，其管理的领域和具体内容，基于区域差异、行业差异和企业集团之差异而有所不同。此外，应当注意的是：在市场经济条件下，有关中观经济的理论，并不像微观经济和宏观经济理论那样被常常提起，这是因为，中观经济在世界各国之经济运行中，并没有普遍的意义。只有在像美国、中国、俄罗斯、印度等大国，才具有实际意义。从宏观经济的传导机制看，当宏观经济信息能够直接传达到微观经济领域时，便不需要中观经济。

中国改革开放30年来的发展，在许多方面，均是围绕着中观经济予以展开的，地方自主权的扩大，区域经济由不平衡发展向平衡协调发展的转变①；

---

① 如前所述，改革开放以来，在区域经济发展战略上，2003年之前，中国的区域发展是一种不平衡发展战略的选择，使一些地区较快地发展起来；2003年以来，则针对区域发展的不平衡问题，实施了新的均衡发展战略，为此，国家先后实施了"西部大开发"、"振兴东北老工业基地"及"中部崛起"战略。

在行业管理方面，由政府部门管理向行业自律的转变①；在企业集团经济的发展上也有较大的进展，一些大型国有企业集团具有较强的国际竞争力。在此情况下，高度重视对中观经济的计划、组织、指挥、调节和监督十分重要。

三、关于经济管理法

经济管理法是调整经济管理关系的法律规范的总称。其中，经济管理关系通常是指在国民经济领域发生的管理关系。但在中国，经济管理关系是与中央和地方各项《国民经济和社会发展规划》及计划的制定或贯彻执行中形成的相关的管理关系。按照经济法原理，经济管理法区别于经济组织法②，是市场规制法、宏观调控法和经济监督法的统称。

从经济管理法的表现形态看，可以按照宏观经济管理法、中观经济管理法、微观经济管理法之不同层次予以归类。其中，微观经济管理法是国家制定的一系列有关管理微观经济主体的法，主要包括：《反不正当竞争法》、《反垄断法》、《消费者权益保护法》、《产品质量法》等市场规制法。宏观经济管理法是国家在宏观经济管理过程中涉及的一系列法律，主要包括：计划管理、价格管理、产业指导、投资管理、财税管理、金融管理、自然资源管理、对外贸易管理、特别监督管理等方面的法律；中观管理是宏观管理的微缩，是宏观管理在中观管理环节中的具体表现，但有些须排除，如对关系国民经济安全的生产安全、金融、税收、涉外方面等法律的制定是中央特有的，地方无权制定；税收方面与能源方面的权力受到限制；除以上以外，地方可根据本地经济事务管理的需要进行地方性法规和规章的立法，其原则是既要保持国家统一大市场的形成和法制的统一，又要兼顾地方特殊利益，此类立法为数众多，并由之形成中观经济管理法。

第二节　中国经济管理法结构分析

一、经济管理的目的

管理的目的性是管理活动的基本要素。任何管理活动均应首先确立其管理

---

① 中国目前的行业管理是由原来的部门管理转变而来，是政府职能的社会化表现。其主要通过政府机构改革和行业协会机制运行的完善途径予以实现。

② 值得强调的是，在市场规制和宏观调控中，也首先存在一个组织管理问题，但是，在经济管理法中，这种管理组织关系的确定，由经济管理法中的管理体制所确定，并区别于由企业法、公司法等对于经济组织的专门调整。

的目的，具有明确的管理目标，才能使管理活动具有实际意义。普通的管理活动如此，经济管理活动亦然。从立法技术角度讲，任何立法的目的性规定，均位于立法之第一条规定之中，是任何立法之必要结构之一。但是，就经济管理法而言，作为此类立法之结构或基本问题之一，有其自己的特点。因为不同时期有不同时期的实践需求，因而，经济管理的立法目的，需要不断地进行调整，所以，管理法所确立的管理目的是经济管理法的首要结构。

改革开放以来，国家对经济的管理不断完善，相关的经济立法也随着不同时期的法律需求，对经济发展中迫切需要解决的法律问题，予以法律调整与不断修订。以会计法立法为例，会计法是国家进行经济管理的基本法之一。对此，中华人民共和国建国后的《会计法》，最早于 1985 年 1 月 21 日由第六届全国人民代表大会第九次会议通过，并于 1985 年 5 月 1 日起施行，迄今为止，该法已经实施了近 25 年，在近 25 年的实施中，先后于 1993 年、1999 年进行两次修改。从 1985 年最初的立法宗旨的定位，到 1993 年和 1999 年的两次修订，对于国家会计管理的目的，通过《会计法》立法宗旨的规定，有不同的表述，从中可看出中国在会计管理目的上的变化。其中，1985 年《会计法》的立法宗旨表述是："为了加强会计工作，保证会计人员依法行使职权，发挥会计工作在维护国家财政制度和财务制度、保护社会主义公共财产、加强经济管理、提高经济效益中的作用，特制定本法"。1993 年《会计法》的立法宗旨表述是"为了规范和加强会计工作，保障会计人员依法行使职权，发挥会计工作在维护社会主义市场经济秩序、加强经济管理、提高经济效益中的作用，制定本法。"1999 年《会计法》的立法宗旨表述是："为了规范会计行为，保证会计资料真实、完整，加强经济管理和财务管理，提高经济效益，维护社会主义市场秩序，制定本法。"

从以上不同时期《会计法》的规定可看出，中国会计管理的目的，在不同时期所提出的法制任务是不同的。其中，在 1985 年出台《会计法》时，中国正处于改革开放的计划商品经济时期，这一时期的立法背景是国家已经对企业下放了自主权，并通过利改税，确立了国家与企业之间的新型税收关系，因此，在此情况下，需要通过加强会计工作，维护财政、财务秩序，保护公共财产。而到 1993 年之后，随着国家发展市场经济，建立市场经济体制目标的提出，首先即面临着使会计制度与国际惯例相接轨的问题。因此，1993 年之后的《会计法》所确立的经济管理法目标，则主要强调的是通过规范会计行为，来维护社会主义市场秩序，因而，在《会计法》的调整领域，也由原来的仅对公共财产的保护，延伸到对私有财产的保护领域。而在 1999 年的修订案中，则针对现实问题，重点强调了对会计资料真实性、完整性的管理问题。中国《会计法》的这一历史演变充分说明，将经济管理法之管理目的确定为一个结构性问题，十分必要。

二、经济管理的主体

在明确经济管理目的的基础上，经济管理法即应当明确相关的管理主体。按照各经济管理立法的实践，经济管理主体分为管理主体与被管理主体。

（一）经济管理的管理主体

经济管理的管理主体是指特定的经济管理法所确定的专门的政府管理机关，该机关一旦确定，即成为特定经济管理法的法律适用机关，负有对专门的经济管理事务的执法职能。从经济法理论上讲，根据经济管理法的不同属性，可以将特定经济管理机关分别确定为：市场管理（规制）机关、经济调控机关和经济监督机关。或者该机关同时负有管理、调控和监督之职能，只是在理论研究时，根据研究问题的不同，对之予以不同的理论定位而已。如，根据现行《反不正当竞争法》第三条之规定，县级以上工商行政管理部门是对市场不正当竞争行为予以监督的主管机关。另外，经济管理法授权政府直属机构负责特定经济管理法的执法职能，也是中国经济管理法的一个特点，如，2008 年 10 月 28 日第十届全国人民代表大会常务委员会第五次会议通过的《中华人民共和国企业国有资产法》，授权国务院国有资产监督管理机构和地方人民政府按照国务院的规定设立的国有资产监督管理机构，根据本级人民政府的授权、代表本级人民政府对国家出资企业履行出资人的职责。

与此同时，鉴于经济管理的复杂性，在法律授权的主管机关或机构进行经济管理时，可能涉及到与其它经济管理主体管理职能的交叉问题，因此，经济管理法的通常规定是明确一个机关或机构为主管机关或机构，而其它机关或机构则为配合与协助管理机关或机构，即协管机关或机构。如，根据《土地管理法》的规定，县级以上土地管理部门是土地管理和监督的主管机关，政府的计划、城乡规划、农业、建设等相关部门为配合与协助之管理机关。

在具体的经济管理实践中，考虑到相关政府机关管理能力的有限性，或为了管理的便利，或为了提高管理的效率，政府还可以依法授权相关的国有企业和事业单位，履行经济管理的职责，在此情况下，被授权的国有企业和事业单位的经济管理行为应视为政府的行政执法行为，其后果，由授权的政府机关承担。从被授权的事项来看，主要涉及到相关的收费事宜。这种现象的存在，容易混淆政府经济管理与企业、事业单位的界限，引发违法行政和企业、事业单位对所收取费用的挪用，甚至个别人的贪污行为的发生，应当予以限制或禁止。

（二）经济管理的被管理主体

经济管理的被管理者是经济管理主体的重要表现，由各经济管理法具体规定之，具有特定性，如《反不正当竞争法》规定的被管理与被监督者为市场经营者，而《税法》规定的被管理者是负有纳税义务的单位或个人。值得注意的是，在政府负有管理、监督职责情况下，被管理者和被监督者具有明确的指向，且这种管理或监督是强制性的，体现了经济管理法之强制性的一面。但是，对于宏观调控管理的被调控者而言，则存在"二元"结构问题，其中，宏观调控管理法中明确的被调控者为被直接调控者，而作为宏观调控管理的最终被调控者，则不一定在经济管理法中予以明确的规定。因为，任何宏观调控的最终被调控者均是作为市场主体的消费者、生产者、经营者和服务者。在此方面，最为典型的是金融调控法中有关被调控者的规定。依《中国人民银行法》规定，人民银行行使金融调控权的直接调控对象是各商业银行及相关的金融机构，但最终的被调控者则是广大的储户和企业贷款人。因此，在金融调控实践中，仅有各商业银行依法执行宏观调控政策还不够，必须使广大的储户和企业能够按照宏观调控政策的指引，调整自己的存贷行为，才能使金融调控的政策落到实处。

三、经济管理体制

经济管理体制所要解决的问题是，在经济管理主体确定基础上如何通过有效的经济管理组织机制的建立，保障经济管理目的的实现。因此，所谓经济管理体制就是有关经济管理组织体系、上下层级关系、管理运行机制制度的总称。根据中国现行的经济管理法，针对不同经济管理对象，确立不同的经济管理体制，并在不同的经济管理体制下，会产生不同的管理效果。

（一）统一领导、分级管理体制

统一领导、分级管理体制是目前中国经济管理法所规定的最为普遍的一种经济管理体制。按照该管理体制要求，所谓统一领导，是指由法律授权的中央级的某一经济管理的主管机关或机构为某一经济管理事务的国家统一领导机关或机构，其具体表现为国务院所属的各部、委、局或国务院的直属机构。所谓分级管理，是指按照地方政府的层级划分，分别由省级（直辖市）、市（区）级、县（包括县级区、县级市）级政府相关部门或机构，按照国务院的授权在本辖区内行使相应的经济管理职权。这种经济管理体制被学界称之为"条条管理",由此,形成了某一经济管理从中央到地方的管理组织体系,其管理机制是各级管理机关或机构,除依法行政外,需要根据上级管理机关或机构的部署安排,完成相关的管理任务。

(二)垂直管理体制

垂直管理体制是为避免地方对经济管理的干预而实施的一种经济管理体制。其表现形态又分为中央垂直管理体制和地方垂直管理体制两种类型。其中,中央的垂直管理体制是一种由中央某一机关或机构直接负责特定经济管理事务的管理体制,在此体制下,不存在地方各级政府或机构对某一经济事务的经济管理职权;地方垂直管理体制则通常是指省级以下的垂直管理体制,在此体制下,虽然仍然存在县级和市一级的经济管理机关或机构,但是,这些机关或机构的人事权和财政权归省一级政府机关或机构统一配置,以便于克服市级、县级通过人事权与财政权的行使,对经济管理机关或机构执法行为的不利影响,使经济管理法能够有效地执行。目前,国家对于工商、税务、技术监督等经济管理机关均实行了省以下的垂直管理体制。此外,目前在财政管理中实施的省一级财政直接管理县级财政的试点,也属于省以下的垂直领导体制。

(三)双重管理体制

双重管理体制是指作为地方经济管理机关或机构,既接受上一级经济管理机关的行政或业务领导,也同时接受同级人大或政府领导,并对其负责的经济管理体制。在该体制下,有关经济管理机关或机构的主要负责人的任免需要由上级经济管理机关和同级人大或政府协商确定,在上级经济管理机关或机构对下级经济管理机关或机构的领导上,有的仅限于业务指导,有的则还包括行政领导,在经济管理机关或机构所需经费上,则由中央和地方两级财政共同负担。

(四)统一领导、分部门分级管理体制

一些经济管理事项涉及到由多个部门的管理,在此情况下,就需要在统一领导下,实施由分部门分级管理的体制。在中国现行经济管理法中,较为典型的是有关税收管理体制问题。按照现行税收管理体制,有关税收的管理体制,由国务院统一协调管理,由国家税务总局负责协调一般税收管理事务,由地方国税部门和地税部门分级行使税收管理权,由海关专门行使关税及相关税收管理权,进而形成了统一领导,分部门分级管理的体制。此外,在农业税取消之前，有关农业税的征收由地方财政部门负责。

值得强调的是，在设计什么样的经济管理体制才能有效地实施经济管理的问题上，应当坚持在保证法律有效实施的基础上，进行经济管理成本的宏观评估，坚持效率原则。

四、经济管理职权或职责

按照经济法原理，经济管理职权与职责，既是经济管理者的权力，也是其必须履行的义务，是中国经济管理法的重要的结构。在法律文件用语的表述中，有时表述为"职权"，有时表述为"职责"。但是，无论表述为"职权"，还是"职责"，其均是权力与义务的统一。与法律上一般的权利和义务相比，这种"职权"或"职责"，对于经济管理者而言，具有不可抛弃的特点①。从经济管理的现实需求看，经济管理法有关经济管理职权或职责的明确界定在于，合理划分经济管理机关或机构职责权限范围的边界，使经济管理机关或机构有所为，有所不为。与此同时，经济管理法对于经济管理机关或机构职责权限大小和程度之法律规制，表明了法律对于某项经济管理事项是否紧迫，是否重要的价值取向。本著作认为，根据中国经济管理法法例之规定，经济管理机关或机构所享有的基本职权主要表现为以下五个方面：

（一）经济立法权

对于经济管理而言，国家的基本法律只是原则性规定，它需要在具体执法中，针对具体的实践情况予以进一步细化。为此，中国的经济管理法在授权政府相关机关或机构为经济主管部门的同时，通常赋予了这些机关或机构制定具体实施细则的立法权力。这是国家经济立法权的延伸。从具体的表现形态看，政府对于经济管理法律的立法形式主要包括：国务院制定的行政法规、国务院相关经济管理执法机关或机构制定的规章及规范性文件、地方政府制定的规章或规范性文件。其中，大量的对具体经济管理事务的规定是由政府主管部门、

---

① 按照法学原理及司法实践，法律上规定的权利是法律赋予法律主体可以作为或不作为的可能性，因而，对之法律主体可以为或不为，具有可抛弃性特点。例如，法律规定了民事主体的遗产继承权，但民事主体对之可以自愿地放弃。又如，在民事与经济纠纷案件处理中，为达成和解，民事与经济主体可以放弃自己一些法律保护的权益。而对于法律上规定的义务而言，则是指法律主体必须按照法律规定作为或不作为的责任，该责任具有不可抛弃性。例如，法律规定的公民对父母的赡养义务，在任何情况下，均具有不可抛弃性。

或由政府主管部门与其他部门联合制定的规范性文件。① 这些文件是贯彻国家政策和法律的具体措施，同时也是使经济管理机关或机构的具体经济管理工作做到"有章可循"的体现。因此，这些行政法规、规章或大量规范性文件的出台，其本身也是对政府经济管理行为的制约。但是，这些立法从总体上讲，不得与国家的政策和法律相抵触，为此，国家和地方的政府法制部门建立了相关的备案审查制度，以防止这些文件与国家政策与法律相抵触，防止部门利益的扩张。

（二）依法管理与监督权

依法进行经济管理和监督是经济管理机关或机构的基本职权。从法律角度分析，这里的"依法"，首先表现为经济管理机关或机构对于经济管理法实体法的严格遵守，要严格按照实体法所规定的职权范围行使职权，不得越权行使权力，也不得对法律授予的职权怠于行使；其次，应特别重视严格按照经济管理法规定的执法程序予以执法，做到对被管理者或被监督者奖惩有据、时限有据、文书规范、行为文明礼貌、对申诉答复及时等。之所以特别强调严格按照程序执法，主要是在现实的经济管理与监督中，比较重视实体法而容易忽略程序法的运用。此外，做到程序公正，还应自觉地接受来自社会各界的对经济管理行为的广泛监督。

（三）依法收取税收和费用的权力

经济管理机关或机构依法收取税收和相关的费用，是经济管理机关或机构的一项基本职权。其中，税收的征收权由税务机关、海关机关专门行使，其他任何机关或机构均不得擅自向纳税单位或个人征收税收，也无权对于应缴纳的税收予以擅自减免；而政府向被管理者征收的各项费用，均必须有相应的法律依据，有关涉及公众利益的征收费用事宜，应当举行公开的听证，以取得社会公众的理解和支持。对于收取的税收和费用，应当及时上缴国库，纳入中央和地方财政管理的范畴。

---

① 与国家《立法法》所明确规定的基本法律、行政法规、地方性法规和规章规定相比，各级政府颁发的大量的规范性文件，在目前尚缺乏统一的规制，在学界对之也未形成统一的认识。但在实践中，政府制定的规范性文件的特点：一是，主要针对具体的事务作出规定；二是，规范性文件涉及的管理事务具有明显的时效针对性，即一旦所针对的管理事务时效已过，该规范性文件即自行失效；三是，不得和已有的法律文件相抵触；四是，不得涉及对公民、企业的处罚性规定。对此，2010年在全国范围的大规模地方性法规、规章的清理工作中，也涉及到对规范性文件的清理问题。

（四）依法行使强制措施

为了保障经济管理机关或机构经济管理权的有效实施，经济管理法常常赋予经济管理机关或机构对被管理者实施一些必要的强制性措施，其主要包括：冻结其在银行的财务账户与资金、扣押被管理者与其履行义务相当的动产或不动产、责令被管理者提供相应的担保、强制性地检查其财务和经营资料，直至对被管理者实施人身限制等。这些经济管理职权的授予，有利于经济管理职权的行使，也是所有经济管理者所期望得到的职权，但是，经济管理法对其应当采取审慎的态度。对此，赋予经济管理机关或机构这些权力的基本条件：一是，行使该权利具有必要性；二是，执法者的素质普遍较高；三是，在赋予经济管理机关或机构可以采取相应强制措施的同时，必须同时赋予被管理者可以予以申诉的权利，以防止执法者权力的滥用；四是，要规定采取强制措施的程序，严格控制实施强制性措施的审批权。

（五）依法处罚权

对违法者可以予以处罚，是保障经济管理职权的一项重要制度。为此，在中国经济管理法中，除"促进型经济立法"外①，大多赋予了经济管理机关或机构可以对被管理者行使经济的或行政的处罚权力。如，警告；责令限期停产、停业整顿；取消经营或执业资质；撤销相关名誉；责令赔偿损失；罚款；责令缴纳滞纳金；没收非法所得；对于暴力性抗法行为者实施行政拘留，直至实施劳动教养等。对于这些处罚的行使，经济管理法要求经济管理机关或机构必须处罚有据，且严格依照法定程序进行，并允许被处罚者提起复议，直至诉讼。由于处罚不当，给被处罚者造成损失的，应当予以赔偿。而对于执法中发现的犯罪行为，要及时地移交有关司法机关予以处理。

按照经济法原理，以上五个方面的经济职权，既是经济管理机关或机构的职权，同时，也是其应尽的职责。与此同时，本著作认为，经济管理机关或机构在行使上述权力的同时，还应当履行以下四项基本义务，这些义务是经济管

①　在中国经济管理法中，存在一类促进性的立法，它是宏观调控法的表现形态之一，这类立法，不是对现存经济关系的确认和保护，而是希望通过促进性的立法，建立新的经济和社会关系，如，《中小企业促进法》、《就业促进法》等，这类经济管理法的结构，可以参照经济管理法的结构，但又与上述的经济管理法有所不同。对此，本著作认为，其主要包括：一是，立法促进的目标与宗旨；二是，法律适用范围；三是，法律调整原则与方针；四是，促进主体及体制；五是，促进主体的职责与权限；六是，促进的对象、内容与措施；七是，奖励与法律责任，其中，这里的奖励，主要是对被促进者的奖励；这里的法律责任则应是指相关的促进部门或其工作人员的责任；八是，法律救济，即在有关促进部门工作人员被处分后的法律救济。

理机关或机构，作为公共管理部门服务职能的具体体现。

（一）信息公开义务

政府管理法制化的前提是有关管理信息的公开化、透明化。对此，中国政府自 2000 年加入世界贸易组织以来，一直致力于信息公开化的工作。政府管理信息的公开化，不仅有利于政府自身的监督，而且，有利于社会各界对政府工作的有效监督。在具体的公开形式上，除按照国家法律、法规的规定，需要保密的外，一切政府出台的面对社会公众与企业事业单位的管理规章和行政措施，以及管理机关或机构的设置和职权范围，必须在政府网站或政务公报上予以公布，才能作为行政执法的依据。而对于已经过时的规定或不恰当的规定要做到及时的清理，从而使政府信息公开，纳入了政府进行经济和社会管理基本义务的范畴。

（二）向被管理者宣传法制的义务

为了更好地保证经济管理法的有效执行，经济管理机关或机构应当履行积极向被管理者宣传法制的义务。首先，是对经济管理法的宣传。由于经济管理法的专业性比较强，因此，有必要在立法后对之予以专门的宣传。对有些经济管理法的执行，还要通过举办专门的培训班，对被管理者予以培训。对于被管理者的疑问要做出法律咨询和合理的解答。其次，在宣传经济管理法时，不仅要使被管理者准确地了解相关的法律规定，更要注意培养其自觉守法的意识，要对守法者予以大力的表彰和奖励。

（三）向被管理者提供便利的义务

对被管理者提供便利是经济管理机关或机构的一项应有的法律义务。它有利于改变经济管理机关或机构的"衙门作风"，以便协调管理者和被管理者的关系，也是经济管理机关或机构服务职能的最好体现。履行好这一义务的基本出发点是为被管理者履行法定义务节省时间、精力和经费提供便利，对此，在目前，中国经济管理机关或机构建立了统一执法机制，对于需要办理相互联系的手续事宜或交税、交费事宜，通过建立统一的办公场所，极大地方便了被管理者依法履行法定义务，经济管理机关或机构普遍建立有关执法公示制度，对于经济管理机关或机构的职权范围、执法人员、收费标准及办事程序予以公示，既方便了被管理者依法履行相关的义务，也有利于社会监督；有的经济管理机关或机构，建立了执法档案，对于被管理者履行法定义务的时效、内容予以详细记载，并在执行日内及时对被管理者予以提示；而计算机技术在经济管理中的普遍运用，则方便了被管理者的查询，也避免了执法人员利用执法漏洞作弊的机会。

（四）保护被管理者救济索求的义务

为了防止经济管理机关或机构滥用处罚权，经济管理法及相关法律规定了被管理者在受到处罚后的救济性权利。这一救济性权利主要通过提出行政复议、行政诉讼及申诉的救济索求予以实现。对此，经济管理机关或机构及司法机关应当积极保障被管理者合法权益的实现。目前，中国的经济管理机关或机构，均建立了专门满足被管理者救济索求的内部机构，并通过行政复议和积极参与行政诉讼来维护其权益，对于通过行政复议发现确有错误的，应当积极予以纠正。如果经过复议发现原有处罚事实清楚，适用法律得当者则应当予以及时答复。必要时，还需要通过听证程序，做出最后的结论，以体现处罚的公开、公正。

五、经济管理的原则和方针

（一）经济管理原则的规定

中国经济立法的结构之一是在总则中规定适用法律的基本原则。对此，经济管理法也不例外。按照经济法基本原则之原理，经济管理法的基本原则是各经济管理法适用时应当遵循的基本准则。所谓"适用"的含义包括：一是，经济管理机关或机构在依经济管理法制定实施细则或具体的规范性文件时，应当遵循基本法所制定的基本原则，把握好立法的方向；二是，经济管理机关或机构依法实施该经济管理法时，应当首先遵循基本法所规定的基本原则，并以这些法定原则指导具体的执法实践；三是，在具体执法时，遇有具体问题需要依法处理时，首先按照各章所规定的具体条款执行，但在具体条款之规定不明确时，可以适用总则中规定的原则性条款予以处理，在这时，经济管理法中的原则性条款实际上起着"兜底条款"的作用。即经济管理机关或机构在具体执法中，需要依法出具相关法律文书时，可以将经济管理法中的原则性规定，作为文书所表达的意见或决定的法律依据。

从中国经济管理法的经济管理原则所规定的内容来看，它应当是最能体现经济管理法价值取向的理论与实践经验的高度概括，一般应当用一个语句予以表达，但是，鉴于经济管理法调整对象的复杂性，在许多情况之下，难以用一个语句表达，也可以在一个条款之下予以分别表达。其具体立法法例举例如下：

法例之一：1994 年 3 月 22 日第八届全国人民代表大会第二次通过的《中华人民共和国预算法》第三条将"各级预算应当做到收支平衡"作为预算法

实施的基本原则。

法例之二：1995 年 5 月 10 日第八届全国人民代表大会常务委员会第 13 次会议通过，2003 年 12 月 27 日第十届全国人民代表大会常务委员会第六次会议修订的《中华人民共和国商业银行法》，分别在第 4 条、第 5 条、第 9 条中，对商业银行的经营原则做出了规定，即"商业银行以安全性、流动性、效益性为经营原则，实行自主经营，自担风险，自负盈亏，自我约束。"、"商业银行与客户的业务往来，应当遵循平等、自愿、公平和诚实信用的原则"、"商业银行开展业务，应当遵守公平竞争原则，不得从事不正当竞争"。

法例之三：2002 年 6 月 29 日第九届全国人民代表大会常务委员会第二十八次会议通过的《中华人民共和国政府采购法》第 3 条规定："政府采购应当遵循公开透明原则、公平竞争原则、公正原则和诚实信用原则。"

法例之四：2003 年 12 月 27 日第十届全国人民代表大会常务委员会第六次会议通过的《中华人民共和国银行业监督管理法》第 4 条规定，"银行业监督管理机构对银行业实施监督管理，应当遵循依法、公开、公正和效率原则。"

法例之五：2002 年 12 月 6 日，国务院第六十六次常务会议通过，并于 2003 年 1 月 20 日起实施的《退耕还林条例》第 5 条规定了退耕还林应当遵循五项原则，即（一）统筹规划、分步实施、突出重点、注重实效；（二）政策引导和农民自愿退耕相结合，谁退耕、谁造林、谁经营、谁受益；（三）遵循自然规律，因地制宜，宜林则林，宜草则草，综合治理；（四）建设与保护并重，防止边治理，边破坏；（五）逐步改善退耕还林者的生活条件。

法例之六：2008 年 10 月 28 日第十一届全国人民代表大会常务委员会第五次会议通过的《中华人民共和国企业国有资产法》第 6 条规定，"国务院和地方人民政府应当按照政企分开、社会公共管理职能与国有资产出资人职能分开、不干预企业依法自主经营的原则，依法履行出资人的职责。"

此外，在个别立法例中则将基本（或一般）原则单列一章予以了专门规定。例如，1992 年 11 月 16 日国务院批准，1992 年 11 月 30 日由财政部发布实施的《企业会计准则》即在第二章一般原则中，分 12 个条款就企业会计核算应遵循的基本原则进行了专门规定。①

---

① 参见 1992 年《企业会计准则》第 10 条至 21 条。

（二）经济管理方针的规定

根据现代汉语词典的解释，"方针"一词的含义是指"引导事业前进的方向和目标"。① 从中国经济管理的实践经验看，以一定的方针指导经济管理的实践，是经济管理实践中的习惯性做法，它具有类似原则的功能和作用，但是，方针相比原则之规定更具有长远的指导意义。对此，中国经济管理法之立法予以了采纳，相当的经济管理法将其上升到法律的高度，使其具有了法律效力，成为经济管理与经济管理法制实践应当遵循的基本准则，并成为经济法的一个立法特色。从所涉及的法域范围来看，主要涉及自然资源保护法、能源利用法、产业促进法和安全管理法领域。其立法法例举例如下：

法例之一：1984 年 9 月 20 日第六届全国人民代表大会常务委员会第七次会议通过，1998 年 4 月 29 日第九届全国人民代表大会常务委员会第二次会议修订的《中华人民共和国森林法》第 5 条规定，林业建设实行以营林为基础、普遍护林、大力造林、采育结合、永续利用的方针。

法例之二：1985 年 6 月 18 日第六届全国人民代表大会常务委员会第十一次会议通过，2002 年 12 月 28 日第九届全国人民代表大会常务委员会第三十一次会议修订的《中华人民共和国草原法》第 3 条规定，国家对草原实行科学规划、全面保护、重点建设、合理利用的方针。

法例之三：1996 年 8 月 29 日第八届全国人民代表大会常务委员会第二十一次会议通过的《中华人民共和国煤炭法》第 4 条规定，国家对煤炭开发实行统一规划、合理布局、综合利用的方针。

法例之四：2008 年 8 月 29 日第十一届全国人民代表大会常务委员会第四十三次会议通过的《中华人民共和国循环经济促进法》第 3 条规定：发展循环经济是国家经济社会发展的一项重大战略，应当遵循统筹规划、合理布局、因地制宜、注重实效，政府推动、市场引导，企业实施、公众参与的方针。

法例之五：1993 年 7 月 2 日第八届全国人民代表大会常务委员会第二次会议通过，2002 年 12 月 28 日第九届全国人民代表大会常务委员会第三十一次会议修订的《中华人民共和国农业法》第 6 条规定，国家坚持科教兴农和农业可持续发展的方针。

法例之六：2002 年 6 月 29 日第九届全国人民代表大会常务委员会第二十

---

① 参见中国社会科学院语言研究所词典编辑室编：《现代汉语词典》，商务印书馆 1985 年 1 月第 2 版，第 307 页。

八次会议通过的《中华人民共和国安全生产法》第 3 条规定，安全生产管理，坚持安全第一，预防为主的方针。

上述经济管理法中的方针规定，均是根据中国实际情况，并结合市场经济发展要求，对长期实践经验与教训的总结，这些方针纳入法律规定后，使相关的经济管理有了明确的长远发展目标，具有战略意义。它不会因为政府的换届而改变，需要历届政府持续地贯彻下去。

六、经济运行管理制度

在以上问题予以明确规定的情况下，接下来的结构是有关各经济管理法管理制度的具体设计。根据中国经济管理立法的实践，有关管理制度的设计呈现出两个方面的特点：

首先的特点是，将总的经济管理制度的设计与具体经济管理制度设计相结合，即在总的经济管理制度设计的基础上，围绕总管理制度，并结合实际管理业务的特点和实际需求，再分章设计具体的经济管理制度。例如，按照现行的《中华人民共和国预算法》之规定，首先在该法总则中规定了中国实行"一级政府一级财政"的基本制度，然后，围绕该基本制度的实现，并结合财政管理业务的特点，分章就预算管理职权、预算收支范围、预算编制、预算审查和批准、预算执行、预算调整、决算、监督等具体制度进行了规定。

其次的特点是，根据不同经济管理所面临的不同对象及管理所涉及的具体问题予以了不同的规定。例如，以最能体现国家经济监督职能的《会计法》、《统计法》、《审计法》三法比较为例，《会计法》的制度设计主要是：会计核算制度、会计监督制度、会计人员权益保障制度；《统计法》的制度设计主要是：统计计划制度、统计调查制度、统计资料的管理和公布制度、统计人员的权益保障制度；而《审计法》规定的具体制度则主要包括：审计机关的职责、审计机关的权限、审计程序和审计人员权益的保障。从该三法的具体制度设计的大的内容框架看，作为一类经济监督法，其共同特点是均规定了对监督人员权益的保护问题，但在其他方面则有较大的差别，这是由其各自的经济管理业务的不同所导致的。

此外，需要指出的是，一是，法律层面有关具体制度的规定，只能根据现实经济管理实践中最急需调整的问题予以原则性规定，按照中国经济立法之惯例，更进一步的制度设计则授权经济管理机关或机构，以实施细则、相关规章及规范性文件的形式予以创制；二是，经济法律制度的配置包括既有制度的确认和新制度的创新两个方面。在既有制度的确认方面，经济管理法体现了对既有的经过实践行之有效的经济制度、管理制度和技术标准制度等的认可，而在制度创新方面，则是针对现实中存在的制度性漏洞所进行的补充性规定。

七、奖励与惩罚之规定

奖励与惩罚相结合是中国经济法的一个重要的特点。这一点在经济管理法中体现得尤为明显。因为经济管理活动是一种日常性工作，具体且繁琐，运用奖励与惩罚相结合的手段进行管理，符合此类管理活动的要求。

（一）奖励与激励

在中国经济管理立法实践中，有关奖励的基本规定，通常体现在总则规定之中，具体的奖励措施，由经济管理机关或机构予以进一步细化。例如，《税收征收管理法》第 13 条规定，"任何单位和个人都有权检举违反税收法律、行政法规的行为。收到检举的机关和负责查处的机关应当为检举人保密。税务机关应当按规定对检举人给予奖励。"又如，《矿产资源法》第 9 条规定，"在勘查、开发、保护矿产资源和进行科学研究等方面成绩显著的单位和个人，由各级人民政府给予奖励。"与此同时，在中国经济管理法中，一些鼓励性规定，可以起到相当的激励作用，并且，在经济管理实践中，对于按照鼓励性规定，从事生产、经营或科学研究的单位或个人，往往会辅之以相关的财政直接支持，如减免税收、费用，给予优惠贷款支持等实际的措施，这些措施的实施，实际上是一种变相的奖励。例如，《电力法》第 9 条规定，"国家鼓励在电力建设、生产、供应和使用过程中，采用先进的科学技术和管理方法，对在研究、开发、采用先进的科学技术和管理方法等方面工作做出显著成绩的单位和个人给予奖励。"又如，《水法》第 10 条规定，"国家鼓励和支持开发、利用、节约、保护、管理水资源和防治水害的先进科学技术的研究、推广和应用。"

（二）惩罚

经济管理法之惩罚，就是经济管理法规定的法律责任。通常在经济管理立法中单列一章。经济管理法之法律责任，包括了管理者的法律责任和被管理者的法律责任两类。

1. 管理者的法律责任

管理者的责任是指管理者作为经济管理的管理者、监督者、经济调控者未依法进行管理，所应当承担的法律责任。对管理者所承担的法律责任之规定，较为简要的规定，如，《标准化法》第 24 条规定，"标准化工作的监督、检验、管理人员违法失职、徇私舞弊的，给予行政处分；构成犯罪的，依法追究刑事责任。"较为复杂的规定，如，《反不正当竞争法》规定，一是，第30条规定，"政府及其所属部门违反本法第七条规定①，限定他人购买其指定的经营者的商品、限制其他经营者正当的经营活动，或者商品在地区之间正常流通的，由同级或者上级机关对直接责任人员给予行政处分。……"；二是，第31条规定，"监督检查不正当竞争行为的国家机关工作人员滥用职权、玩忽职守，构成犯罪的，依法追究刑事责任；不构成犯罪的，给予行政处分。"；三是，第32条规定，"监督检查不正当竞争行为的国家机关工作人员徇私舞弊，对明知有违反本法规定构成犯罪的经营者故意包庇不使他受追诉的，依法追究刑事责任。"

从上述规定可看出，经济管理法所规定的法律责任，主要表现为行政处分责任和刑事责任两种。但是，如果在经济管理实践中，基于经济管理机关或机构及其工作人员的违法管理行为，给被管理者造成经济损失时，则构成行政附带之民事侵权责任，对此，受侵害的被管理者可以向经济管理机关或机构提出赔偿请求，也可以在提起行政诉讼时，一并提出。

2. 被管理者的责任

与经济管理者的法律责任相比，各经济管理法针对现实中急需解决的问题，通常会做出比较具体的规定。如，在上述的《反不正当竞争法》中，即用九个条款②，对经营者及相关的责任主体违法后所应当承担的法律责任进行了规定，从条款的数量上看，是管理者法律责任的两倍。从经营者所应承担的法律责任形式看，包括：赔偿损失、责令停止违法行为、消除影响、没收违法所得、罚款、吊销营业执照、直至依法追究刑事责任等。其他相关的经济管理法的规定，与其大致相同。其中可看出，被管理者所承担的法律责任，主要涵盖了民事侵权责任、行政责任和刑事责任，从而，体现了经济法责任的综合性特点。

八、法律救济措施

法律救济措施，是中国经济管理法中的不可缺少的重要结构。它是保护被侵权者、被处罚者及被追究刑事责任者合法权益的必要制度，体现了法律的公

---

① 《中华人民共和国反不正当竞争法》第7条规定："政府及其所属部门不得滥用行政权力，限制他人购买其指定的经营者的商品，限制其他经营者正当的经营活动。政府及其所属部门不得滥用行政权力，限制外地商品进入本地市场，或者本地商品流向外地市场。"

② 详见：《中华人民共和国反不正当竞争法》第20条至第28条。

平、公正。它是经济管理法与相关的诉讼制度、上访制度、人事仲裁制度相衔接的重要制度。但是，目前的经济管理法主要侧重于对被管理者受到行政处罚后的救济性规定。例如，依据《反不正当竞争法》第 29 条之规定，"当事人对监督检查部门做出的处罚决定不服的，可以自收到处罚决定之日起 15 日内向上一级主管机关申请复议；对复议决定不服的，可以自收到复议决定之日起 15 日内向人民法院提起诉讼；也可以直接向人民法院提起诉讼。"而有关对管理机关或机构工作人员之行政处分，被处分的相关人员，可以依据《公务员法》及相关的《公务员处分条例》之规定，申请复议或人事仲裁。在相关法律程序用尽的情况之下，被处罚的被管理单位或个人，或者被处分的经济管理机关或机构工作人员，还可以通过上访途径寻求法律救济。

总之，以上八个方面的结构，是中国经济管理法立法需要表述和规范的基本问题，其可以作为评价现行经济管理法立法质量的基本依据。

第十五章

中国经济协作法结构及经济法结构论的简要总结

第一节　经济协作法概述

一、关于协作

"协作"一词的基本含义是指"若干人或若干单位互相配合来完成任务"[①]。在现实的生产和生活中，协作性活动是人类的一种基本的生产和生活方式，它是由人的社会属性所决定的。因为，每一个人要生存、要发展，就离不开与他人和社会的联系，个人如此，家庭如此，单位如此，国家亦如此。从协作的基本含义，可以看出协作活动的一些基本特征：一是，"完成任务"既是协作活动的结果，也反映了协作活动的目的属性，换句话说，任何的协作活动，都是建立在共同目的之上的，没有共同的目的，就不会产生协作活动；二是，协作活动发生于若干的协作主体之间，至少是由两个主体之间才能发生协作关系，单个主体不存在协作问题；三是，协作主体之间的相互配合属性，决定了在协作活动中，各协作主体之间关系的平等性，因为，只有在平等相待的情况之下，才能够相互配合，共同完成任务。与此同时，这种相互配合也表明，各协作主体在协作活动中，必须在"求同存异"的基础上，将自己的一部分利益让渡于其他协作主体，才能使协作活动顺利进行。任何具有强制性因素的"协作"，均不是真正意义上的协作。为此，协作活动与本著作讨论的管理活动，有了以下一些明显的区别：

（一）协作的平等性

协作的平等性主要强调的是协作主体之间地位的平等性。这是使协作活动

[①]　参见中国社会科学院语言研究所词典编辑室编：《现代汉语词典》（第5版），商务印书馆2007年9月版，第1506页。

得以顺利进行，协作任务得以完成的基础，也是协作成立的逻辑前提。与之相反的是，管理是发生于管理者和被管理者之间的一种不平等的活动，因此，管理关系主体的不平等性是其基本属性。当然，现实社会活动中协作活动的平等性，存在着抽象意义上的平等和实际意义上的平等之区别，其中，抽象意义上的平等是人类理想中的平等，或者是理论假设上的平等，例如，按照经济学假设，市场经济中的"经济人"之间的关系即是一种抽象意义上的平等的协作关系①，但是，事实上，基于各"经济人"经济实力的差距，在实际的协作活动中，不可能完全平等，所谓平等总是相对的。即使如此，抽象意义上的平等仍然具有实际意义，因为，它可以使现实中实际处于相对不平等状态的关系，尽量接近平等，当其成为社会普遍的价值理念时，便被国家政策与法律所确认，并在社会经济实践中，被普遍地推行。在当代社会，这方面典型的例子，如家庭成员之间关系的平等、男女之间关系的平等、企业之间关系的平等。

（二）协作的自愿性

根据协作原理，任何意义上的协作，均不应当是一种强迫的结果，因此，协作的自愿性就成为其基本属性。协作自愿性的基本内涵包括：一是，协作目的的一致性，即协作各方的目的是一致的，只有目的一致，才会发生协作关系；二是，协作目的及其行为的选择是自愿的，不应有任何的强迫；三是，协作者在协作活动进行中，一旦出现不平等现象或出现与实现协作目标不协调的现象，可以自愿放弃协作。与之相反，管理则是一种强迫性的活动，尤其是对于被管理者而言，更不是在自愿基础上被接受管理，为此，管理活动必须建立起强有力的强制性管理秩序，才能完成管理任务。

（三）协作意思表示的真实性

意思表示的真实性，是协作原理的重要内涵。它的基本含义是要求任何协作活动，均是在协作各方真实的意思表示之下的活动。这里的"真实的意思表示"是指协作活动主体在参与协作活动时的心理状态应当与其行为表现具有一致性。否则，即构成欺诈，导致协作的无效，并应承担相应的责任。而与之相比，在管理活动中，管理者和被管理者的行为是建立在法律和相关管理制度基础之上的，它与管理者或被管理者的意思表示不存在必然的联系，在具体

---

① "经济人"假设，是市场经济学中重要的分析工具。按照市场经济学原理，包括政府、企业和个人在内的任何参与经济活动的主体均可以被视为"经济人"，这些"经济人"在参与经济活动中，均存在一个使自身经济利益最大化的问题，为此，在"经济人"之间就存在一个彼此经济利益的交换问题。与此同时，除法律明确规定外，"经济人"之间存在一种抽象意义的平等关系。

的管理活动中，管理者或被管理者的行为与其心理的真实状态之间可能是一致的，但也可能是不一致的。一致者，如纳税人自愿缴税；不一致者，如纳税人在不自愿的情况下缴税。

（四）协作结果的合理性和法定性

在当代社会，任何协作活动应在法律的限制范围内进行，既要合理，也要合法。其中，协作的合理性的内涵包括：一是，协作之目的具有合理性，即协作之目的不仅对协作各方有益，而且，不能损害国家、社会和他人的利益，否则，这种协作关系就会受到法律或社会的干预；二是，协作合理的基础是协作的结果对协作各方都有益，因此，协作活动特别强调协作活动的"互补性"事实的存在，这是协作活动得以产生和发展的客观基础，是开展协作活动的基本规律。三是，合理的协作活动的开展，体现了法律公平、公正的基本的价值理念，与法律对协作关系的要求具有一致性，这表明，合理的协作即是合法的协作，法律对于合理的协作活动的开展，应当予以充分的保护。与之不同的是，在管理活动中，重点强调的是总体上的合理性，因此，存在合理的不一定合法的现象。对此，建立在国家法制基础上的管理，往往以牺牲单个利益，来换取整体利益的保护，因此，其合理性是相对的。

二、经济协作与经济协作法

（一）关于经济协作

经济协作是指发生在经济领域的协作活动的总称。作为社会活动中协作活动的一个类别，经济协作除具有以上协作活动所应具有的一般属性特征之外，还具有一些明显的特征。

1. 经济协作的经济性特征

任何经济协作都是特定的经济主体，围绕一定经济目标的实现，在协商一致基础上，相互配合的一种活动。为此，经济协作活动的基本特征表现为，首先，这种协作活动是发生于经济主体之间的一种协作活动。这里的经济主体，或者为具有相同或相近似的管理职权的管理者，或者为生产者、经营者、服务者和消费者；其次，经济协作活动的目的是实现一定的经济目标，这种经济目标应当是一种协作各方共同经济利益的追求；再次，所谓的相互配合通常是指：在互补性上，主要体现为一方需求与另一方供给的一致性，或者协作各方之间的经济优势和劣势之间可以互补或克服的情况之下，才存在相互配合的问题。前者如，在经营领域，买方有相应的消费需求，而卖方则经营其所需的商品或服务，进而使他们之间可能发生买卖交易之协作活动；后者如在经济投资合作领域，一方的优势是拥有资金优势，但需要土地或技术，而另一方则恰好拥有可供开发的土地或技术，需要资金支持，这样，才能在他们之间发生投资协作关系及其活动。

2. 经济协作的层次性特征

首先，在经济协作目标上具有层次性。在人类处于生存状态情况之下时，一切的经济协作活动均是围绕着如何解决最基本的"吃、穿、住、用、行"等生活需求展开的，古代人类生产劳动的协作如此，现代人类社会化大生产条件下的经济协作也如此。在此基础上，当生活与生产有了剩余时，人类的经济协作活动才有了更高的求发展的目的追求。

其次，在市场经济条件下，国民经济的运行呈现出宏观、中观与微观之不同层次，因而，经济协作活动，也呈现出宏观经济、中观经济和微观经济不同领域、不同层次的协作。其中，微观经济领域的协作活动主要是指各市场主体之间，以市场为中心，以供需关系为基础展开的经济协作活动，它是国民经济运行的基础；宏观经济领域的协作活动，则是各宏观经济主体围绕宏观经济目标的实现开展的经济协作活动，如，财政部门与金融部门在制定与实施财政政策与金融政策时的相互配合与协作①。中观经济领域的经济协作则表现为各中

① 关于在宏观经济运行中，财政部门和金融部门的协作主要体现在其各自在制定财政政策和货币政策上的相互协作之上。对此，根据宏观经济原理，有关财政政策与货币政策配合的一般模式表现为：（1）双松政策。即当社会总需求严重不足，生产资源大量闲置，解决失业和刺激经济增长成为宏观调控的首要目标时，适宜采取以财政政策为主的"双松"的财政货币政策配合模式。财政可扩大支出或降低税率，扩大有效需求，以刺激经济增长。但这可能会产生"挤出效应"，这时，若中央银行采取扩张性的货币政策，增加货币供应量，降低市场利率，则会更有效地实现调节目标。（2）双紧政策。即当社会总需求极度膨胀，社会总供给严重不足和物价大幅度攀升，以致通货膨胀成为首要调控目标时，适宜采取双紧或适度从紧的财政政策与货币政策配合模式。财政通过削减政府支出，提高税率等方式压缩社会总需求。同时，中央银行采取紧缩货币政策，减少货币供应量，调高利率，抑制投资和消费支出，两者相互配合使用，可对经济产生有利的紧缩作用。（3）"紧财松货"政策。当政府开支过大，物价基本稳定，经济结构合理，但企业投资并不十分旺盛，经济也非过度繁荣，促使经济较快增长成为经济运行的主要目标时，适宜采取"紧财政、松货币"的配合模式。其中，紧的财政政策可以减少财政开支抑制总需求；松的货币政策能使利率下降，以刺激私人投资。这种组合适用于财政赤字较大，而经济处于轻度衰退时采用。（4）"松财紧货"政策。当社会运行表现为通货膨胀与经济停滞并存，产业结构和产品结构失衡，治理"滞胀"、刺激经济增长成为政府调节经济的首要目标时，适宜采取松的财政政策和紧的货币政策配合模式。紧的货币政策有助于抑制通货膨胀，但为了不造成经济的进一步衰退，有必要实施减税和增加财政支出等扩张性财政政策配合，同时，还应当发挥财政政策的结构调节功能，优化产业结构和产品结构，促进经济增长、缓解滞胀。这一宏观调控原理，充分说明了政府部门之间经济协作关系的客观存在。参见：邓子基主编：《财政学》，高等教育出版社2005年第二版，第371～372页。

观经济主体，如不同地区（或区域）、不同行业、不同企业集团之间的经济协作。所谓的层次性特点是指在国民经济运行中，宏观经济领域的经济协作对微观经济和中观经济领域的经济协作活动的开展，具有指导意义。而中观经济领域的经济协作，在不违背宏观经济调控政策、法律及目标的情况之下，对于微观经济领域的经济协作，同样具有重要的指导意义。①

3. 经济协作的专业性特征

随着社会化大生产的实施和科学技术的进步，人类的生产活动日益专业化，行业分工也日益细致，这使得现代社会的经济活动呈现出专业化趋势。在此情况下，经济协作活动的专业性成为其重要的属性。其基本内涵是：一是，参与经济协作活动的相关经济主体之间通常应具有相同或相近的专业知识或业务背景，进而使其有了开展经济协作活动的"共同语言"；二是，经济协作目标的确立与其专业要求相联系，符合专业规范的要求；三是，通过经济协作活动的开展，为专业规范的进一步完善，提供实践基础。四是，个别的经济协作活动的开展，最终可以上升为行业内部之间的经济协作。

4. 经济协作为实现经济管理目标服务

现实中的经济协作不是为协作而协作，所谓经济协作的目的性，总是围绕着实现一定的经济管理目标而展开的，为此，在经济活动的运行中，一切经济协作活动的开展均是围绕实现经济管理的目标而进行的，因此，在整个经济活

---

① 关于宏观经济与微观经济及其民事合同的关系问题，最新的一个典型例子是：新华网北京2009年7月13日电（记者杨维汉）：当前，因全球金融危机蔓延所引发的纠纷在中国司法领域已经出现明显反映，民商事案件尤其是与企业经营相关的民商事合同纠纷案件呈大幅增长的态势；同时出现了诸多由宏观经济形势变化所引发的新的审判实务问题。为此，中国最高人民法院13日发布了《关于当前形势下审理民商事合同纠纷案件若干问题的指导意见》。这个共17条的《意见》包括慎重适用情势变更原则，合理调整双方利益关系；依法合理调整违约金数额，公平解决违约责任问题；区分可得利益损失类型，妥善认定可得利益损失；正确把握法律构成要件，稳妥认定表见代理行为；正确适用强制性规定，稳妥认定民商事合同效力；合理适用不安抗辩权规则，维护权利人合法权益等6部分内容。《意见》指出，人民法院应当依法把握情势变更原则的适用条件，严格审查当事人提出的"无法预见"的主张，对于涉及石油、焦炭、有色金属等市场属性活泼、长期以来价格波动较大的大宗商品标的物以及股票、期货等风险投资型金融产品标的物的合同，更要慎重适用情势变更原则。由于现阶段经济环境的变化和影响，民商事合同履行过程中违约现象比较突出。《意见》指出，对于双方当事人在合同中所约定的过分高于违约造成损失的违约金或者极具惩罚性的违约金条款，法院应当合理调整违约金数额，公平解决违约责任问题。对此，最高人民法院民二庭负责人表示，"在当前形势下，认真研究并及时解决民商事审判实务中与宏观经济形势变化密切相关的普遍性问题、重点问题，有效化解矛盾和纠纷，对于维护诚信的市场交易秩序，保障公平法治的投资环境，公平解决纠纷、提振市场信心等具有重大意义。"参见新浪网报道。

动中，经济协作活动与经济管理活动之间的关系是：经济协作活动总是处于辅助于经济管理活动地位的。这种状况，在计划经济条件下，一切经济协作活动皆围绕着计划目标的实现而展开；而在市场经济条件之下，一切经济协作活动则皆围绕着国民经济和社会发展规划及计划所确定的国家或地方的经济调控目标而开展。而就作为微观经济领域的经济协作而言，企业管理的计划性是现代企业发展的基本特征，而发生于企业之间的协作关系，同样是围绕着实现企业管理（计划）目标来进行的。从这个意义上讲，经济协作关系或活动实际上是一种在管理因素指导下的经济协作，它是一种集管理和协作要素为一体的混合型经济关系，即"纵横结合的经济协作关系"。

（二）经济协作法

经济协作法是调整经济协作关系的法律规范的总称。经济协作法的调整对象，如本著作前述，主要表现为国家管理因素制约之下的民事合同关系，即经济合同关系、行业经济协作关系、产业经济协作关系、区域经济合作关系、经济区域协作关系、管理活动中之协作关系等，这种经济协作关系的产生和发展，属于国民经济和社会发展的范畴，与实现国民经济和社会发展的目标相联系，并为其服务。从其经济立法的表现形态看，主要体现在旨在调整上述关系的各类合同法、投资法、区域经济法、产业法、行业法等。与经济组织法、经济管理法相比，经济协作法有其特定的立法结构。

第二节　中国经济协作法结构分析

目前，中国比较成熟的经济协作法为经济合同法。中国的《经济合同法》产生于上世纪80年代初，是改革开放以来，最早制定的经济立法之一。在上世纪80~90年代期间，中国的经济合同法制曾经形成过《经济合同法》、《涉外经济合同法》和《技术合同法》三法并立的格局，并由若干实施细则相配合的完整的经济合同法体系。至国家实施市场经济以来，国家适应市场经济的要求，将三法废除，结合民事合同立法的要求，制定了统一的《合同法》。在统一《合同法》体制下，原来意义的经济合同的法律调整，被涵盖在《合同法》之中，本著作主要以经济合同产生和发展所应解决的基本问题为基础，分析经济协作法的结构。

一、经济协作关系的产生

经济协作关系的产生，是经济协作活动的逻辑起点。经济协作关系产生的动力和基础是经济协作主体各方经济管理目标的实现及其一致性。在此基础上，经过各方协商一致后，以特定的法律形式，明确各方在经济协作关系中的权利与义务后，经济协作关系便得以产生。根据中国经济协作法之规定，经济协作关系的产生，涉及到以下基本法律问题。

（一）经济协作主体资格的适格性

经济协作主体资格的适格性，即是指经济协作主体资格须符合法律的规定或要求。其中，经济协作中的管理者的主体资格由法律明确规定，或者由法律授权获得；生产者、经营者、服务者的主体资格由其在工商行政管理部门进行登记时，所获得的营业执照予以规定；而作为消费者而言，对于生活资料的消费者，除法律明文规定予以禁止或限制消费外，均可以自由消费。但对于生产资料的消费者而言，则应当保持与其经营范围的一致性。此外，对于经营特种行业的企业而言，还应当取得相关部门批准许可特种经营资格，如经营爆炸物品的企业，必须获得经营爆炸物品的特许，才能开展与此相关的经济协作活动。

（二）经济协作目的与内容的合理、合法性

根据以上所述的经济协作原理，经济协作的目的与内容须具有合理、合法性。其中，所谓的合理性，是指具体经济协作关系的产生应当对经济协作各方有益，并通过经济协作能够取得"双赢"或"多赢"的结果。所谓的合法性，一是，这种协作关系的确立，属于国家政策、法律允许生产、经营及服务的范围，不在其禁止范围，或未超出其限制的范围之内；二是，这种经济协作以法律特有的权利与义务形式予以表达，并且，该权利与义务的确定应当公平、公正；三是指这种协作关系的确立，并不会产生损害国家利益、社会利益及他人（第三人）的利益之后果。

（三）经济协作关系产生的合意

经济协作关系产生之合意，是指经济协作各方应当依法就经济协作关系所涉及到的合同或协议的基本条款，经过协商一致，达成合意。这些条款主要包括：标的、数量、质量、价款、履行的期限、地点、方式、违约责任、担保、保险等内容。所谓的"协商一致"，是指按照经济协作关系产生的法定协商程序予以协商，该法定程序的法律表达形式包括：要约邀请、要约、再要约，直至承诺。并且，在通常情况之下，一项经济协作之合意，只要有一方的承诺，即意味着合意的成立，但在法律明确规定的情况下，一些经济协作合意的成立，还需要获得有关政府管理部门的批准才能成立，如，有关国有资产转让的合意，需经过国有资产管理监督部门的批准，才能成立。

（四）协作关系的效力问题

经济协作关系的效力理论认为，经济协作关系效力的产生需要具备实质要件和形式要件。其中，实质要件有：主体适格，意思表示真实，内容合法。形式要件主要有：有符合法律要求的合同或协议之书面文本；有符合法律要求的经济合同或协议各方的签字认可或公章，或合同专用章之确认；程序合法等。

在新的统一《合同法》出台后，一个新的法律规定是确立了一系列经济协作的效力待定制度。所谓效力待定，是指在合同签订时，合同当事人对合同发生的效力条件或期限作了约定，只有符合合同约定的条件或期限出现时，合同才发挥其效力，或者一些本来属于无效的行为，可以通过相关当事人的追认使其具有法律效力之合同行为。依据《合同法》规定，与经济协作相关的制度如下：

一是，附条件或附期限的合同之效力待定。其中，附条件，是指当事人选定某种成就与否并不确定的将来事实，作为控制合同发生与消灭的附款；附期限是指当事人预定以某一期限作为合同发生或终止的根据。对此，现行《合同法》第45条规定，"当事人对合同的效力可以约定附条件。附生效条件的合同，自条件成就时生效。附解除条件的合同，自条件成就时失效。当事人为自己的利益不正当地阻止条件成就的，视为条件已成就；不正当地促成条件成就的，视为条件不成就。"；第46条规定，"当事人对合同的效力可以约定附期限。附生效期限的合同，自期限届至时生效。附终止期限的合同，自期限届满时失效"。

二是，无权代理订立的合同之效力待定。无权代理订立的合同，是指无代理权的人代理他人与相对人订立的合同。对于无权代理订立的合同效力问题，原来的《经济合同法》规定一律按无效处理，① 但新的《合同法》进行了有关效力待定之规定。按照《合同法》第48条规定，"行为人没有代理权、超越代理权或者代理权终止后以被代理人名义订立的合同，未经被代理人追认，对被代理人不发生效力，由行为人承担责任。相对人可以催告被代理人在一个月内予以追认。被代理人未作表示的，视为拒绝追认。合同被追认之前，善意

---

① 原有的《经济合同法》第7条将"代理人超越代理权限签订的合同或以被代理人的名义同自己或者同自己所代理的其他人签订的合同"规定为无效合同的情形之一。

相对人有撤销的权利。撤销应当以通知的方式做出。

三是，表见代理之效力待定。表见代理，是指代理人虽不具有代理权，但是，其具有代理关系的表面要件，这些表面要件足以使无过错的相对人相信其有代理权，从而法律规定被代理人须对之授权承担责任的无权代理。由此看出，在表见代理效力的认定上，关键是表面要件是否成立。对此，根据民法原理和经济实践，其要件有两个方面：第一，被代理人为不具有代理权者创造了"权利外观"，例如，某甲曾经是某企业的代理人，但在某企业撤销某甲的代理资格后，并未采取有效的措施告知相关的业务客户，致使一些客户与某甲继续保持以该企业名义的合同关系；第二，相对人为善意的相对人。所谓善意，是指相对人不知道、或者不应当知道代理人无权代理。对此，我国台湾著名民法专家王泽鉴先生认为，"本人（被代理人）因其行为（作为或不作为）创造了代理权存在的表征（权利外观），引起善意相对人的信赖时，为维护交易安全，自应使本人负其责任，因而产生表见代理制度。"[1] 为此，中国新《合同法》规定了这一制度。《合同法》第 49 条规定，"行为人没有代理权、超越代理权或者代理权终止后以被代理人名义订立合同，相对人有理由相信行为人有代理权的，该代理行为有效。"若从待定原理角度分析，表见代理之待定，关键是在合同当事人就表见代理发生纠纷时，对表见代理表面要件的认定。成立者为代理行为有效；不成立者则代理行为无效。

四是，表见代表之效力待定。表见代表，是指代表人有超越代表权的行为，而其行为足以使善意的相对人相信其有代表权，从而法律规定由代表人所在单位负责任的无权代表，或者说，表见代表是指法人或其他组织的法定代表人、负责人超越权限订立合同，因相对人属善意相对人，故代表行为的后果由该法人或组织承受。表见代表与表见代理制度类似，故其待定原理也基本一致。对此，《合同法》第 50 条规定，"法人或者其他组织的法定代表人、负责人超越权限订立的合同，除相对人知道或者应当知道其超越权限的以外，该代表行为有效。"

五是，无处分权人订立合同之效力待定。无处分权人订立的合同，是指无处分权人以自己的名义处分他人财产订立的合同。对于此类合同，一般而言，应当属于无效。但在实践中，存在权利人在得知无处分权人之行为后，基于各种原因，对其行为予以谅解，并予以追认之情形。为此，《合同法》第 51 条

---

① 王泽鉴著：《债法原理》，中国政法大学出版社 2001 年版，第 312 页、第 313 页。

规定,"无处分权的人处分他人财产,经权利人追认或者无处分权的人订立合同后取得处分权的,该合同有效。"

本著作认为,上述现行《合同法》所确立的相关效力待定制度,同样适用于所有的经济协作关系的效力认定。

二、经济协作合同与协议的履行

一项经济协作合同或协议成立后,即开始该合同或协议的执行,即合同或协议的履行。按照经济协作法之原理,经济合同或协议之履行的总要求是:合同或协议各方应当严格按照经济合同或协议之约定全面履行约定的事项。但是,与一般民事合同的履行不同的是,经济协作原理更加强调的是坚持实际履行原则。即经济协作各方在履行经济合同或协议时,应当坚持实物履行原则,不得以经济赔偿方式代替实物履行之责任。因为,国民经济的运行是以实物履行为基础来维护经济运转的,如果以货币或以货币为基础的经济赔偿形式替代实物履行,将会直接影响国民经济运转的正常秩序。并且,在特定的实物领域,也无法用货币形式所替代。

与此同时,在经济合同或协议的履行过程中,可能基于主观或客观的原因,导致经济合同或协议的不履行或不能履行。其中,所谓不履行即是指基于主观原因所导致的不履行,具体包括:或到期不交货;或到期不付款;或到期不提货。如果出现到期之部分交货、付款或提货之现象,则构成部分履行。由于这种不履行系由经济协作一方之故意或过失行为所致,这种不履行即构成违约,应当承担相应的违约责任。所谓不能履行,通常是在发生不可抗力的情况下,致使经济合同或协议无法再履行。在此情况下,有关不能履行所造成的后果,经济协议各方不存在主观上的过错,相关后果的处理,按照法律规定,或经济协议各方事先约定的办法处理。

三、经济协作关系的中止

上述经济协作关系的不履行发生于经济协议的履行过程之中,在发生不履行之后,并不意味着经济协作关系的立即终止,而是有一个暂停的阶段。这种暂停,在经济协作理论上称之为"合同或协议的中止"。该中止制度,首创于

《涉外经济合同法》的规定①，并被新《合同法》以"不安抗辩权"制度所吸收②。按照新《合同法》规定，当合同主体一方发现合同之另一方有不履行合同的迹象时，即可行使"不安抗辩权"，并可单方做出合同中止之决定。但当对方对合同的履行提供了担保的情况下，即应恢复合同的继续履行。或者，在合同中止以后，经过合同各方之协商，或变更合同后继续履行；或转让合同后继续履行；或提前解除合同关系，使合同关系予以终止。对此，本著作认为，该原理同样适用于所有经济协作合同或协议的履行。

四、经济协作关系的变更与转让

经济协作关系的变更是指在经济协作合同或协议出现不履行情况，且进入中止阶段之后，经经济协作各方协商一致，对于经济协作的内容做出相应调整，或在原合同或协议内容不变的情况下，通过变更经济协作主体使经济协作合同或协议继续履行的行为。按照经济协作法的规定，这种经济协作关系变更之定义是一种广义的变更，狭义的经济协作关系的变更仅仅是指对原有经济协作合同或协议在标的、数量、质量、价格、履行交货或付款义务的时间、地点或方式上的调整。而对于经济协作关系主体的调整，则属于经济协议或合同的转让制度的范畴。这种转让，意味着合同或协议权利或义务的转让，当涉及权利（债权）的转让时，须履行通知的义务；当涉及义务（债务）的转让时，则应当获得权利一方之同意。至于经济协作合同与协议变更或转让的基本法定要求，《合同法》第五章予以了相关的规定，对此，经济协作关系可以参照之。

五、经济协作关系的解除与终止

按照经济协作原理及经济协作法之规定，经济协作关系的解除，是对经济

①　1985年3月21日，第六届全国人大常委会第十次会议通过的《中华人民共和国涉外经济合同法》，借鉴英美法国家有关"中途止付权"的规定、联合国国际货物销售合同公约及国际贸易惯例，确立了合同的中止制度。该法第17条规定，当事人一方有另一方不能履行合同的确切证据时，可以暂停中止履行合同，但是应当立即通知另一方；当另一方对履行合同提供了充分的保证时，应当履行合同。当事人一方没有另一方不能履行合同的确切证据中止履行合同的，应当负违反合同的责任。

②　不安抗辩权，又称为保证履行抗辩权，是指具有先给付义务的一方当事人，当相对人财产明显减少或欠缺信用，不能保证对待给付时，拒绝自己给付的权利。它是大陆法系的概念，与英美法系中的"中途止付权"相近。中国在制定统一合同法时，结合原来《涉外经济合同法》的规定及大陆法系各国之立法例，规定了这一制度。按照《合同法》第68条第1款之规定，"应当先履行债务的当事人，有确切证据证明对方有下列情形之一的，可以中止履行：（一）经营状况严重恶化；（二）转移财产、抽逃资金，以逃避债务；（三）丧失商业信用；（四）有丧失或者可能丧失履行债务能力的其他情形。"参见：隋彭生著：《合同法要义》，中国政法大学出版社2003年6月版，第218页。

协作关系的提前结束。从经济协作关系的发展阶段分析，经济协作关系之解除，发生于经济协作关系之中止之后，通常要经过经济协作各方之协商一致，才能予以解除，即合意解除。但是，在符合法律规定的情况下，也可以由经济协作一方单方面予以解除。为此，《合同法》规定了单方解除的基本条件①，对此，经济协作之单方解除可以参照之。经济协作关系的解除，还意味着经济协作关系的终止，但是，它与经济协作合同或协议正常的依约终止，或合同与协议正常履行完毕之终止相比，属于非正常终止之情形。而就合同终止而言，所谓合同终止，主要是指一种依约正常的终止。此外，依照《合同法》第9条之规定，属于合同终止的法定情形还包括：债务相互抵消；债务人依法将标的物提存；债权人免除债务；债权债务同归于一人，及其他法律规定的情形。②

　　本著作认为，在经济协作关系解除或终止的情况下，经济协作关系即完成了以经济协作合同或协议为载体的，从经济协作合同或协议的产生、履行、不履行、中止、变更、转让、解除及终止的八个发展阶段。从而，反映了经济协作关系运行的基本规律。掌握该规律，有利于合理预测经济协作关系运动的方

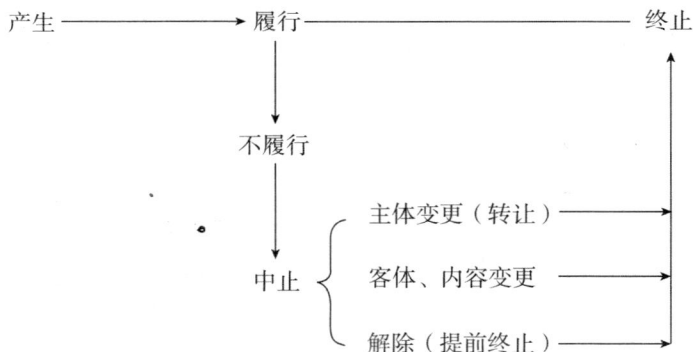

图五：经济协作发展阶段及运行图

①　根据《合同法》第94条规定，合同当事人可以单方解除合同的条件是：（1）因不可抗力致使不能实现合同目的；（2）在履行期限届满以前，当事人一方明确表示或者以自己的行为表明将不履行主要债务；（3）当事人迟延履行主要债务，经催告后在合理的期间内仍未履行；（4）当事人一方迟延履行债务或者有其他违约行为，致使不能实现合同目的；（5）法律规定的其他情形。

②　其他可以作为合同终止的情形，如合同的撤销；自然人合同主体的死亡且其债务无人承担；法人组织解散后而无继承者；以及有期限的合同终止届至等。参见翟文科著：《合同基本法与合同特别法要义点击》，山西人民出版社2007年版，第58页。

向及可能存在的法律的或经济的风险，使经济协作主体能够提前采取预防措施，避免因决策不当，给自己造成的不必要的损失。该规律及经济协作关系运行各阶段的逻辑关系，可以用上图予以表示。

六、经济协作的违约

经济协作的违约，是指经济协作合同或协议主体违反经济协作约定之行为。按照经济协作及经济协作法原理，首先，构成经济协作违约的前提条件是经济协作合同或协议的有效性，即只有在经济协作合同或协议有效的前提之下，经济协作合同或协议中的约定，才具有法律效力，受到法律的保护。为此，经济协作的违约，必须以符合前述的合同或协议的有效要件为前提。其次，经济协作之违约约定属于保障性结构的范畴，具有担保的性质和意义，对此，依据经济协作合同或协议之约定，经济协作合同或协议的主体，可以对违约后所承担的相应责任有预见性。再次，经济协作合同或协议违约的法律责任是在民事责任基础上的一种经济法责任。其中，就民事责任而言，经济协作合同或协议违约后承担的违约责任，无论其约定如何，均应当以"填补"原则来承担相应的法律责任，即违约后所承担的经济责任，应以合同或协议所涉及的标的额为限，超过标的额的约定则属于无效约定，法律不予保护。这是目前《合同法》规定的，对合同违约责任处理的一般原则。但是，若从经济法角度分析，经济协作合同或协议之违约，应当是一种具有惩罚意义的违约责任，即经济协作关系中的违约责任不仅要满足"填补"经济损失之需求，还要补偿社会损失，这种损失是基于经济协作关系当事人的违约行为，给社会利益造成的影响。其中，该影响，不仅是经济上的损失，也包括对社会既有秩序的破坏性后果。因此，经济法中的违约责任是一种惩罚性责任。这种惩罚性违约责任的具体承担方式是：首先，由违约者如约承担违约责任；其次，违约者还应当承担以罚款或其他方式表现的被惩罚责任；再次，如果基于该责任的承担，给经济协作主体造成重大损失，作为承担责任的经济协作的单位主体，还可以对单位内部的相关责任人员给予行政处分、解除劳动合同，或给予一定经济处罚的经济制裁措施。

值得强调的是，根据现有《合同法》的规定，经济协作各方在约定经济责任时，可以约定违约责任，也可以约定违约后对实际造成损失的赔偿。在约定以损失赔偿方式承担责任时，属于"填补性"的损失赔偿体现了民法的原则。但在涉及侵权行为时，则可以依照相关法律规定，追究侵权者的惩罚性赔偿责任。在此情况下，则体现了经济法的惩罚性违约责任的特点。

七、经济协作的无效

经济协作的无效，是指经济协作合同或协议违反国家政策或法律之强制性规定的情形。无效的经济协作关系自其建立时起，即不受法律的保护。按照经济协作法之规定，构成经济协作之无效，首先是违反了国家政策和法律的强制性规定，其中的国家法律主要指全国人大及其常委会制定颁发的法律和国务院制定的行政法规；所谓的政策，是指涉及到经济协作的有关国家政策的强制性规定。例如，按照国家产业政策的规定，属于国家明令禁止的生产、经营和服务领域，即不属于经济协作的范围。对此，本著作认为，将违反国家政策纳入经济协作关系无效的基本条件，是经济法区别于一般民事法律的重要特点，这是由经济法所具有的政策性特点所决定的；其次是经济协作关系的确立及其发展有损害国家利益和社会公共利益之情形；再次是经济协作关系的确立存在欺诈或权利义务约定显失公平之情形。

就经济协作无效之种类而言，根据经济协作法原理，可以分为一般无效与严重无效两种情形。其中，一般无效是指无效的结果只涉及经济协作主体利益的损失；而严重的无效则是指其无效的后果，涉及到对国家利益和社会公共利益的侵害，且经济合同或协议的标的额数额较大，造成的社会影响较大。另外，经济合同或协议中的部分无效约定，并不影响其它有效约定部分的法律效力，因此，经济协作之无效还存在部分无效与全部无效之分类。

就经济协作无效后经济协作主体所承担的责任而言，在一般无效的情况下，对经济协作无效负有责任的经济协作主体承担的责任主要包括：返还财产、承担赔偿损失之责任；而在构成严重无效的情况下，国家有关管理部门，则可以对之予以没收非法所得、行政处罚、直至追究其刑事责任[1]。而在单位内部，则可以对负有责任的责任者予以行政处分、解除劳动合同及追究经济责

---

[1] 对此，现行《刑法》规定有签订、履行合同失职被骗罪和合同诈骗罪。其中，《刑法》第167条规定：国有公司、企业、事业单位直接负责的主管人员，在签订、履行合同过程中，因严重不负责任，致使国家利益遭受重大损失的，处3年以下有期徒刑或者拘役；致使国家利益遭受特别重大损失的，处3年以上7年以下有期徒刑。《刑法》第224条规定，有以虚构的单位或者冒用他人名义签订合同；以伪造、变造、作废的票据或者其他虚假的产权证明作担保；没有实际履行能力，以先履行小额合同或者部分履行合同的方法，诱骗对方当事人继续签订和履行合同或以其他方法骗取对方当事人财物的情形之一的；以非法占有为目的，在签订、履行合同过程中，骗取对方财物，数额较大的，处3年以下有期徒刑或者拘役，并处或者单处罚金；数额巨大或者有其他严重情节的，处3年以上10年以下有期徒刑，并处罚金；数额特别巨大或者有其他特别严重情节的，处10年以上有期徒刑或者无期徒刑，并处罚金或者没收财产。

任之制裁。

八、经济协作的管理

改革开放以来，主要以经济合同为基础的经济协作活动的管理，经过了一个由政府管理为主向以经济法主体内部管理为主的历史演变。目前，对于经济协作之经济合同或协议及其活动的管理，主要属于经济法主体的内部事务，由经济法主体内部建立相应的管理制度予以完善，政府的监督管理主要是针对无效经济合同或协议实施的管理，① 目的是维护市场经济秩序。

从经济法主体对经济协作活动管理的实践来看，一些经济组织，主要是国有企业，创造了许多有效的管理制度，概括起来，其主要包括：一是，确立专门机构与人员进行管理，该管理制度要求经济协作组织内部应当设置专门的经济协作合同或协议的合同管理员岗位，以使经济协作管理有组织上的保障；二是，针对本单位经常签订的经济合同情况进行分类管理和专项管理，其中，对于技术合同、建设合同一般应当予以专项管理；三是，可按照经济合同或协议的标的额的大小，实施分级管理制度，以确立本单位内部经济合同或协议的审查权限的层级划分；四是，严格代理与代表签约制度，以防止表见代理或表见代表行为的发生；五是，严格公章、合同章及法定代表人名章的管理；六是，注重合同档案管理；七是，在本单位与其他经济协作者发生经济纠纷后的调解、仲裁与诉讼管理；八是，严格责任追究制度，其核心是对于签订、履行经济合同或协议的有关责任人员实施问责制。

实践证明，通过上述制度的建立和有效实施，可以避免无效经济合同或协议现象的发生，并能够提高经济合同或协议的履约率。

第三节　对经济法结构论的简要总结

一、经济法结构论的实践意义

在以上三章中，本著作对中国经济法进行经济组织法、经济管理法和经济协作法大的分类的基础上，共分二十四个基本问题阐述了中国经济法的结构。本著作认为，按照结构主义分析方法之科学原理，这二十四个基本问题应是在

---

① 对此，《合同法》第 127 条规定：工商行政管理部门和其他有关行政主管部门在各自的职权范围内，依照法律、行政法规的规定，对利用合同危害国家利益、社会公共利益的违法行为，负责监督处理；构成犯罪的，依法追究刑事责任。

中国经济法实践中需要解决的基本问题，可以举一反三地予以运用。首先，在经济法的立法方面，无论哪一级别的立法，均需要在确定所立之法的性质的基础上，即：或为经济组织法，或为经济管理法，或为经济协作法，就其所应包含的各自的八个方面的基本问题，做出相应的制度设计和规定，缺一不可，否则，相关的经济法立法即是不完整的，质量不高的。如果从对现实立法评价角度讲，这些基本的立法结构之要求，则可以作为判断和评价现实中已立之法的质量的基本依据；其次，本著作经过对中国经济法立法实践基本问题之分析，得出了经济法结构的基本之框架。这些结构性问题，虽然是对现实立法实证分析的结果，但是，事实上，这些结构分析，会直接影响相关经济法的执行效果。例如，经过对中国现行税法的分析发现，在中国现行的税法类法律规定中，即缺乏有关税法原则的规定。实证分析显示，几乎所有的税法法律规定，均是体现税收征收业务的具体规定，没有反映体现不同税种征收的价值所在的基本原则，如，在所得税征收中，应当坚持"量能课税"原则，而在流转税征收中，应坚持以满足国家财政需求为主的原则等，这样，就使得中国现行的税收立法缺乏稳定的发展方向，影响了税收立法的质量，这是今后税法类立法应当予以完善的。而与之相反的是，在自然资源保护类经济立法中，则均有明确的原则和方针之规定，为该类法律的执行提供了一个较稳定的发展方向的指引，也使此类立法处于相对的稳定状态。这表明，对中国经济法执法状态分析时，应首先从其立法结构角度予以分析，立法基本问题对执法要求的力度，才是现实中执法力度之根源所在。至于为什么经济法中规定的一些强制性条款，在实践中执行得不好？其原因不在经济法本身，而是涉及到整个国家与社会法治的大环境问题。有关中国法律执行不力的问题，需要通过长期的法治建设，才能得到解决。

二、经济法结构之间的相互关系

本著作分析的经济法结构成型于上世纪 80 年代，是中国经济法学界对于中国经济法立法实践的总结。就目前而言，仍然具有实际的理论与实践意义。因为，虽然，在目前的经济法体系结构中，无论是市场规制法，还是宏观调控法和经济监督法，它们都属于经济管理法的范畴。经济组织法与经济协作法中所涵盖的一些法律，虽然在目前主要被归属于民商法的研究范畴，但是，它仍然具有经济法属性。而就它们之间的相互关系而言，体现经济法主体地位的经济组织法是经济法的基础和前提；体现经济法管理目标实现的经济管理法是主导法，它主导着经济管理及经济管理法制前进的方向，而作为实现经济管理目标重要途径的协作法则应处于辅助法的地位。它们之间的相互关系，反映了经济法运行中的基本规律，即"经济组织→管理→协作律"，对此，本著作在中国经济法的产生和发展一章中已有阐述。需要进一步说明的是，国内外经济发展的历史表明，任何经济发展阶段的经济关系的健康发展，均需要有明确的经济主体、有符合客观实际的经济管理目标，并有高效率的有秩序的发生于各个经济主体之间的良好协作。反之，国民经济秩序便会陷入紊乱，或处于相对不稳定状态，并最终影响国民经济稳定、协调、有序的发展。与此同时，按照该规律的要求，经济组织法、经济管理法与经济协作法的立法必须遵循系统性立法、有序性立法的原则，才能够保持其结构的完整性，才能满足国民经济和社会发展对于经济法的需求。

第三论
经济法体系论

第十六章

中国经济法体系论概述

第一节　体系与体系分析

一、体系与体系的基本要素

现代汉语词典中有关体系词义的解释是：所谓体系，是指若干有关事物或某些意识相互联系而构成的一个整体。[①] 据此，一般地说，判断一个体系是否存在，应具备的基本要素或条件如下：

（一）体系以事物或意识的存在为基础

在人类的社会生活和生产实践中，"事物是客观存在的一切物体或现象。"[②] 而意识则是指"人的头脑对于客观物质世界的反映。意识是感觉、思

---

① 见中国社会科学院语言研究所词典编辑室编《现代汉语词典》（第5版），商务印书馆2007年9月版，第1342页。

② 见中国社会科学院语言研究所词典编辑室编《现代汉语词典》（第5版），商务印书馆2007年9月版，第1246页。

维等各种心理过程的总和，其中的思维是人类特有的反映现实的高级形式。"[①]据此，事物具有客观属性，而意识具有主观属性，但意识的主观性应当是建立在对客观事物的感觉、思维认识基础上的主观世界与客观世界的结合。因此，从哲学角度认识事物与意识之间的关系时，一切事物的客观存在是人类生存和发展的基础，意识是人类对于客观事物的反映的结果，并且这种反映对事物的发展具有影响力，因为这种反映并非是一种机械地反映，而是加入了人类为了自己的生存和发展，依据人类自身的劳动能力和科学技术水平的企图改变既有客观事物的成分。这是人类可以改变世界的重要的动力和基础，它也使得事物和意识之间有了相对的独立性。

上述体系的词义表明，体系是建立在若干事物或意识基础上的产物，因此，事物或意识是构成体系的基础，没有一定事物或意识的存在，也就不可能产生与之相对应的体系。体系是建立在一定事物或一定意识基础之上的更高层次的或更高级的事物或意识的表现形态。

（二）体系需要有若干的事物或意识元素所构成

体系的词义表明，一个体系的构成，需要有若干的事物或意识元素所组成。这里的"若干"，排除了单一事物或意识构成体系的可能性。但是，事实上，由两个事物或意识元素，也难以构成一个体系。因此，本著作认为，所谓的"若干"，应是指至少由三个以上的事物或意识元素，才能为体系的形成奠定元素基础，这表明，在单一的或只有两个事物或意识元素情况下，无法形成体系，对这类事物或意识的科学研究，不适用于体系范畴的运用。体系范畴及其理论的运用，应当适用于对自然或社会科学领域处于复杂状态的事物或意识的分析领域。

（三）体系内部元素之间具有相互独立性

体系的词义表明，体系由若干事物或意识所构成。这表明，构成体系的事物或意识应当本身具有独立性。事物或意识的独立性表明，首先，构成体系元素的各事物或意识，并不以其他事物或意识的存在为前提，并且，该事物或意识的消失，也不会同时造成其他事物或意识的消失。例如，如果我们把人的身体视为一个体系的话，人的头部、躯干及四肢即是构成人的身体体系的基本事物性元素，这些元素是独立的，各自具有独立性，并不会因为部分元素的消

---

① 见中国社会科学院语言研究所词典编辑室编《现代汉语词典》（第5版），商务印书馆2007年9月版，第1618页。

失，而引起其他部分的消失。例如，当人失去四肢时，并不必然导致人身整体的消灭，即死亡。

（四）体系元素之间的相互联系

体系内部若干元素具有独立性，并不会构成一个体系，它们之间应当产生一定的联系，才得以构成一个体系。所谓联系，一是，体系内部各元素有一个符合逻辑关系的位置之间的排列组合问题，同样以人的身体为例，人的头部处于最上部，人的躯干居中，人的四肢则分别位于左右，是人的身体体系元素排列的自然组合；二是，这种体系元素各自在数量与体积上的大小应当是相互协调的，例如，我们称赞某人"五官端正"，即是指作为该人头部组成元素中的口、鼻、眼、眉、耳之间在数量和体积上的协调性；三是，这种体系元素，在体系内部的重要性程度有所不同，一些元素虽然为体系之构成元素之一，但是，该元素的消失，并不会从根本上影响体系的运行。但是，一些元素的存在则是体系内部的关键性元素，缺一不可，例如，当人的诸如头部、心脏等关键部位的消失或严重受损时，将会导致人的死亡。

（五）体系的整体性效果

体系词义的落脚点是"整体"。这表明，体系的构造虽然是以既相互独立，又相互联系的若干事物或意识为基础的，但是，体系作为一种更高级的事物或意识存在的价值在于其整体性属性。完美的体系首先在于其整体性结果，即体系内部所应有的元素，应当全部存在，缺一不可，否则，即为一个不完整的体系，会影响体系的形象和运行，甚至危及到体系本身的存在；其次，是体系内部元素之间的相互协调问题。完美的体系，必然是内部元素地位与层次布局及其相互关系协调一致的体系。然而，事实上，现实中的体系，无论是作为事物，还是意识，其总是处于一种不完美的状态，这就为人类运用体系原理，进行科学研究提供了客观和主观的基础。

二、关于体系的分析

体系的分析是指运用体系原理，对自然或社会现象进行的科学研究。具有方法论意义。与范畴分析方法、结构分析方法同为现代科学研究的基本方法。与此同时，运用体系分析方法进行科学研究时，应注意把握的基本要点如下：

（一）体系分析以范畴分析为基础

当代科学研究的基础是对相关科学范畴的界定，因此，对于某一体系问题进行研究时，离不开对于客观事物或主观意识范畴界定及其归类的基础性分析，例如，当人类分析某一物理现象的体系问题时，就应当首先掌握有关此类体系所涉及到的物理学已有的范畴及相关知识，如果没有则需要首先对其范畴予以界定，才能进一步研究体系问题；同样，人类对于自然科学和社会科学领域某一体系问题研究时，首先也应当搞清楚相关的范畴问题，进而，才能进行相关的体系问题研究。

（二）体系分析应遵循体系分析的基本路径

依照上述对于体系词义的基本分析，研究体系问题的基本路径可以概括为：首先，要看某一体系内部是否存在至少三个或三个以上的事物或意识元素，如果不具备该条件，则不适用体系分析方法。这也反映了体系分析方法的局限性。其次，要注意体系内部诸元素之间的相互联系，只有在具有相互联系的事物或意识之间，才存在进一步研究其体系问题之必要，否则，也不能适用体系分析方法进行研究。对此，在目前诸多的体系问题研究中，无元素联系之体系分析现象比较普遍，使相关体系研究结论缺乏说服力，是导致体系研究失败的主要原因，应当予以注意；再次，体系研究的重点在于研究体系内部构造及其运行的协调问题，以便追求体系整体效果的完美或接近完美。其中，主要涉及到体系内部构成元素是否完整，各元素在体系内部的地位与层次布局是否合理，体系内部各元素之间的联系是否符合事物发展的规律，其相互之间的逻辑关系是否合理，以及影响体系整体效果的外生性因素有哪些等基本问题。

（三）与结构分析方法相结合

体系的分析方法必然涉及结构分析方法的运用，因为，在体系构造中，诸多元素的存在本身有一个结构问题，该结构分析涉及到以特定科学范畴为基础的、体系元素的构造及其逻辑关系，反映了事物形成的运行规律，其主要解决的是事物或意识存在与发展的质量问题。据此，体系的分析方法是建立在范畴分析、结构分析基础上的更高层次的对事物发展规律总的把握和分析方法。是一种既反映事物规模，也反映事物质量；既涉及微观问题，也涉及宏观问题的一种综合分析方法。也是事物整体效果的综合体现。比如，就建筑某一大楼而言，建设该大楼所需的材料即可视为其基本范畴；在一定设计思想指导下，该大楼内部的组成部分，则涉及其结构问题，结构设计是否合理，关系到该大楼投入使用后的实际效果；而所谓体系问题，则反映了该大楼建成后的整体效果。该例子反映了范畴、结构、体系之间的内在联系和逻辑关系，也是本著作以范畴论、结构论和体系论三论来阐述中国经济法基本理论与实践问题的基本理论和实践依据所在。

（四）体系构造中的层次性问题

在体系科学研究中，涉及到"大体系"与"小体系"的相互关系问题。因为，任何事物或意识，只要符合体系研究之基本要求，即可构成一个体系，并组合成一种新的比单一事物或意识高一层次的以体系形态存在的事物或意识。这即是所谓的"小体系"，或者为某一事物系统内的"子系统"。但是，这种分析并不意味着对事物体系问题分析的终结。因为，由"小体系"分析出的事物或意识，又会成为更高一级的体系构造中的基本元素，而基于此种情况下，产生若干相互联系的在"小体系"分析基础上的相互联系的事物或意识时，即会必然存在人类对更高一级的"体系"构造的需求，并直至穷尽时，某一科学领域的体系问题的研究，才得以完善。这就使有关体系构造之研究具有了层次性特征。并且，由于事物是在不断发展着的，人类对于事物发展规律的认识也在不断深化，因此，对处于运动状态的事物体系问题的研究，体现了科学研究的创新性和先进性，代表了当代科学研究的发展趋势。

（五）体系分析与系统分析的关系

值得强调的是，系统论、信息论和控制论并称为现代科学研究的三大认识论成果。其中，与系统论相对应，产生了系统分析方法，并被现代科学研究所普遍地运用。关于系统分析方法中所指的系统，现代系统理论的创立者美籍奥地利生物学家贝塔朗菲认为，"系统可定义为相互作用的诸要素的复合体。"后来，他又指出："'系统'即相互作用的元素的综合体。""系统可以定义为相互关联的元素的集。"在我国，有学者认为，"我们称这种由相互作用和相互依赖的若干部分（要素）组成的具有确定功能的有机整体为系统。"有的学者认为："系统是由具有有机联系的要素组成的、具有系统新质或特定功能的复合体。"还有的学者指出："系统是由相互作用的要素构成的有机整体。"对此，杨紫烜教授认为，系统是由两个以上相互依赖和相互作用的要素组成的、具有新质和相应功能的有机整体。为此，他进一步解释到，系统是由两个以上要素组成的；组成系统的要素之间是相互依赖、相互作用的；系统不是要素的简单相加，而是具有新质和相互功能的有机整体。而所谓系统分析的方法，有学者指出："系统分析方法，是指按照事物本身的系统性把对象放在系统的运行过程中来加以考察的方法。"①

根据以上分析,系统分析方法与本著作所提倡的体系分析方法有诸多的相似之处。一是,两者都强调了两个以上独立元素(要素)存在的必要性;二是,两者都强调了各元素(要素)之间的相互联系;三是,两者均强调了作为一个整体(系统或体系),不是各元素(要素)的简单相加。但是,仔细对比,两者还是有区别的。本著作认为,其最主要的区别在于,系统分析方法研究的目的,仅仅是探讨事物系统的复合性(体)、综合性(体)及有机整体性,而体系分析方法,则更强调在系统分析基础上的事物的整体效果及其完美性。因此,在科学研究中,运用体系分析的方法可能更优越于系统分析的方法。

第二节 经济法体系的基础分析

一、经济法体系分析的经济与社会基础

根据上述之体系原理,体系分析方法之适于分析的对象是复杂性的事物或意识。而作为经济法调整对象的国民经济和社会发展关系及其现象的客观存在,便构成了经济法体系分析之经济与社会基础。

首先,在现代社会,国民经济即是一个或由中央、地方与企业,或由消费者与生产者、经营者及服务者,或由计划(规划)与各类市场,或由管理与协作等众多相互联系的经济元素组成的,纵横交错的复杂的统一体。这一统一体除本身形成一个庞大的经济体系外,在其体系内部,又可以从不同角度、不同层面形成相关的子体系,共同推动着经济的发展。这说明,在现代经济体系之中,任何涉及个人、集体和国家的经济问题的解决,必须将其放在整个国民经济运行体系之中,予以综合考虑,才能寻求出合理解决的办法。否则,只能"头痛医头,脚痛医脚",不能从根本上解决问题,也不可能抓住经济发展中

---

① 关于系统论中有关系统和系统分析方法的定义观点,本著作引用了杨紫烜教授的论述,除他自己的观点外,杨紫烜教授参考的文献包括:(1)[美]L. V. Bertalanffy,"Problems of Lite",1952,p199.;(2)[美]L. V. 贝塔朗菲:《一般系统论》,社会科学文献出版社1987年版,第27、46页;(3)《自然辩证法讲义》编写组:《自然辩证法讲义》,人民教育出版社1997年版,第399页;(4)冯国瑞:《系统论、信息论、控制论与马克思主义认识论》,北京大学出版社1991年版,第98、184页;(5)《马克思主义哲学全书》,中国人民大学出版社1996年版,第737页。对此,本著作一并予以了转引。参见:杨紫烜著:《国家协调论》,北京大学出版社2009年5月第一版。

的突出矛盾，通过解决国民经济运行体系中的主要问题，来带动整个国民经济的发展。此外，从国民经济运行体系的层次角度讲，虽然，根据管理学原理，微观经济活动中的经济主体，也应十分注意运用体系方法进行企业管理的必要性，但是，与之相比，处于宏观经济层次的国家层面的管理，更是将国民经济运行体系的构建和完善，作为其具体管理实践的常规性工作来抓。经济法是国家管理经济的法，国家经济管理的这一特点，为经济法体系的形成和完善，提供了理论和实践基础。

其次，国民经济发展的目标是为了社会的发展。在市场经济条件下，除通过市场环节的初次分配解决居民与企业生活和生产的需求外，有关属于社会成员普遍享有的关系到社会保障、教育、医疗、居民住房等社会福利的增长，以及属于公共事业发展部分，则需要经过市场主体向国家及政府缴纳税费后，通过国家财政的再分配予以解决。这表明了国民经济发展与社会发展的相关联性。也说明了，国民经济和社会发展是一个完整的体系。与此同时，社会发展及其各个领域，也是一个复杂的社会关系和现象，每一组社会关系，都符合体系构成之原理，能够构成一个体系，从而，为经济法体系的形成提供了社会基础。

以上有关经济法体系形成的经济与社会基础，是经济法及其体系形成的根本所在，离开了这一客观基础，经济法及其体系，将成为"无本之木，无源之水"，或没有了实际的意义。

二、经济法体系分析的法律基础

法律是一定经济和社会关系的调节器，因此，如上分析的经济法体系分析的经济和社会基础，自然同样是法律产生和发展的经济和社会基础。它们是法律体系形成的客观基础，因为，法律是对经济和社会关系在法律形式或形态上的反映。

与此同时，法律作为一种相对独立的社会现象，有自己特定的范畴、结构，进而为形成法律体系，奠定了相应的法律基础。首先，法、法律、法制、法治、法律价值、法律关系、法学等法的特定语言范畴，以及他们之间的逻辑关系，为形成法或法律的理论体系奠定了基础；其次，在部门法的体制下，各个部门法的内部存在着法律结构之间的形式逻辑关系，为部门法的内部体系的构造与完善奠定了理论研究和实践基础。例如，就比较成熟的民法体系而言，以1804年《法国民法典》的诞生为标志，历经200余年的发展历史，已经形成了以保护民事权利为核心的，稳定的由民事主体、物权、债权、知识产权、民事责任及民事权利救济等基本范畴和元素组成的民事私法体系，使其成为200余年来建立商品经济秩序，保护市场经济主体利益及正常运行的基本法律。再次，从法制运行机制来分析，立法、守法、执法、司法以及法律监督，构成了一项法律从其产生到正确实施的完整的实践过程。若运用体系分析的方法对之分析，立法、守法、执法、司法以及法律监督即可作为法制体系形成的基本元素，其各自有着自己的独立范畴，而他们之间符合逻辑关系的相互联系，以及联系的程度，形成了法制建设的整体效果，这一整体效果，即可称之为法制体系。并且，在对一定历史时期一国法制建设进行评价时，可以参照上述之体系质量的评价标准予以评价。即法制体系元素完整、各个法制元素地位恰当，且能够协调一致地运行，就会出现法制体系效果较好的结果，反之亦然。为此，有关体系分析的方法可以作为比较分析各国法制建设状况的基本方法。最后，作为对某一项，或某一类法律制度的分析研究，可以根据其所涉及的社会关系及问题的复杂程度，运用体系分析的方法进行制度分析，并从中寻找出解决问题、完善制度的相应对策。例如，当我们运用体系分析的方法来分析法制实践中所普遍采用的罚款制度时，即可以首先将确立罚款制度的目的、实施罚款的主体、罚款的具体对象、罚款的程度（力度）以及实施罚款后的权利救济作为罚款制度体系的基本元素予以确认并定位，来检验这些基本元素是否全部具备齐全；其次，应当进一步考察这些元素之间的关系及其运行状况，重点是看它们之间是否协调，如果出现罚款目的不明确，或者罚款的实际运行与罚款的目的不一致，或者罚款的主体混乱，或者被罚款的对象不明确、不恰当，或者罚款的力度不当，或者罚款救济制度实现不力等状况，就意味着罚款制度体系的不协调；最后是对罚款制度整体效果的评价。通过这一分析，自然会得出现罚款制度的设计是否合理，是否应当取消，或如何进一步完善的科学结论。

三、经济法体系分析的基本路径

按照如上分析的体系原理，本著作认为，经济法的体系应当是指由若干互相联系的经济法要素构成的统一整体。经济法的体系，首先是经济法的基本范畴，是经济法基础理论研究的一个基本的内容或问题。其次，经济法的体系作为一种分析经济法问题的基本的方法，从方法论角度讲，应当按照体系分析方法的基本要求和基本路径，来思考和研究经济法体系问题。

（一）经济法体系元素的确定

按照体系分析之基本路径，经济法体系的形成首先要由若干相对独立的经济法要素所组成，其中，作为构成经济法体系元素的要素可以是以法律、行政法规等组成的规范要素，也可以是以思想与制度归纳设计为要素的思想与理论要素；既可以是由层次性立法形式表现的立法要素，也可以是由执法机构及其运作要素构成的执法要素。这表明，对经济法体系问题的分析是多元化的，即可以从不同角度对经济法的体系进行分析，但是，这种分析，不是为分析而分析，而是针对解决现实中急需解决的实际问题而进行的有目的的分析。在目前的经济法理论研究中，有关经济法体系的研究涉及到经济立法体系、经济执法体系、经济法律体系、经济法学体系等。其中，在当前社会主义市场经济条件下，经济法律体系、经济法运作体系及经济法学体系的完善最为重要，也最具有实际意义。

（二）经济法元素之间相互联系的分析

在明确经济法体系各组成元素基础上，即应当对各元素在相关经济法体系内部应有的法律地位及其相互联系予以分析。这里的联系包括两个方面的基本内容：首先是应当搞清楚由国民经济和社会发展所决定的，并被经济法所调整的经济与社会关系及其现象之间的本来的逻辑关系和联系究竟怎样？这样，才能使经济法体系的研究和实践反映经济的客观现实。例如，在市场经济条件之下，与计划经济不同的是，其经济的运行，从总体上说，按照市场供需理论和市场的实践，不是生产（供给）决定消费（需求），而是消费决定生产，消费才是市场经济的逻辑起点，但是，目前的经济法律实践较多地关注的是对生产与经营环节的法律制度供给，却缺乏对消费行为的完整的法律调整，为此，与市场运行及机制有关的经济法体系的完善，即应当注意对有关消费法律制度完善问题的研究。其次，当经济问题被经济法上升为法律问题时，有关经济法体系的研究，可以借助于法学中的法律体系的基本原理，对经济法体系问题予以研究，如，可以依照"立法、守法、执法、司法及法律监督"的法制体系原理，来分析总的经济法法制状况、具体经济法制度体系状况，或进行不同国家或地区之间经济法制状况的比较分析。

（三）经济法体系元素的和谐分析

当经济法以体系形式作用于国民经济和社会发展运行时，只有在经济法体系构成各元素有机和谐的基础上，才能从整体上发挥经济法的作用。而通过积极的理论探索和经济法立法实践的"立、改、废"工作的开展，以及执法与司法制度、法律监督制度的不断完善，使经济法体系构成元素不断地由不和谐向和谐方向发展的努力过程，也正是中国经济法理论与实践逐渐走向成熟的历史性过程，因此，经济法体系的形成，对中国社会主义经济法制建设和经济法学的繁荣，均具有十分重要的意义。

最后，值得强调的是，本著作以范畴论概括中国经济法的基本理论问题，以结构论概括中国经济法的基本实践问题，以体系论将两者予以结合，是现代科学研究方法在经济法领域的具体运用。其中，范畴论所涉及的基本概念及其相关知识，是经济法科学的基础；结构论则是对经济法相关知识的分类与科学组合，按照结构分析原理，它是经济法质量的体现。一个结构不完整的经济法，会直接影响其应用的法律效力。而所谓体系论所反映的是经济法给人的一种总体上的制度安排的效果。因此，经济法"范畴—结构—体系"之间的内在的符合逻辑的必然联系，决定了对于经济法范畴论、结构论和体系论的基本分析方法的掌握，必将有助于我们对于中国经济法基本知识之间的逻辑关系及其体系有一个总的把握，并可以以此理论来指导具体的经济法实践。

第十七章

中国经济法若干体系问题分析

第一节　经济法律体系

一、经济法律体系的含义

经济法律体系亦称经济法规体系。[①] 它是在经济法规分类的基础上，根据各种经济法规性质的异同、关系的疏密，按一定的标准和序列，分层次分系统排列组合成的统一体。[②] 由于经济法律是经济法作为独立法律部门存在的客观基础。所以，我们通常讲的经济法律体系即是指经济法体系。具有重要的实践意义。在经济法律体系的形成过程中，鉴于在中国现行的立法体系中，调整经济关系的法律，除经济法外，还有民商法、行政法及刑法等部门，因此，在理解经济法律体系时，必须将经济法律准确地限定在属于经济法范畴的那些经济法律之内，即狭义的经济法律。

二、经济法律体系元素及其相互关系

本著作认为，经济法律体系之构成元素，以中国目前的经济法实践为基础，包括两组元素可以作为研究的参考及对象。

第一组元素是按照《立法法》之规定，对宪法、法律、行政法规、地方性法规及规章的具体化，即包括宪法中有关经济法方面的基本规定、经济法方面的法律、经济法方面的行政法规、经济法方面的地方性法规及经济法方面的规章。这一组元素可以简称为宪法基本规定、经济法律、经济法规、地方性经

[①] 这里的法律与法规均是广义上讲的，它不同于严格意义上的狭义的法律与法规。狭义的法律是指由全国人大及其常委会制定颁布的规范性文件。狭义的法规仅是指由国务院制定颁布的规范性文件。

[②] 见刘文华主编：《新编经济法学》，高等教育出版社1993年5月第1版，第25页。

济法规及经济规章。这一组元素之间的相互关系，《立法法》有明确的规定，即从宪法基本规定到经济规章，共分为五级或五个层次，下位法不得违背上位法的规定。其中，也涉及到有些平行级别情况之下，经济法效力的处理问题，如，国务院各部、委、局所制定的规范性文件为全国性规章，而省一级地方性政府所制定的规范性文件也同属于规章，两者之法律效力地位平等，只是其适用的范围不同而已，如果它们之间的规定发生冲突，应交由国务院予以裁决。

另一组元素则是虽然没有法律的明文规定，但是，如本著作在经济法渊源一章中所述，由于《立法法》所规定的法律资源，还不能满足经济实践的需求，特别是对具体问题的处理，因此，在经济实践中存在着大量的各级政府颁发的规范性文件、司法解释文件、甚至包括政府纪要和各级党委和政府联合颁发的经济建设方面的文件。此外，依据法律之授权，企业经济组织制定的内部规章，也是经济法体系之重要的基础性元素。至于相关的国际条约、国际惯例之适用，则应依据其被批准或被适用的情况，分别确定其效力，并且，应优先适用于国内法律。从这些非《立法法》规定之经济法体系元素在经济法体系中的地位及相互关系来看，基本处于"各自为政"的地位，相互之间的关系是按照长期形成的惯例来维系，其中，由各级党委和政府联合颁发的"红头文件"，虽不属于规范的法律文件，但在具体实践中，起着重要的指导作用。另外，关于政府颁发的规范性文件，为了保持政府的依法行政，防止地方政府制定的规范性文件违反国家政策和法律，并避免相互的冲突，自2008年起，国家加强了对地方政府规范性文件的备案审查制度。从2010年起，按照国务院的统一部署，开始对政府规范性文件予以清理。此事由国务院和各省级、市级的法制部门承办。

上述分析表明，经济法的体系元素结构较为复杂，存在诸多的法律漏洞，这使得经济法体系的整体效果受到较大的影响。在经济法的实施中，不仅可能存在纵向上的冲突，而且，也可能存在横向上的冲突。经济法体系元素内部关系的协调问题，是今后经济法研究的重点问题。

三、经济法律体系的协调问题

（一）完善宪法规定，强化人大立法

目前，现行宪法的基本规定中，涉及经济法规定的主要是宪法修订案中有关"国家实行市场经济，加强宏观调控"之规定，此外，宪法中有关国家基本的经济和社会制度之规定，也是制定经济法的宪法基本依据。此外，按照《立法法》之规定，国家基本的经济法律，应由人大立法，凡涉及到金融、税收、对外贸易的经济法的制定，则通常由国家制定，地方没有立法权。但是，在改革开放实践中，全国人大及其常委会针对改革实践的需要，将相当的立法权授予了政府及其政府所属部门，使政府能够根据改革实践的实际情况，较灵活地实施经济法。这种现状，在改革初期实属必要，但其实施的结果是政府权力的过度膨胀，在经济法的实践中，大多数经济法均由政府相关部门负责起草，而该部门就是立法通过后的法律适用机关，这种现状导致了经济法的部门化倾向日益严重，影响了经济法的公正性。① 如今，经过改革开放 30 年的发展，政府的职能已经被定位在"经济调控、市场监管、社会管理和社会服务"四个方面，因此，许多原来授予政府的权力应当予以收回，通过强化人大及其常委会的立法权，使人大制定的经济法律能够在经济法体系中起到其应有的牵头作用。

（二）完善政府立法权

当前，作为经济法体系重要元素的政府的经济立法处于不完整的状态，政府立法在市一级政府的有限性，以及在县一级政府的无权现象的存在，使市、县一级政府在具体的经济管理中，只能运用制定规范性文件或其他的方式，来解决具体经济实践对经济法的需求问题，对此，各市、县均有自己的实际情况，不可能由中央和省一级政府予以统一的规定。这种状况使基层的经济建设，在许多领域处于法律控制之外，极不利于经济法治建设，对此，国家于2008 年虽然做出了加强市、县一级政府依法行政的有关规定，强调了基层法治建设的基础地位和重要性，但是，并未解决有关市、县基层政府的经济立法权问题。为此，有必要通过《立法法》的修改，完善此方面的权力配置。赋予政府基层机关之立法权，应当作为规范基层政府行为的重要举措，并使经济法体系得以完善。

（三）规范司法解释行为

在司法实践中，针对法律规定之不足，由司法机关对具体适用法律中出现的一些法律问题（或法律漏洞）做出司法解释，以指导具体司法实践中对个案或某一类案件的处理，是中国司法实践的组成部分，相关的经济司法解释，

---

① 这方面比较典型的例子是：改革开放之初，中国全国人大将税收的立法权广泛地授予了国务院及其税收管理部门，因而，有关税收关系的法律调整，大量地由国家税务部门，通过制定行政性文件予以实施。在具体法制实践中，税收部门立法的宗旨主要是为了完成国家的财政收入任务，但却往往忽视了对企业与公民利益的保护。这种矛盾，随着改革的日益深化，逐渐突出。由税务部门不经过社会论证的随意更改税收的行为，引发了学界和民众的批评，使税收的公正性受到质疑。

成为经济法体系的元素之一。但是，目前的司法解释，在相当的领域突破了司法解释的应有内涵。一些司法解释替代了经济立法，越出了司法解释权的权力范畴。其具体表现，或者是对经济法律的某一类问题做出了全面的规定，或者这种规定发生了与法律的冲突，在一定程度上，削弱了法律的效力；而另一方面，随着世界贸易规则在中国的实施，司法机关是否有权在司法实践环节对政府制定的经济政策、法规、规章及规范性文件予以审查，并可以做出其无效的决定，均是需要探讨的问题。为此，有必要通过人大立法来规范司法解释权，明确其在中国法律体系及经济法体系中的地位，使其作用的发挥与中国的法律体制相一致。

（四）改变执政党机关和行政机关联合下文的习惯

改革开放以来，由中共各级机关与政府通过联合下达相关的文件，用以指导经济实践，是一个长期习惯的做法。突出的例子是改革开放以来，国家几乎每年均以此形式制定一个有关农业问题的"1号文件"，这些文件成为指导中国农业发展的最高形式，其实施效力大大超过了农业方面法律的效力。但这种"红头文件"究竟属于政策，还是法律？没有《宪法》和《立法法》之依据。说其是政策，因为其代表了国家执政党的意见，具有宏观指导意义。说其是法律，又因为有中央和地方最高政府的参与，使意见内容又涉及到一些具体制度的配置和推行。这里的关键是，这种"红头文件"的制定，绕开了国家最高权力机关，即人大及其常委会的审查。因此，从形式意义上讲，并无《宪法》和《立法法》的明文规定。为此，为了使执政党依法执政，应当改变这种文件形式，代之以由执政党单独发文的形式，体现此类文件的政策性特点。如果需要以国家法律的形式来体现，则宜先由中央或地方党委向人大提出立法建议，然后，由中央或地方人大予以立法，以规范的法律形式颁发施行。与此同时，凡涉及到需要由政府制定的意见，均应当按照宪法规定，通过其直接领导机关——各级人大及其人大常委会予以审查后颁发实施，才符合经济法体系对政府文件元素的定位，也才能约束政府的行为，保证其依法行政。

第二节　经济法法群体系

一、经济法法群体系的含义

所谓经济法的法群，是指在经济法部门法内部具有相同或相近的法律调整范围、功能与价值的某一类经济法律、法规的总称。如，市场规制法、宏观调控法等。据此，经济法理论上讲的"法群"就是对现实经济法进一步的归类。该"法群"也可以称之为"经济法部门"，它是经济法部门法之下的二级部门。这种归类是一种在现实立法基础上的理论概括与抽象。而按照本章所述的体系原理，经济法法群体系，应当是指以若干相互联系的经济法法群为基本元素的经济法的统一整体。为此，研究经济法法群体系涉及四个方面的基本问题：一是，如何对现实中成千上万的经济法予以进一步的归类，以使其形成若干法群元素；二是，被归类后的若干经济法法群之间存在怎样的相互联系；三是，处于相互联系的经济法法群的整体效果如何；四是，按照体系原理，分析现有经济法法群理论的缺陷及如何进一步完善。

此外，还应特别注意的是，鉴于中国经济法在中国法律部门体系结构中，存在着与相关法律部门的交叉问题，因此，经济法法群构造中所涉及的经济法律、法规，应主要以经济法法律、法规为主，但不仅仅限于经济法部门范畴内的经济法律、法规。

二、经济法法群体系的依据和意义

（一）实践依据与意义

部门法意义上的经济法之所以需要将其进一步予以法群或二级部门法的归类，首先来自于经济法调整对象的复杂性，即如本著作在前所述，经济法的调整对象，不是一种单一的经济和社会关系，而是一种由既相对独立，又相互联系的系列的和具有层次性特征的经济或社会关系所组成。这就使得人类在研究经济法体系问题时，可以将经济和社会实践中的某一类关系，作为归纳为一类经济法法群的实践依据，并在此基础上总结出他们的共性的经济法理论。在此基础上总结出的经济法法群体系，必将对于指导经济与社会发展及其经济法制，具有重要的实践意义。因为，它符合经济与社会实践的法律需求。

（二）理论意义

与此同时，从经济法理论的形成过程来看，在改革开放初期，现实中可以适用的经济法律、法规数量尚不多，因而，在中国经济法的教学和科研中，还能够逐一地予以阐述和研究，但是，随着经济法立法实践的展开，现实实践中的法律、法规数量大量增加，且处于不断地"立、改、废"的变动状态时，就有必要对于具有相同或相近特点的法律、法规，在科学归类的基础上，分别阐述其理论和实践问题，进而，推动了一定类别归类基础上的各经济法群（或者分论）理论与实践问题的研究。这使得中国经济法的研究，在经济法内部实现了一定的研究方向性的分工，并使对一定经济法法群问题的研究获得了较为深入的研究，使其具有了理论意义。在目前，研究比较深入的如：市场规制法、财税法、金融法等。

三、经济法法群体系的构建

首先，按照体系原理，经济法法群体系的构建涉及到对该体系之下体系元素的设计问题。对此，对于经济法法律、法规的归类（或分类），决定着经济法法群体系的构建形态。但是，这种经济法法群体系的构建，可以建立在不同的归类标准之上，比如，我们可以按照经济法律、法规是否具有涉外因素对之予以归类，将经济法法群体系元素归纳为国内经济法、涉外经济法和国际经济法三大元素，并在此基础上构建经济法法群之体系。这说明，对于经济法法群体系的构建，可以有多个表现形态。

其次，本著作认为，虽然依上述分析，经济法之法群体系元素的组建可以是多样化的，但是，在市场经济条件下，根据市场经济发展的基本要求及国民经济和社会发展的层次，来设计经济法法群体系的元素，最能体现经济法是直接反映经济需求的法的这一特征。因此，按照中国经济法的调整对象或法域范围，可以以下图反映其法群元素、体系结构及其相互关系。

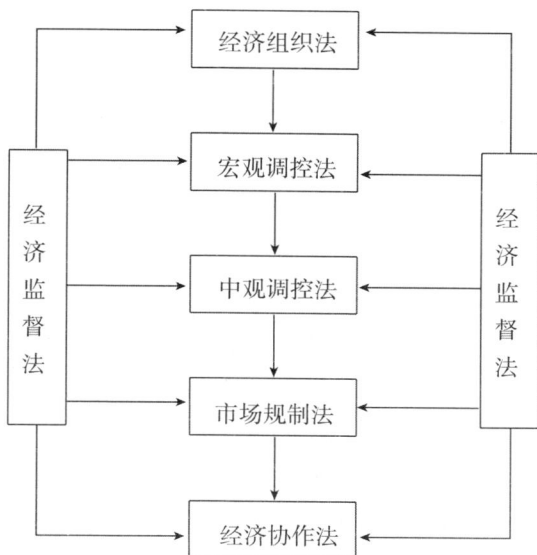

图七：经济法法群体系图

上图说明，中国经济法法群体系之元素由经济组织法、宏观调控法、中观调控法、市场规制法、经济协作法和经济监督法六部分所组成。其中，宏观调控法、中观调控法和市场规制法是经济管理法的进一步划分。从纵向关系来看，经济组织法是主体法，起基础作用；宏观调控法起着总的和牵头性的指导作用；中观调控法连接着宏观调控法和市场规制法，起"承上启下"的作用；市场规制法对微观经济秩序予以调整，起着规范经济秩序的作用；经济协作法则是实现上述各经济管理法立法目标的辅助性法，起着辅助性作用。从横向来看，经济监督法可以作为一个类别单列，但实际上被体现于各个经济法之中，在经济法各领域，均有一个经济监督问题。

第三节　经济法的运行体系

一、经济法运行体系的含义

"运行"一词，属于航空、交通领域的常用词汇。其意是指"周而复始地运转"。如，人造卫星的运行轨道、铁路运行时间等①。在现代经济学和经济实践中，常借助于该词来描述经济现象，即"经济运行状况"。它表明，现代经济活动是一个周而复始地运转的社会现象。尤其是宏观经济运行的周期理论和实践，表明了经济运行的现实存在。在法学上，引进"运行"一词，描述法的现象，是现代法学的进步，在法的运行的总命题之下，法的生成、法的实效、法的实现被视为其基本内容。其中，法的生成是特定国家的法在特定环境和条件下形成并发挥作用的活动；法的实效一般是指具有法律效力的制定法在实际社会生活中被执行、适用、遵守的状况，即法的实际有效性；而法的实现则是指法的要求在社会生活中被转化为现实。② 法的运行问题的提出，改变了传统法学关于法的稳定性的基本理念，它表明，现实中的法的现象，也是一种随着一国政治、经济、社会的不断沿革而不断发展着的事物。

根据以上之分析，经济法的运行应当是指为适应经济社会发展的需要，经济法被周而复始地制定和运用，并转化为经济现实的状况。在立法上表现为不断地"立、改、废"，而在法的实施上则表现为法被不断地遵守和适用，并发挥着其应有的作用。由此，按照体系原理，经济法的运行体系就是经济法运行

---

① 见中国社会科学院语言研究所词典编辑室编《现代汉语词典》（第5版），商务印书馆2007年9月版，第1689页。

② 参见张文显主编：《法理学》，高等教育出版社、北京大学出版社，1999年10月版，第260～268页。

的若干构成元素、相互关系及其整体效果。

二、经济法运行体系的基础

首先，从经济法制定和法律实施的主观原因分析，经济法的制定和实施，作为一个整体，按照现代法学理论，无论其制定，还是实施，均存在一个周而复始地过程。对于已经制定的经济法，经过实践之检验，必然有一个不断完善的过程，尤其是中国目前仍然处于过渡性的转型历史时期，致使一些已经制定的经济法被不断地修订，即能证明这一点。若从实施角度讲，通过经济法主体对经济法的不断地遵守和适用，可以使经济法确定的社会关系及其法益目标被不断地转化为经济与社会现实。而这一运行过程，就是经济法被不断地通过经济法的宣传、经济法主体之自觉守法、经济法适用主体的执法、经济法司法机关的司法活动，以及法律监督部门对法律实施的监督相互协调地开展的。

其次，从客观情况分析，来源于经济法所调整的经济关系总是处于一种动态的运动之中，这种状况导致了经济法必须考虑其实施的状态，也应当适应经济的动态性特点，保持适度的灵活性，通过对已立之法的定期或不定期的修订，来适应经济发展的需求。与此同时，正如人类每天均需要一日三餐地吃饭一样，经济活动是一种常规性的社会活动，具有连续性、阶段性特点，进而导致了经济法的变异性。因此，探讨经济法的运行问题，更具有实际意义。

三、经济法运行体系的构建

本著作认为，探讨经济法的运行体系，不能仅着眼于法律内部运行问题。经济法的开放性特点，要求我们在研究经济法运行体系时，必须将经济法的运行放在国民经济和社会发展的大环境之下，才能真实地反映经济法运行的实际过程，以及其在整个国民经济和社会发展中是如何被实现的。由此，除以法的运行的基本原理来解释经济法的运行及其体系之外，以整个国民经济的运行机制的形成为背景探讨经济法的运行体系十分必要。在此方面，根据国外的经验，结合中国经济法运行的实践，本著作认为，国家基本经济战略、基本经济法、经济政策、经济法的实施措施是构成经济法运行体系的基本元素，它们的制定和实施过程反映了经济法运行的基本过程。其中，国家基本经济战略具有对一国经济和社会发展的长期的指导意义，影响着各项经济法和具体经济政策的制定。在当前及今后，中国的长期发展战略就是要实现全面建设小康社会的宏伟目标；围绕国家的既定长期法治目标所制定的基本经济法则起着稳定经济、社会及经济法制秩序的作用，它具有相对稳定的特点；经济政策的制定和实施则反映了在前两者基础上，国家各个不同时期的具体的经济发展目标及公共制度的配置方向和实践指导原则；而在经济法的实施措施方面，作为国家实现经济发展战略，落实基本经济法和落实国家具体经济政策的基本手段，与经济手段和必要的行政手段共同配合，保障国家之经济和社会发展能够予以良好地运行，且具有相对的灵活性。这些经济法运行元素的相互协调运行，形成了经济法运行体系的整体效果，并可以下图示之：

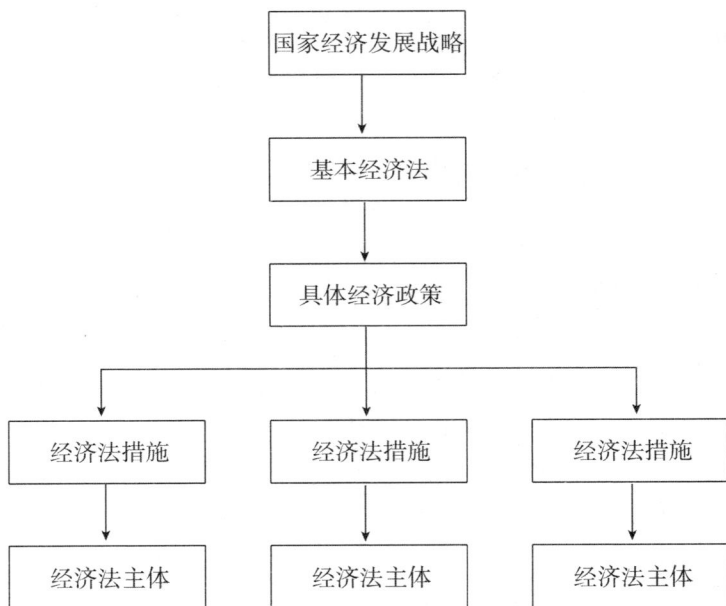

图八：经济法运行体系结构图

以上图示说明，国家经济发展战略在经济法运行中处于最高地位，这种战略一旦确定，即具有长期性、稳定性。它决定着国家相当时期经济与社会发展及其经济法制建设的总体方向，是经济法制定和实施的指南，也是评价经济法质量的基本依据；基本经济法处于国家经济发展战略之下，主要起稳定经济秩序，并起着统领具体经济法制定实施的法典性作用；而在经济法的实施中，需要具体经济政策的指导，并应为之服务；而在此基础上的各项具体的经济法措施（包括政策的和法律的）将面对每一个经济法主体。据此，研究经济法运行体系，除考虑经济法本身外，必须同时研究国家的经济发展战略、具体的经济政策、国家的具体经济措施，以及在经济实践中必要行政手段的运用。只有这样，才能解释经济法是什么？经济法为什么？以及经济法怎样做的基本问题。若以此评价中国经济法的现状，主要存在的问题，即是缺乏基本经济法。这是导致经济法制秩序混乱的主要原因。为此，无论从理论角度讲，还是从实践需求出发，中国均应当尽快制定经济法的基本法。

第四节 经济法学体系

一、经济法学体系的含义

经济法学体系，是在对经济法基本理论和现实立法实践中经济法律制度高度概括基础上所形成的经济法的学科体系。它是经济法理论与实践最高成果的集中反映。改革开放以来，中国社会主义经济法学体系，随着经济法制建设的不断深入发展，以及经济法理论研究的不断深化，走过了由简到繁的发展过程，其内容也日趋完善。这既是改革精神与实践的反映，也是中国经济法学逐渐走向成熟的重要体现。从经济法学体系与经济法律体系、经济法法群（或部门法）体系及经济运行体系的关系来看，经济法学体系实际上是这些体系的综合表现。因此，经济法学体系的构造，直接影响着其他体系的形成和发展，具有重要的理论和实践意义。按照体系构建理论，经济法学体系的构建涉及对其体系元素构建，以及各元素间相互关系协调及其整体效果的评价问题，其确立的基本标准是：是否反映了中国经济法发展对经济法理论的需求，所形成的经济法学体系理论能否用于指导国民经济和社会的发展。

二、经济法学体系的价值

作为经济法的一个基本问题，经济法学体系的价值追求，应当首先体现经济法的基本价值，即体现对社会公共利益的保护；其次，从学科建设角度讲，经济法学体系的建设，应当满足经济法教学中对学生"基本理论、基本知识和基本能力"的"三基"培养要求。为此，经济法学体系的内部构造应当包括基本理论、基本制度和基本实践能力的培养三个组成部分。为此，经济法学科体系之建设，不能仅仅是对现实经济法制实践的诠释，必须源于实践，高于实践，并能够指导实践，只有这样，才能使培养的学生，既能够掌握经济法基本理论的理论基础，又具有在掌握国家基本经济法制度的基础上，运用经济法理论分析现实中具体经济法问题的能力；再次，经济法体系的构建，涉及到与经济法有关的相关部门法的衔接问题，对此，经济法应当对其予以合理的解释，以便明确经济法在整个国家法律体系中的应有地位和作用。

三、经济法学体系的构建

根据以上分析，经济法学体系元素的构建可以包括核心元素和相关元素。其中，核心元素指能够反映经济法思想、制度与案例或法例研究的部分；而相关元素则是学习和研究经济法学应当掌握或予以关注的国家经济战略、经济政策及相关部门法的知识。其相互之关系与联系可以用下图示之：

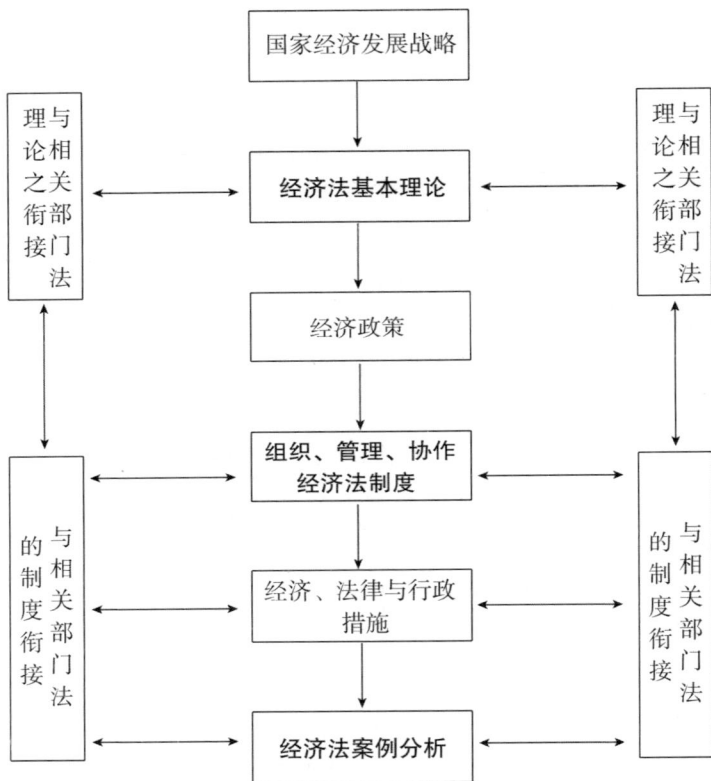

图九：经济法学体系结构图

上图中的黑体字部分为经济法学的核心部分，其中，有关经济法的制度部分，还可以分为市场规制法、宏观调控法、中观经济调控法、国有资产管理法、经济监督法，或将竞争法、价格法、计划产业法、财税法、金融法、自然资源与环境保护法、社会保障法、对外贸易法作专门的分类，以作为经济法学体系的元素或研究方向。而非黑体字部分，则为学习和研究经济法所应关注或涉及到的相关内容。其中，经济、法律与行政措施中之法律措施，主要是指对政府颁发的相关的经济法规范性文件的学习和研究。

需要指出的是，鉴于经济法学的建立，主要是要从理论上指导经济法的实践，因此，经济法学体系的建立首先要反映经济法律体系的基本要素及其制度与其具有一致性的特点。与此同时，由于经济法学体系的建立还要考虑到满足经济法学教学的需要，因而，其又不完全与经济法律体系的本来应包含的内容一致。在此方面更多的要考虑到法学教学体系的协调及其学生知识结构的完整。其中，有两种情况是学习与研究经济法时应特别注意的，即，一是，凡是本应（或本可）在经济法学体系中反映的内容，由于在民商法和行政法学教学及其学科体系建设中已经涵盖的内容，经济法学体系便不再介绍或详细介绍，如经济合同法律制度即是。二是，本来不属于（或可不属于）经济法体系的，但与经济法又有密切关系的法律制度，又往往会体现于经济法学体系之中，如环境保护法即是。这既是教学之需要，也反映了调整经济关系的不同法律部门之间的相互交叉与关联。但这并不因此而否定了经济法本身。

主要参考文献

1. 《江泽民"5.13"重要讲话读本》，中共中央党校出版社 2002 年版。

2. 王海平、吴春波主编：《国民经济管理学》，中国人民大学出版社 1999 年版。

3. 中央政法委员会编：《全国政法系统学习贯彻十七大精神和胡锦涛总书记重要讲话辅导读本》，中国长安出版社 2008 年版。

4. 冯 契主编：《哲学大辞典》，上海辞书出版社 1991 年版。

5. 辞海编辑委员会编：《辞海》（缩印本），上海辞书出版社 1980 年版。

6. ［英］罗 素著：《西方哲学史》（上卷），何兆武、李约瑟译，商务印书馆 1963 年版。

7. ［英］亚·沃尔夫著：《十八世纪科学、技术和哲学史》，周昌忠、苗以顺、毛荣运译，商务印书馆 1991 年版。

8. 中国社会科学院语言研究所编辑室编：《现代汉语词典》（第 5 版），商务印书馆 2007 年 9 月版。

9. 黄荣坚、许宗力、詹森林、王文宇编辑：《月旦简明六法全书》（第 16 版），台湾元照出版公司 2008 年版。

10. 公丕祥主编：《法理学》，复旦大学出版社 2002 年版。

11. 张文显著：《法哲学范畴研究》，中国政法大学出版社 2001 年版。

12. 单飞跃：《经济法理念与范畴的解析》，中国检察出版社 2002 年版。

13. ［美］理查德·A·波斯纳著：《法律的经济分析》，蒋兆康译，中国大百科全书出版社 2006 年版。

14. 周林彬著：《法律经济学论纲》，北京大学出版社 1998 年版。

15. 参见高程德著：《经济法学》，中国展望出版社 1985 年版。

16. 刘隆亨编：《经济法简论》，北京大学出版社 1981 年版。

17. 西南政法学院经济法教研室编：《经济法讲义》（内部讲义 1982）。

18. ［台湾］李宜琛著：《民法总则》，正中书局 1977 版。

19. 李 宏著：《另一种选择：欧洲民主社会主义》，法律出版社 2007 年版。

20. 李昌麒主编：《经济法学》，法律出版社 2007 年版。

21. ［日］金泽良雄著：《经济法概论》，满达人译，甘肃人民出版社 1985 年版。

22. ［法］阿莱克西·雅克曼、居伊·施朗斯著：《经济法》，宇　泉译，商务印书馆 1997 年版。

23. 张守文、于　雷著：《市场经济与新经济法》，北京大学出版社 1993 年版。

24. ［德］乌茨·施利斯基著：《经济公法》，喻文光译，法律出版社 2006 年版。

25. ［苏］Б·В·拉普捷夫主编：《经济法》，中国社会科学院法学研究所民法经济法研究室译，群众出版社 1987 年版。

26. 杨紫烜主编：《经济法》，北京大学出版社、高等教育出版社 1999 年版。

27. 潘静成、刘文华主编：《经济法》中国人民大学出版社 1999 年版。

28. 漆多俊主编：《经济法学》，高等教育出版社 2003 年版。

29. 张福森主编：《社会主义法制理论读本》，人民出版社 2002 年版。

30. 张忠军主编：《经济法》，中国财政经济出版社 2002 年版。

31. 潘念之著：《中国经济法理论探索》，上海社会科学出版社 1987 年版。

32. 刘瑞复著：《新经济法论》，中国政法大学出版社 1991 年版。

33. ［英］亚当·斯密：《国民财富的性质和原因研究》，郭大力、王亚南译，商务印书馆 1974 年版。

34. ［英］约翰·梅纳德·凯恩斯著：《就业、利息和货币通论》，高鸿业译，商务印书馆 1999 年版。

35. ［美］保罗·A·萨缪尔森、威廉·D·诺德豪斯著：《经济学》（第 12 版），高鸿业、杜月升、张晓光等译，中国发展出版社 1992 年版。

36. 金瑞林主编：《环境法学》，北京大学出版社 1989 年版。

37. 刘国光主编：《中国十个五年计划研究报告》，人民出版社 2006 年版。

38. 董玉明著：《与改革同行—经济法理论和实践问题研究》，知识产权出版社 2007 年版。

39. 罗玉中主编：《科技法学》，华中科技大学出版社 2005 年版。

40. 中共中央文献编辑委员会编：《邓小平文选》（1975～1982），人民出版社 2006 年版。

41. 中共中央文献编辑委员会编：《江泽民文选》（1～3 卷），人民出版社 2006 年版。

42. 赵锡军著：《论证券监管》，中国人民大学出版社 2000 年版。

43. 顾功耘主编：《经济法教程》，上海人民出版社 2002 年版。

44. 梁宝柱主编：《金融监管论》，西南财经大学出版社 2006 年版。

45. 王继军、董玉明主编：《经济法》，法律出版社 2006 年版。

46. ［法］摩莱里著：《自然法典》，黄建华、姜亚洲译，商务印书馆 1982 年版。

47. ［法］泰·德萨米著：《社会法典》，黄建华、姜亚洲译，商务印书馆 1982 年版。

48. 马克思著：《资本论》（第 1 卷），中共中央马、恩、列、斯编译局译，人民出版社 1975 年版。

49. 张文显主编：《法理学》，高等教育出版社、北京大学出版社 1999 年版。

50. 肖江平著：《中国经济法学史》，人民出版社 2002 年版。

51. 魏　琼著：《西方经济法发达史》，北京大学出版社 2006 年版。

52. 王霄燕著：《规制与调控：五国经济法历史研究》，新华出版社 2007 年版。

53. 张守文著：《经济法理论的重构》，人民出版社 2004 年版。

54. 王全兴著：《经济法基础理论专题研究》，中国检察出版社 2002 年版。

55. 张朝尊、陈益寿、黎惠民著：《社会主义中观经济学》，成都出版社 1992 年版。

56. 俞梅荪、朱晓黄著：《经济法新论》，辽宁人民出版社 1990 年版。

57. 马克思、恩格斯著：《马克思恩格斯全集》（第 3 卷），中共中央编译局译，人民出版社 1960 年版。

58. 程宝山著：《经济法基本理论》，郑州大学出版社 2003 年版。

59. 魏　杰主编：《经济学》，高等教育出版社 1995 年版。

60. ［美］罗伯特·古丁、汉斯—迪特尔·克林格曼主编：《政治科学新手册》，钟开斌、王洛忠、任丙强等译，生活·读书·新知三联书店 2006 年版。

61. 席酉民主编：《经济管理基础》，高等教育出版社 1998 年版。

62. 朱崇实主编：《经济法学》，厦门大学出版社 2002 年版。

63. 董玉明、秦河森主编：《会计法概论》，中国经济出版社 1994 年版。

64. ［瑞士］皮亚杰著：《结构主义》，倪连生、王琳译，商务印书馆 1984 年版。

65. 邓子基主编：《财政学》，高等教育出版社 2005 年第 2 版。

66. 王泽鉴著：《债法原理》，中国政法大学出版社 2003 年版。

67. 翟文科著：《合同基本法与合同特别法要义点击》，山西人民出版社 2007 年版。

68. 刘文华主编：《新编经济法学》，高等教育出版社 1993 年版。

69. 杨紫烜著：《国家协调论》，北京大学出版社 2009 年版。

70. 周旺生著：《立法学》，法律出版社 2009 年第二版。

后 记

本著作是我所承担的山西省首批研究生教育改革研究项目《经济法基础理论教学方法改革研究》（20062019）成果之一。它是这项研究中的研究生教材建设部分，也是山西大学重点建设学科——经济法学学科建设的一项规划内的工作。事实上，这项工作迄今已经进行了长达14年之久。从1979年山西大学正式招收经济法专业研究生以来，有关经济法基础理论的教学一直由我承担。从一开始我就意识到有关面对研究生的经济法基础教学，绝不能是本科教学的翻版，必须对之有所创新。为此，在教学实践中，一个值得研究的问题是，如何用更好的方法将既有的经济法基础理论中涉及到的知识较好地组织起来，以使具备本科法学基础的研究生能够较快地理解经济法基础知识之间的逻辑关系，并在对中国经济法产生发展的规律基本认识的基础上，培养起自觉地以经济法理念和方法研究解决实际问题的能力。然而，要做到这一点，在14年前是不可能的，因为在那时，中国的经济法制建设及经济法的理论研究还不是很成熟。

大约在8年前，我开始结合当代科学研究方法论的研究成果，用"范畴论"、"结构论"和"体系论"三论的方法，来解读中国的经济法理论，并尝试以此方法组织面对研究生的经济法基础理论教学。其中，范畴论部分，主要阐述经济法基础理论中的十大基本问题，以使学生了解经济法基础理论所涉及的基本概念和问题，使研究生能在本科学习基础上，树立起经济法的"问题意识"，更好地掌握中国经济法专业研究的"边界"，并能以经济法学的专业水准，规范地研究经济法；结构论部分的教学则主要结合中国经济法立法的实践，阐述中国经济法立法实践需要解决的24个基本问题，这些问题是对大量现实经济立法实践的高度抽象与概括，也是我多年以来，作为山西省人大和政府经济立法咨询专家，参与上百项相关经济法立法的心得体会。这些基本问题，既是对中国现实经济法立法问题的抽象概括，也可以作为分析和评价现实经济法立法，指导现实经济法立法的工具。为此，在组织这部分教学时，通常要将我曾参与过的一些具有经济法属性的地方性法规或规章类的立法草案文本，交给学生进行练习，以增强学生对经济法立法结构的了解和对实际问题分析的能力；而经济法体系部分的教学，则通过对体系原理、经济法体系理论的阐述及相关经济法体系问题的分析，使学生能从整体上把握经济法基础问题的主要构成，它们之间的相互关系及其运行规律。这一教学实践，收到了良好的效果。特别是对于那些在职的研究生而言，普遍反映有所收获，一些学员反映该教学帮助其解决了在司法与律师实务中所遇到的诸多困惑，并且对理解其他社会现象也有所帮助。这使我感到十分欣慰，并增强了将这一成果推向社会的信心。在此著作形成之前的经济法基础理论教学中，我所采用的是自著的近10万字的教学纲要性讲义。一直未能形成全面的书稿。2009年，终于利用寒暑两个假期，将多年来我想要说的，均体现在了这本书稿之中，其中包括对大量注释的增补。这部书稿包括正文和注释部分，共计36万字，既是经济法研究生的专用教材，也是一本个人独著的专著。这部书稿的完成了却了我多年来的心愿，但愿它能对中国经济法学的发展有所推进。书中所阐述的一些问题在学界已经达成共识，我只是用现代科学研究的方法归纳总结而已，这主要体现在范畴论部分；而在结构论和体系论部分，则大多是我自己的创新和与历届研究生讨论的心得体会，有些部分还不是很成熟，需要实践的检验，因此，错误和遗漏难免，还需要在今后的教学和科研中不断完善。书中引用了相关的学者的研究成果，尽管我均按照学术规范一一作了注释，但在此仍然要对所有作者表示感谢和敬意！

通过此项工作的开展，我深深感到，在既有的知识框架下，科学研究的关键在于科学研究方法的运用与创新。而研究方法的正确，不仅使我们在认识客观事物及自然或社会现实现象时，达到举一反三、事半功倍的效果，而且，会使我们的科学研究结果，更接近于实际；所提出的解决实际问题的方案、对策更具有操作性。而这一点，不仅适用于对具有应用性特点的经济法学的研究，也适用于其他学科的研究。

感谢教育部高等学校社会科学发展研究中心所邀请的评审专家对本著作学术水平和价值的认可，感谢教育部高等学校社会科学发展研究中心对本著作以出版资助，感谢光明日报出版社对本著作出版的大力支持，感谢本著作编辑为本著作出版所付出的辛勤劳动。

山西大学法学院经济法研究室　董玉明

2009 年 2 月 19 日完成首稿

2009 年 8 月 13 日修订二稿

2010 年 10 月 20 日修订三稿